Mythos 007

D1618261

Andreas Rauscher / Bernd Zywietz /
Georg Mannsperger / Cord Krüger (Hg.)

Mythos 007

Die James-Bond-Filme
im Fokus
der Popkultur

Bender

Die Deutsche Bibliothek – CIP-Einheitsaufnahme
Ein Titeldatensatz für diese Publikation
ist bei Der Deutschen Bibliothek erhältlich.

Bildnachweise
Titelbild: Motiv aus Casino Royale, KPA
Innenteil: S. 17, 58, 121, 265: Sony Pictures Presse-
service; alle anderen Abbildungen: DVD-Prints, für
diese Ausgabe: Bender-Verlag; © bei den jeweiligen
Rechteinhabern.

© 2007 Ventil Verlag KG, Mainz
ISBN 978-3-936497-13-7
Umschlaggestaltung: Oliver Schmitt
Satz: Theo Bender
Druck: Gemi s.r.o., Prag, Tschechien

Bender Verlag
Augustinerstraße 18, 55116 Mainz
www.bender-verlag.de

Inhalt

Abenteuer aus der Fremde

Ein Grußwort von Norbert Grob

James-Bond-Filme spielen im Paradies des Unwahrscheinlichen. Die
Welt ist alles, was nicht der Fall ist. Glamouröse Orte mit schönen
Frauen, teuren Drinks, mondänen Hotels und schicken Autos. Und
drum herum ein charmanter Bursche und faszinierende Bösewichte.
Es wird gekämpft, geprügelt, geschossen und getötet – und stets ist
am Ende alles wieder so, wie es am Anfang war.

***

Ich erinnere mich noch gut an einen seltsamen Sonntag im Spätsom-
mer 1963. Es war der große Jahrmarkt-Tag in einem kleineren Ort
in der Nähe von Frankfurt am Main. Ich war noch ein kleiner Junge,
also hatte ich den Vormittag über von meinen Onkeln, Tanten und
Omas eine Menge Taschengeld bekommen – für Karussells, Schiff-
schaukeln, Losbuden. Für dieses Geld konnte man aber auch gut ins
Kino gehen: in Filme, in die man eigentlich noch nicht durfte. Die
Kassiererinnen nahmen es an diesem Tag nicht so genau. In einem
Kino lief JAMES BOND JAGT DR. NO (GB 1962). Und in einem anderen:
DER FROSCH MIT DER MASKE (BRD 1959). Ich habe auf die Karussells
verzichtet und mir lieber die beiden Filme hintereinander angesehen,
zunächst den englischen in Farbe, über den ich überhaupt nichts
wusste, danach den Edgar Wallace-Film in Schwarzweiß. Es wurde
ein Tag der Initiation.
Der Wallace-Film war geradezu betulich und altmodisch, aber nicht
harmlos. Es gab Licht- und Schattenspiele an den Wänden. Und
dazwischen dunkle Gestalten, die lautlos durch die Räume huschten,
und ein maskierter Mann im schwarzen Umhang, der mit dem
Schneidbrenner den Wandsafe aufzubrechen suchte. Eine eigenartige
Mixtur von Krimi und Horror, von Geisterspuk und Kinderkram.
Der Bond-Film dagegen hatte eine rabiate Perspektive und einen
rasanten Rhythmus. Gewalt & Sex waren eingesetzt, wie ich es bis dahin nie erlebt hatte: sehr direkt, sehr zynisch. Was der Film erzählte,
war ein Märchen. Doch wie er davon erzählte, war schockierend (es
war ja die Zeit vor Corbuccis und Leones Italowestern und vor Peckin-
pahs THE WILD BUNCH). Unentwegt knallte es, unentwegt gab es Lei-

chen, unentwegt flog irgendetwas in die Luft. Und nebenbei wurde eine schöne, begehrenswerte Frau schnell verführt, um sie danach noch schneller beseitigen zu lassen.

Ich weiß noch, dass ich in der Nacht darauf nicht besonders gut geschlafen habe. Der Wallace-Film wirkte irritierend, wie eine überlange Fahrt in der Geister-Bahn. Der Bond-Film dagegen hatte mich aufgewühlt, auch, weil er alles auf die Spitze trieb, das Heldenhafte wie das Boshafte und Abgründige. Wobei er mit den Klischees jonglierte, als gäbe es für Abgedroschenes keinerlei Grenze.

Kino zur Jahrmarkt-Zeit, das zurück war in den frühen Kindertagen: Die Welt insgesamt geriet in höchste Not. Die Frauen zeigten sich allzeit bereit. Und Dr. No wirkte wie ein universeller Dr. Mabuse. Dazu gab es extravagante Klamotten, traumhafte Schauplätze und wirkungsvolle Waffen. Und für den positiven Helden: die Lizenz zum Töten. Vieles also, was sich kleine Jungs in ihren simpleren Träumen ausmalen.

In den frühen Sechzigern, ich hatte da noch keine Erfahrungen mit Feuillade oder Lang, wirkte dieser Film auf mich, als sei er allein als Attraktion fürs Auge gemacht. Kein Drama und keine Tragik. Nur Posse und augenzwinkernde Spielerei.

* * *

Nahezu 45 Jahre ist die James-Bond-Serie inzwischen alt. Und sie ist in ihrem Kern stets ein Kino der äußeren Attraktionen geblieben: Abenteuer aus der Fremde.

Eigentlich ist nicht zu fassen, was da geboten wird: äußerer Luxus in allen Facetten, Politisches und Ideologisches, auch Moralisches dagegen aufs Schlichteste reduziert, also auf Intoleranz und Vorurteil. Dazu: touristische points of view. Vordergründige Konflikte. Märchenhafte Handlung. Klobige Figuren. Und zynische Dialoge. Meistens geht es um Angriffe auf die (westliche) Zivilisation, oft in fernen Gegenden, die zu zerstören sind, auf dass sie nicht zerstörend wirken. Eigentlich ist, wie gesagt, nicht zu fassen, was da alles zusammengerührt ist. Aber dennoch kann man seine Augen nicht abwenden. Selbstverständlich geht es nie ums Verstehen, das Fremde bleibt fremd, dunkel, mysteriös. Dafür aber sind Ecken und Kanten genutzt als ornamentale Schauwerte, vor denen halsbrecherische Duelle und aufregende Verfolgungsjagden in Szene gesetzt sind. Im Hintergrund dazu (als größte Attraktion): die anderen Fremden – die verhexenden Bösen, die allesamt erfüllt sind von einer großen Vision. Gert Fröbe als gaunerischer Auric Goldfinger, der Fort Knox in die Luft sprengen will, nachdem er zahllose Wächter(innen) narkotisiert hat. Christopher Lee als Francisco Scaramanga, der über eine riesige Insel herrscht und sein Geld als *hit man* verdient. Curd Jürgens als Carl Stromberg, der von einem reichen Stadtleben unterm Wasser träumt. Michael Lonsdale als Hugo Drax, der die Erde von seinem Space Shuttle aus vernichten will, um eine neue Zivilisation zu errichten. Und Klaus Maria Brandauer als Maximilian Largo, der hilft, die Welt mit Atombomben zu erpressen.

Ein universeller Mabuse – Joseph Wiseman als Dr. No.

Die Filme boten immer pures Bewegungskino, das seine erzählerischen Intentionen in *action* auflöste und seinen Seriencharakter mit ironischen Anspielungen auf alte Episoden präsentierte. Serien-Kino, das heißt ja seit jeher: immer dasselbe, nur stets um eine winzige Nuance anders.

Das Serielle im Kino ist – selbstverständlich – nur die eine Seite der Medaille. Es ist zu verdichten durch Präsenz, Rasanz und Suggestion, die Erregungen zuspitzen, bis den Akteuren wie den Zuschauern das Herz im Halse klopft.

In den besseren Filmen um James Bond gelingt genau dies, wieder und wieder. Das macht ihren besonderen Reiz aus. Auch, weil mit einem Zwinkern vermittelt ist, dass das Ganze letztlich nichts weiter ist als großer Kinderkram.

Too Tough to Die Another Day

Vorwort

Die James-Bond-Serie besitzt unter den Serienkonzepten der Filmgeschichte einen Ausnahmestatus. Sie ist ein Phänomen, das seine eigenen Epigonen mehrfach überlebt hat. Jeder Bruch innerhalb des Franchise – also der James-Bond-Serie samt seiner zur eigenständigen Marke gewordenen Titelfigur –, sei es die Ironisierung der 1970er-Jahre, der Ansatz zur selbstkritischen Reflexion Mitte der 1990er-Jahre oder der Anschluss an den aktuellen Prequel-Trend mit Bonds erstem, fünfzig Jahre nach Veröffentlichung des Romans verfilmtem Einsatz in CASINO ROYALE, erscheint nicht wirklich als Diskontinuität. Im Gegenteil bestätigen die sehr unterschiedlichen Phasen der Reihe, von der verschmitzten Toughness Sean Connerys und dem parodistischen High-(Eye)-Brow-Acting Roger Moores über die neue Ernsthaftigkeit Timothy Daltons bis hin zur Kombination der verschiedenen Stile durch Pierce Brosnan, letztendlich die Kontinuität des Mythos 007.

Obwohl der bekannteste Agent im Dienst der Popkultur nur in Ausnahmefällen Tarnnamen verwendet, resultiert seine Ausdauer nicht zuletzt aus seiner beachtlichen Wandlungsfähigkeit bei gleichzeitiger Pflege eigener Markenzeichen mit hohem Wiedererkennungswert. Die seit 1962 zuerst nach den Vorlagen von Ian Fleming und seit den späten 1970er-Jahren nach eigenständigen Drehbüchern entstandenen Filme haben wesentlich das Genrekino im Übergang vom klassischen Spionage-Thriller zum dynamischen Actionfilm geprägt. Sätze wie »Bond, James Bond«, und, »Geschüttelt, nicht gerührt«, zählen zu den Allgemeinplätzen der Popkultur und die markante musikalische Phrase des »James Bond Theme« steht in einer Linie mit den bekanntesten Motiven der Musikgeschichte. Zu den besonderen Talenten des nunmehr von sechs unterschiedlichen Schauspielern verkörperten smarten Spions zählt, dass er stilsicher mit den Codes der Popkultur zu operieren weiß, ohne seine Eigenständigkeit aufs Spiel zu setzen. Er geht auf aktuelle Trends ein, ohne sich anzubiedern oder anachronistisch zu wirken. Kurioserweise überlebte die Bond-Serie zahlreiche Phänomene, die sich in deren potenzieller Nachfolge sahen und die sie sogar selbst als Inspirationsquelle zur Aktualisierung ihrer Plots benutzt hatte. Der Blaxploitation-Detektiv John Shaft sinnierte 1972 in SHAFT'S BIG SCORE / LIEBESGRÜSSE AUS PISTOLEN, dass er mehr

Sam Spade als James Bond wäre. Trotzdem begab sich Roger Moore in LIVE AND LET DIE ein Jahr später auf das Terrain der erfolgreichen Blaxploitation. Shaft versuchte sich im Gegenzug in seinem dritten Film als Geheimagent. THE MAN WITH THE GOLDEN GUN / DER MANN MIT DEM GOLDENEN COLT integrierte Elemente der Hongkong-Martial Arts-Welle. Diese bediente sich ihrerseits in Filmen wie ENTER THE DRAGON / DER MANN MIT DER TODESKRALLE (Hongkong/USA 1972) eifrig bei den Schurkenzentralen früherer Bond-Filme. In Michael Manns Kultserie MIAMI VICE (USA 1984–1989) bezogen sich die adretten Undercover-Cops Crockett und Tubbs bei einer Bombenentschärfung ironisch auf die Stereotypen der Bond-Reihe. Der britische Agent revanchierte sich in LICENCE TO KILL, indem er bei seinem Urlaub in Florida kurzerhand die Dramaturgie einer der typischen Neo-Noir-Folgen aus MIAMI VICE für das Universum der 007-Filme adaptierte. Alle drei genannten Referenzpunkte bilden heute einen abgeschlossenen vergangenen Teil der Popgeschichte, während die Bond-Serie sich mit CASINO ROYALE in Form von Bonds erstem Auftrag gerade einen Ursprung imaginiert, der in ein paar Jahren vermutlich wieder umgestaltet werden wird.

Innerhalb von fünfundvierzig Jahren wurde die Serie mehrfach vorschnell für tot erklärt, und dennoch bestätigt sich stets aufs Neue die am Ende eines jeden Abenteuers ausgegebene Devise: »James Bond will return ...«. Als Roger Moore 1973 die Rolle übernahm, war man sich vorschnell einig, dass die durch ihn initiierte Selbstpersiflage gemessen an filmhistorischen Erfahrungen die Schlussphase eines einst erfolgreichen Zyklus markieren müsste. Die Bond-Filme seien ein Phänomen der 1960er-Jahre gewesen und der Darstellerwechsel kann nur noch als Epilog gelten. Dennoch entwickelte sich Moores dritter Einsatz THE SPY WHO LOVED ME 1977 zu einem der populärsten Filme der Reihe, auf seine eigene Art ähnlich definierend wie GOLDFINGER 1964. Nachdem Timothy Daltons Versuch in den späten 1980er-Jahren, der Rolle mehr Tiefgang zu verleihen, mit dem finanziellen Misserfolg seines zweiten Films zu einer ungewöhnlich langen Pause von sechs Jahren führte, verstanden es die Produzenten mit Unterstützung des neuen Hauptdarstellers Pierce Brosnan, den eigenen Anachronismus zur Grundlage für eine umfassende Aktualisierung des Franchise zu nutzen.

Trotz aller Sophistication stehen die Bond-Filme deutlich in der Tradition des von dem amerikanischen Filmwissenschaftler Tom Gunning als enger Verwandter der Jahrmarktsbetriebe verorteten »Cinema of Attraction«[1]. Es kommt auf die perfekte Realisierung eines bekannten Konzepts bei gleichzeitiger innovativer Verpackung an. Selbst wenn der Broccoli-Clan, der seit dem Ausstieg des Co-Produzenten Harry

Saltzman 1974 die Reihe als reines Familienunternehmen pflegt, sich mittlerweile auf Regisseure wie Roger Spottiswoode und Michael Apted einlässt, fällt dennoch auf, dass Regiegrößen wie Quentin Tarantino und Steven Spielberg sich vergeblich um die Regie eines Bond-Films bemühten – und wohl auch in Zukunft bemühen werden.

Den Bond-Regisseuren wurden und werden bis zu einem gewissen Grad stilistische Eigenheiten zugestanden, zugleich haben sie jedoch den Job nach den Vorstellungen der Produzenten zu erledigen. Ihr individueller Einfluss macht sich erst bei genauerer Betrachtung bemerkbar. Terence Young, Guy Hamilton, Lewis Gilbert und John Glen in der Ära von Connery und Moore, gefolgt von Martin Campbell, Roger Spottiswoode, Michael Apted und Lee Tamahori bei den Filmen mit Brosnan – sie alle beteiligten sich als Profis an einem Unternehmen, in dem es eine Vielzahl von eigenständigen kreativen Einflüssen innerhalb eines abgesteckten kulturindustriellen Bereichs gibt. Der Rahmen für persönliche Noten sowohl inhaltlicher, als auch gestalterischer Art erscheint vergleichbar den fortlaufenden Print-Comicserien, die gerne eigenwillige Künstler engagieren, insgesamt aber auf gewisse Vorgaben der Franchise-Policy bestehen.

Im Unterschied zu gewöhnlichen Blockbustern realisieren die Bond-Filme ihre Schauwerte und Markenzeichen mit einer besonderen Eleganz, von den zwischen Jazz, Thriller-Score und Easy Listening changierenden Soundtracks über ritualisierte Trademarks wie den obligatorischen Wodka Martini bis hin zu den exotischen Schauplätzen, die sich mit spektakulären Studiobauten ergänzen. Bis auf einige wenige Ausnahmen nehmen die Filme generell eine leicht distanzierte, ironisch gebrochene Haltung zu ihren »Larger-Than-Life«-Zutaten ein, die sowohl die Misogynität der frühen Filme, als auch die politischen Hintergründe, die manche etwas vorschnell als perfide Fortführung der britischen Kolonialpolitik interpretierten, abmildern. Die Korrektur problematischer Aspekte erwies sich im Fall der Bond-Filme flexibler, als es auf den ersten Blick scheinen mag. Nicht nur das Frauenbild veränderte sich deutlich, von stereotypen Sidekicks, schutzbedürftigen Opfern und in Leder gehüllten, sexuell zu »bekehrenden« Good Bad Girls hin zu selbstbewussten weiblichen Hauptrollen wie Carey Lowell, Michelle Yeoh und Halle Berry, von denen letztere ursprünglich sogar eine eigene Spin-Off-Serie bekommen sollte, oder Izabella Scorupco als russische Informatikerin Natalya, die abfällig mit dem Kommentar, »Boys and their toys« Bonds Materialschlachten verfolgt.

Die Bond-Filme vollziehen innerhalb des eigenen Serienuniversums jene Wechselbewegungen, die eigentlich für Genre-Zyklen typisch wären. Dadurch verschwindet die Serie nicht von der Bildfläche, sondern lässt sich zeitweise auf einen anderen Stil, sei es parodistischer oder ernsterer Art, ein. Auf diese Weise entstehen Zyklen innerhalb der Reihe selbst, die für jedes Jahrzehnt eine charakteristische Form der 007-Themen hervorbrachten.

Nach der erfolgreichen Etablierung des Franchise wurden Mitte bis Ende der 1960er-Jahre die Production Values betont. Als die Geheimverstecke der Schurken in Vulkanen, in entlegenen Skigebieten und auf einsamen Inseln selbst zum Klischee wurden, nahmen die Drehbücher zur eigenen Vergangenheit eine bewusst ironisch-gebrochene Haltung ein, bevor in den 1980er-Jahren eine Rückkehr zu – auch ästhetisch – unspektakuläreren Konflikten erfolgte.

Die Bond–Filme realisieren selbst jene Gegenentwürfe und Korrekturen, die sich in anderen Bereichen der Filmgeschichte gewöhnlich durch gegenläufige Genretraditionen ergeben. Während die meisten Reihen nach vier oder fünf Teilen an ihr vorzeitiges Ende gelangen, nicht umsonst zählt das Modell der Trilogie á la STAR WARS, MATRIX, X-MEN, THE GODFATHER und INDIANA JONES zu den favorisierten Strukturprinzipien für Sequels, umfasst die Bond-Serie inzwischen 22 Einträge.

Der britische Filmwissenschaftler James Chapman gelangte 2000 im Nachwort seiner empfehlenswerten Analyse »Licence to Thrill – A Cultural History of the James Bond Films« zu dem Fazit: »The continuing popular appeal of the films is enough to confound those critics who assert that James Bond has had his day and should be pensioned off to a retirement home for secret agents and super heroes.« [2] Zu Beginn seines Buchs stellte Chapman die rhetorische Frage, weshalb man James Bond ernst nehmen müsse. Christoph Lindner, Herausgeber der Anthologie »The James Bond Phenomenon«, antwortete darauf 2003 in direkter Bezugnahme auf Chapmans Text: »We can no longer afford *not* to take James Bond seriously.« [3]

Wenn man die in Lindners Reader versammelten Beiträge – von Umberto Ecos richtungsweisendem Essay über die Erzählstrukturen bei Fleming von 1966, über Tony Bennetts und Janet Woollacotts Pionierarbeit in Sachen Rekonfigurationen der Bond-Figur als Held der Modernisierung aus den späten 1980er-Jahren, bis hin zu den zahlreichen neuen Cultural-Studies-Analysen – unter feministischen, postkolonialen, film- und pophistorischen Aspekten genauer betrachtet, fällt daran auf, dass es im anglo-amerikanischen Bereich bereits eine über mehrere Jahrzehnte hinweg entwickelte, ausdifferenzierte Debatte über das Phänomen 007 gibt. Ansätze dieser Art erscheinen abgesehen von einigen erfreulichen Ausnahmen wie der detailgenauen Recherchen des Bond-Experten Siegfried Tesche oder des von Hans-Otto Hügel aus Anlass einer Ausstellung in Hildesheim herausgegebenen Bandes »James Bond – Spieler und Spion«[4] in Deutschland eher selten.

Statt sich auf die Besonderheiten der Filme einzulassen, die, wie Chapman feststellt, aus dem überlegten Wechselspiel von Kontinuität und Variation ihren Reiz beziehen, oder die von Bennett und Woollacott akzentuierten unterschiedlichen Bedeutungen der Figur genauer zu bedenken, die immer auch eine Reflexion des Zeitgeists und der Popkultur von fünf Jahrzehnten bildet, ziehen sich einige Kritiker gerne auf Stereotypen zurück. Standardmythen der Bond-Rezeption bestehen darin, dass sich seit Goldfinger keine nennenswerten Veränderungen in der Serie ergeben haben oder dass sich die widersprüchlichen ideologischen Rahmenbedingungen aller Filme auf einen bestimmten Subtext reduzieren ließen. Diesen kulturkonservativen Klischees steht die nicht sonderlich kritische Fixierung auf reine Nerd-Trivia gegenüber.

Der vorliegende Band versucht einige Anstöße zu einer differenzierteren Auseinandersetzung mit der populärsten und ausdauerndsten Serie der Filmgeschichte zu liefern. In ihm finden sich kultur- und filmwissenschaftliche Ansätze zu einzelnen Themenkomplexen, wie auch zur Entwicklung der 007-Reihe insgesamt.

Den Einstieg bildet ein detaillierter Blick auf den Mythos James Bond, die von ihm ausgehende Faszination und deren unterschiedliche Facetten. Anschließend werden die Typologien der Bond-Figur einer genaueren Betrachtung unterzogen. Jeder der inzwischen sechs Hauptdarsteller brachte eine individuelle schauspielerische Interpretation in die Serie mit ein, nach der er bestimmte Standardsituationen einfallsreich variierte und so »seinem« James Bond eine jeweils angepasste soziale Wertigkeit verlieh – die Variationsbreite ging von Erinnerungen an die Arbeiterklasse über eher kleinbürgerliche Handlungsmuster bis hin zu Gentleman-Codes der britischen »Upper Class«.

Entgegen der weit verbreiteten Vermutung, es würde lediglich eine bestimmte Bond-Formel geben, verfügen die 007-Filme je nach Genrekontext und stilistischen Erfordernissen über verschiedene dramaturgische Konzepte, die das bekannte Muster an vorgegebenen Spielzügen variieren. Sowohl die Anlagen zum Genre-Crossover, als auch die Entwicklung der Standardsituationen werden im Artikel »Spy Games« in Hinblick auf die Dramaturgie der Filme analysiert. Nicht zuletzt das überlegte Changieren zwischen aufwändiger Ausstattung und zurückgenommenen Back-to-the-Roots-Abenteuern verleiht dem Franchise immer wieder neue Aktualität und verhindert, dass die Bond-Filme zu einem rein nostalgischen Retroszenario werden. In den 1990er-Jahren hielten im Zug des postklassischen Kinos sogar autoreflexive Ansätze Einzug in die Filme. Die temporären Brüche erwiesen sich allerdings nicht als dauerhaft, sondern verhalfen der Reihe in einer Zeit, in der man James Bond bereits als ein »Relikt des kalten Krieges« (Judi Dench als M zu 007 alias Pierce Brosnan in GOLDEN EYE) abgeschrieben hatte, zu einem fulminanten Comeback.

Eine besondere Finesse an den Konfrontationen der Serie besteht darin, dass Bond sich im Unterschied zu den Romanen nicht direkt am Schlagabtausch der Geheimdienste vor und hinter dem Eisernen Vorhang beteiligt. In den Filmen bekommt er es mit einer ganzen Riege von selbständigen, machthungrigen Industriellen und Superschurken zu tun, die als Archetypen des modernen Actionkinos über gewisse zeitlose Qualitäten verfügen. Ihre Machenschaften und deren kulturhistorischer Hintergrund stehen im Mittelpunkt des Beitrags »Mr. Bond, I expect you to die! – 007s Widersacher und die Transnationalisierung des Bösen«.

Für eine formale Kontinuität und hervorstechende ästhetische Momente sorgten in den Bond-Filmen von Anfang an die markanten, anfangs von Ken Adam und später von Peter Lamont entworfenen Kulissen. Diesem innovativen Bereich der Gestaltung widmet sich ebenso ein eigener Artikel wie den von John Barry und seinem Nachfolger David Arnold geprägten Soundtracks sowie dem vielschichtigen Verhältnis Bonds zur Technik, das sich nicht einfach auf Gimmicks und Geheimverstecke reduzieren lässt, sondern – auf der Seite des »Bösen« – unterschiedliche Vorstellungen und Konzepte (re)präsentiert. Den im Rahmen der Cultural Studies besonders relevanten Verknüpfungen zwischen der frühen Bond-Serie und der britischen Popkultur geht der Artikel »All the Time in the World« nach. Abgerundet wird der Band durch einen kurzen Seitenblick auf den Bereich der Videospiele, in dem sich 007 seit den Tagen der ersten Heimkonsolen auf abenteuerliche Missionen begibt, sowie eine kommentierte Filmographie, in der jeder Teil der Serie noch einmal in einer kurzen Besprechung vorgestellt wird.

Besonders bedanken möchten wir uns bei Norbert Grob und Ivo Ritzer für ihre Beiträge zu diesem Band.

Anmerkungen:

1 Vgl.: Tom Gunning: »The Cinema of Attraction. Early Film, its Spectator and the Avant-Garde« in: »Meteor« Nr. 4. Wien, 1996. S. 25–34. (Original: 1986)

2 James Chapman: »Licence to Thrill – A Cultural History of the James Bond Films«. New York / London, 2000. S. 269

3 Christoph Lindner: »The James Bond Phenomenon«. Manchester, 2003. S. 9

4 Hans-Otto Hügel (Hg.): »James Bond – Spieler und Spion«. Hildesheim, 1997

Bernd Zywietz

Faszinosum 007

Mythos, Souveränität und Nostalgie
Oder: Wie »James Bond« funktioniert

Kann er das, der Neue? Anfang 2006, kaum dass die Dreharbeiten zu CASINO ROYALE begonnen hatten, kamen die Katastrophenmeldungen Schlag auf Schlag. Nicht nur, dass er mit einer Schwimmweste per Motorboot zur PR-Inthronisation gefahren wurde, am Set schlug ihm der Stuntman angeblich zwei Zähne aus, mit der Schaltung im neuen Aston Martin sei er als Automatikfahrer überfordert gewesen, und beim Dreh am Meer habe er auch noch eine Sonnenallergie bekommen. N-TV berichtete genüsslich über all diese Misslichkeiten, während das Regenbogenblättchen »in Touch« der Frage nachging: »Ist der neue Bond zu weich?« Dabei war schon vorher sein Äußeres ein Streitpunkt gewesen. »Bond ist blond« reimte »Spiegel Online«, als der neue 007 verkündet wurde: Craig. Daniel Craig.

Daniel *who*?

Hollywood-Korrespondent Franz Everschor widmete ihm im »film-dienst« (23/2005) zwei Seiten, um ihn und seine Karriere vorzustellen. Für das Blond hatte er auch eine Lösung parat: Vielleicht müsse sich Craig ja noch die Haare färben lassen. Dabei war schon der brünette Roger Moore ein gutes Stück von Flemings 007 entfernt gewesen, während der schwarzschopfige Timothy Dalton, der dem knallharten Roman-Bond mitsamt seinem Innenleben bis dahin am nächsten gekommen war, auch dank des inszenatorischen Routine-Einerleis der späten 1980er dem Publikum nicht gefiel: Er gilt weithin als ebensolche Einfach-Null wie der Australier George Lazenby.

Aber Daniel Craig? Die Frage war, ob er nach dem erfolgreichen Schönling Pierce Brosnan ernsthaft als Frauenbetörer durchgehen und so charmant-lässig »Bond, James Bond« raunen konnte, dass ihm jede(r) vom Roulette-Tisch schnurstracks ins Hotelbett folgt. Man musste dabei nicht soweit gehen wie die eigens eingerichtete Homepage *CraigNotBond.com* und zum Boykott aufrufen, doch wundern durfte man sich über die Wahl des Darstellers schon: Der Mund sitzt zu weit unten, ist schmal und vorgestülpt, ein Schnutchen. Die Nase wirkt knollig, die Augen, von stahlkaltem Blau, zu klein, schräg und tief liegend. Die Ohren stehen ab. Und der runde Schädel hat was von einem Rübenbauern – pardon, Mr. Bond.

Einen kernigeren 007 wollten die Macher von EON, die Stiefgeschwister Barbara Broccoli und Michael Wilson, Herrscher über Bond, seine Gestaltung und Vermarktung, jedoch. Jason Bourne (man beachte die Initialen!) alias Matt Damon hatte in der Robert Ludlum-Verfilmung THE BOURNE IDENTITY (USA 2002) laut Wilson als Inspiration gedient. Dieser Film war einer der wenigen Lichtblicke unter allem Pyrotechnikzauber und CGI-Tran der jüngeren Zeit gewesen (inklusive des letzten 007-Abenteuers

Früh übt sich – Daniel Craig in LAYER CAKE (GB 2004)

DIE ANOTHER DAY). Entsprechend weniger Explosionen und Bombast, dafür mehr Härte und Tiefe stellte CASINO ROYALE-Regisseur Martin Campbell in Aussicht. Daniel Craig hatte in LAYER CAKE (GB 2004) bereits als harter und ausdifferenzierter Gangster eine ordentliche Figur gemacht, und auch der im Mai 2006, offenbar um der negativen Publicity entgegenzuwirken, eilig präsentierte Teaser-Trailer zu CASINO ROYALE ließ die ersten Kritiker verstummen. Trotzdem blieb die Frage: Daniel Craig, ist *der* James Bond? Aber gibt es *ihn* – oder so *etwas* – überhaupt?

Die Frage geht über den Streit, wer der beste Bond-Darsteller war oder ist, hinaus, und hat schon gar nichts mit den Spekulationen zu tun, welchen Kriegshelden oder -kameraden Ian Fleming vor fünfzig Jahren zum Vorbild nahm – außer sich selbst natürlich. Einzig, dass der genial griffige Name »James Bond« auf den gleichlautenden Vogelkundler aus Philadelphia zurückgeht, gilt als gesichert. Dessen Buch »Birds of the West Indies« hatte Fleming zur Hand, als er seine Romanfigur taufte.

Nun ist James Bond kein Ornithologe, sondern der erfolgreichste Geheimagent Ihrer Majestät und der gesamten Welt dazu. Doch nach allen PC-Spielen und Comics, Filmen und Romanen, die jetzt schon in der dritten Generation nach Fleming und John Gardner von Raymond

Benson geschrieben werden, muss festgestellt werden: *Den* James Bond gibt es nicht.

Der bekannteste Geheimagent der Welt

Für die schiere Größe, die die Bond-Figur im kulturellen Inventar der letzten fünfzig Jahren beansprucht, eignen sich weniger die Rekordzahlen der Einspielergebnisse, die dank Inflation, wandelnder Berechnungsgrundlagen und Eintrittspreise ohnehin nur ungefähr sind. Schon näher käme man dem Phänomen 007, würde man weltweit erfragen, wem »James Bond« ein Begriff ist. Zumindest in der westlichen Zivilisation dürften es über alle Altersgrenzen hinweg sehr viele sein. Ein echtes Gefühl für die Dimensionen, mit denen man es hier zu tun hat, zeigt der Einzug des berühmtesten Agent Ihrer Majestät in die Alltagssprache, wo er sich so von jeglichen Quellen und Artefakten gelöst hat. Schon Mitte der 1960er schrieb Lietta Tornabuoni: »James Bond wird zur beispielhaften Figur, zum allgemeinen Anknüpfungspunkt in den Gesprächen der Leute; sein Name ist ein vielsagendes Symbol wie die Namen von Herkules, Casanova, Sherlock Holmes und Don Juan«[1]. Man könnte Robin Hood hinzufügen, oder Tarzan, auch Superman oder, etwas neueren Datums, Rambo (erdacht vom Schriftsteller David Morrell und verkörpert von Sylvester Stallone). Sie sind vergleichbare, medial unabhängige Bestandteile des Weltwissens geworden. Doch Herkules und Superman sind einfach mit übermenschlichen Kräften ausgestattet, Sherlock Holmes repräsentiert außergewöhnliche Kombinationsgabe, Casanova den Verführer schlechthin, und wer als »Rambo« bezeichnet wird, darf sich als ungehobelter Haudrauf geschimpft fühlen. Doch selbst, wenn CIA- oder BND-Bedienstete in der kritischen Presse gern als James Bond apostrophiert werden, steckt hinter der Dienstnummer 007 mehr als nur der Inbegriff des Spions. Die Bond-Figur ist komplexer, schillernder, und ihre Kurzformel, »Sex und Sadismus«, die so oder ähnlich vor allem in den ersten Jahrzehnten von 007s Hervortreten abfällig wie hilflos Verwendung fand, genügt kaum, um seinen Erfolg zu erklären. Diese Sensationsbestandteile gab es davor und danach. Abgemildert – als Liebe und Gewalt – sind sie gar die große Formel der Filmgeschichten schlechthin,[2] ohne dass sie ihren unzähligen Protagonisten einen vergleichbaren Erfolg beschert hätten.[3] Auf dieser Ebene bleibt die Arithmetik des 007 immer ein (Doppel-)Nullsummenspiel. Man muss sich wohl schon auf James Bond als eine Figur konzentrieren, die schon *vor* ihren Abenteuern existierte, um ihr näher zu kommen.

Mythos James Bond

Wie Tony Bennett und Janet Woollacott oder James Chapman hat Hans-Otto Hügel gefragt: »Sind die Bedeutungen der populären Figur James Bond vielleicht gar nicht (erheblich) fließend, gibt es vielleicht (doch) so etwas wie einen Bedeutungskern der Figur, einen Kern, auf den (latent oder explizit) Bezug genommen wird, wann wer auch immer sagt: mein Name ist Bond, James Bond«[4], und folglich: »Wenn die vielen Produzenten der James Bond-Figur [...] in all ihren

Emblem und Ikone eines popkulturellen Mythos' – Das berühmte Gunbarrel-Logo zu Beginn jedes (offiziellen) Films.

Bond-Texten bei aller historischen Anpassung und Veränderung der Figur einen bestimmten Bedeutungskern oder ein bestimmbares Bedeutungsspektrum umspielen – warum sollte dann nicht dieser Kern, dieses Spektrum als die Bedeutung der Figur angesprochen werden. Dadurch wird Bond dann als ein bestimmtes Zeichen, ein bestimmtes Wort unserer Kultur, unserer Sprache beschreibbar«[5].

Etwas Fixes ist an oder in James Bond, ganz gleich in welchem Medium er erscheint und von welchem Schauspieler er *verkörpert* wird. Alles Modernisieren und Abstimmen auf neue Zielgruppen und Standards des Unterhaltungskinos geht solange gut, wie dieser Kern die Belastung aushält, und er scheint einiges vertragen zu können, inklusive den Fliehkräften der unterschiedlichsten Ironie-Formen. Man kann diesen Bedeutungskern vielleicht konkreter fassen, indem man zwei zunächst gewaltige Termini benutzt, ohne zu sehr in ihre Untiefen hinabtauchen zu müssen: Archetyp und Mythos.

Archetypen, Urbilder, sind nach C. G. Jung Dominanten des kollektiven Unterbewussten[6] und dem Menschen als Wesensmerkmal stammesgeschichtlich mitgegeben. Sie stellen *abstrakte* Grundmuster und -motive dar, Situationen, Figuren, (Erzählungs-)Abläufe etc.

Mythen wiederum sind Ausgestaltungen dieser Archetypen[7]: Sie sind die konkreten Erzählungen und Figuren, die den abstrakten Grundideen Form geben und sie interpretieren, also übersetzen. Mythen bedeuten die Ausprägung der ihrem Wesen nach unzugänglichen Archetypen. So kann man leicht jedes 007-Abenteuer auf die typische Heldenreise herunterbrechen, wie sie Joseph Campbell in seinem wegweisenden Buch »Der Heros in tausend Gestalten« ausmacht (womit natürlich weder die popkulturelle Eigendynamik und ihre Referenzen, noch die Selbstreflexion der Bond-Serie berücksichtigt würde): Die »übernatürliche Hilfe«, also die magischen Utensilien entsprechen Qs Wunderautos und -uhren, ebenso wie sich eine ironische »Verweigerung der Rückkehr« ausmachen lässt, wenn sich 007 nach getaner Pflicht erst mal mit dem Bond-Girl im Gummiboot oder Spaceshuttle vergnügt. Von den archetypischen Gegensätzen, nach denen bereits Fleming seine Handlung aufgebaut habe, schrieb schon Umberto Eco[8], und Fausto Antonini stellte fest: »Bond ist der Archetyp des Helden, aber eines Helden, der vom kollektiven Unterbewussten unserer Zeit imaginiert und produziert worden ist«[9].

»James Bond« als eine Erzählung stellt ein eng verschnürtes Bündel von Eigenschaften, Attributen und Attributionen dar, das direkter als andere »Helden« die Verbindung zu etwas tieferliegendem, sprachlich schwer (wenn überhaupt) Fassbarem hält. Dieses Urtümliche macht James Bond 007 so stabil, dauerhaft und einzigartig. Schnürt man dieses Bündel einmal auf, finden sich einzelne Elemente der Figur James Bond, die auf unterschiedlichen Ebenen wirken, wie auf der seiner Rollenposition, des »Charakters« seiner generellen Rezeption und der ihrer Vermarktung.

Identifikation und Souveränität

Es gibt drei Arten von Helden: Diejenigen, die wie »wir« sind; jene, die so sind, wie man sein *sollte*. Und es gibt die Helden, die so sind, man es gerne wäre. Zur ersten Sorte gehören die Hauptfiguren diverser Sozialdramen, wirkliche Alltagsmenschen, die sich durchboxen. Die zweiten sind vom Schlage eines Sheriff Kane alias Gary Cooper in Fred Zinnemanns HIGH NOON (USA 1952): moralische Vorbilder, die die Welt auf ihre Art besser machen. Schließlich sind da Figuren wie die des James Bond: Evasions-Agenten. Bond ist jedoch nicht

»Living on the edge is the only way he lives« – Timothy Dalton zwischen Luxus und Tod in THE LIVING DAYLIGHTS.

weniger ›wirklich‹ als manche elaborierten Helden des Autoren- und Betroffenheitskinos, nur weil er primitiver ist – oder primitiver dargestellt wird. Seine Welt ist nicht *falsch*. Oreste del Buono bemerkte schon hinsichtlich der Romane, was mit Abstrichen und Dreingaben noch für die Filme gilt: »Evasionsliteratur? Gewiss sind die Abenteuer des 007, als Romane betrachtet, Evasionsliteratur. Romane sind immer Evasionsliteratur [...] Aber seit die Welt besteht, hat Evasionsliteratur, auch die leichteste und ungeschliffenste, über die Realität häufig etwas mehr ausgesagt, als es dem bewusst realistischen Dokument je zu sagen gelungen ist«.[10]

Selbst diejenigen, die am lautesten schimpfen, wollen ein wenig wie James Bond sein, mag dieser Macho und Snob menschlich und ideologisch noch so unsympathisch daherkommen. Doch bedeutet das nicht automatisch, man glaube tatsächlich, sein zu können wie James Bond – oder dass es *generell* möglich ist. Die meisten wissen, dass der 007 der Filme der einer Märchenwelt ist, einer der Erwachsenen natürlich, wo Magie durch Technologie und unbegrenzte Finanzmittel ersetzt wurde.

Das ist die äußere Schicht. Die Figur James Bond mag übertrieben sein; konkrete und reale Vorbildelemente bleiben nichtsdestotrotz.[11] Man braucht nur das Überbordende und Comic-Hafte subtrahieren. 007 ist so spannend, weil vor dem Hintergrund des ständigen Spektakels diejenigen Eigenschaften, die uns fesseln, am besten zur Geltung kommen. James Bond daheim nach Feierabend ist langweilig. Das gilt allerdings nur für den des Kinos. Die Romane verwenden reichlich Zeilen darauf, zu beschreiben, was sich Bond wie kocht, bestellt, wo er was einkauft etc. (Kingsley Amis kann in seiner profunden wie amüsanten Analyse des Bonds der Fleming-Bücher daher u. a. genau »beweisen«, dass Bond in seinem Alkoholkonsum ein Effizienztrinker ist[12]; bei den Filmen käme bei einem solchen Unternehmen bestenfalls eine *Product Placement*-Werbeliste heraus).

In den Filmen ist für 007 nur Raum für Privates, wenn es darum geht, einen neuen Darsteller zu etablieren. James Bond muss zunächst »geerdet« werden, um neu ins Stilisierte durchstarten zu können. So sieht man nur zweimal seine Privatwohnung, in Dr. No, dem ersten Film der Reihe und damit dem ersten mit Sean Connery, und in Live And Let Die, wenn Roger Moore die Rolle übernimmt. George Lazenby in seinem einzigen Auftritt in On Her Majesty's Secret Service darf dagegen M daheim besuchen, seinen Job kurzfristig kündigen und zuletzt gar das Bond-Girl heiraten. Timothy Dalton wird in seinem Debüt The Living Daylights wiederum so viel mehr an Menschlichkeit (bis hin zur Verachtung gegenüber dem Beruf) gegönnt, und Pierce Brosnans Rolle und Charakter im postmodernen GoldenEye einer so übergeordnete Betrachtung unterzogen, dass bei beiden ein Hausbesuch entfällt. Casino Royale, der vom Einspielergebnis her den erfolgreichsten Start eines neuen 007-Akteurs darstellt, orientiert sich ironischerweise am Erfolglosesten: Wie in On Her Majesty's Secret Service begegnet Bond bei seinem ersten Doppel-Null-Einsatz M privat und verabschiedet sich wegen einer Frau aus dem Geheimdienst (allerdings bricht er in Casino Royale bei M ein, und die

Veräußerung ins Extrem getrieben – Bond als Schnittpunkt von sexuellen Reizen und abstraktkalter Hochtechnologie, mit schicker Garderobe und gewalttätigem Schuss-Apparat: das Interpretationsangebot ist allein auf der Bildebene enorm (Roger Moore und Britt Ekland in THE MAN WITH THE GOLDEN GUN).

geliebte Vesper entpuppt sich als Verräterin).

»[E]s ist nicht wahr, dass 007 keine Innenwelt habe. Im Film erscheint es so, weil die Filme, zumindest die bis jetzt gedrehten, die Figur ärmer gemacht haben [...]. Ian Fleming hat uns dagegen viele Hinweise gegeben; er hat uns tatsächlich echte, innere Monologe, Bewusstseinsströme von 007 geliefert«[13].

Man kann Furio Colombo zustimmen, dass die Bond-Figur nie so plump war, wie sie gerne kritisiert wurde. Doch es ist fragwürdig, die Romane und Kurzgeschichten verteidigen zu wollen, indem man die Filmadaptionen herabsetzt: 007 war in den Vorlagen zwar durchaus weniger eine Type als im Film. Ein gutes Stück der »Verflachung« rührt aber schlichtweg daher, dass die Kinoleinwand wenig Raum für innere Monologe und dergleichen bietet. Ebenso fiel es leicht, seinerzeit mehr Charakterzeichnungen zu fordern, da die ersten Connery-Bonds über eine Welt kamen, in der die Prosa Flemings präsenter war und die Figur noch kein globales Phänomen.

Den Bond des Kinos zum groben Abziehbild – auch als das der Fleming-Romane – zu erklären, verfehlt seinen Kern allerdings ebenso wie ihn als Parodie oder unverbindlichen Spaß zu feiern. Jede genauere Ausgestaltung der Figur steht vielmehr ihrer Funktion als Träger gewisser Eigenschaften und Bedeutungen im Weg. Schon für die Romane galt z. B.: »Natürlich hat James Bond kein Heim«[14], er fühlt sich im »anonymen Komfort völlig behaglich«[15]. Genau diese Anonymität zeichnet ihn u. a. als Zeitphänomen aus und bringt ihn dem Publikum näher. Bond ist als Identifikationsfläche spiegelblank. Wie Batman, Harry Potter, Tarzan und viele andere populäre Helden hat er früh seine Eltern verloren. Ohne eine formende Abstammung ist er ganz auf sich geworfen, er ist ein Charakter aus sich selbst heraus. Damit ist mehr anzufangen, weil so nicht viele Bedingungen mitzudenken sind. So gilt mehr noch für den Film-Bond, was Antonini 1966 für den 007 der Literatur feststellte: »Wir sollten deshalb nicht sagen, dass die Leute nicht an James Bond *glauben*, weil er nur oberflächlich und im plattesten Sinne wahr ist. Die Leute glauben an Bond, weil sie an die Möglichkeit glauben, einen gewissen Typ von Welt gänzlich zum Teufel schicken zu können«[16]. Das Abstraktum James Bond repräsentiert diese Möglichkeit des Stils und seiner Lebensführung, denn nicht nur, dass ein »gewisser Typ von Welt« zum Teufel geschickt wird, er wird es von einem – und zwar diesem – gewissen *Typen* mit der Nummer 007. Was James Bond nämlich all den anderen Heroen voraus hat, ist seine Souveränität, eine selbstbewusste Lässigkeit, mit der er stets der sprichwörtliche Herr jeder Lage ist. »Suave«, wie er im Englischen oft beschrieben wird – was man als »weltmännisch« oder »gewand«t übersetzen kann –, trifft das nur zum Teil. »Die distanzierte Ironie, die dennoch über allen diesen erstaunlichen Geschichten zu schweben scheint, ist auch noch *innerhalb*, nicht *außerhalb* des Spiels. Es ist Bonds Art und Weise, das Leben zu nehmen.«[17]

Diese Haltung ist denn auch nicht auf eine fiktionale Welt beschränkt. Sie fasziniert – und ist der Grund, weshalb James Bond-Parodien gegenüber ihrem Gegenstand immer etwas hilflos bleiben. 007 ist knallhart, ein cooler Kerl, aber das sind andere auch. Seinen »Charakter« hingegen zeichnet ein aggressiv unerschütterliches Selbstvertrauen aus, mit dem bzw. durch das alles nur Spiel ist. Bond ist also nicht so reizvoll, weil er sich immer in Extremsituationen befindet, sondern weil er fähig ist, diesen Momenten nicht nur körperlich, sondern auch mental zu begegnen. Nicht, *dass* er es schafft, zählt, eher noch, *wie* er es tut, also mit welcher Nonchalance. Es relativieren sich die Gefahren an Bond und seiner Haltung (und müssen in den Filmen umso gewaltiger sein). Das gilt sogar für eine ganz besondere Herausforderung – Sex. Dank 007 weiß man(n): So etwas simples, weil zweckmäßiges und unverbindliches kann das sein.

Körperertüchtigungen à la 007 – Sean Connery in NEVER SAY NEVER AGAIN.

Der Vorwurf, Bond wäre eine eindimensionale Figur, läuft so ins Leere. Er ist (was nicht das gleiche ist) simpel gestrickt, doch eben darin liegt sein Reiz: Er repräsentiert ein Bewusstsein, dem derlei Wünsche (»Jemand sein«) und Reflexivität fremd sind. Bond *ist*. »He acts, while other men just talks«, heißt es im Titelsong zu THUNDERBALL, und man mag über so unverfälschten Machismo lächeln, gerade unter Gender-Aspekten ist das Konzept »James Bond« eine wahre Schatzkiste. Der Mythos 007 bietet in seiner minimalen Ausgestaltung eine ansonsten beneidenswerte Reduziertheit, die alles andere als realitätsfremd ist, weil sie ein Wahrnehmungsangebot darstellt.

Herkunft und Nostalgie

Die Figur »James Bond« ist nicht zu erfassen, ohne ihre Herkunft und die Zeit zu berücksichtigen, aus der sie heraus- und in die sie hineingeboren wurde.

Den einfachsten Zugang bietet die Tradition des Genres: Selbst wenn seine Einzigartigkeit gegenüber anderen »Polizeifiguren« und sein Erfolg (auch der der Rezeption und der Aneignung[18]) das gerne verschleiern, ist 007 nicht aus dem Nichts entstanden. Wie alle Superhelden der Populärkultur ist Bond eine Kombination, die Altes mit Neuem, Erfolgreiches mit Ungewissem oder bislang Unversöhntem verbindet[19]. Die Figur des Tarzan z. B. bringt den edlen Wilden zu seinem Endpunkt, indem er einen echten Edlen (= Adligen) als Affenmenschen aufwachsen lässt. Bond wiederum als Held aus dem Fach des Krimis und seiner Privatdetektive[20] ist ebenfalls eine Synthese aus Fortschritt und Rückbesinnung. Nach den gediegenen *Armchair Detectives* der gehobenen Schicht, die ihre Fälle als intellektuelle Rätselknacker statisch und aus der Ferne lösten, ging es mit den Proletariern Dashiell Hammetts und Raymond Chandlers auf die Straße, wo sie sich die Hände dreckig, die Füße staubig machen und sich auch mal ein Auge blau hauen lassen mussten. Statt elitärem Knobeln war die Bewegung, die »Action« zum Mittelpunkt geworden, und wenn bei THE BIG SLEEP (USA 1946) Regisseur Howard Hawks angesichts

des verworrenen Plots den Durchblick verlor, zeigte das nur, wie belanglos der Fall und seine Auflösung geworden waren. Das ist auch den Bond-Abenteuern im Kino eigen, ebenso wie das *Toughe* und die schiere Aktion. Doch Bond hatte zudem die Noblesse eines Sherlock Holmes zurückgebracht, inklusive des

Was dem Hardboiled-Detektiven seine Kaschemme, ist dem mondänen Agenten (wieder) Salon, Club und Casino.

Schurken, der statt Dr. Moriaty nun Ernst Stavro Blofeld hieß. Bond ist weniger Schnüffler zum alltäglichen Broterwerb als erneuter Vertreter des gehobenen Bürgertums, jedenfalls vordergründig. Und statt sich die Psychoduelle mit den Gaunern in verrauchten Hinterzimmern – oder bestenfalls zwielichtigen Hollywood-Villen – zu liefern, beharkt man sich im edlen Blades-Club, »echten« Casinos oder beim Golf.

Bond ist jedoch ganz bewusst kein *Privat*detektiv. Seine Lizenz zum Töten gründet sich auf der letzten, gerade noch säkularen Berechtigung, die damit so heikel wie aufregend ist. Antonini sieht in ihr ein Kernzeichen der ambivalenten Identifikation mit Bond. Dank Doppel-

Null kann Bond sich für uns auf unerlaubten und aggressiveren Ebenen austoben, wie es ansonsten nicht gestattet wäre: Ohne Erlaubnis töten, das darf nicht sein, und so allgemeine oder fest umrissene Legitimationen wie die des Soldaten oder Henkers genügen nicht. Durch die Lizenz zum Töten wird hingegen ein finsterer Trieb befriedigt, eine Lust stimuliert und gleichzeitig wieder verborgen, ohne verdrängt zu werden[21]. Doch wer oder was genau verleiht diese Erlaubnis – »Für England, James?«

»Sorgfältig verpackte Britishness« in ON HER MAJESTY'S SECRET SERVICE.

Das stete, steife Empire bietet das Korsett, mit der man – wiederum – das Aufregende in Sachen Sex und Gewalt, Exotik, Luxus und Brutalität in Form schnürt. Man kann überlegen, wie legitim solch ein unhinterfragter Rückhalt sogar in der Fiktion ist: Bond mag noch so spöttisch an Ms Autorität kratzen, infrage stellt er sie nie, und ganz gleich, wie sehr er mit Qs Ausrüstung herumalbert, sie ist es, die ihm das Leben rettet. Auch wenn er sich nach getaner Arbeit ein Schäferstündchen gönnt, statt sich sofort wieder zum Dienst zu melden, ist 007 im nächsten Film doch wieder im Einsatz – und von der Frau, die in seinen Armen lag, ist nichts mehr zu sehen. Im Gegensatz zu den Romanen, die in Beziehungsfragen durchgehendere Stränge bieten und mehr von seinem Privatleben zeigen, ist die einzige Konstante in den Bond-Filmen seine Loyalität zum Beruf und dem Kern-Personal der Serie.

Ist James Bond also doch nur der gedankenlose Erfüllungsgehilfe des alten Empire und damit die nachträgliche Sicherung des Kolonialismus? In GOLDENEYE konfrontiert ihn der Gegenspieler und ehemalige Doppel-Null-Kollege Alec Trevelyan (Sean Bean) mit dieser Treuepflicht, die auf menschlicher Ebene bitter schmeckt: »007s Loyalität gilt immer nur seiner Mission. Und nie einem Freund.« Diese Zweifel innerhalb der Filme sind allerdings ebenso reine Ausschmückung wie der Vorwurf unnütz, die Bond-Filme würden versuchen, Großbritannien als Weltmacht zu halten oder wiederherzustellen. Natürlich ist es merkwürdig, wie doch immer England über seinen Agenten 007 die Welt vorm Abgrund bewahrt und dabei die US-Amerikaner zu Hilfskräften degradiert. Blofeld (Charles Gray) amüsiert sich in Diamonds Are Forever darüber, dass Bond im Finale auf seiner Bohrinsel erscheint, von der aus der Schurke die Großmächte erpresst: Bonds »kleine Insel« sei schließlich nicht mal bedroht worden. In Wirklichkeit geht es jedoch nicht um das reale Britannien sondern um ein *gefühltes*: »Was die Bond-Filme präsentieren ist eine Vorstellung von Britishness, sorgfältig verpackt für den internationalen Markt«[22]. James Bond verteidigt im Auftrag ihrer Majestät eine Assoziation, ein Simulakrum. Der 007 der Filme ist daher (auf der enger gefassten Ebene des Begriffs) unpolitischer und zeitloser – genauer gesagt, der Zeit enthobener – als jener der Fleming-Romane.

Selbstverständlich sind auch darin die frühen Filme deutlicher als die aktuellen, die in einer uniformen Massenkultur als Blockbuster für einen globalisierten Geschmack konzipiert wurden und in Jahrzehnten ihrer Tradition entwachsen sind. Doch die alten Abenteuer prägen die neuen mit, sei es auch nur über die Erinnerung an sie (James Bond ist nicht eine Figur, die aus vierzig Jahren Kino entstanden ist, sondern eine, die diese 40jährige Kinogeschichte in sich vereinigt und in sich anhäuft).

Das virtuelle Großbritannien, das Bond in sich birgt, ist mit einer gehörigen Portion Nostalgie verbunden, die eher eine Zeit denn einen Ort markiert. Es ist das Bild eines Kolonialreichs, das die Exotik in den eigenen geordneten und geopolitischen Schranken zeichnete.[23] Welchem Wirklichkeitsanspruch das entsprechen mag und welche ungeheuren Schweinereien wie Rassismus und Ausbeutung von so einer noblen Oberfläche auch immer verdeckt werden, ein verführerisches Bild bietet es trotz oder gerade wegen seiner Kritiklosigkeit (die teilweise der arroganten Selbstgewissheit des Bond-Charakters entspricht). Edle Clubs und livrierte Diener, Kartenspiel, Klassenunterschiede und eine gemeinsame Identität, die diese soziale Differenzen überwand und zugleich zementierte, gehen einher mit einem gewissen Stil samt einer stoischen Haltung. Ölgemälde maritimer Sujets auf der Seidentapete: Der Odem der Alterwürdigkeit, der auch ganz direkt in den Bond-Filmen eingesetzt wird, beschreibt eine Sehnsucht – umso mehr noch, als ein so moribunder wie reflexiver Charme dieses Epochenbild und sein Personal prägt.

Diesen Hauch von Wehmut angesichts des Untergangs der alten Zeit(en) vermittelt das Ian Fleming-Biopic DER MANN, DER JAMES BOND WAR (GOLDENEYE: THE SECRET LIFE OF IAN FLEMING, Regie: Don Boyd)[24], eine TV-Produktion von 1989. Der Theatermime, Filmschauspieler und -regisseur Charles Dance, der in FOR YOUR EYES ONLY noch einen namenlosen Schurken gab, spielt hier den Bond-Schöpfer. Dabei ist dieser Fleming ein ruhiger, erwachsener Daniel Craig-007, der über all seine Sturm-und-Drang-Zeit so verletzt wie über seine emotionalen Unzulänglichkeiten leise geworden ist.

»Für England, James?« – Aber selbst darf er nur durch die Hintertür (Pierce Brosnan in DIE ANOTHER DAY).

Dances Fleming begegnet diversen Gefahren- und Luxussituationen, doch werden diese derart ironisiert, heruntergespielt oder verträumt ausgebreitet, dass in ihnen immer schon die Verarbeitung in der literarischen und filmischen Fiktion vorweggenommen ist (inklusive Anspielungen wie eine aus den Fluten steigende Schönheit am Strand). Der Verlust einer Liebe in Kriegszeiten, die Affäre mit der verheirateten Lady Rothemere – all das zeigt der Fernsehfilm, und mit ihm ein schillerndes, zugleich zerfallendes Leben.

Es ist eine angestaubte und umso schönere Noblesse, die sich ihrem Ende zuneigt: Mit seinen affektierten Freunden (darunter Noël Coward) und der Geliebten findet Dances Fleming auf dem Goldeneye-Anwesen ein Refugium im arkadischen Idyll weit weg vom steifen London. Auch weil Fleming den Hang zu jener Abgeschiedenheit hat, die allen Erfolg und zivilisatorische Höhen schon erlebt hat, ist sein Commander Bond – was sein Sex-Appeal natürlich steigert und seine »Oberflächlichkeit« mitbedingt – ein »Wilder«. Kingsley Amis' Verständnis von Bond als Verwandten des byronschen Helden (ohne dessen Ideal zu erreichen[25]) liegt hier mitbegründet. Die Figur des James Bond ist Flemings Vermächtnis an die Zukunft. Wenn Dance alias Fleming mit seinem schmalen Lächeln am Ende von GOLDENEYE die Aufführung von DR. NO besucht, ist der Film so wundervoll elegisch, weil mit Bond als *Agenten* und Gedenkträger ein würdiges Erbe der modernen Zeit überantwortet wird.

Nun steckt im Snobismus Bonds ein Hauch von Verachtung für gesellschaftliche Hierarchien. 007 steht damit über dem steifen Regelwerk und dem Ordnungsdenken – wie auch über dem Herrschaftsglauben über die (ehemaligen?) Einflussgebiete. Doch natürlich weiß er es zu *gebrauchen*. Er nutzt die alten Kontakte, findet ›niedere‹ Helfer wie Quarrel in der Karibik oder das Netzwerk der *Old Boys* der Eliteschulen, das noch in den absurdesten Ecken präsent ist (z. B. in der Wüste oder am Hindukusch – und auch hier wieder besonders in den Filmen THE SPY WHO LOVED ME und THE LIVING DAYLIGHTS). Dazwischen gibt es die listigen, lebensprallen und in ihrer Herkunft verankerten Unterstützer wie Ali Kerim Bey, Drako, »Tiger« Tanaka etc. Vaterfiguren und Kumpel, die sich hinaufgearbeitet haben bis in die gehobene Bürgerschicht, ohne jedoch mehr werden zu können als »unser Mann vor Ort«. Sie haben trotzdem etwas, um das jemand wie der Weltenbummler Bond sie beneiden müsste: ein Zuhause und eine Familie. Der vaterlose 007 ist ein in die Welt Geworfener. Als studierter Soldat tötet er für (ein Phantom-) England und dessen Geheimdienst, weil er nichts Besseres hat – Vesper Lynd »spießt« als Fiktion in CASINO ROYALE die Fiktion Bond treffsicher »auf«.

Welche erlesene Ausbildung und Fähigkeiten James Bond hat, welchen exquisiten Geschmack und Haltung er auch beweist, die Nummerierung entlarvt die Figur. 007 ist ein Angestellter, und als solcher wieder ein Mittler zwischen den Zeiten: »Seine soziale ›Rolle‹ ist immer eine doppelte: Geheimagent und [...] Beamter oder ein beliebiger Geschäftsreisender.«[26]

Die Idee »James Bond« und seine Abenteuer sind aus diesem Grund so reizend, und überwinden in ihrer Attraktivität Mitte des 20. Jahrhunderts die Kluft zwischen der Jugend, den konsum-, *jet-set-* und popkulturell (damit am Seriellen) orientierten, und den traditionsbewussten Älteren. Bond verteidigt ein *Royal Britannia* samt seiner Werte und Klarheit, aber als Verfechter des alten (fiktiven) Empires darf er weder ihm, noch dem neuen (real erfahrbaren) angehören.

Hier zeigt sich erneut, wie sehr »007« den Krimihelden von den US-amerikanischen *Hardboiled*-Detektiven weg- bzw. zurückentwickelt hat, zugleich aber auch, wie er diesen in eine Traumwelt transferierte. Die legitimen Brüder und Nachfolger von Philip Marlowe und Co. sind, weil sie auf der gleichen Wirklichkeitsstufe stehen, die glanzlosen Angestellten im grauen Staatsdienst, wie sie Len Deighton und John Le Carré ersannen. Sie erfahren nicht nur generell das Unrühmliche des Geschäftes, sondern vor allem das der eigenen Seite, mitunter am eigenen Leib. Für was Bond steht und kämpft, bleibt hingegen unhinterfragt wie die sagenhaften Aventurien eines Ritters, der die Jungfrau aus dem Zauberschloss des bösen Hexers rettet. Das Konzept »James Bond« ist zwar durchaus ambivalent. Allerdings ist es eine Zwiespältigkeit zweiter Ordnung, sei es auch nur im Sinne eines Wunschtraums all der realistischen fiktionalen Geheimagenten mit ihren Zwängen: James Bond funktioniert ungebrochen am besten als Realitätsflucht eines verdrossenen George Smiley[27], der sich dort ein wenig Klasse und Exotik erträumt, wo er Akten sortiert oder einen Gefangenenaustausch im trübsinnigen Grenzgebiet der DDR zu überwachen hat[28].

Von der Warte popkultureller und postmoderner Repräsentanz aus ist 007 dagegen der unverzichtbare, überlegene Parvenü, der zwischen der profanen Massen-Moderne und der elitären Etikette der Aristokratie samt allen Standesdünkeln vermittelt. Trotz Studiums in Cambridge und Offiziersranges – wiederum mehr in den Filmen als in den Büchern – vertritt er die neue Managerschicht und deren Professionalisierung.[29] Die Wertigkeiten sind dabei über Jahre und Jahrzehnte nicht gleich, Bond jedoch gerade wegen seines Zwischenstandes aktuell geblieben. Als der längst-nicht-mehr-Adlige war er in den 1960ern deshalb so ein origineller Typ, weil er alleine um die Welt reiste, Interkontinentalflüge nutzte, als wären es Busfahrten im Stadtverkehr, und in fernsten und schönsten Ländern unbekümmert und ohne Konsequenzen tolle Frauen ›flachlegte‹ (und damit für zwei neue Erfindungen eine chauvinistische Anwendung erfand: das *Playboy*-Ideal und die Anti-Baby-Pille).

Mittlerweile hat sich einiges geändert: Das luxuriöse Altmodische hält 007 attraktiv und ermöglicht die für den Mythos wichtige Erhabenheit, die bei allen Lebensmodellen und -möglichkeiten verloren gegangen ist. (Das es zugleich ein Bedürfnis danach gibt, zeigen die Erfolge der »Harry Potter«-Romane mit dem alterwürdigen Hogwarts, seinen Schuluniformen und den verschiedenen ›Häusern‹). Heute ist es eher das Angestaubte und die irreale Noblesse, die Bond gegen alle anderen Action-Akrobaten abhebt.

Luxus und Exotik

Es liegt an 007 und seinem Erfolg selbst, weshalb der Weltreisende, der sich in Flughafenlounges betrinkt und in der Fremde libidinöse Abenteuer sucht, so abgeschmackt geworden ist.

Der Reiz der Fremde hat nachgelassen, seitdem Pauschal- und Sextourismus all den anderen schillernden Orten die Exklusivität ausgetrieben haben. Sie umweht gerade dank Bond noch immer der Charme eines Abenteuerspielplatzes, selbst wenn sie längst den Massenurlaubern anheim gefallen sind. Doch die Reisesendungen im TV haben den 007-Filmen die Bildermacht und Deutungshoheit über die Exotik längst abgenommen.

Bonds Weltenbummelei war immer über den Plot verankert: »[...] [D]a ist noch mehr, da ist der Geschmack am Exotischen, der nicht zeitgenössisch ist, auch wenn man die Trauminseln im Jet anfliegen

Traum(arbeits)ur-
laub für Handlungs-
reisende: 007 mit
Verräterin in der
Karibik – natürlich
nach dem Schäfer-
stündchen (Roger
Moore u. Gloria
Hendry in Live And
Let Die).

kann«[30]. Dennoch hat sich der Globus selbst für James Bond verbraucht. Man muss sich nur das sinnfreie Location-Hopping von Die Another Day vor Augen führen, das vom Drehbuch kaum mehr begründet wird, und es mit der Beschränkung von Dr. No auf Jamaika vergleichen, um zu erkennen, wie einst einmal weniger mehr sein konnte.

Für den Mythos James Bond bleibt jedoch Luxus (untrennbarer verbunden mit der Souveränität) und damit auch das Exklusive ein wichtiges Element. Es geht um mehr als den bloßen Reichtum: Lux, das Leuchtende, meint Eleganz, das Vornehme und Erlesene – und den Platz in der High Society hat James Bond als Spannungsheld selbst nach fast fünfzig Jahren ganz allein inne. So sehr hat er sich in dem Bereich festgesetzt, dass jeder, der auch nur kurz einen Smoking anzieht oder in die Nähe eines Casinos kommt, sofort als Abklatsch oder ironisches Zitat identifiziert wird. Bruce Willis, Stallone und Schwarzenegger, Norris, Seagal, Vin Diesel, The Rock – und vor ihnen (und Bond) Eddie Constantin – mögen noch wildere Kerle (gewesen) sein: ihre Figuren kommen über die Rolle des Straßenbullen nicht hinaus.

Den echten Gentleman, *dressed to kill* und zwar maßgeschneidert, haben Fleming, Broccoli und Saltzman für die Beletage so punktgenau getroffen, dass der dort nun die Alleinherrschaft beansprucht – und solchen Unsinn treiben darf wie z. B. den »Jahrgang« des Sherrys am Geschmack erkennen (Diamonds Are Forever). All die aberwitzigen Missionen haben so etwas von den sportlich-kühnen Eskapaden wie eine Safari, mit denen sich die feinen Herren die Zeit vertrieben. Bond verkörpert jedoch einen neuen Luxus – mehr noch: einen Meta-Luxus. Auch der ist die Ausgeburt einer lebensweltlichen Wende mit Bond als ihrem Übergangshelden, der das Überkommene ins Zeitgemäße rettet. Man kann es die Ironie des Snobismus nennen oder einen ironischen Snobismus, oder auch Paradoxie: 007 fungiert als Vorkämpfer des »Edel-« oder des »Super-*camp*«. Er ist nicht zuletzt deshalb so populär, weil er die Ideale der Massen-, Konsum-, Werbe- und Wegwerfgesellschaft zwar vorlebt, formal aber nicht ihren Geschmack teilt. 007 trinkt Dom Péringnon oder Bollinger, aber so, *als könnte* das Coca-Cola sei – eine, die es lässig und zugleich nach bewusst blasierten Regeln zu genießen gilt. Diese affektierten Vorgaben zu verletzen, z. B. den Champagner über der exakt festgelegten Temperatur zu konsumieren, sei schließlich (wie er in GOLDFINGER befindet), als würde man den »Beatles« ohne Ohrenschützern zuhören.

So ein Satz 1964, in dem Jahr, als allein die »Beatles«-Singles (man beachte die *Working Class*-Titel) »Can't Buy Me Love« und »A Hard Day's Night« jeweils drei Wochen lang die Nummer 1 der englischen Charts waren, zeugte von gehöriger Frechheit – *besonders* als der Soundtrack-Album von GOLDFINGER die »A Hard Day's Night«-LP vom ersten Platz verdrängte.

Doch selbst die ernsthaftesten Teenager und Pop-Fans konnten 007 diese Missachtung der Pilzköpfe (die sehr nach der ihrer Väter klingen musste) verzeihen, weil er zum Ausgleich im vornehmen Golfclub Goldfinger so genüsslich skrupellos beim Spiel betrog.

Bonds spielerische, selbst innerhalb der Fiktion reflexive Eleganz bekommt dadurch einen

Zwei Halunken beim distinguierten Spiel – Sean Connery und Gerd Fröbe in GOLDFINGER.

gehässigen, lauernden Zug. Bonds Luxus ist ein *gemeiner*. 007 schätzt guten Wein, genießt Beluga-Kaviar und kann sich am teuren, präzisen Hochleistungsmotor eines erstklassigen Automobils erfreuen, wenn er es bei Höchstgeschwindigkeit über die Landstraße jagt. Er besteht auf seinen Manierismen (»Geschüttelt, nicht gerührt«), und egal wie oft sie ihm das Leben retten: Die Frauen der Bond-Filme sind immer Luxus-Artikel. Aller Eigensinn und jede selbstbewusste Eigenständigkeit ihrer Figur machen sie immer nur wertvoller.[31]

Aber Bond darf guten Gewissens, ohne Scham und Bescheidenheit so sein, weil es zugleich sein Job ist. Seine Gegner verkörpern bis heute die Kriegsgewinnler und Neureichen der Nachkriegszeit, die in die edlen, eigentlich elitären Clubs gelangt sind, wo »England« sie, die ohne Geschmack aber mit Instinkt agierten, nicht haben will. Bond ist ihnen nicht unähnlich und wird deshalb auf sie angesetzt. Die Figur 007 dient dabei auch der Errettung des Luxus, weil dieser durch »James Bond« so freudig zelebriert und zugleich doch nur *benutzt* wird. Mit dieser Nachlässigkeit, die hier frivol genießt und dort nur Mittel zum Zweck ist, repräsentiert Bond eine einzigartige, zeitlose und unverwundbare Form des privaten Reichtums. Teures ohne Grund billig behandeln (so wie Goldfinger) wäre vulgär. Bonds Missachtung ist dagegen die einzig legitime, die den Luxus nicht (nur) zerstört, sondern ins Extrem treibt: das des Pragmatismus'. Im Einsatz für so etwas Wichtiges wie die Weltrettung fährt 007 sein teures Autos regel-

Tränengas-Koffer mit zerlegtem Gewehr (FROM RUSSIA WITH LOVE), multifunktionale Wunder-Uhren (hier: GOLDENEYE) und der Aston Martin DB 5 (aus GOLDFINGER) – kein Luxusartikel, der nicht noch durch knallharte funktionale Technik auf- und umgewertet werden könnte.

mäßig zu Schrott, doch schon vorher hat Q diesen Aston Martins oder BMW ihren leeren, rein demonstrativen Reichtum ausgetrieben (oder ausgefüllt), indem er ihnen Raketenwerfer, Schleudersitze und Selbstzerstörungsmechanismen einbaute. Gleiches gilt für die Armbanduhren, und selbst den Smoking trägt 007 als Blaumann, beiläufig und gedankenlos, aber mit Stil, z. B. wenn er an Hausfassaden herumklettert (DIAMONDS ARE FOREVER, LICENCE TO KILL). Gegen Weltraumlaser und gestohlene Atombomben ist das Beste nämlich gerade gut genug. Betrachtet man Luxus als Medium, als Zeichensystem, das eine soziale Stellung und ihren Wert kommuniziert, unterläuft 007 diesen Code und unterfüttert ihn zugleich. Während sich, im Sinne Jean Baudrillards, das Zeichen vom Inhalt löst, um eine leere Ordnung zu kreieren (das edle Attribut verweist nicht mehr auf eine Stellung oder darunter liegende Wesensart, sondern nur noch auf sich selbst), findet James Bond eine – neue – Bedeutung dafür. Er gibt ihnen einen Gebrauchswert.

Über die Fiktion hinaus hat sich diese Spirale jedoch schon wieder eine Runde weitergedreht. Es ist wie mit der Figur des Malteserfalken aus John Hustons Film (USA 1941): Das Requisit wurde zum begehrten »echten« Sammlerstück, obwohl (oder weil) es in DIE SPUR DES FALKEN nur um eine *Fälschung* ging, hinter der Protagonisten herjagen.

Bei Bond ist es z. B. das Auto, die Garderobe oder die Uhr: Wollte man früher diese Marken besitzen, weil nur die Hautevolee sie sich leisten konnte, reizen sie nun, weil sie »von James Bond« sind. Ähnlich ist es mit dem Reisen, in Thailand werden heute noch Ausflüge zum »James-Bond-Island« beworben, auf dem man vor dreißig Jahren THE MAN WITH THE GOLDEN GUN drehte.

Hinzu kommt das Merchandising: Während Bond Exklusives erst »entweihen« musste, konnten Konsumartikel des Alltags wie Krawatten und Rasierwasser mühelos vom Mythos 007 profitieren (so wie der Roman-Bond aus ihren teuren Gegenstücken Kapital schlug). Welche Zeit sich in Bond als Massenkultur- und Konsumheld dabei eingeschrieben hat, kann man erahnen, wenn man sich sein Werbeumfeld betrachtet. Auf vielen Seiten lieferte der *Spiegel* 1965 einen »Report über James Bond, Bonditis und Bondomania«. Anlässlich des bevorstehenden Starts von THUNDERBALL wurde über das Phänomen 007 berichtet, über Fleming, die Verfilmungen und den Bond-Hype. Zwei Fotostrecken zeigten dessen Auswüchse: 007-Pyjama, -Wodka, -Pullover für den Herren, für die Damen *Goldfinger*-Schuhe, -Negligé und -Schmuck. Noch markanter erscheint jedoch mittlerweile die unabhängige Werbung mittendrin. Lucky Strike warb für seine Zigaretten mit dem Slogan, der geradezu für Bond gemacht war: »Weltruf ist nichts anderes als Qualität«.[32] Heutzutage ist so etwas nicht mehr denkbar, die Welt und ihre Massenkultur(en) sind für einen derartigen globalen Erfolg zu zersplittert, und Zigarettenwerbung in Zeitschriften ist dank EU-Recht verboten.

Schluss

Zu der einen Form der Nostalgie, die Bond so reizvoll macht(e) und die mit Daniel Craig als Darsteller womöglich langsam ihr Ende findet, gesellt sich eine andere oder ersetzt sie sogar. Denn während die Kids ins Kino gehen, um den neuesten Bond-Film zu sehen und sich in der Videothek die der jüngeren Zeit ausleihen, schauen daheim Papa und Opa die alten im Fernsehen. So ist Sean Connery als Bond immer noch genauso präsent wie Pierce Brosnan oder Craig. Neben der Tradition der Filme tritt die der Rezeption. Man wächst mit 007 auf – immer wieder. Und auch wenn James Bond erhebliche Konkurrenz in Sachen Aufmerksamkeit und Coolness bekommen hat, weist doch keine einen solchen zeitlichen und kulturellen ›Resonanzboden‹ auf wie der Geheimagent Ihrer Majestät.

Was schadet es also, wenn jetzt Daniel Craig zum »James Bond« gemacht wird, der privat keinen Wodka Martini schlürft und die falsche Haarfarbe aufweist. Er liefert die Ausgestaltung einer weiteren Facette Bonds. Wenn er im Smoking keine so gute Figur macht, schadet das nichts, im Gegenteil, vielleicht ist es für Bond nötig geworden, sich über Kanten und Haken wieder seiner Herkunft bewusst zu werden, um zukunftstauglich zu werden. Denn bei all den Abermillionen, die die Filme schon lange kosten und einspielen: James Bond ist und war immer ein Held des B-Movies. Gerade weil er es war, durfte er sich so ausgelassen gebärden.

Ebenso hat es Methode, dass die Wahl für den neuen Darsteller mit Craig wieder auf einen relativ unbekannten Akteur gefallen ist. Hugh Jackman, George Clooney, Ewan McGregor waren im Gespräch, aber wie groß der gehandelte Star auch ist: Der 007-Smoking als Erbe und Verpflichtung wird immer noch größer sein, weil »James Bond« mehr und vielfältiger als andere Figuren ist, ein Set an Eigenschaften, Verweisen und ein *Gefühl*. Er wird immer »nur« die Ausgestaltung einer sehr abstrakten Figur bleiben, die letztendlich so unfasslich wie universell ist – und vor allem *larger than life*. Denn natürlich kann Herr Craig ein Auto mit Schaltung bedienen, und die beim Dreh ausgeschlagenen Zähne waren eine gelockerte Krone.[33]

James Bond returns? Braucht er nicht, er war nie weg und wird es nie sein.

Anmerkungen

1 S. 22

2 Was wissenschaftlich nachzuweisen ist (vgl. Wilke 2002, S. 16)

3 »*Given the quite extraordinary success of the films, it seems rather too simplistic to suggest, as the trade press did, merely that they exhibited in full measure the sort of entertainment value that cinema-goers wanted*« (Chapman 1999, S. 114)

4 Hügel 1999, S. 7

5 ebd., S. 8

6 vgl. dazu auch Jacobi 2003, S. 47

7 Für einen kurzen prägnanten Überblick über einige Aspekte des schier unerschöpflichen Mythenbegriffs vgl. u. a. Skarics 2004, S. 32 ff.

8 1966, S. 115

9 1966, S. 152

10 Buono 1966, S. 66

11 »*Wie es faktisch ist, kann das Individuum die volle Idee des Menschen nur fragmentarisch und verzerrt darstellen*« (Campbell 1999, S. 366)

12 vgl. dazu auch: Lippelt 1998

13 Colombo 1966, S. 134

14 Colombo 1966, S. 122

15 ebd.

16 Antonini 1966, S. 168 – Hervorhebung im Original

17 Antonini 1966, S. 168

18 Zu den beiden Begriffen im Sinne der Cultural Studies vgl. u. a. kurz und prägnant Mirkos 2006, der schon ahnen lässt, was für ein lohnenden Untersuchungsobjekt in der Hinsicht James Bond darstellt.

19 vgl. dazu auch: Hügel 1999, S. 9

20 vgl. dazu u. a. auch Buono 1966

21 vgl. Antonini 1966, S. 157

22 »*What the Bond films present is an image of Britishness carefully packaged for the international market.*« Chapman 1999, S. 274

23 Es dürfte kein Zufall sein, dass während der Neuordnungs- bzw. Erschöpfungsphase der Filmreihe in den 1980ern die geschichtsträchtigen

Gebiete des Empires, seine Grenzen und Interessengebiete abgeschritten wurde: Griechenland (FOR YOUR EYES ONLY), Indien (OCTOPUSSY), Gibraltar und Afghanistan (THE LIVING DAYLIGHTS). Besonders markant und spielerisch zugleich wird es nach dem Weggang des Produzenten Harry Saltzman und der (Neu)Orientierung hin zum teuren und teuersten Schaukino in THE SPY WHO LOVED ME von 1977: Bond segelt mit einem Union Jack-Fallschirm zum Auftakt in die Tiefe und ist auch sonst bemüht, »*to hold up the british end*«: Es wird auch zur Musik von David Leans LAWRENCE OF ARABIA das Ägypten des Weltkriegs beschworen. Noch eine Ebene höher hat ausgerechnet THE SPY WHO LOVED ME mit am wenigsten mit den »rassistischen« und »kolonialistischen« 007-Büchern Flemings zu tun; lediglich der Titel der Romans, die Ich-Erzählung einer Frau, die erst zuletzt auf Bond trifft, durfte verwendet werden.

24 Nicht zu verwechseln mit Pierce Brosnans Bond-Debüt von 1995: »Goldeneye« war (und ist) der Name von Ian Flemings Anwesen auf Jamaika. Diese Bezeichnung der Satellitenwaffe in GOLDENEYE (man beachte das große »E« im englischen Original) ist folglich zum Neustart der Serie als Reminiszenz zu verstehen.

25 vgl. Amis 1986 [1965], S. 35 ff.

26 Antonini 1966, S. 151

27 Smiley ist der Held vieler John Le Carré-Romane und wurde in TV-Adaptionen u. a. von Alex Guinness gespielt.

28 Dieser Aspekt macht gerade Pierce Brosnans Auftritt in der John LeCarré-Verfilmung THE TAILOR OF PANAMA (USA/IRL 2004) so interessant (vgl. dazu Zywietz 2005).

29 »*For, just as Ian Fleming's Bond was very much a product of the social and political conditions of Britain in the 1950s, so the cinematic Bond was a product of the social and political conditions of the 1960s*« (Chapman 1999, S. 115)

30 Eco 1966, S. 113

31 Eine Ausnahme stellt – natürlich neben Vesper Lynd (Eva Green) in CASINO ROYALE als prägende Erfahrung – Elektra King (Sophie Marceau) in THE WORLD IS NOT ENOUGH dar. Wobei es für sie einen Ersatz hat: Denise Richards als Dr. Christmas Jones ergibt als knallharte Nuklearphysikerin und *Lara Croft*-Heroine eine besonders eindrucksvolle Trophäe.

32 Dass und wie der Mythos James Bond selbst eine Marke ist und in der populären Kommunikation über diverse Emblemata und Images funktioniert bzw. gegenwärtig ist, hat Hans-Otto Hügel (1998, 1999) herausgestellt.

33 « laut Craigs Interview in TV-Spielfilm 13/2006, S. 6

Georg Mannsperger

Eine Nummer – sechs Darsteller

Die unterschiedlichen Typologien des 007

Im Verlauf der knapp 45 Jahre seiner Leinwandexistenz hat James Bond die unterschiedlichsten Inkarnationen durchgemacht. Sean Connery, der große, kräftige Bodybuilder mit dem Auftreten eines Mannes, der weiß, dass er den vornehmen Zirkeln, in die er sich hochgearbeitet hat, nichts beweisen muss; George Lazenby, ein langer, schlanker junger Mann, der durch seine spontan-ungezwungene Ausstrahlung wie ein Student wirkt; Roger Moore, der körperlich eher schwächlich gebaute, aber stets bestens gepflegte Gentleman der alten Schule; Timothy Dalton, ein grobschlächtiger, gedrungener Mann, der sich im bürgerlichen Umfeld am wohlsten zu fühlen scheint; Pierce Brosnan, dessen gepflegtes äußeres Erscheinungsbild und die Wertschätzung seines gehobenen Lebensstils sich mit energischem Körpereinsatz verbinden, und Daniel Craig, der James Bond als finsteren Auftragskiller gibt. Trotz dieser – schon an der Physiognomie feststellbaren – Unterschiede der sozialen Wertigkeit, die der James Bond-Rolle in ihren unterschiedlichen Verkörperungen zugemessen werden kann, gibt es keine logischen Sprünge in der Abfolge der einzelnen Darsteller. Neben den deutlichen Differenzierungsmerkmalen muss es also auch kontinuierlich wiederkehrende Eigenschaften geben, die James Bond als verlässliche Serienfigur charakterisieren. Einen ersten Hinweis liefern Standardsituationen, in denen seine Handlungsweisen vorhersagbar sind. »Shaken, not stirred« musste der Wodka Martini bis in Daniel Craigs Zeiten sein. Auch was Kleidung und Fahrzeuge angeht, waren es immer ganz bestimmte Edelmarken, die dem Agenten Ihrer Majestät zusagten. Doch im Umgang mit solchen Statussymbolen sind bei den einzelnen Darstellern deutliche Variationen festzustellen. Connery schätzt es leger und lässt schon mal die unteren Knöpfe seiner Weste offen und die Hände in den Taschen; Lazenby legt auch im Maßanzug seine sportlich-lässige Körpersprache nicht ab; Moore achtet stets peinlich genau darauf, dass sein Jackett richtig sitzt; Dalton dagegen tritt gerne mal etwas hemdsärmlich mit Lederjacke statt mit Krawatte auf; und mit Brosnan kehren die Designeranzüge auf den 007-Laufsteg zurück – die Daniel Craig allerdings noch nicht so richtig zu sitzen scheinen. Doch alles begann mit einem Fußballspieler aus Edinburgh.

Sean Connery und der Stallgeruch der Arbeiterklasse

»Bond, James Bond«. Die Art und Weise, wie Sean Connery diesen kurzen Moment – das später immer wiederkehrende Vorstellungsritual als Eintritt in den 007-Kosmos in Dr. No – zelebriert, lässt bereits einen tiefen Einblick in seine Auffassung der Rolle zu. Während er sich die Zigarette anzündet, ist sein Blick fest auf die ihm gegenübersitzende Frau gerichtet. Es ist ein Blick, der die Gelassenheit unerschütterlichen Selbstvertrauens hat. Während er seinen »Slogan« etwas nuschelnd aufsagt, lässt er die Zigarette achtlos im Mundwinkel stecken. All dies ist in der Umgebung, in der er sich befindet,

Die unterschwellige Provokanz Sean Connerys kam schon in der lässigen Art und Weise, mit der er sich in edelsten Spielcasinos die Zigarette anzuzünden pflegte, zum Ausdruck (Dr. No).

und gegenüber seiner Gesprächspartnerin eine Geste der Provokation. Sie ist Ausdruck der Entschlossenheit zur Unangepasstheit. Connerys Bond ist ein Genussmensch, der den Luxus der feinen Gesellschaft zu schätzen weiß, gleichzeitig aber gegen deren Riten und Regeln protestiert, indem er sie bewusst ironisiert. Er erweist damit den Slums von Edinburgh seine Reverenz, in denen er ohne Schul- oder Universitätsabschluss aufgewachsen ist. Wenn überhaupt, schien eine Karriere für ihn eher im Bereich des Bodybuildings oder des Fußballs (wo er zeitweise kurz vor dem Abschluss eines Profivertrags bei Manchester United stand) als in der Schauspielerei denkbar. Diese raue Körperlichkeit verband sich mit der in Zusammenarbeit mit Regisseur Terence Young hart antrainierten Gentleman-Attitüde, deren Sitten, Gesten und Rituale er zwar beherrschte, jedoch auf unnachahmliche Weise auch stets ironisierte. Die unnachahmliche Nonchalance, mit der er sich rücklings an den Bartresen anzulehnen pflegt, erscheint wie die Verhaltensweise eines Neureichen aus der Unterschicht, der sich über den Verhaltenskodex der Wohlhabenden lustig macht, indem er zwar äußerlich die Kleiderordnung erfüllt, sich jedoch so lässig und ungezwungen benimmt wie in einer drittklassigen Kneipe.

Ganz anders sein Auftreten gegenüber seinem Vorgesetzten, M. Er zögert beim Eintreten in dessen Büro, wirkt schüchtern, zugleich aufmüpfig. Es ist eine Art Vater-Sohn-Beziehung, die zwischen den beiden in Dr. No etabliert wird. M versucht ständig, seinen Agenten zu einem besseren Lebensstil zu erziehen. So fragt er vorwurfsvoll: »Wann schlafen Sie eigentlich, 007?« Irritiert nimmt er zur Kenntnis, dass 007 immer noch die »kleine, niedliche« Beretta als Waffe benutzt, statt der dienstlich vorgeschriebenen Walther PPK. Bonds Reaktionen wirken wie die eines Sohnes, der zwar immer ein wenig gegen den Vater rebelliert, diesem zugleich aber auch auf kindlich-devote Weise gefallen will. Als M sich seine Pfeife anzünden will, bietet Bond ihm sein Feuerzeug an. M nimmt davon aber keine Notiz, sondern sucht lieber seine Streichhölzer. Diese kleinen, ausdrucksstarken Gesten haben Tradition in der Serie. In späteren Filmen bringen sie immer wieder unterschwellig zum Ausdruck, dass M durchaus Respekt für seinen besten Agenten empfindet, auch wenn er ihm dies nie persönlich sagen würde. 007 seinerseits legt ein Maß an Obrigkeitstreue und Unterordnung an den Tag, das im Vergleich zu dem Bond, den wir in den Szenen zuvor kennen gelernt haben, überrascht. Beim Streit um die Dienstwaffe wirkt er verlegen, er hängt sein Jackett über eine Stuhllehne und versteckt sich förmlich dahinter, während er seinem Chef widerspricht. Er senkt den Blick dabei auf den Boden. Schließlich gehorcht er dann doch dem Geheimdienst Ihrer Majestät. Hier werden die Prioritäten deutlich, die er setzt. Seine Unangepasstheit geht nur so weit, wie sie die Loyalität zu seinem Land nicht beeinträchtigt. Für Connerys Bond steht immer der Auftrag an oberster Stelle, erst dann kommt das süße Leben mit Luxus und Liebe, das er so schätzt. Während eines leidenschaftlichen Kusses mit der Regierungsangestellten Miss Taro schaut er auf die Uhr, wohl wissend, dass er seine Pflicht zwar immer etwas herausschieben, nicht aber vergessen darf.

Connery verleiht James Bond aber auch eine gewisse tragische Note. Zwischen immer neuen Aufträgen an den unterschiedlichsten Orten der Welt und ohne feste Bindung, aber ständig in Lebensgefahr, empfindet er ein Gefühl der Einsamkeit. Dies kommt in der Szene aus Dr. No zum Ausdruck, in der er die fremden Spuren in seinem Hotelzimmer untersucht, dabei die miese Qualität des bereitgestellten Drinks feststellt und sich erschöpft in einen Stuhl sinken lässt, seine

Füße auf einem Tischchen abstützend. Der Kopf lehnt sich kraftlos an das leere Glas an, das er immer noch in der Hand hält, und die Augen fallen ihm zu. In diesem Moment bietet ihm auch der Alkohol keinen Ausweg aus seiner Verlassenheit. Oder in der Szene, in der er in Miss Taros Appartement dem zu erwartenden Killer auflauert. Er schraubt den Schalldämpfer auf seine Walther und vertreibt sich die Wartezeit durch Kartenlegen. Das ist kein Ausdruck von Spielfreude, sondern reine Routine. Der Griff zu Alkohol und Glücksspiel ist bei James Bond eine Instinkthandlung; eine Kompensation seiner beruflichen Position, in der er allzu oft auf sich allein gestellt ist. In dem kaltblütigen Mord an Professor Dent wird dann deutlich, was es für den Profi 007 bedeutet, eine Lizenz zum Töten zu besitzen. Statt ihn weiter über den mysteriösen Auftraggeber Dr. No zu verhören, erschießt er ihn einfach – nachdem er bereits entwaffnet worden ist.

Connery spielt einen kompromisslosen Geheimagenten, der beim Einsatz der ihm zur Verfügung stehenden Mittel keine Skrupel kennt und der auch sadistische Züge erkennen lässt. Dieser erste Film der Reihe war ein so präzise konstruiertes Fundament für die James-Bond-Figur, dass man in FROM RUSSIA WITH LOVE schon an Einzelheiten feilen konnte. Die Grundcharakterisierung blieb gleich. Eine Abwandlung ist, dass Bond noch humorvoller und damit lockerer wirkt. Im Gespräch mit M wirft Bond seinem Chef einen vielsagenden, unschuldig-ironischen Blick zu, als er sich das Foto der russischen Agentin Romanova näher angesehen hat. Dies ist Connerys Art, die humoristische Situation auszuspielen, in der M ausgerechnet einem Mitarbeiter, dessen Frauengeschichten er verabscheut, den Auftrag zur Verführung einer attraktiven Frau erteilen muss. Mit winzigen Variationen im Mienenspiel gelingt es Connery, die humoristische Note innerhalb der Rolle stärker zu betonen. Wie ernst Connery seinen Part nimmt, beweist dagegen die Szene aus dem gleichen Film, in der er seinen türkischen Kontaktmann Kerim Bey ermordet im Zugabteil vorfindet. Die Trauer um den toten Freund trägt er minimalistisch, kaum merklich vor. Der Agent fällt nicht aus der Rolle und wahrt seine Selbstdisziplin. Er überzeugt den Schaffner durch Bestechung, den Zwischenfall geheim zu halten. Dann gönnt Connery seinem Bond einen kurzen Moment fast intimer Privatsphäre. Er wendet sich vom Schaffner ab und beugt sich zu Kerim herunter. Dabei fasst er ihn geradezu zärtlich an der Schulter. Ein trauriger Augenaufschlag, ein langsames Ausatmen und ein Blick zurück beim Verlassen des Abteils sind der Abschied Bonds von seinem verstorbenen Freund und Kollegen.

Alle Elemente von Connerys Interpretation der Figur finden sich paradigmatisch vereint in der Einführungssequenz des dritten Films, GOLDFINGER. Während er in einen karibischen Industriekomplex eindringt, weist den Geheimagenten jede seiner hochkonzentrierten Bewegungen als absoluten Profi seines Fachs aus. Die Effizienz und Präzision der antrainierten Vorgänge paart Connery mit einem Gesichtsausdruck aus äußerster Achtsamkeit und Anspannung, sein stets wachsamer Blick vermeidet nicht ein unwillkürliches, nervöses Spiel der Mundwinkel. Dann – nach dem Anbringen des geheimen Sprengsatzes – beim Eintritt in eine Bar folgt die Verwandlung vom Einsatzkämpfer zum Gentleman: Nie wurde die Doppelfunktion der Rolle pointierter zum Ausdruck gebracht als in dem Moment, als unter seinem Overall ein perfekt sitzender Smoking mit Rose im Knopfloch zum Vorschein kommt. Die Konzentration weicht aus seinem Gesicht und macht einem entspannten, amüsierten Gesichtsausdruck Platz. Im Moment der erwarteten Explosion bleibt er im ausbrechenden Chaos völlig gelassen. Die Geste, mit der er die Zigarette aus dem Mund nimmt, den Rauch ausatmet und mit den Augen leicht blinzelt, ist die eines Siegers, und zwar eines Siegers, dessen Triumph eine Selbstverständlichkeit ist. Im nächsten Moment hat sein scheinbar unerschütterliches Selbstvertrauen mit einer ihm bekannten Bartänzerin ein neues Ziel gefunden. Seine ganze Körpersprache ist die eines Mannes, der sich jedes Vergnügen nehmen kann, wenn er es nur will. Als sich die Frau, die sich scheinbar willenlos der Verführung ergibt, als Gegenagentin entpuppt, weicht seine gönnerhafte Geringschätzigkeit offener Verachtung, das Mädchen hat nun jeden Wert für ihn verloren und wird nurmehr dazu eingesetzt, die Schläge eines angreifenden Attentäters abzufangen, bevor es unbeachtet am Boden zurückbleibt.

Connerys Bond ist ein bis in die Haarspitzen durchtrainierter Kämpfer, der auch in kritischen Momenten die Nerven behält, dessen Coolness ein nach außen nahezu unerschütterliches Selbstvertrauen ausstrahlt, und ebenso ein Lebemann, der die Schönheiten des Lebens genießen kann und will. Seine Gesten sind dabei nicht theatralisch oder weit ausholend, sondern immer klein, mit großer Liebe fürs Detail ausgearbeitet. Diese ironisch zurückgenommene Interpretation der Rolle bleibt prägend für alle seine Nachfolger.

George Lazenby, der nette Spion von nebenan

Zum Zeitpunkt des offiziellen Verzichts von Sean Connery war der Part des James Bond die vielleicht begehrteste männliche Hauptrolle überhaupt. Daher war die Entscheidung der Produzenten um so überraschender, als sie für ON HER MAJESTY'S SECRET SERVICE mit George Lazenby einen völlig unbekannten Dressman aus dem Hut zauberten,

der schauspielerisch lediglich über die Erfahrung aus einem Werbespot verfügte und eher wie ein Nachrichtensprecher aussah als wie
ein Spion mit der Lizenz zum Töten. Ganz offenbar vertraute man
darauf, den mit Connery gelandeten Glückstreffer wiederholen zu können.
Nachdem die Filme THUNDER-
BALL und YOU ONLY LIVE TWICE
ihren Helden unter dem kaum
mehr überschaubaren Aufgebot
von »Gadgets« und Wunderwaffen mehr und mehr zum un-
schlagbaren Super-Helden ge-

»This never hap-
pened to the other
fellow«: Gleich in
seiner allerersten
Szene als James
Bond, als er von
einer Frau stehen
gelassen wurde,
musste George La-
zenby ironisch auf
seinen übermäch-
tigen Vorgänger
Bezug nehmen –
ein Schatten, aus
dem er nie ganz
heraustreten konnte
(ON HER MAJESTY'S
SECRET SERVICE).

macht hatten, gab man sich nun Mühe, James Bond wieder mehr als
Menschen mit alltäglichen Gewohnheiten und Emotionen zu zeichnen. Diesen Aspekt der Rolle machte sich Lazenby ganz zu Eigen.
Seine Herangehensweise an die Rolle ist aufgrund mangelnder Erfahrung fast notwendigerweise sehr unschauspielerisch. Seine Körpersprache wirkt unaffektiert und spontan, nicht eingeübt oder gespielt.
Lazenby beherrscht nicht das umfassende Repertoire an kleinteiligen
Gesten und Mienen, das Connery eingebracht hatte; seine Bewegungen wirken großspurig und wenig graziös. Aber gerade deswegen
strahlen sie einen Grad an Authentizität aus, der dieser Rolle bislang
nicht zu Eigen war.
Während Connery immer Erinnerungen an die unterprivilegierten
Klassen einfließen ließ, ist Lazenby ein Vertreter der Mittelklasse. Er
ist der nette junge Mann von nebenan, den man gern zum Auswech-
seln einer Glühbirne rüberholen würde, um mit ihm plaudern zu
können. Diese Unkompliziertheit kommt zum Ausdruck in der unauf-
geregten Fröhlichkeit, die er ausstrahlt. Das Übermaß an Selbstbewusstsein und Überlegenheit, das Connery zur Schau getragen hatte,
ist Lazenby fremd. Er ist höflich, ohne blasiert zu sein und behandelt
seine Gesprächspartner vorzugsweise mit einer immer gleichen, unverbindlichen guten Laune. Gegenüber M zeigt er keinen unbedingten
Respekt, sondern wagt es, seinen Chef zu unterbrechen und dem
»alten Denkmal« (wie er seinen Chef der Sekretärin Moneypenny
gegenüber nennt!) bitterböse Blicke zuzuwerfen. Auch bei der ersten
Annäherung an seine Geliebte Tracy wirkt er locker und unver-
krampft. Erst lehnt er lässig mit der Schulter am Türrahmen, mit
Spielbein, Hüfte und Oberkörper in entspannter Haltung. Dann überschreitet er die Schwelle und gesellt sich zu ihr ins Bett – jedoch nicht
auf zudringliche Weise, sondern zunächst wie ein tröstender Bruder.
Seine Beine hat er angewinkelt auf die Bettkante hochgezogen, mit

dem Oberkörper liegt er seitlich auf den Kissen neben Tracy und sein Kopf wird von der linken Hand auf der Schläfe abgestützt. Das vorsichtige Zusammenkommen der beiden wird von George Lazenby und Diana Rigg als ein wechselseitiges Abstoßen und Anziehen gestaltet. Dieser Schwebezustand wird schließlich durch die starke emotionale Bindung, die im Lauf des Films zu aufrichtiger Liebe wird, überwunden und mündet in einem leidenschaftlichen Kuss. Zunächst hatte Bond einen Annäherungsversuch Tracys zurückgewiesen; dann, im Schlafzimmer, scheut sie vor einem ersten Kussversuch Bonds zurück. Dazwischen nimmt Bond zweimal Tracys Hand auf, riecht an ihrem Parfüm (eine Wiederholung von Connerys Geste gegenüber Miss Taro) und streichelt mit dem Daumen über ihren Handrücken. Dies sind die deutlichsten Zeichen von Vertrautheit und Intimität, die Lazenby seinem Bond gönnt: Hier im Hotelzimmer, wo er Jackett und Fliege abgelegt hat, ist er nicht mehr an zeremonielle Höflichkeitsfloskeln gebunden. Weiter reichen allerdings seine darstellerischen Fähigkeiten nicht. Seine allgegenwärtige Unverbindlichkeit steht ihm hier im Weg. Dass das Drehbuch nicht individuell auf Lazenby abgestimmt wurde, zeigt dieselbe Szene. Es wirkt völlig unglaubwürdig, dass er gegenüber Tracy zunächst ganz im Sinne des connery'schen Bond männlich-energisch auftreten muss und ihr eine Ohrfeige verpasst, um Informationen von ihr zu erhalten. Auch in Szenen, wo Intimität und komplexe Gefühlsregungen gefordert wären, bleibt er jungenhaft nett. Als Zuschauer erschrickt man schon fast darüber, wie brav und prüde sich Bond Tracy gegenüber gibt: »Der passende Zeitpunkt dafür ist die Hochzeitsnacht«, hält er sie zurück – diese Bekundungen erscheinen umso absurder, nachdem er in Blofelds Sanatorium gegenüber den Patientinnen nach wie vor sein typisches Verhalten an den Tag gelegt hatte. Fast erleichtert nimmt man dann zur Kenntnis, dass er seine Meinung ändert und sich mit seiner künftigen Ehefrau doch noch eine schöne Nacht gönnt.

Der Anspruch, einen Helden zu geben, der Beziehungsprobleme ernst nimmt und seine individuellen Gefühle auslebt, kann mit dem schauspielerischen Repertoire, das Lazenby in die Rolle einbrachte, jedoch nicht voll erfüllt werden. Als Tracy entführt worden ist und der Geheimdienst eine Rettungsaktion ablehnt, beschränkt sich seine Reaktion auf einen melancholischen Blick aus dem Fenster und ein nervöses Herumlaufen im Kreis. Gegenüber seinem Chef M zeigt er eher Trotz als Entrüstung. Und in der extrem schweren Szene, als er nach dem aus heiterem Himmel erfolgten Mord an seiner frisch vermählten Frau die Gefühle nach diesem unvorstellbaren Schicksalsschlag darstellen soll, muss er sein Gesicht förmlich im Brautkleid vergraben, so dass es die Kamera nicht sieht. Seine Art der stillen Trauer mit einer schwachen, tränenerstickten Stimme wirkt dennoch ergreifend; hier füllt Lazenby die Rolle ganz aus mit dem Charme des Verletzlichen, also der Normalität.

Seine frechen Bemerkungen, die berühmten »Oneliners«, sind sehr viel direkter als in früheren Filmen. Diese Art des offenen Humors lässt bereits die Roger-Moore-Ära heraufdämmern. Dies gilt leider für den Hauptteil des Films. Die wunderschöne Geschichte um die unglückliche Ehe mit Tracy, die James Bond völlig neu charakterisiert, wurde zur Rahmenhandlung degradiert. Dazwischen steht eine recht fadenscheinige Agentenstory, bei der Elemente von Action und Comedy im Vordergrund stehen. Mit fast unerträglich niveaulosem Humor ist Bonds Aufenthalt auf Blofelds Schweizer Hauptquartier Piz Gloria inszeniert. Verdeckt ermittelt er als schottischer Genealoge Sir Hilary Bray. Das pubertäre Bäumchen-wechsel-dich-Spiel mit den jungen Damen, die sich dort aufhalten, gipfelt in Bond/Hilarys mehrfach wiederholter Aufforderung »Nenn mich Hilly!« Will man James Bonds Auftritt im Schottenrock nicht nur als ironischen Seitenhieb auf den bekennenden schottischen Patrioten Sean Connery verstehen, so lässt sich an diesem Abschnitt ein weiterer Aspekt von Lazenbys Verständnis der Agentenrolle feststellen. Während Connery auch bei seinen verdeckten Ermittlungen immer sofort als James Bond erkennbar geblieben war, *spielt* Lazenbys Bond seine Rolle als Sir Hilary Gray ganz und gar. Und zwar nicht nur durch eine vollständige Kostümierung, sondern auch durch eine angepasste Körpersprache. Die adlige Blasiertheit, die er mit der schüchternen Naivität eines Büchernarrs kombiniert, steht in diametralem Gegensatz zu seinem Auftreten als James Bond. Diese weniger bedeutungsschwere Rolle liegt Lazenby offensichtlich näher als der Part des emotionsgeplagten Geheimagenten. Dieser schlüpft so tief in die Rolle innerhalb der Rolle hinein, dass er scheinbar sogar luftkrank wird, als er im Helikopter zum Piz Gloria geflogen wird. Bei Connery-Bond wäre eine solche Selbstverleugnung undenkbar gewesen. Beiden gemeinsam ist jedoch die absolute Priorität, die sie ihrem Auftrag einräumen. Bond stimmt ausschließlich deswegen der Annäherung zu Tracy zu, weil er dadurch an Informationen über den Aufenthaltsort Blofelds kommen kann. Der Beruf steht auch weiterhin über dem Privatleben.

Diese bürgerliche Einstellung passt zu dem Mittelklasse-Bond, den Lazenby repräsentiert. Seine besten Momente hat er, als er von Dracos Männern entführt wird. Seine höflich-frechen Kommentare werden mit finsterem Schweigen beantwortet. Sehr charakteristisch ist sein rhythmisch wippender Gang und die dabei weit ausschwenkenden Arme. Bei seiner schlanken Figur wirkt diese Körpersprache gleichzeitig komisch und alltäglich: Er bewegt sich wie ein walkmanhörender Teenager. Das energische Zuschlagen eines Türchens in Richtung seines ihn bewachenden Entführers ist eine gute Methode, mit den Mitteln eines unverbildeten jungen Mannes Missachtung auszudrücken.

Es bleibt somit Lazenbys Verdienst, James Bond vom Super-Helden wieder zum Menschen gemacht zu haben. Dennoch war es ein einmaliger Auftritt. Die glaubhaftere Figur mit zusätzlicher tragischer Tiefe – platziert ausgerechnet in einem Camp-Ambiente – wurde vom Publikum nicht so gut aufgenommen wie seitens der Produktion erhofft.

Roger Moore, der Aristokrat unter den James Bonds

Nach dem gescheiterten Versuch der Blutauffrischung durch George Lazenby und der teuer erkauften Rückkehr Sean Connerys in DIAMONDS ARE FOREVER entschlossen sich die Produzenten, nun kein Risiko mehr einzugehen und die Rolle diesmal mit einem erfahrenen Schauspieler zu besetzen. Damit war bedingt, dass der Darsteller des James Bond älter sein würde, als es Sean Connery (32 Jahre) und George Lazenby (30 Jahre) bei ihrem Debüt waren. Man ließ die Persona des James Bond altern. 007 wurde vom frühen Dreißiger zum gesetzten Vierziger. Roger Moore übernahm die Rolle mit 44 Jahren, Timothy Dalton mit 43 und auch Pierce Brosnan war

Roger Moores James Bond, hier gemeinsam mit seinem Kollegen Tippett aus A VIEW TO A KILL verdeckt ermittelnd auf einer Ascot-ähnlichen Pferderennbahn, strahlte immer etwas von der Vornehmheit der britischen Upper Class aus.

bereits 44, als er James Bond wurde. Als Simon Templar in der TV-Serie THE SAINT (GB 1962–68) hatte Moore schon mehrere Jahre lang eine Art modernen Robin Hood verkörpert, dem es durch Charme und Einfallsreichtum gelingt, Kriminelle und Polizisten ein ums andere mal auszutricksen. Zuvor hatte er bereits von 1958–59 in IVANHOE eine vergleichbare Heldenrolle gespielt.

Auch in LIVE AND LET DIE – einer ansonsten eher düsteren Voodoo-Fabel, die James Bond in eine Welt versetzt, in der die rationalen Gesetzmäßigkeiten, auf denen seine High-Tech-Waffen basieren, keine Gültigkeit mehr zu haben scheinen – bringt Regisseur Guy Hamilton, in konsequenter Fortführung seiner komödiantischen Ansätze von GOLDFINGER und DIAMONDS ARE FOREVER, eine gebührende Portion Humor mit ein. Die Witze kommen dabei nicht mehr primär aus den Figuren heraus, sondern aus den Situationen. Dies wird schon in der

Eingangsszene deutlich, in der Bond seine Gespielin vor dem gestrengen Chef zu verstecken versucht. Die Unsicherheit angesichts der peinlichen Lage, in die er unverhofft geraten ist, spielt Moore durch ständig suchende Blicke aus. Mit einem genervten Zurückstreichen des Haars deutet er an, dass Bond sich über den nächtlichen Besuch des Vorgesetzten innerlich entrüstet. Er ist nämlich mehr als seine Vorgänger den Freuden des Lebens zugetan. Er ist ganz der Genießer, für den Job und Auftrag nicht mehr die oberste Priorität im Leben haben. Das entspricht der gereifteren Film-Persona Bonds. Sogar während er sein Hotelzimmer auf Wanzen untersucht (eine Standard-Szene, für die Bond nun allerdings ein technisches Gerät zur Verfügung steht), bestellt er sich noch eine Flasche Champagner. Im Vergleich zu der oft ungehobelten Virilität Connerys und der konfirmandenhaften Freundlichkeit Lazenbys vertritt Moore die Höflichkeitsregeln alter Schule. Er wirkt förmlicher, ist stets mehr auf Haltung bedacht als seine Vorgänger. Er hält noch Prinzipien hoch. So weigert er sich, die Art seiner Beziehung zu Solitaire preiszugeben: »Eine solche Frage beantwortet ein Gentleman nicht«.

Und das ist es denn auch, was Roger Moores Bond auszeichnet. Er ist ein englischer Gentleman, dessen Konservatismus ihn an Traditionen und Regeln der Upper Class bindet. Die immer noch vorhandene Ironie ergibt sich nicht mehr daraus, dass er wie Connery dagegen vorgeht, sondern wird, umgekehrt, daraus geboren. Um den Widerspruch abzumildern, der sich aus dem ausschweifenden Leben ergibt, das sich jeder James Bond leisten muss, wurde die Art und Weise, wie er die Frauen erobert, neu definiert. Es ist nicht mehr die sexuelle Ausstrahlung eines Sean Connery, die ihn so anziehend macht, sondern in erster Linie ein Gefühl der Sicherheit, das Schutz vor den Gefahren der Umwelt verspricht. Schließlich weiß frau, was sie an ihm hat. Er würde es sich nie erlauben, auszurasten oder seine Gefühle offen zu zeigen. Stattdessen legt er eine immer gleich bleibende, aber bewusst zurückgenommene gute Laune an den Tag. Eine charakteristische Geste, die Moore für diesen Effekt einsetzt, ist seine Art, die Arme während des höflichen Small Talks hinter dem Rücken zu verschränken. Diese Zurückhaltung ist auch der Grund für die Souveränität, mit der er die bondtypischen »Oneliners« platziert. Er bleibt dabei stets ernst oder lässt allenfalls ein Lächeln durchschimmern. Dadurch wirken die Gags umso witziger. Dass auch dieser James Bond über Nahkampfqualitäten verfügt, durch die er gegen eine Überzahl von Angreifern siegreich bleiben kann, ist ein nicht zu vermeidendes Zugeständnis an die Kontinuität der Rolle. Dieser Aspekt wird von Roger Moore aber bewusst heruntergespielt. Eine weitere Eigenart Moores zeigt sich in kritischen Situationen, etwa wenn er bedroht wird. Er legt den Kopf schräg und fixiert seinen Gegner mit energischem, aber dennoch gelassenem Blick. Im Lauf der Filme wird er sich ein stetig wachsendes Repertoire an weiteren Ausdrucksmitteln für seine Auffassung der Rolle aneignen.

Schon in THE MAN WITH THE GOLDEN GUN fügt Roger Moore seinem Bond eine zusätzliche Dimension hinzu. Er strahlt nun auch einen stetigen Hauch von Bedrohung aus. Den Waffenhändler, der Scaramanga einen Spezialrevolver verkauft hat, bedroht er mit dessen eigenem Gewehr. Während er in seinem typischen Plauderton weiterredet, drückt sein Blick unmissverständlich aus, dass er es ernst meint. Außerdem zeigt er nun, dass er durchaus weiß, wie er sich Frauen gefügig machen kann. Im Verhör wendet er dazu sogar Gewalt an. Hatte er die Doppelagentin Rosie Carver (LIVE AND LET DIE) noch mit charmanten Worten und einem vorgehaltenen Revolver enttarnt, so verdreht er der Geliebten seines Gegenspielers Scaramanga nun den Arm (eine Szene, die Moore übrigens gegen seinen Willen so ausspielen musste, in späteren Filmen gelang es ihm besser, seine eigene Einstellung bezüglich Gewalt gegenüber weiblichen Charakteren beim Regisseur durchzusetzen). Doch sofort verwandelt er sich wieder in den zuvorkommenden Gentleman. Dieses Auftreten ist jedoch nicht natürlich, sondern das Ergebnis langen Trainings. Das offenbaren die kurzen Momente der Unfeinheit, die sich 007 nun erlaubt.

Schauspielerisch versteht Roger Moore James Bond als einen Agenten, der seine Rolle als Geheimnisträger so verinnerlicht hat, dass er seine eigenen Gefühle stets hinter einem Schutzwall unverbindlicher Freundlichkeiten verborgen hält. Seine Verhaltensweise wird dann als Fassade erkennbar, wenn er trotz spürbarer Emotionen stets die Regeln von äußerster Korrektheit und Höflichkeit wahrt, um seine innere Unruhe zu überspielen. Nur so kann er die Anforderung der absoluten Rationalität, die sein Beruf ihm abverlangt, mit seiner Vorliebe für die Vergnügungen der vornehmen Gesellschaft verbinden. Doch auch ein James Bond ist nicht perfekt – in kurzen Momenten erhascht der Zuschauer einen Blick durch Risse in der emotionalen Schutzmauer.

James Bonds nächster Auftritt in THE SPY WHO LOVED ME ist ganz geprägt von der heiklen Beziehung zu der russischen Agentin Anya Amasova, die zunächst als ebenbürtiger Gegenpart des Top-Spions eingeführt wird. Wie schon in ON HER MAJESTY'S SECRET SERVICE wird jedoch auch diese Problemstellung, die eine empfindliche Neuinterpretation von Bonds Frauenbeziehungen notwendig gemacht hätte, kurz vor Schluss umgedreht und die Ausgangslage wiederhergestellt: Natürlich gelingt es Bond, Amasova gefügig zu machen und ihr Herz zu erobern. So kann man in MOONRAKER auch keinen geläuterten Bond beobachten, sondern einen, der seinen alten Gewohnheiten frönt. Bei der Astronautin und CIA-Agentin Dr. Goodhead will er durch Fachwissen über die Raumfahrt Eindruck schinden. Er akzeptiert keine Frau als ernstzunehmende Wissenschaftlerin: Er verwechselt sie zunächst bewusst mit einer Auszubildenden. Wie schon in THE SPY WHO LOVED ME lässt Bond die Eigenwilligkeit seiner Begleiterin als kindischen Trotz erscheinen. Der Charme, den er einsetzt, um die konkurrierende Agentin zu verhören, hat somit immer eine ironische Note, denn Bond weiß, dass er eine solche Anbiederung eigentlich nicht nötig hat.

In FOR YOUR EYES ONLY ist bereits das Stadium erreicht, in dem Moores Darstellungsweise durch Selbstzitat und Wiederholung leichte Manierismen aufweist. Als Gentleman, der seine Verfolgerin aus dem Auto heraus anlächelt, wirkt er ebenso etwas verkrampft wie in seiner genervten Reaktion auf die unreife Eiskunstlauf-Hoffnung Bibi Dahl, die ihn anhimmelt. Was in der vergleichbaren Situation mit Mary Goodnight (THE MAN WITH THE GOLDEN GUN) noch in detailliertes Mienenspiel ausgearbeitet war, äußert sich nun in albernen Grimassen. Als er sie in seinem Bett vorfindet, führt sein Entsetzen zu übertriebenem Kopfschütteln und Augenrollen. Dazu zieht er die Brauen hoch und reißt die Augenlider auf. Auch in der Trauer um die getötete Comtess Lisl zeigt Moore nichts von dem Minimalismus eines Sean Connery. Seine Reaktion wirkt eher unberührt und gleichgültig.

Was erschwerend hinzukommt, ist die Tatsache, dass der inzwischen 54jährige Moore nun doch sichtbar gealtert ist. Bei Verfolgungsjagden zu Fuß kommt er schon mal ins Schnaufen. Dank der zunehmend besser auf Moores Alter abgestimmten Storyline von OCTOPUSSY und A VIEW TO A KILL kann er den Part trotzdem noch zwei weitere Male übernehmen, ohne dass ein drastischer Niveauabfall zu verzeichnen wäre. Insbesondere in seinem letzten Einsatz als James Bond findet er zu neuer Stärke. Wie nie zuvor setzt er hier seine Augen ein, um Emotionen wie Zustimmung oder Ablehnung für die sich vollziehenden Vorgänge auszudrücken. Als er die Schranke zu einer hochgefahrenen Hängebrücke durchfährt, wirft er beispielsweise dem zuständigen Wärter einen schüchternen Blick des schlechten Gewissens zu. In den Dialogen ist sein Blick außergewöhnlich fest und energisch. Es ist ihm endlich gelungen, sein fortschreitendes Alter bewusst in die Vorstellung zu integrieren. Sein Charakterkopf strahlt durchaus etwas von Altersweisheit aus. Die Szenen mit dem als sein Butler posierenden Agenten Tippett, den er über Gebühr schikaniert und lächerlich macht, lassen ihn dagegen als Snob erscheinen. In dramaturgischer Hinsicht handelt es sich bei diesen Szenen um ein typisches Buddy-Movie-Motiv, vergleichbar mit den Konstellationen um die sich ebenso ständig beharkenden Eddie Murphy und Nick Nolte in 48 Hrs. (USA 1982) oder Danny Glover und Mel Gibson in Lethal Weapon (USA 1987); Indem sich der Film in diesem Punkt – wie auch in anderen Comedy-Elementen der Moore-Ära – gängigen Hollywoodstandards anpasst, konterkariert er eines der Charakteristika der James-Bond-Serie: ihren zurückgenommenen und sehr britischen Sinn für Humor. Es wird nicht deutlich, warum (außer um des Lachers willen) 007 seinem Kollegen diese schlechte Behandlung angedeihen lässt. Ist es Futterneid oder frühe Senilität? Natürlich ist gerade das der Todesstoß für den dynamischen Frauenheld, der James Bond sein muss. In den letzten beiden Filmen waren seine Mädchenbeziehungen schon deutlich zurückgeschraubt worden. Sie sind nicht mehr das Ergebnis der unstillbaren Genusssucht Bonds, sondern dienen stets der Weiterentwicklung des Falls, an dem er gerade arbeitet. Das Verhältnis zu der schönen Geologin Stacey Sutton aus A View to a Kill fällt schließlich ganz aus dem Rahmen. Wie ein Vater deckt Bond das schlafende Mädchen zu, damit sie sich nicht erkältet – er selbst zieht sich auf das Sofa im nächsten Raum zurück. Wollte man die Rollenfigur nicht völlig umschreiben, war der Abschied des mit sieben Filmen in 12 Jahren erfolgreichsten Hauptdarstellers der Serie unvermeidlich. Das musste auch eingefleischtesten Fans nach dieser Szene klar sein.

Timothy Dalton und der Alltag des Frontkämpfers

Die Vortitelsequenz von The Living Daylights ist kennzeichnend für den neuen Stil, den Timothy Dalton in die Serie einbrachte. Der spektakuläre Kampf Messer gegen Pistole auf dem Dach eines Geländewagens, der schließlich in den Abgrund stürzt, ist ein Action-Spektakel erster Kajüte. Und dieses wird nicht, wie zu Roger Moores Zeiten üblich, ironisiert und zum Anlass zahlreicher slapstickartiger Seiten-Gags genutzt, sondern ernst genommen und als Kampf auf Leben und Tod inszeniert. Als eine gelangweilte Dame, die sich auf ihrer Luxus-Jacht nach einem »richtigen Mann« sehnt, durch James Bonds Landung überrascht wird, bekommen die Fans dann doch noch ihre gewohnte Portion Selbstironie. Doch bereits der erste Satz, den er von sich gibt, ist charakteristisch für die neue Ausprägung der Rolle. Noch bevor er sich mit seiner allseits erwarteten Namensnennung vorstellt, nimmt er der Dame das Telefon aus der Hand (»Ich muss mal telefonieren«) und vertröstet ihren Gesprächspartner am anderen Ende der Leitung (»sie ruft Sie zurück«). Doch die einsame Dame stellt sich sofort auf ihr unverhofftes Glück ein und bietet dem überraschenden Besuch ein Glas Champagner an (»Leisten Sie mir ein bisschen Gesellschaft?«). Daraufhin verschiebt Bond seine Rückkehr zum Kommandoposten um ein Stündchen – genau so, wie wir es von ihm erwartet hätten. Doch Daltons Auftreten während dieser klassischen Bond-Szene ist anders als die aller seiner Vorgänger. Er scheint zunächst nicht primär die Dame, sondern vor allem deren Telefon wahrzunehmen. Er nimmt es mit größter Selbstverständlichkeit, wählt die Nummer und lässt sich auf der Sitzbank des Bootes nieder. Dies ist offenbar als Geste der Inbesitznahme konzipiert. Bond bewegt sich gerade so, als wäre er bei sich zu Hause und betrachtet die Frau als sein Inventar. Doch Daltons Spiel ist weit von dem Machismo entfernt, mit dem der Connery-Bond etwa Sylvia Trench behandelte. Sein Blick ist angespannt und ernsthaft. Er

»Ich muss mal telefonieren«: Timothy Daltons Interesse bei seinem ersten Auftritt als James Bond in THE LIVING DAYLIGHTS gilt zunächst mehr dem Telefon als der leicht bekleideten Dame, die sich »nach einem richtigen Mann« sehnt.

ist voll auf das Telefongespräch konzentriert. Seine Körperhaltung erinnert an die Szene, in der sich Lazenbys Bond vorsichtig an Tracy annäherte. Auch Dalton befindet sich in einer Seitenlage, den Oberkörper mit dem linken Arm aufgestützt. Bei ihm wirkt diese Haltung nicht zutraulich (wie bei Lazenby) oder, da er der Frau den Rücken zuwendet, provokant (wie bei Connery), sondern seine Körpersprache hat die Beflissenheit eines erschöpften Ehemannes, der über dienstliche Gespräche das Privatleben mit seiner Frau vergisst. Sie muss seine Aufmerksamkeit durch ihre Einladung explizit auf sich lenken. Dalton gestaltet die Szene mit einer Mimik und Gestik, die etwas Alltägliches hat, sie unterscheidet sich nicht großartig von der Art und Weise, wie sich »Otto Normalverbraucher« bewegt. Folgerichtig zelebriert dieser James Bond auch das Vorstellungsritual nicht, sondern nennt seinen Namen, als hieße er John Smith.

Timothy Dalton brachte außerdem eine völlig neue Dimension der Körperlichkeit in die James-Bond-Figur ein. Wo Connery und Moore allein mit Mienenspiel arbeiteten, setzt er stets den ganzen Körper mit ein. Seit dem Abschied des in die Jahre gekommenen Moore sind die körperlichen Anforderungen an einen neuen Action-Bond enorm gestiegen. In immer ungeheuerlicheren Kampfsituationen muss er Ausdauer, Kraft, Geschicklichkeit und Reaktionsvermögen beweisen. Er ist nun eher Frontkämpfer als Geheimagent, eher Soldat als Detektiv. Er verkörpert einen zeitgemäßen Typ des Polizisten, der nicht zu blindem, gewissenlosem Gehorsam verpflichtet ist. Er hat eine moderne, humanitäre Weltanschauung zu vertreten. Dies ist eine der bedeutsamsten Veränderungen der Figur seit der Zeit des Kalten Krieges, als James Bonds oberste Direktive die Vernichtung des Feindes war – die in Connerys nonchalanter Kaltblütigkeit ihren Ausdruck fand. Nun ist er sich der Tragweite seiner Entscheidungen und der daraus erwachsenden Verantwortung stets bewusst und weit davon entfernt, seine Lizenz zum Töten unbedacht einzusetzen. So weigert er sich, die angebliche sowjetische Scharfschützin Kara zu erschießen: »Ich töte nur Profis. Die Kleine wusste noch nicht mal, wo bei dem Gewehr vorne und hinten ist«. Er selbst strebt eine Professionalität an, die sich auf seinem Instinkt gründet, nicht auf Befehlen.

Und tatsächlich setzt Timothy Dalton der absoluten Coolness während des Einsatzes ein Gegengewicht entgegen. Er ist kein Macho, der sich die Frauen gefügig machen könnte oder auch nur wollte. Gegenüber Kara tritt er unprätentiös, ja fast schüchtern auf. In einer Szene, in der er sie dazu auffordert, nicht an einer gefährlichen Mission der afghanischen Mujaheddin teilzunehmen, demonstriert Dalton auf ganz andere Art als Roger Moore, wie ein James Bond seines Alters eine Stimmung von Romantik heraufbeschwören kann. Man kann daran den körperlichen Charakter von Daltons Schauspielstil verdeutlichen. Zuerst streicht er ihr mit der Zärtlichkeit eines Onkels das Haar aus dem Gesicht. Während er ihr dann erklärt, warum nur er auf die Mission gehen sollte, weicht er ihr wortwörtlich immer wieder aus. Er geht zum Fenster und von da zum Tisch und von dort zum Sofa. Man merkt, wie schwer es ihm fällt, sie zu etwas zwingen zu müssen. Von ihr bedrängt, fällt er auf die Liege. Er tröstet sie, indem er sie umarmt und in seinen Armen wiegt. Auch sein Lachen, als sie ihn mit »Pferdehinterteil« beschimpft, wirkt wie die Gerührtheit eines Onkels. Der Übergang zum leidenschaftlichen Kuss des Liebhabers kommt daher etwas abrupt. Er ist bei James Bond aber Vorschrift – unabhängig davon, ob das nun zum individuellen Stil des Darstellers passt oder nicht.

Timothy Dalton hatte das Theater schon immer als gleichwertig gegenüber dem Kino betrachtet, oftmals sogar ein Theater-Engagement einer Filmrolle vorgezogen. Als erfahrener Shakespeare-Darsteller verkörperte er z. B. König Lear und Romeo. Daraus wird der starke körperliche Einsatz seines Schauspielstils verständlich. Auf der Bühne sind eben größere Gesten gefordert als das detaillierte Mienenspiel des Close-Ups. Daltons gütiger James Bond kann sich in THE LIVING DAYLIGHTS gegenüber Karas jugendlichem Charme nicht durchsetzen. Als auf der Flucht vor KGB-Agenten jede Minute zählt, verlangt die talentierte Cellistin von ihm, zurückzufahren, um ihr Instrument zu holen. Bond sagt mit Bestimmtheit »auf keinen Fall!«, die nächste Einstellung beweist aber, dass sich James Bond von dem Mädchen hat breit schlagen lassen. Dies wäre beim Männlichkeitstrieb

Connerys und auch bei Roger Moores Arroganz undenkbar gewesen. Doch Timothy Dalton zeigt keine dieser Eigenschaften. Er gibt sich so kleinbürgerlich, dass er sich problemlos beispielsweise in der Straßenbahn von Bratislava bewegen kann, ohne inmitten der Fahrgäste wie ein Fremdkörper zu wirken – Connery und Moore hätten ihren Sportwagen als Transportmittel bevorzugt. Daltons Bond hält sich nicht für etwas Besseres als einen normalen Durchschnittsbürger; er trägt keine Designer-Freizeitkleidung, sondern eine ordinäre Lederjacke. Mit seiner Rollenauffassung steht er George Lazenby im Kreis aller Darsteller am nächsten. Wäre Lazenby der nette Student von nebenan, dann wäre Dalton vielleicht dessen älterer Bruder, den er ab und zu um Rat fragt. Denn Dalton ist wie Moore altersmäßig jenseits von Lazenbys unschuldiger Jugendlichkeit.

Er bemüht sich so sehr wie kein anderer Hauptdarsteller, seinem James Bond eine menschliche Note zu verleihen. Während Sean Connery die Gefühle seiner Figur nur unterschwellig vermittelte, George Lazenby aufgrund seines unvollständigen Repertoires nur begrenzte Mittel für die Ausarbeitung der Rolle zur Verfügung standen und Roger Moore die Reserviertheit des Geheimagenten zum Programm machte, lässt ihn Timothy Dalton seine Emotionen völlig offen ausleben. Ihm ist sein Gefühlszustand immer gleich anzumerken. In Momenten großer Anspannung blickt er nervös um sich. In der nachfolgenden Erleichterung schnauft er erregt aus. Auch die Genusssucht und die Leidenschaft für Exklusivität und Luxus wird von Dalton heruntergespielt. Sein Bond bringt dem Geld und dem Unheil, das um seinetwillen angerichtet wird, sogar ausgesprochene Verachtung entgegen. In LICENCE TO KILL wirft er dem Verräter innerhalb der amerikanischen Drogenfahndung dessen Bestechungsgeld in den Tod hinterher. Und als ihm später im Flugzeug die Geldscheine um die Ohren fliegen, lacht er nur und wirft sie achtlos weg. Wichtiger sind für ihn andere Dinge. Ausgelassen teilt er die Freude seines frisch verheirateten Freundes Felix. Als er später die Spuren des grässlichen Verbrechens an Felix und dessen Frau vorfindet, gerät er so aus der Fassung, dass er fast die Kontrolle über seinen Körper verliert. Sein sonst so sicherer Schritt wird schwach, sein Blick starr und er ringt verzweifelt nach Luft. Als er den Hörer abnimmt, reißt er das ganze Telefon vom Tisch. Nichts ist mehr übrig von der unzweifelhaften Hingebung des Agenten an seinen Beruf. Dalton lässt ihn sogar ernsthaft am Sinn seiner Tätigkeit zweifeln. Dies zieht sich bis in den Showdown hinein. Als sein Gegenspieler tot ist, atmet er erschöpft durch und setzt sich nieder. Dann folgt ein kurzes Anziehen der Schultern, er wendet den Blick ab und schließt die Augen. Im Augenblick des Sieges ist dies ein kurzer, stiller Moment der Trauer – um verlorene

Freundschaft, zerstörtes Lebensglück. Kann man von seinem Gesicht auch eine Spur des Ekels vor seinem Beruf ablesen?

Obwohl er nur in zwei Filmen auftrat, kann Daltons Einfluss auf die Serie nicht überschätzt werden. Er machte Bond wieder zu einem ernstzunehmenden Actionheld und leuchtete gleichzeitig seine menschliche Seite aus. Am Schluss von LICENCE TO KILL springt er für eine Frau Hals über Kopf in ein Schwimmbecken. Spontan, natürlich, aber dennoch unkonventionell und etwas verrückt: Das ist das Bild, das Timothy Dalton uns von James Bond vermitteln wollte.

Pierce Brosnan und die Entzauberung des James Bond

In der inflationsbereinigten Liste der weltweiten Einspielergebnisse belegte LICENCE TO KILL den letzten Platz unter allen James-Bond-Filmen. Man zog daraus den Schluss, dass sich der Film zu sehr von dem Erfolgsrezept früherer Jahre entfernt hatte. Die Zuschauer erwarteten offenbar von einem James-Bond-Film, dass er sie in eine exotische Welt voller Erotik, Luxus und Abenteuer entführte. Das »Heldentum light«, das Timothy Daltonverkörperte, konnte dieser Erwartungshaltung nicht entsprechen. In LICENCE TO KILL kam noch die außergewöhnliche Härte hinzu, mit der ein hasserfüllter James Bond seinen Rachefeldzug organisiert, was dem Publikum – noch an den verspielten Charme Moores gewöhnt – missfiel.

Die Antwort war mit Pierce Brosnan ein Darsteller, der ab GOLDENEYE die Rückkehr zu tradierten Rollenmustern mit einer systematischen Dekonstruktion der Unantastbarkeit der Bond-Figur verband. Gleichzeitig wurde wieder verstärkt Wert auf komödiantische Elemente gelegt. Gleich der Moment, in dem das Gesicht des »Neuen« erstmals zu erkennen ist, wird für einen recht klamaukhaften Gag verbraucht. Kopfüber dringt er in eine Herrentoilette ein und entschuldigt sich bei einem dort beschäftigten russischen Soldaten (»Entschuldigung, ich vergaß zu klopfen«), bevor er ihn niederschlägt. Auch die erste Nennung des berühmten Codenamens durch den Agenten-Kollegen Alec ist recht prosaisch: »Du bist spät dran, 007.« »Ich musste noch mal auf die Toilette.« Statt eines feierlichen Auftritts wird dem neuen Bond nur blanke Selbstironie gewährt. Ganz offensichtlich wollte man in Brosnans Image unglaubliche körperliche Leistungen und trockenen Humor vereinen. Denn die Kritik an Timothy Dalton hatte sich oft an dessen ungeschickter Art, die »Oneliners« zu verkaufen, entzündet. Dies sollte in GOLDENEYE wettgemacht werden durch ein Drehbuch, das an Dialogwitzen nur so überquoll. In seinem Rollenverständnis knüpfte Brosnan als bisher einziger Darsteller da an, wo einst Con-

nery aufgehört hatte. Bond ist
mehr denn je ein Macho, der mit
sichtlichem Vergnügen und hoher Geschwindigkeit schon mal
eine hübsche Frau mit seinem
Sportwagen verfolgt und so andere Verkehrsteilnehmer gefährdet. Wie es um Bonds Konflikt-
bewältigung gegenüber Frauen
bestellt ist, zeigt sich, als er die

»Beg Your Pardon –
Forgot to knock«:
Kopfüber und voll
im Einsatz betritt
Pierce Brosnan die
Welt des James
Bond (GoldenEye).

Komplizin seines Gegenspielers Ourumov, Xenia, ruhig stellt, indem
er sie einfach K. O. schlägt. Die zurückhaltende Vielgestaltigkeit von
Connerys Mimik hatte hinter dieser äußeren Härte immer auch einen
weichen Kern vermuten lassen, ohne diesen je mehr als andeutungs-
weise zu enthüllen. Pierce Brosnan ist zu solch einem Facettenreich-
tum in GoldenEye noch nicht fähig. Es gelingt ihm kaum, seinen immer gleichen Gesichtsausdruck zu variieren. Sein gepflegtes Äußeres,
das ihn für die Rolle des James Bond prädestiniert, ist sein ganzes
Kapital. In der gut geschriebenen Szene, in der Waffenmeister Q den
neuen BMW-Sportwagen vorstellt, wirkt sein Spiel nervös und unentschlossen. Der Aktionismus, mit dem er diese Unsicherheit zu überspielen versucht, führt zu einem klassischen Fall von »Over-acting«.
Er nickt zu viel mit dem Kopf und blickt ständig ziellos umher. Man
merkt, dass er nicht recht weiß, wo er hingucken soll, so dass sein
Blick oft einfach ins Leere geht. Zu der vielfach übertriebenen Deut-
lichkeit in Bildsprache und Dialog, durch die der Film seine Handlung
transportiert, passt auch die Szene, in der James Bonds Lizenz zum
Töten problematisiert wird. Seine Gefährtin Natalya stellt den Sinn
dieses kaltblütigen Mordens in Frage. Bonds Reaktion lässt tief blicken: »Das ist es, was mich am Leben hält.« Von der besonnenen, ver-
antwortungsvollen Vorgehensweise Daltons kehrt man zurück zum
rücksichtslosen Draufgängertum Connerys. Gleichzeitig wird diese
Rolle jedoch hinterfragt, denn Natalya erwidert: »Nein, das ist es, was
dich allein bleiben lässt.« Daraufhin packt Bond sie, um sie geradezu
gewaltsam zu küssen. Die Szene spielt an einem karibischen Strand
bei Sonnenuntergang, dessen Postkarten-Idylle so unecht ist wie Brosnans Spiel monoton. Er schaut zwischen dem Horizont und seiner
Gesprächspartnerin hin und her, ohne dabei ein Gefühl von Zweifel,
Sehnsucht oder Bedauern vermitteln zu können. Mit seinem starren
Gesichtsausdruck scheint er von Natalyas Vorwürfen eher gelang-
weilt oder gar genervt zu sein. Brosnans Bond ist ein kalter Kämpfer,
dessen emotionale Seite unterentwickelt ist. So wie sein Kuss eher
als Ausdruck der Inbesitznahme als der Zuneigung verstanden wer-

den kann, so ist sein Sinn für Freundschaft rein beruflicher Natur. Er riskiert ohne zu Zögern Alecs Leben, um den Auftrag in der Waffenfabrik durchführen zu können. Andererseits verschont er einen russischen Agenten »aus Respekt unter Kollegen«. Alec, als Chef einer Verbrecherorganisation scheinbar von den Toten zurückgekehrt, stellt ihn später dann zur Rede. Der zentrale Vorwurf ist: »Ich könnte dich fragen, ob all die Wodka Martinis die Schreie all der von dir getöteten Männer zum Verstummen gebracht haben. Oder ob du Vergebung findest in den Armen all der willigen Frauen für die toten, die du vergeblich beschützt hast.« In einer retrospektiven Betrachtung von Bonds Wirken kommt der Film in den Worten Alecs also zu einer durchaus kritischen Bewertung seiner Verfehlungen – und um diesen eine entsprechende dramaturgische Wirkung zu verleihen, ist es nötig, das Bild Bonds der in GOLDENEYE enthaltenen Kritik entsprechend zu gestalten. Doch Brosnans Reaktion beschränkt sich auf ein gleichgültiges Achselzucken. Schließlich definiert Alec Bonds Verständnis von Loyalität. Es gelte stets der Mission, nie einem Freund. Alles, was für Brosnans Bond zählt, ist die erfolgreiche Durchführung seiner Aufträge. Durch seine erfolglose Suche nach wahrem Lebensglück, das auch in Machismo und Wohlstand nicht zu finden ist, ist er in eine Situation von Einsamkeit und Isolation geraten, die er durch äußere Gewalt zu kompensieren versucht. In TOMORROW NEVER DIES muss er reuig feststellen, dass es nicht immer eine zweite Chance gibt für vor langer Zeit gescheiterte Liebesbeziehungen. Und in THE WORLD IS NOT ENOUGH erfährt er, was es bedeutet, wenn Vertrauen und aufrichtige Hingabe nicht erwidert werden. Und immer ist ein James Bond zu sehen, der gegenüber seinen Gegnern eine kompromisslose Aggressivität zeigt.

Obwohl Strukturen des Tragischen in den Brosnan-Filmen also durchaus angelegt sind, werden sie weitgehend überlappt von einer Dramaturgie, die mehr Wert auf lautstarke Pyro-Effekte und spektakuläre Stunts legt als auf die Entwicklung der Charaktere. Und auch die Dialoge lassen weit mehr Rückschlüsse auf eine durch bissigen Humor zur Schau gestellte Selbstsicherheit zu als auf den weichen Kern, der sich offenbar dahinter verbirgt. Gerade THE WORLD IS NOT ENOUGH zeigt Bond bei genauerem Hinsehen als emotionalen Krüppel, der von einer Frau, die er begehrt (Elektra) vorgeführt wird und der dem Dilemma zwischen ihm, ihr und seinem Gegenspieler (Renard) hilflos gegenübersteht. Dieses innere Drama tritt jedoch hinter die immer stärker betonte Action-Dramaturgie der 90er-Jahre zurück.

In Bezug auf Brosnans Schauspielstil und seine Interpretation der Rolle ist eine Entwicklung innerhalb der Filme zu erkennen. Auch in TOMORROW NEVER DIES wird die menschliche Seite des Helden ausgeleuchtet. Trotz aller seiner Erfahrungen hat er sich eine gewisse Naivität bewahrt, etwa wenn er wie ein kleiner Junge strahlt, als er eine neue Funktion an seinem Auto entdeckt hat. James Bond soll also keinesfalls verbittert wirken. Nur so kann er weitere Schicksalsschläge erdulden, ohne seine positive Ausstrahlung zu verlieren. Als Bond seine verflossene Geliebte Paris – die nun mit seinem Erzfeind Elliott Carver verheiratet ist – tot auffindet, soll Brosnan Erschütterung zeigen. Dabei greift Regisseur Roger Spottiswoode interessanterweise zu einem ähnlichen Mittel wie sein Kollege Peter Hunt in ON HER MAJESTY'S SECRET SERVICE, um den Darsteller zu schützen: Er lässt ihn sein Gesicht vor Verzweiflung ganz in ein Stück Stoff vergraben.

Erst in THE WORLD IS NOT ENOUGH scheint Pierce Brosnan ganz in die Rolle des James Bond hineingewachsen zu sein. Seine Auftritte abseits von Verfolgungsjagden und Schießereien bewältigt er nun viel souveräner. Wenn er die MI6-eigene Ärztin verführt oder bei Q locker auf dem Tisch hockt, erinnern seine Körperbewegungen zunächst mehr denn je an die unterschwellige Provokanz Sean Connerys. Er bemisst die MI6-Mitarbeiter mit ironisch-geringschätzigen Blicken. Das Röntgenfoto, das seine Kampfunfähigkeit beweist, reißt er der Ärztin aus der Hand und schleudert es auf den Boden. Den Assistenten Qs belächelt er ob seiner Ungeschicklichkeit. Dabei hat er etwas Lehrerhaftes, insbesondere wenn er ihn mit trockenem Humor auf Fehler hinweist und dabei die Arme vor der Brust verschränkt – eine Geste der Überlegenheit und gleichzeitig der Distanzierung: Sie demonstriert Aufmerksamkeit, ohne sich aktiv an den Geschehnissen zu beteiligen. Bond nimmt die Missgeschicke des Assistenten mit Amüsement zur Kenntnis, ohne eine Hilfestellung auch nur anzudeuten. Brosnans Gesichtsausdrücke haben jetzt eine größere Bandbreite und können auch Abstufungen von Spott und Ironie ausdrücken. Er ist inzwischen auch zu kleinen, ausdrucksstarken Gesten am Rande fähig.

Wie immer ist die Figur des James Bond mehr als alles andere über dessen Beziehung zu Frauen definiert. Das offensichtliche Verführungs-Angebot seiner Schutzbeauftragten Elektra King, für die er mehrfach das Leben riskiert, und für die er auch mehr und mehr Zuneigung empfindet, lehnt er brüsk ab, was an sich schon untypisch für ihn erscheint. Er aber hält sich exakt an die Dienstvorschriften. Elektra wirft ihm deswegen Feigheit vor: »Wer hat nun Angst, Mr. Bond?« Was folgt, ist ein Moment des Nachdenkens. Bonds Blick geht nach unten, dann zu Elektra hinüber. Schließlich schmunzelt er kurz und verlässt wortlos den Raum. Hier ist Brosnan ganz auf der Höhe des nonverbalen Spiels, das die James-Bond-Serie immer ausgezeichnet hat. Ein verlegenes Wegwischen des Vorwurfs, gleichzeitig ein

Eingeständnis: Bond merkt, dass er sich verändert hat. Er ist nicht mehr der unersättliche Frauenheld von früher. Schon die Affäre mit der Ärztin hatte er nur zielgerecht eingesetzt, um nicht krankgeschrieben zu werden. Und er braucht eine Weile, bis er bereit ist, mit Elektra eine Beziehung zu beginnen.

In THE WORLD IS NOT ENOUGH ist James Bond erstmals auch körperlich nicht mehr unverletzbar. Hatte er in den ersten 18 Filmen auch die abenteuerlichsten Kunststücke ohne größere Blessuren überstanden, so wird ihm hier gleich in der Vortitelsequenz die Schulter ausgekugelt, was seine Kampffähigkeit den ganzen Film über einschränkt. Dieses Element ist sinnvoll in die Handlung eingearbeitet. James Bond als Dauerpatient: Dies ist der Schlusspunkt einer Entwicklung, die mit der Neubesetzung der Rolle durch Pierce Brosnan begonnen hatte. Ganz bewusst wurde der tradierte Mythos 007 aufgegriffen und dann schrittweise demontiert. Dafür kam ein Darsteller, der an Connerys Rollenauffassung erinnerte, gerade recht. Alec Travelyan, Natalya Simonova und Elektra King machten Bond sodann sein Selbstbewusstsein streitig, das ihm einst die Überlegenheit gegenüber allen Frauen gesichert hatte. Und in THE WORLD IS NOT ENOUGH verliert er nun auch noch seine physische Kampfüberlegenheit. Es bleibt dem neuen Assistenten Qs vorbehalten, das Ende des Bond-Mythos zu konstatieren: »Das ist also der berühmte 007-Humor … oder was davon übrig ist.« Der von John Cleese gespielte, zunächst namenlos bleibende Assistent (Bond nennt ihn scherzhaft »R«) ist die erste Neuschöpfung unter den wiederkehrenden Figuren, die nicht auf ein konkretes Vorbild Ian Flemings zurückgeht. Doch sie ist offenbar darauf angelegt, die Nachfolge des über 80jährigen Desmond Llewelyn alias Q anzutreten und übernimmt dessen hervorstechende Eigenschaft, die seit Jahrzehnten für komische Effekte genutzt worden war: Auch er ist technikverliebt und belehrt gerne. Während Cleese in seinem ersten Auftritt noch eine klassische Monty-Python-Routine abgeliefert hatte, wurde die Rolle in DIE ANOTHER DAY weiter vertieft. Für den »alten« Q wurde in THE WORLD IS NOT ENOUGH sogar explizit eine Abschiedsszene geschrieben (auf einer überraschend abwärts fahrenden Plattform versinkt er förmlich im Boden und gibt Bond einen letzten Ratschlag mit auf den Weg: »Immer einen Fluchtweg offen halten«).

Damit verliert die Bond-Reihe ihren letzten Vertreter der ursprünglichen Besetzung aus den Filmen der 60er-Jahre und eine der beliebtesten Figuren überhaupt. Niemand hat in mehr Bond-Filmen mitgespielt als Desmond Llewelyn. John Cleese trat also ein schweres Erbe an, brachte aber mit den für seinen Stil typischen Slapstick-Elementen eine eigene Note mit ein. Man vollzog den innerhalb von vier

Jahrzehnten notwendigen Wechsel der Darsteller der wiederkehrenden Figuren, indem man die bestehenden Rollen umschrieb, um sie dem Zeitgeschmack und dem Stil der Schauspieler anzupassen. In THE WORLD IS NOT ENOUGH ist diese neue Darstellerriege endlich wieder zu der Art »Familie« zusammengewachsen, wie sie es in den 60er-Jahren gewesen war: M ist nunmehr eine gestrenge Mutterfigur, Q agiert im Stil eines kritischen, aber wohlmeinenden Großvaters, während John Cleese zunehmend die Rolle eines Onkels übernimmt, der sich in der moralisch überlegenen Position wähnt und geringschätzig auf Bonds Verhaltensweisen herabblickt. Moneypenny ist nicht mehr länger das treue »Hausmütterchen« des MI6, das sich um James Bond sorgt und von ihrem Büro aus versucht, die ihm drohenden Gefahren durch Menschenkenntnis und Organisationstalent abzuwenden. Sie ähnelt vielmehr einer jüngeren Schwester, die den Ego-Trips ihres erfolgreichen Bruders ein harsches Ende bereitet, um ihn vor Selbstüberschätzung zu bewahren. Die Dialogschlachten zwischen M, Moneypenny, Q, »R« und James Bond strahlen wieder jene hintergründige Atmosphäre der Hassliebe aus, die seit jeher der Reiz dieser Bond'schen Ersatz-Familie war – nur eben unter neuen Vorzeichen. Insbesondere aus der Neubesetzung des Geheimdienstchefs mit der respektablen Shakespeare-Darstellerin Judi Dench gewinnt man zahlreiche Gags, die aus Bonds Problemen herrühren, Frauen als Respektspersonen zu akzeptieren. Berühmt wurde Ms Ausspruch aus GOLDENEYE, nachdem Bond mal wieder eine Geheimdienstmitarbeiterin »vernascht« hat: »Ich finde Sie sind ein sexistischer, frauenfeindlicher Dinosaurier. Ein Relikt des kalten Krieges, dessen kindischer Charme, der an mir völlig verpufft, offensichtlich auf diese junge Frau gewirkt hat, die ich beauftragt habe, Sie zu untersuchen.« Damit sind die destruktiven Kräfte, mit denen der Bond-Mythos zu Zeiten der Brosnan-Ära zunehmend ironisiert und außer Kraft gesetzt wurde, treffend zusammengefasst.

DIE ANOTHER DAY, Brosnans letzter Auftritt als James Bond, ließ 007 folgerichtig als ausgebrannten »hard boiled character« erscheinen, der sich aufgrund mannigfaltiger Erfahrungen eher desillusioniert im Jet-Set bewegt. Rein äußerlich strahlt Pierce Brosnan – an seinen Schläfen ist ein erster Grauschimmer erkennbar – nun auch in der Physiognomie die gewachsene Lebens- und Welterfahrung seiner Bond-Figur aus, die so manche innere Narbe davongetragen hat. In der Szene, in der er seiner jungen CIA-Kollegin Jinx das Leben rettet, tritt Pierce Brosnan vielleicht am stärksten aus dem Korsett des abgestumpften Einzelkämpfers heraus und erweitert die Bandbreite seines James Bond um echte, unverfälscht nach außen tretende Emotionen. Dies ist eine Nuance, mit der er sich Timothy Dalton annähert – die dagegen bei der demonstrativen Reserviertheit eines Roger Moore nicht vorstellbar gewesen wäre. Einen eher klamaukhaften Schlusspunkt setzt DIE ANOTHER DAY unter die seit Jahrzehnten sublimierte Beziehung zwischen James Bond und Moneypenny, die eine von Q zu Trainingszwecken eingeführte Computersimulation dazu nutzt, um mit einem Virtual-Reality-007 ihre erotischen Phantasien auszuleben. Der »echte« James Bond begegnet ihr nicht mal mehr – das war vielleicht schon eine Andeutung dessen, dass man die »Bond-Familie« im weiteren Verlauf der Serie zugunsten eines völligen Neuansatzes zu sprengen gedachte.

Ausblick: 007 Noir

Die eigentlich vielversprechende schauspielerische Weiterentwicklung der Bond-Figur durch Pierce Brosnan wurde von den Produzenten Barbara Broccoli und Michael G. Wilson nicht weiterverfolgt. Man

hatte etwas anderes im Sinn. Es verstrich zunächst viel Zeit auf der Suche nach einem neuen Darsteller – und damit verbunden wieder einmal nach einem neuen Rollenkonzept. Man entschied sich schließlich – ähnlich wie schon bei den Engagements von George Lazenby und Timothy Dalton – zu einem gewagten Schritt, der diesmal aber noch konsequenter umgesetzt wurde als jemals zuvor: Man nahm

Kaltblütig, ungeschliffen, ungepflegt Daniel Craig, ein neuer, finsterer James Bond (CASINO ROYALE).

einen radikalen »Relaunch« der Serie vor – indem man die Bond-Geschichte von vorne erzählte, nämlich mit seiner allerersten Mission als Doppelnull-Agent. Ins Rennen geschickt wurde ein Darsteller, der, obwohl er noch nie eine Hauptrolle in einer großen Filmproduktion gespielt hat, so jung gar nicht mehr ist: Der britische Schauspieler Daniel Craig (38), der dem breiten Massenpublikum vor seinem Bond-Auftritt noch weitgehend unbekannt war. Als Vorlage diente der erste Ian-Fleming-Roman »Casino Royale« von 1953, dessen Handlung in die Gegenwart des 21. Jahrhunderts verlegt und entsprechend an die Zeitverhältnisse angepasst wurde, aber stilistisch an die Machart des »ernsthaften« Spionagethrillers anknüpfte, indem er die Dominanz von Dialogwitz- und Slapstick-Nummern durch einen Film Noir-Touch ersetzte. Das ironische Téte a Téte zwischen Bond, Q und Moneypenny musste ganz entfallen – diese Nebenfiguren wurden nämlich komplett aus dem Ensemble gestrichen. Die Meta-Historie, die sich in Jahrzehnten der Weiterentwicklung dieses Stoffes gebildet hat, wurde so auf geschickte Weise zurückgesetzt, so dass man mit dem neuen Darsteller gewissermaßen an einem Nullpunkt beginnen konnte. Einzig verbliebene Figur aus den »alten Zeiten« der Serie ist Judi Dench als gestrenge Geheimdienstchefin. James Bond muss sich ihr gegenüber als Spezialagent erst noch selbst beweisen. Im Film wie auch in dem begleitend publizierten Werbematerial wird James Bond durchweg als finstere Figur inszeniert. Mit ernstem, hartem Gesichtsausdruck richtet er seinen Blick fest auf ein Ziel, das er – zumeist mit der Waffe in der Hand – offenbar bereits zur Liquidierung ausgemacht hat. Überhaupt fällt auf, wie stark die hellblauen Augen von Daniel Craig betont werden: Auf Postern und Szenenfotos sind sie oft mit Mitteln der Retusche verstärkt und verleihen der Figur, die zumeist in düsterer Umgebung platziert ist, einen dämonischen Charakter. Der »Neue« ist in seiner ungepflegten Erscheinung – mit Ringen unter den Augen stets leicht übernächtigt wirkend – zunächst ganz Auftragskiller. Mit den eindrucksvollen Proportionen eines Bodybuilders versehen, mag ihm der Smoking nicht so recht stehen – bevorzugt lässt er den Kragen offen stehen und die Fliege hängt aufgebunden und funktionslos um seinen Hals. Dennoch bewegt auch er sich mit der Provokanz des Emporkömmlings in den vornehmen Kreisen der Casinos. Prägend für Craigs Erstauftritt ist der mehr als schwarze »Deadpan«-Humor, mit dem er nach einem erfolgreichen Attentat seine Onliners platziert. Er füllt sie mit einem Zynismus, der fast schon an Hass zu grenzen scheint. Sollte dieser finstere, ungeschliffene James Bond vom Publikum dauerhaft angenommen werden und tatsächlich, wie von der Produktion geplant, noch einige weitere Auftritte in dieser Besetzung erhalten, darf man gespannt sein, in welche Richtung sich die Figur weiterentwickeln wird. Es scheint zunächst mal gelungen, diesem in die Jahre gekommenen Sujet durch einen mutigen, riskanten Schritt neues Leben einzuhauchen.

Andreas Rauscher

Spy Games

Das Spiel mit Standardsituationen und Dramaturgien

Der Name Bond, James Bond, steht für eine Reihe von Kontinuitäten, auf die sich das Publikum verlassen kann. Nach einem rasanten Einstieg in der Vortitel-Sequenz folgt ein markanter Titelsong. Anschließend begibt sich der populärste Geheimagent der Filmgeschichte auf seine nächste Mission, die ihn mit einem hinterhältigen Schurken und einer bezaubernden Heldin konfrontiert. Im Verlauf seines Auftrags kommen die bewährten Gimmicks aus der Waffenfabrik des Bastlers Q zum Einsatz. Für den Kontaktmann vor Ort nimmt der Einsatz meistens einen tragischen Ausgang und spätestens in der Mitte des Films steht die erste Konfrontation mit einem Handlanger des Gegenspielers an. Anschließend gerät Bond häufig in Gefangenschaft, verführt bei dieser Gelegenheit eine Verbündete des Gegners und vor dem Finale muss mindestens noch eine spektakuläre Verfolgungsjagd absolviert werden.

Bis auf einige wenige Ausnahmen macht nicht die Handlung, sondern das kunstvolle Spiel mit Standardsituationen den Reiz der seit fünfundvierzig Jahren produzierten 007-Filme aus.

Phrasen wie »Wodka Martini, shaken not stirred.« und »Bond, James Bond.« avancierten zum festen Bestandteil der popkulturellen Allgemeinbildung. Der Besuch eines neuen Bond-Films erinnert an den Auftritt einer Band, die man bereits mehrfach live gesehen hat und bei der die interessante Frage nicht darin besteht, ob sie ihre Hits auch an diesem Abend spielen wird, sondern in welcher Form diese arrangiert sein werden.

Die Etablierung der Spielregeln
1962/63

Unser Mann in Jamaika – Dr. No

Der britische Kulturwissenschaftler James Chapman weist in seiner 2000 veröffentlichten Analyse »Licence to Thrill« auf die innovative und moderne visuelle Gestaltung der James Bond-Filme hin, die in den 1960er-Jahren deren Erscheinungsbild bestimmte. Er stellt in Hinsicht auf den vermeintlich ideologiekritischen Allgemeinplatz der getarnten reaktionären Bestrebungen der Bond-Filme die berechtigte Frage, weshalb Dr. No bereits bei seiner Veröffentlichung im Jahr 1962 als neuartig empfunden werden konnte, wenn er einigen Interpretationen zufolge lediglich regressive Sehnsüchte nach dem alten Empire bediene: »Aber wenn Dr. No auf den Ruhm von Bri-

Bond am Spieltisch
in Dr. No.

tanniens imperialer Vergangenheit zurückgreift, warum wurde der Film dann als so frisch und neuartig aufgenommen? Die Antwort liegt nicht in der Ideologie seiner Narration, sondern in seinem visuellen Stil. Dr. No etablierte den Look der Bond-Filme mit ihrer glänzenden Oberfläche und ihrer ausgesprochen detaillierten mise-en-scène.«[1]
Bei einer genaueren Betrachtung von Dr. No zeigt sich, dass das bekannte Inventar kolonialer Abenteuergeschichten seinen Reiz verloren hat. Im Unterschied zu den Romanen, die historisch in Verbindung mit dem Ende des britischen Kolonialismus und der Suez-Krise gebracht werden können, entwerfen die Filme mit Hilfe des Genre-Crossovers aus Thriller, Science-Fiction, Abenteuer- und Agentenfilm ihr eigenes Spielfeld, das ein Zeitbild der Popkultur der frühen 1960er-Jahre bietet und dennoch zeitlos erscheint.
Innerhalb weniger Einstellungen vollzieht sich in Dr. No der Wechsel vom behäbigen Kolonialambiente, das die Exposition auf Jamaika prägt, zur Avantgarde Swinging Londons. Sean Connery als Geheimagent 007 alias James Bond mit der Lizenz zum Töten wird mit einer akzentuierten Einstellung eingeführt, die bereits den artifiziellen Charakter des gesamten Geschehens verdeutlicht und den vorangegangenen biederen Skatabend der Secret Service-Abteilung Jamaika schnell vergessen lässt. Der Umschnitt auf Bond, der sich am Spieltisch in einem Casino eine Zigarette ansteckt und einer attraktiven

Dame vorstellt, erinnert an die Splash Panels der Comics, in denen innerhalb eines ganzseitigen Einzelbildes ein entscheidender Auftritt erfolgt. Bonds Einführung wird von dem eingängigen, von Monty Norman komponierten und John Barry arrangierten, bis heute in jedem Film verwandten Thema begleitet. Die dynamische Musik grenzt Bond deutlich von den gewöhnlichen Helden wider Willen ab, die bei Alfred Hitchcock oder Fritz Lang in die Wirren der Geheimdienste geraten. Während bei Fleming die gelegentlichen Erschöpfungszustände und die harte Arbeit, die es erfordert ein Superheld zu sein, betont werden, stellt Terence Young Bonds professionelle Haltung und sein *savoir vivre* in den Mittelpunkt. Er inszeniert ihn bewusst als Stil-Ikone und entwickelt ihn über die Figur des Hardboiled-Geheimagenten hinaus. Das kurze Intermezzo mit der von Young hinzugefügten, attraktiven Sylvia Trench (Eunice Gayson), der Bond am Spieltisch begegnet, betont die in den Romanen eher marginalen, für die Filme jedoch essentiellen hedonistischen Elemente des 007-Kosmos. Bevor er sich in der Zentrale bei M (Bernard Lee) und Miss Moneypenny (Louis Maxwell) seinen neuen Auftrag abholt, verabredet sich Bond mit Sylvia zu einem gemeinsamen Abendessen am nächsten Tag. Sie erwähnt, dass sie gerne Golf spielt und tauscht mit ihm die Adressen. Kurze Zeit später erwartet sie Bond in den frühen Morgenstunden mit einem Golf-Set in dessen Wohnung. Zwar muss er in wenigen Stunden nach Jamaika aufbrechen, aber ein wenig Zeit bliebe noch bis dahin.

Szenen wie diese erscheinen typisch für die Liebesabenteuer des Agenten und wiederholen sich durchgehend in den Filmen der Serie, nach erfolgreich absolviertem Showdown gehört es zu den Standards, dass Bond und seine Begleiterin sich vergnügen, während sein Büro vergeblich versucht mit ihm Kontakt aufzunehmen. Die Bond-Filme werden trotz der ständigen erotischen Abenteuer des Protagonisten in ihrer Darstellung nie explizit, sondern beschränken sich auf Grund des in den USA und England schon immer anvisierten Familienpublikums auf ein paar doppeldeutige Dialoge und Wortspiele. Deren ironische Untertöne relativieren in den meisten Fällen auch den Sexismus der frühen Filme, der später innerhalb der Handlung selbst kritisch kommentiert wird.

Bei seiner Ankunft in Kingston erwartet Bond am Flughafen ein Hinterhalt, den er auf Anhieb durchschaut. Der ungeschickte Attentäter, der nach seiner Enttarnung mit einer Zyankali-Kapsel Selbstmord begeht, prägt einen weiteren Allgemeinplatz der Serie. Seine unglücklichen Nachfolger landen meistens in Haifischbecken oder müssen auf andere Weise für ihr Versagen mit dem Leben bezahlen. Die Informationen, die ihnen Bond entlockt, erweisen sich als nicht sonderlich hilfreich, dienen aber als erster Hinweis auf das Wespen-nest, das ihn hinter der Fassade einer Fabrik, im getarnten Vulkan oder in der handelsüblichen Alpenfestung erwartet. Der dilettantische Killer entspricht dem Bauernopfer in einer Partie Schach. Die folgen-den Gegenspieler steigern sich in ihren Fähigkeiten und ihrem Schwie-rigkeitsgrad zunehmend: drei Killer, denen zu Beginn des Films der britische Kontaktmann auf Jamaika zum Opfer fiel, versuchen Bond bei einer Autojagd auszuschalten. Der Verräter Professor Dent, der Bond vergeblich eine Tarantel ins Bett beförderte, erweist sich bei der Ausführung seines Anschlags als äußerst ungeschickt. In Vorwegnah-me jener unglückseligen Handlanger, die aus Selbstüberschätzung dem eigenen Hinterhalt zum Opfer fallen, verfeuert er sein Magazin in eine Bettdecke. Sein Opfer Bond wartet hingegen geduldig hinter der Tür, um den ahnungslosen Dent bei Betreten des Zimmers zu überwältigen und mit einem zynischen Kommentar kaltblütig zu er-schießen. Dr. No selbst tritt erst spät in Erscheinung.

Einen festen Bestandteil des zukünftigen dramaturgischen Inventars der Serie bildet der Wettlauf gegen die Zeit. Bond, dem amerikani-schen Verbündeten Felix Leiter (Jack Lord) und ihrem lokalen Kon-taktmann Quarrel (John Kitzmiller) bleiben nur zwei Tage Zeit bis der nächste amerikanische Raketen-start ansteht. Wenn dieser er-neut sabotiert wird, wäre eine schwere internationale Krise die Folge.

Eine weitere, für die Serie prä-gende Situation wird durch den Auftritt des ersten Bond-Girls definiert: Ursula Andress tritt als Muschelsucherin Honey Rider im figurbetonenden Bikini in der Mitte des Films in Erscheinung.

Ursula Andress
als erster Prototyp
des Bond-Girls.

Die Romanvorlage spielt in Zu-sammenhang mit Honeys Auftritt auf Boticellis Venus an. Young über-nimmt diesen ästhetischen Querverweis, indem er Andress mit eini-gen Muscheln unter dem Arm vor den faszinierten Blicken Bonds und der Zuschauer dem Meer entsteigen lässt.

Die Einführung des Bond-Girls erfolgt bis heute an exponierter Stelle. In DIE ANOTHER DAY wurde die Begegnung zwischen der von Halle Berry gespielten Agentin Jinx und Bond auf Kuba als Hommage an Andress' Auftritt in DR. NO inszeniert. In FROM RUSSIA WITH LOVE und THUNDERBALL geht dem Auftritt der Protagonistin eine mit voy-euristischen Untertönen versehene Beobachtungsphase voraus. Spätere Filme der Reihe wie Moonraker, Tomorrow Never Dies und Die Another Day spielen mit dieser früheren Konstellation, wenn sich nach einer ersten flüchtigen Begegnung die neue Bekanntschaft ebenfalls als Agentin entpuppt.

Im Lauf der Jahre veränderte sich das Frauenbild deutlich. Die ersten Bond-Girls traten zwar durchaus selbstbewusst in Erscheinung, mussten aber letztendlich doch wie Ursula Andress und Daniela Bianchi vom Helden beschützt werden, wie Akiko Wakabayashi in You Only Live Twice die Opferrolle einnehmen oder wie Honor Blackman in Goldfinger und Jill St. John in Diamonds Are Forever ihre Weltanschauung grundsätzlich überdenken.

Natürlich kann man Dr. No wie die Kulturwissenschaftlerin Cynthia Baron einer postkolonialistischen Analyse unterziehen und 007 als »imperialistischen Helden« entlarven, »der einen Weg findet, damit die Britishness weiterhin in Opposition zu den ›dunklen‹ Menschen der Welt definiert wird«[2]. Barons hinsichtlich der Opferrolle von Side-kicks wie dem farbigen Quarrel aus Dr. No berechtigte Kritik schießt jedoch weit über ihr Ziel hinaus, wenn schließlich sogar in den schwarzen Handschuhen Dr. No's ein Hinweis auf die Stigmatisierung des fremden Anderen entdeckt wird und die Ironie, sowie das popkulturelle Stilbewusstsein der Bond-Filme lediglich auf Ablenkungsmanöver reduziert werden, die verschleiern sollen, dass in ihnen »überholte Mythen über Britanniens imperialistische Vergangenheit neu verpackt«[3] werden.

Diese Kritik übersieht mehrere wesentliche Punkte. Die James Bond-Filme verkaufen im Unterschied zu primär ideologisch ausgerichteten Actionfilmen wie Stallones Rambo-Serie (USA 1983–1988), dem türkischen Kurtlar Vardisi – Irak / Tal der Wölfe (Türkei 2005) oder der russischen Brat / Brother-Serie (Russland 1997/2001) die nationale Identität nicht als ideologisches Programm. Die feine englische Art steht ganz im Zeichen bewusst übertriebener kultureller Klischeebilder, die sich in unmittelbarer Nähe zu den Beatles-Filmen von Richard Lester, der British Beat-Invasion, der After Eight-Werbung oder Monty Python's Flying Circus befinden. Lediglich die Vorstellung, dass sich die amerikanische CIA bereitwillig in Gestalt von Felix Leiter und seinen diversen Kollegen, auf die einfache Funktion eines Sidekicks reduzieren ließe oder in kritischen weltpolitischen Fragen immer erst die Verbündeten aus dem United Kingdom kontaktiere, erscheint etwas abstrus.

Die politischen Implikationen der frühen Romane, in denen Fleming alle möglichen Karikaturen von hinterhältigen Russen und deren Handlangern zum Einsatz brachte, wurden von Anfang an durch die Terrororganisation SPECTRE und ihren mysteriösen, an Fritz Langs

Meisterverbrecher Dr. Mabuse erinnernden Anführer Blofeld ersetzt. Bei aller Sympathie für ideologiekritische Analysen verfügen die Agenten SPECTREs und ihre Nachfolger, die sich meistens als machthungrige, westliche Großindustrielle erweisen, über den gleichen Realitätsbezug wie Supermans gewiefter Gegenspieler Lex Luthor.

Geheimagenten im Orient-Express – FROM RUSSIA WITH LOVE

007 agiert individualistisch und dynamisch. Terence Young verstand es diese Eigenschaften besonders zu betonen und schuf damit eine Blaupause für alle späteren Regisseure. Im Vergleich zu einigen seiner Nachfolger, die wie Lewis Gilbert die eindrucksvollen Kulissen oder die exotischen Schauplätze in illustrativen Totalen einfangen, zeigte er sich besonders an den Actionsequenzen interessiert, die verstärkt durch die schnellen Schnitte von Peter Hunt eine neuartige Form der Montage zum Einsatz brachten. Youngs innovative Akzentverschiebungen markieren einen ästhetischen Wendepunkt vom traditionellen Thriller hin zu den rasanten Rhythmen des modernen Actionkinos, das wesentlich von der Eigendynamik der Verfolgungsjagden und Kampfszenen der Bond-Filme geprägt wurde.

Eines der eindrucksvollsten Beispiele für Hunts Talent als Cutter bildet das Duell zwischen Bond und dem SPECTRE-Handlanger Red Grant (Robert Shaw) in FROM RUSSIA WITH LOVE. Nachdem sich der feindliche Agent durch das schlichte Style-Crime, Rotwein zum Fisch zu bestellen, verraten hat, kommt es zum erbitterten Schlagabtausch im Orient-Express. Dieses traditionsreiche Ambiente, in dem Agatha Christies Hercule Poirot einen seiner schwierigsten Fälle löste, bietet die ideale Kulisse für den Übergang vom kriminalistisch geprägten Spionagethriller, in dem wie in Alfred Hitchcocks THE LADY VANISHES / EINE DAME VERSCHWINDET (GB 1937) während der Zugfahrt zahlreiche Details zu ermitteln sind, zu den gehetzten Fluchtbewegungen des Actionfilms.

Den rasanten Action-Sequenzen steht wie in DR. No die ausgiebige Erkundung der attraktiven Schauplätze gegenüber. Im Vergleich zu den späteren, hoch budgetierten und als sicheren Hits produzierten Bond-Filmen, in denen möglichst viele Schauplätze untergebracht werden, ließ man sich in den 1960er-Jahren noch auf den besonderen Reiz des jeweiligen On-Location-Shootings ein. In ihrem aufschlussreichen Essay über das postklassische Actionkino weisen Isabelle Reicher und Drehli Robnik auf die Bedeutung bekannter Schauplätze in der James Bond-Serie zwischen touristischer Sehenswürdigkeit und hyperrealem Spielplatz für die Realisierung von Stunts hin: »Sowohl ein präklassisches als auch ein postklassisches Publikum gebraucht Filme häufig auf touristische Weise: Um 1900 ergötzt man sich an All-

Seilbahn von Rio in
MOONRAKER, Sprung
vom Eifelturm in
A VIEW TO A KILL.

tagsaufnahmen ferner Großstädte oder an phantom rides aus der Perspektive fahrender Züge; um 2000 durchreist man die materielle Textur von Filmen, um ihr qua Fernbedienung Lieblingsstellen wie Souvenirs zu entreißen. Actionfilme nehmen Aspekte beider touristischer Filmerfahrung auf: Man denke an die James-Bond-Filme (von Rio in die Alpen …), und man denke daran, dass in den Action-Kammerspielen Großstädte meist nicht mit dem realistischen Blick von Film noirs, Gangster- oder Cop-Movies gezeigt werden, sondern als Summe dessen, was Touristen interessiert.«[4] Jamaika in DR. No und Istanbul in FROM RUSSIA WITH LOVE funktionieren in diesem Zusammenhang wie die Filme selbst noch als Orte des Übergangs vom Spionagethriller zum eigenständigen Subgenre.

In den späteren Bond-Filmen, in denen es zum Duell zwischen Bond und dem Beißer auf der Seilbahn von Rio de Janeiro kommt (MOONRAKER), ganze New Yorker Straßenzüge für eine Autojagd in LIVE AND LET DIE abgesperrt wurden oder die Attentäterin May Day (Grace Jones) vom realen Eifelturm springt (A VIEW TO A KILL) werden die echten Sehenswürdigkeiten wie Themen-Park-Kulissen für die spektakulären Stunts behandelt.

FROM RUSSIA WITH LOVE etablierte nach DR. No das zweite für die Reihe relevante dramaturgische Modell. Die vermeintliche KGB-Intrige wird als Racheaktion SPECTREs entlarvt, die von Bond verfolgten Spuren führen jedoch weder in eine geheime Kommandobasis, noch wird einer der in den späteren Filmen beliebten Killer-Satelliten gestartet. Stattdessen muss sich die ursprünglich auf Bond angesetzte Agentin Tania (Daniela Bianchi) für eine Seite entscheiden und eine russische Dechiffriermaschine auf abenteuerlichem Weg in den Westen gelangen. Chapmans Feststellung, dass der Film für die Serie ungewöhnlich traditionell ausfalle, trifft durchaus im positiven Sinne zu[5]. FROM RUSSIA WITH LOVE nimmt sich ausgiebig für eine Geschichte und die damit verbundenen Konflikte Zeit, die in späteren Bond-Filmen bereits innerhalb der Exposition vollständig abgehandelt worden wären. Ästhetik und Plotkonstruktion wurden zu einem wesentlichen Referenzpunkt der Serie, der immer ins Spiel kommt, wenn nach einem besonders extravaganten Special-Effects-Karneval der Kehraus und das damit verbundene Remodeling ansteht.

Die Spielzüge der Bondmania 1964/65

Fälschlicherweise wurden in der Anfangszeit der Serie häufig die Arbeiten von Alfred Hitchcock zum Vergleich herangezogen, ohne zu berücksichtigen, dass es bei den James Bond-Filmen gar nicht mehr um die Erzeugung von Suspense, sondern das bewusste Spiel mit Schauwerten und die Verwandlung von tradierten Genre-Allgemeinplätzen in actiongeladene Bewegungsbilder ging. Einer der bekanntesten Angriffe stammt von Francois Truffaut, der in seinem Vorwort zu »Mr. Hitchcock, wie haben Sie das gemacht..?« den anhaltenden Einfluss Hitchcocks auf die Filmlandschaft der frühen 1960er-Jahre an einer ganzen Reihe von prominenten Regisseuren verdeutlicht. Im letzten Absatz fügt er schließlich hinzu, »nicht zu vergessen die James Bond-Serie, die eindeutig eine grobe und plumpe Karikatur des hitchcockschen Werks, vor allem seines NORTH BY NORTHWEST / DER UNSICHTBARE DRITTE (USA 1958) darstellt.«[6]

Cary Grant und Sean Connery.

Hitchcock selbst gibt Truffaut recht, wenn er als Gast in der TV-Sendung FRANKFURTER STAMMTISCH erklärt, dass sein zuvor innovativer Szenenaufbau in den Bond-Filmen nur noch ein Klischee unter vielen wäre. Hinsichtlich der als Beispiel angeführten Sequenz, in der Sean Connery in FROM RUSSIA WITH LOVE auf einem offenen Feld vor einem Helikopter wie einst Cary Grant vor einem Flugzeug in NORTH BY NORTHWEST flieht, wird jedoch übersehen, dass Bond diesen Kampf schon einmal im Finale des 1956 erschienen Romans »Diamonds are Forever« und somit drei Jahre vor Hitchcocks Film absolviert hatte.

Die Fehleinschätzung Truffauts bestand in der Annahme, die Bond-Filme versuchten Suspense-Filme im Sinne Hitchcocks zu sein. Die Mechanismen und Überraschungselemente des Supsense-Thrillers dienen in den 007-Filmen jedoch nur als Spielregeln, die das bekannte Terrain abstecken. Es besteht kein Zweifel daran, dass, wenn eine Bombe unter dem Tisch tickt, diese dem Helden nur einen marginalen Schaden zufügen wird. Vielmehr interessiert daran, ob der Zähler der Bombe wieder einmal auf 0:07 stehen bleibt.

Für Umberto Eco, der 1966 einen der ersten theoretischen Essays über die Bond-Romane veröffentlicht hat, besteht der Reiz der literarischen Vorlage gerade in der Wiederholung und Ausarbeitung bestimmter Muster. Die Metapher des Spiels bildet für ihn eines der Schlüsselmotive der Reihe: »Das Schema ist insofern gleichbleibend, als alle seine Elemente in jedem Roman auftreten, so dass man behaupten könnte, die fundamentale Spielregel laute so: ›Bond zieht aus und schlägt in acht Zügen‹, aber wegen der Ambivalenz Liebe – Tod müsste es in gewissem Sinne heißen: ›Bösewicht reagiert und schlägt in acht Zügen‹. Es ist nicht gesagt, dass die Züge immer in der gleichen Reihenfolge stattfinden müssen.«[7]

Die Dramaturgie der Bond-Filme vermeidet es auf Zeit zu spielen und fügt daher gezielt keine allzu langen Pausen in die Handlung ein, obwohl diese in traditionellen Spionage-Geschichten und klassischen Detektiverzählungen alleine auf Grund der vom Protagonisten zu leistenden Recherche unerlässlich wären. Die Nachforschungen übernehmen für Bond die Fachkräfte vor Ort oder hilfsbereite CIA-Agenten wie Leiter, die ihm sämtliche Indizien und Hinweise beschaffen. Manchmal fehlt es lediglich an einem besonders raffinierten Clue, den Bond zwischen Tür und Angel beisteuert oder im ersten Drittel des Films *en passant* ermittelt.

»A wonderful piece of nonsense« – GOLDFINGER

GOLDFINGER markiert innerhalb der Serie eine entscheidende Kehrtwende. Mit diesem Film entwickelte sie sich zu einem eigenständigen, international erfolgreichen Franchise, das die Spielregeln und Konventionen des Genrekinos nach eigenem Bedarf auslegt. Als ganz auf Schauwerte, Stunts und außergewöhnliche Attraktionen fixierte Agenten-Abenteuer vollziehen die Bond-Filme Mitte der 1960er-Jahre den nächsten entscheidenden Schritt im von Terence Young initiierten Übergang vom Thriller zum modernen Actionkino.

In GOLDFINGER finden sich einige beispielhafte Sequenzen für diesen Paradigmenwechsel. Die Exekution einer Versammlung von Gangstern der alten Schule durch Goldfinger in dessen Billardsalon, der sich sowohl in einen Konferenzraum, als auch bei Scheitern der Verhandlungen in eine Todeszelle verwandeln kann, symbolisiert die Ablösung der einfachen Mobster durch die mit allen technischen Tricks und einer ganzen Privatarmee ausgerüsteten Superschurken, die mit ihren Ambitionen jederzeit in einem Superhelden-Comic auftreten könnten.

Der Reiz besteht für das Publikum nicht darin, ob die Intrigen aufgedeckt werden können, sondern wie Bond den von seinen Gegenspielern errichteten Hindernis-Parcours bewältigt. Zu dessen größten Herausforderungen zählt das Duell zwischen Bond und Goldfingers Diener Oddjob im Tresorraum von Fort Knox. Die Darstellung des stummen Handlangers mit dem tödlichen Hut durch den Kampfsport

erprobten Harold Sakata entwarf den Prototypen für alle zukünftigen Killer-Sidekicks der Serie. Oddjob verfügt nicht nur über außergewöhnliche Kräfte, sondern besitzt mit dem als tödliches Gimmick einsetzbaren Hut eine der ersten skurrilen Waffen, die mit Tee-Hees (Julius Harris) Waffenarm in LIVE AND LET DIE und dem stählernen Gebiss des Beißers (Richard Kiel) in THE SPY WHO LOVED ME und MOONRAKER zu einem Kennzeichen der Serie wurden. Die bedrohliche Aura des Killers wird zusätzlich verstärkt, indem er bei seinem ersten Auftritt lediglich als schattenhafter Umriss gezeigt wird.

Ebenso selbstverständlich wie die pointierte Einführung des gegnerischen Sidekicks gehört der Zweikampf zwischen ihm und Bond seit GOLDFINGER zum festen Repertoire der Serie und bildet häufig die erste Etappe des Finales. Wie so viele seiner Nachfolger fällt Oddjob seiner eigenen Waffe zum Opfer. Bond wirft den mit Stahlkanten versehenen Hut gegen ein Gitter und setzt dieses, als der hünenhafte Killer nach seiner Waffe greift, unter Strom.

Der internationale Durchbruch der Bond-Filme ist eng verbunden mit dem selbstironischen Stil, den Guy Hamilton in die Serie einbrachte. Der Regisseur von insgesamt vier Bond-Filmen betrachtete das Unter-

Oddjobs Schatten und das Ende des Duells im Tresorraum.

nehmen von Anfang an als »wonderful piece of nonsense.«[8] Genau diesen Ansatz vermittelt der in GOLDFINGER erstmals erfolgte Besuch in Qs (Desmond Llewelyn) Werkstatt, in der Bond regelmäßig mit Gimmicks wie den berüchtigten mit Lasern, Sägeblättern und Magneten ausgestatteten Armbanduhren und seinen diversen Einsatz-Fahrzeugen ausgerüstet wird. Qs Labor bietet in den späteren Filmen ausgiebig Gelegenheit, allerlei kuriose Gerätschaften wie einen Ghetto-Blaster mit Raketengeschossen oder ein Personen verschlingendes Sofa vorzuführen.

Goldfingers Schmuggelaktivitäten, die im Rahmen des traditionellen Genrekinos als Aufhänger für einen ganzen Film gereicht hätten, erweisen sich als reiner McGuffin, der lediglich dazu dient Bond auf die Spur seines Gegenspielers zu bringen. Die in GOLDFINGER etablierte Dramaturgie, in der sich ein gewöhnlicher Fall als Teil einer viel größeren Intrige entpuppt, wurde in verschiedenen Varianten innerhalb der Serie aufgegriffen. Wesentlich deutlicher als in den ersten beiden Filmen erinnert die Begegnung zwischen 007 und Goldfinger an einen Wettkampf. Das Duell zwischen ihnen wird eröffnet, als Bond den Millionär in Miami des Falschspiels überführt und erpresst. Die Reaktion erfolgt wenige Stunden später durch die Ermordung der von Bond verführten Assistentin Jill Masterson (Shirley Eaton), die von Kopf bis Fuß mit Gold überzogen wird. Die zweite Runde eröffnet Bond, indem er Goldfinger in dessen Golfclub zu einem Turnier herausfordert und den notorischen Betrüger mit dessen eigenen Tricks schlägt. Gert Fröbe verkörpert als Auric Goldfinger einen neuen Schurkentypus. Er agiert nicht wie Dr. No, Rosa Klebb und Blofeld als mysteriöser Drahtzieher im Hintergrund, sondern nimmt offensiv und mit einer gewissen Gelassenheit die Herausforderung durch Bond an. Nach dem verlorenen Golfspiel gibt er Oddjob ein Signal und dieser köpft als Demonstration seiner Fähigkeiten eine Steinstatue mit seinem klingenbewährten Zylinder. Guy Hamilton kommentierte rückblickend die verstärkte Akzentuierung der Gegner: »I felt there was a real danger of Bond becoming Superman; consequently there would be no suspense in whatever predicaments were dreamt up for him. So we concentrated on the villains; Bond is only as good as his villains.«[9] Umberto Eco konkretisiert seine auf die Romane bezogene Spielmetapher mit Hilfe eines aussagekräftigen Beispiels: »Man könnte einen Roman von Ian Fleming mit einem Fußballspiel vergleichen, bei dem von Anfang an das Milieu, die Anzahl und Eigenart der Spieler und die Spielregeln bekannt sind, sowie die Tatsache, dass was auch kommen mag, sich alles auf dem grünen Rasen abspielen wird, nur dass bei einem Fußballspiel bis zum Schluss die entscheidende Frage offen bleibt: Wer wird gewinnen?«[10]

Wie populäre Sportarten haben die Bond-Filme ein Repertoire an Standardsituationen hervorgebracht. Einige von ihnen wie die Begegnung mit dem Bond-Girl, das Briefing bei M, die Exekution eines Versagers durch den Schurken und der das Finale strukturierende Countdown finden sich bereits in den ersten beiden Filmen. Exemplarisch arrangiert wurden sie jedoch in GOLDFINGER, der die Welle der Bondmania Mitte der 1960er-Jahre auslöste und den stilvollen Geheimagenten über die Filme und Romane hinaus mit einer ganzen Palette an Merchandising zu einer lukrativen Marke machte. Die lizenzierten Produkte reichen von Schuhen und Bettwäsche bis hin zu Spielzeug-Autorennbahnen und den bis heute produzierten Corgi-Modellautos.

Die mustergültige Durchführung des Spiels Agent-gegen-Superschurke führte zu der weit verbreiteten Annahme, die gesamte 007-Serie beschränke sich auf eine einzige, in GOLDFINGER vorgegebene Formel. Guy Hamilton und sein Team verstehen es zwar eine ganze Reihe von prägenden Standardsituationen in die logische Abfolge von Spielzügen zu verpacken, von der Vortitel-Sequenz und der ersten Konfrontation mit dem Schurken an einem neutralen Ort über den mit besonderen Waffen ausgestatteten bedrohlichen Killer und den Einsatz eines mit allen möglichen Gimmicks versehenen Fahrzeugs bis hin zum verlängerten Showdown, der sich durch das Entkommen des Gegenspielers verzögert. Im Verlauf der Reihe finden sich jedoch immer wieder Filme, die sich im Rahmen eines Remodelings stärker auf den bodenständigen Stil von FROM RUSSIA WITH LOVE beziehen oder wie YOU ONLY LIVE TWICE bewusst die Erweiterung der verwandten Genres bis in das Terrain der Science-Fiction vorantreiben.

In GOLDFINGER verdeutlicht bereits die Pre-Title-Sequenz, dass Bond die Intrigenspiele und zahlreichen Patt-Situationen des Kalten Krieges nicht nur nominell durch die Einführung von SPECTRE anstelle der sowjetischen Operation SMERSH hinter sich gelassen hat. In einem kurzen, vom eigentlichen Plot unabhängigen Abenteuer, das zur Blaupause für zahlreiche weitere Eröffnungen innerhalb der Serie werden sollte, zerstört 007 in einem mittelamerikanischen Land eine Drogenfabrik. In der ersten Einstellung taucht der beste Mann des Secret Service mit einer auf dem Kopf befestigten Möwe auf. Nach Befestigung des Sprengsatzes streift er seinen Taucheranzug ab, unter dem ein makellos sitzender weißer, vollkommen trockener Smoking zum Vorschein kommt. Pünktlich zur Zündung der Bombe begibt sich Bond in eine Cocktail-Bar und begutachtet inkognito bei einem Drink den erfolgreichen Abschluss seiner Mission. Bevor der eingängige Titelsong von Shirley Bassey einsetzt, überwältigt er in seinem Hotelzimmer noch einen gegnerischen Schläger. Die Pre-Title-Sequenz betont nicht

Bond-Girl-Prototyp
Nr. 2 – Pussy Galore.

nur die Dynamik und den visuellen Einfallsreichtum der Inszenierung, sie gibt auch den Ton für die restliche Handlung vor. Es geht nicht darum, ob Bond gewinnt, sondern auf welche originelle Weise er sich diesmal aus der Affäre ziehen wird.

Die von Honor Blackman in Anlehnung an ihre Rolle in der erfolgreichen Serie THE AVENGERS / MIT SCHIRM, CHARME UND MELONE gespielte Pilotin Pussy Galore erscheint repräsentativ für das Frauenbild der frühen Bond-Filme. Trotz ihres selbstbewussten Auftretens und ihrer Dominanz ausstrahlenden Lederkluft gibt sie sich nach einem Judo-Wettkampf mit Bond im Heu geschlagen. Nicht der Appell an ihr moralisches Empfinden, sondern die Virilität Sean Connerys sorgt für ihren Wandel vom nur am eigenen Vorteil orientierten Syndikatsmitglied zum Good-Bad-Girl. Der Gewinn eines Judo-Kräftemessens mit ihr leitet den spielentscheidenden Coup ein. Sie gibt die wesentlichen Informationen rechtzeitig an Felix Leiter und die CIA weiter, so dass Goldfinger in einen Hinterhalt gelockt werden kann.

Der Showdown verlängert sich, als der gesuchte Schurke während des Feuergefechts vor Fort Knox entkommen kann. In einem Epilog, der in den späteren Filmen von Guy Hamilton weitere Variationen erfährt, lauert Goldfinger an Bord des Flugzeugs, das Bond und Pussy nach Washington bringen soll. Dieses Nachspiel, das mitten ins scheinbar erreichte Happy-End hineinplatzt, erscheint wie ein Vorläufer des seit den 1970er-Jahren im Horrorfilm immer wieder bemühten überraschenden Schocks nach dem eigentlichen Finale.

Nachdem der kommerzielle Erfolg von GOLDFINGER das Bond-Phänomen als definierenden Bestandteil der Popkultur der 1960er-Jahre bestätigte, veränderte sich die kritische Auseinandersetzung, die sich nicht mehr alleine auf die relativierende Position eines *Guilty Pleasures* oder des ideologiekritischen Generalverdachts beschränken ließ. Die Zeitschrift »Sight and Sound« würdigte die Perfektion der Bond-Formel und das humorvolle Einverständnis mit dem Publikum, wagte jedoch auch etwas voreilig die Prognose, dass die 007-Filme sich in ein paar Jahren selbst überlebt haben würden.[11]

In Deutschland wurde die Debatte um die Serie hingegen anfangs von ideologischen Verdachtsmomenten bestimmt. Der Kritiker Jürgen Mannsfeld entdeckte in Ausgabe Nr. 1/1965 der Zeitschrift »Film«

in einem Artikel mit dem Titel »Steckbrief eines Killers« hinter der glamourösen Fassade des Gentleman-Agenten die hässliche Fratze tödlicher Untertanenmentalität: »Harmlos fängt es immer an, aber die Gestalt, die uns dargestellt wird, ist mitten drin im Roulette des Todes … James Bond, Geheimagent im Dienst Ihrer Majestät, mit der Ziffer 007, die ihm das Recht verleiht, den Gegner zu töten, Abbild jener, die sich heute an nichts mehr erinnern, die ausführten, was ihnen befohlen ward – und etwas mehr, um sich auszuzeichnen.«[12] Ähnliche Kommentare fanden sich zum Start von FROM RUSSIA WITH LOVE in der »Süddeutschen Zeitung«, deren Rezensent Peter H. Schröder den »offen zutage tretende[n] Faschismus, der durch die Regeln bereits hinlänglich indiziert« sei, als Grund für den »Großteil der Popularität«[13] ausmachte. Auch die »Frankfurter Rundschau« stellte fest, dass die Zuschauer, die GOLDFINGER etwas abgewinnen können, »anfällig für Totalitäres, Barbarisches« wären, und wer »noch von Parodie redet, sollte sein Verhältnis zum Witz und überdies sein Verhältnis zur Humanität überprüfen«[14]. Mit besonderer Ausdauer warnte sogar noch 1977 Wolfram Schütte zum Start des Roger Moore-Comedy-Vehikels THE SPY WHO LOVED ME: »was als Ironie und Parodie des eigenen Genres und anderer aussieht, ist Zynismus. Ein Zerstörungssadismus herrscht hier, dem Menschen wie Dinge zu Spielgegenständen seiner lustvollen Vernichtungsstrategie werden … Der Film ist so züchtig in der Darstellung des sexuellen Akts, weil er dessen Orgasmen in den Tötungen, Zerstörungen, Sprengungen von (Menschen-)Objekten sich entladen lässt.«[15]
Abgesehen davon, dass diese Vorwürfe den Genrerahmen gar nicht erst berücksichtigen, ignorieren sie, dass die faschistoiden Bestrebungen meistens von Bonds Gegnern ausgehen. In der Wochenzeitung »Jungle World« wurde 2002 zu diesen eine sehr treffende Charakterisierung vorgenommen, in der die veränderte Rezeptionshaltung gegenüber der Serie deutlich zum Ausdruck kam: »Bond als Kulturverteidiger, das meint nicht den Kampf der eigenen Kultur gegen andere Kulturen, vornehmlich sozialistische, sondern die Bewahrung des Status Quo der bürgerlich-gezähmten Zivilisation jeder Couleur gegen ihre eigenen Rückfälle ins Caesarisch-Barbarische. Bond ist nicht gegen die Kommunisten, sondern stets gegen die guten alten Deutschen angetreten, in welcher Gewandung sie sich auch präsentieren mochten.«[16]. Der Autor des Artikels Daniel Petersen fasst auch die anhaltende Attraktivität der 007-Filme prägnant zusammen: »Es ist ein schöner alter Brauch, ein neuer Bondfilm läuft an, und die Wächter der Qualitätstradition werden aufquaken und süffisante Bemerkungen ablassen, dass er der soundsovielte Teil einer Filmserie sei, der einmal mehr zeige, dass Hollywood am liebsten mit stereotypen Fort-

setzungen die leichte Kohle mache. Manche nennen das dann Kapita-
lismuskritik. Dabei sind Filmserien wie James Bond alles andere als
Publikumsverarschung. Sie sind ein filmisches Subgenre, bei dem es
darum geht, einen Kreis von Figuren und Motiven, eine Ikonographie,
eine dramatische Syntax und musikalische Motive mit eigenständiger
Prägung zu fixieren.«[17]

Im Rausch der Tiefe – THUNDERBALL

Mit THUNDERBALL setzt das für die Serie charakteristische Spiel mit
Wiederholungen und Variationen ein. Vertraute Situationen ergeben
sich in neuer Form, der Reiz besteht in dem leicht veränderten Arrangement. Bond sucht erneut wie bei seiner Golf-Partie gegen Goldfinger die Kontaktaufnahme mit seinem Gegenspieler Largo (Adolfo
Celi) als Startschuss für die eigentliche Auseinandersetzung. Praktischerweise trägt der gesuchte Feind im Casino einen Siegelring, der

Bond und Largo am
Spieltisch.

ihn als Agenten von SPECTRE
ausweist. Auf diese Weise erleichtert er Bond die Arbeit und
bekennt sich deutlich zu seiner
Organisation. Im Prinzip hätte er
sich auch in der Uniform eines
Panzerknackers aus den Donald
Duck-Comics von Carl Barks
kleiden können. Bond provoziert
Largo, indem er am Spieltisch
gegen ihn setzt und ständige Wortspiele mit dem Begriff SPECTRE
einstreut. Der identifizierte Gegenspieler signalisiert hingegen mit
dem Hinweis, einer seiner Leute habe ihm bereits von Bond berichtet,
dass er die Herausforderung annimmt.

Das höfliche Kokettieren zwischen Largo und 007 bewegt sich in
THUNDERBALL unfreiwillig hart an der Grenze zu diversen Bond-Parodien von CASINO ROYALE (GB 1967) bis hin zur AUSTIN POWERS-Serie
(USA 1997-2002). Knapp zwanzig Jahre später bringt nicht eine Persiflage, sondern die Anfang der 1980er-Jahre zur Selbstparodie ten-
dierende Serie in OCTOPUSSY den Schematismus dieser Situation auf
den Punkt. Der von Roger Moore als wandelndes Selbstzitat gespielte
James Bond besiegt in einem indischen Club den neuen Gegenspieler
beim Würfelduell. Der Secret Service-Kontaktmann (Vijay Amritraj)
erkundigt sich, ob er sich an die Spur des Schurken heften solle. Bond
winkt dankend ab und erklärt, dass diese ganz von selbst kommen
würden. In der Tat folgt ihnen wenige Minuten nach dem Verlassen
des Casinos ein ganzes Killerkommando durch die Straßen von
Udaipur.

Einen melodramatischen Konflikt etabliert THUNDERBALL
durch die Geschichte um Largos
Adoptivtochter Domino, gespielt
von dem französischen Model
Claudine Auger. Die selbstbewusste Schönheit muss aus den
Klauen ihres Gönners und Liebhabers befreit werden, der ihren

Bruder auf dem Gewissen hat. Im Unterschied zu anderen Bond-Girls
vermittelt sie den Eindruck, dass sie sich durchaus selbst zu helfen
weiß, auch wenn das Drehbuch diese Eigenschaft immer wieder vergisst, etwa wenn 007 sie auf dem Karneval zurücklässt und die Handlung sich nur noch auf ihn konzentriert. Am Ende rettet Domino sich
selbst und erschießt Largo mit einer Harpune. In dieser Hinsicht finden sich in THUNDERBALL bereits erste Anlagen für die selbstbewussten Protagonistinnen der späteren Filme.
Die italienische Schauspielerin Luciana Paluzzi verkörpert als abgebrühte SPECTRE-Vollstreckerin Fiona den Gegenentwurf zu Pussy
Galore. Sie steht im Dienst der Gegenspieler und wird ebenfalls von
Bond verführt, doch zieht sie einen Seitenwechsel gar nicht erst in
Erwägung. Ihre Vorliebe für ein Leben auf der Überholspur im wörtlichen Sinne veranschaulichen als ausdrucksstarke Pulp-Poesie sowohl
ihr Einsatz auf einem mit Raketenwerfern ausgestatteten Motorrad,
als auch eine Sequenz, in der sie den per Anhalter fahrenden Bond zu
einer halsbrecherischen Spritztour mitnimmt. Wesentlich deutlicher
als der stets gequält wirkende Largo gestaltet Fiona die Begegnungen
mit ihrem Gegner als süffisantes Spiel, einen Ansatz, den Barbara Carrera zwanzig Jahre später im Remake NEVER SAY NEVER AGAIN per-
fektionieren sollte.
Die Dramaturgie von THUNDERBALL wurde ganz auf die Produktion
von Schauwerten für das erstmals verwandte Scope-Format angelegt.
Für die Dreharbeiten wurde mit zahlreichen Statisten der Karneval in
Nassau nachgestellt, auf dem Fiona ihrem eigenen Hinterhalt zum
Opfer fällt. Den gewaltigen Set Designs der späteren Filme entsprechen in THUNDERBALL die ausgedehnten, mit einem Stab von sechzig
vor der Kamera aktiven Tauchern realisierten Unterwasser-Sequen-
zen, die das letzte Drittel des Films umfassen.

Ausweitung des Spielfelds durch Genre-Crossover
1967–1969

Angesichts der durch den Erfolg von THUNDERBALL gesicherten Kontinuität und der zahlreichen Mitte der 1960er-Jahre produzierten 007-Imitationen stellt sich die Frage, ob es sich bei den Bond-Filmen nicht um ein eigenes Subgenre handelt, nachdem die Kriterien des klassischen Spionagefilms ihnen offensichtlich nicht mehr gerecht werden. Der Filmhistoriker Rick Altman bemisst Genres nach Semantik, also (bedeutungstragenden) Zeichen und Syntax, der Struktur: »Die Geschichte eines Filmgenres und das Verhältnis zwischen den Genres beschreibt man am besten, wenn man Genres nach zwei verschiedenen Arten der Bedeutungskonstruktion – semantisch und syntaktisch – auffasst … Alle Filme eines Genres teilen bestimmte semantische Komponenten. Zum Beispiel erkennen wir einen Film als Western, sobald wir eine Kombination von Pferden, rauen Burschen, illegalen Handlungen, dünnbesiedelter Wildnis, natürlichen Erdfarben, sowie einen allgemeinen Bezug zur tatsächlichen Geschichte des amerikanischen Westens erkennen. Mit der Entwicklung des Genres von einigen beschreibenden Wörtern zu einem einzelnen definierenden Begriff, entwickelte sich eine bestimmte syntaktische Konsistenz, um verschiedene semantische Komponenten in Zusammenhang zu setzen: Handlungsmuster, Leitmotive, ästhetische Hierarchien und ähnliches.«[18] Mit THUNDERBALL haben sich die strukturellen Merkmale der Bond-Filme so weit herausgebildet, dass die Vermischung von Motiven des Science-Fiction, Abenteuerfilms und Thrillers nicht mehr ungewöhnlich erscheint. Im Gegenteil wirkt es nach den semantischen Baukästen der Serie vollkommen plausibel, dass Bond in der Pre-Title-Sequenz auf der Terrasse eines französischen Landhauses einen Raketenrucksack vorfindet, mit dessen Hilfe er seinen Verfolgern entkommt. In ihrem weiteren Verlauf wird die 007-Serie durch semantische Erneuerungen und geringfügige syntaktische Verschiebungen bestimmt, die vom Remodeling über systematische Selbstparodie bis hin zu selbstreflexiven Korrekturen in Sachen Gender und Glaubwürdigkeit reichen.

Tanz auf der Vulkanbasis – YOU ONLY LIVE TWICE
Eine der ersten semantischen Aktualisierungen erfolgte in YOU ONLY LIVE TWICE, in dem Regisseur Lewis Gilbert den ersten Schritt auf das Terrain der Science-Fiction vollzog. Die Vertrautheit des Publikums mit den Spielregeln des Bond-Universums ermöglichte eine ganz auf die Attraktionen konzentrierte Erzählweise, die Thriller-Elemente nicht einmal mehr als abgeschwächte McGuffins, sondern lediglich

als Startschuss für die Rundfahrt durch die neuesten Attraktionen des 007-Parks behandelte.

Die Handlungslogik spielt trotz der Mitarbeit des berühmten Schriftstellers Roald Dahl (»Willy Wonka and the Chocolate Factory«) am Drehbuch keine allzu wichtige Rolle. Bond bekommt zwar für seinen ersten Einsatz in Japan eine aufwändige Tarnung verpasst: seine Ermordung wird vorgetäuscht, eine japanische Agentin gibt sich als seine Ehefrau aus und sein asiatischer Kollege Tanaka (Tetsuro Tamba) arrangiert für ihn eine Verkleidung als einfacher Fischer. Entgegen sämtlichen Genreregeln und wider alle Vernunft läuft Bond dennoch in der ersten Hälfte des Films so lange ohne jegliche Maskerade durch Tokio, bis ihn der etwas behäbige Industrielle und SPECTRE-Kollaborateur Osata (Teru Shimada) als den tot geglaubten Erzfeind erkennt. Die Logik der Schauwerte steht in diesem Film deutlich im Vordergrund. Lewis Gilbert findet für deren Organi-

Mini-Helikopter und Genre-Crossover.

sation eine Struktur, die sich nahtlos in seinen späteren Bond-Filmen THE SPY WHO LOVED ME und MOONRAKER fortsetzt. Nachdem Young maßgeblich den filmischen Charakter Bonds als selbstbewusste Mischung aus Bonvivant und toughem Professional definiert hatte und Hamilton für die angesichts der immer abenteuerlicher erscheinenden Plots notwendige Selbstironie sorgte, entwarf Gilbert eine Grundlage für das Science Fiction-Crossover. Die Gimmicks bedürfen keiner Einführung mehr, sondern tauchen wie der Safe-Knacker, den Bond plötzlich aus seiner Jacke zieht, zur richtigen Zeit und am richtigen Ort auf. Q versorgt in seinem zweiten Außen-Einsatz Bond pünktlich zur Erkundung der verdächtigen Vulkaninseln mit dem leicht zu transportierenden Mini-Helikopter Little Nellie und leitet damit ein spektakuläres Luftgefecht zwischen Bond und der Hubschrauber-Staffel Blofelds ein. Die erste Hälfte des Films erscheint noch wie eine beschleunigte Version der gewöhnlichen 007-Dramaturgie. Mit der Verlagerung des Plots auf die Inseln vor der Küste Japans und der Entdeckung von SPECTREs geheimer Kommandozentrale vollzieht sich der Wechsel in den Science Fiction-Bereich. Wenn das Wachpersonal nicht vorzeitig 007 entlarven würde, hätte er bereits zwölf Jahre vor MOONRAKER seine erste Reise ins All antreten können. Die von Ken Adam entworfene Vulkanbasis bleibt als besonders eindrucksvolles Set Design durch Anspielungen in zahlreichen Filmen und Serien von Terry Gilliams BRAZIL (USA 1985) bis hin zur SIMPSONS-Episode »You Only

Move Twice« und dem Pixar-Film The Incredibles / Die Unglaub-
lichen (USA 2004) in Erinnerung.
Die Abfolge der Stunts und Bauten in den Bond-Filmen von Lewis
Gilbert erinnert an einen nach Motiven organisierten Theme Park mit
der SPECTRE-Raketenbasis als Zentrum. Nach der Verfolgungsjagd
in Tokio, bei der ein Hubschrauber des japanischen Geheimdienstes
einen Verfolger mit Hilfe eines Magneten ins Meer befördert, und dem
Luftkampf bietet das Ninja-Lager ausgiebig Gelegenheit für die Integration von Martial-Arts-Sequenzen. In diesen Szenen leistet die
Bond-Serie Pionierarbeit. Es werden Actionsequenzen erprobt, die
erst einige Jahre später mit der Welle asiatischer Martial Arts-Produk-
tionen ihren internationalen Durchbruch erzielen sollten.
Die Begegnung mit dem zuvor lediglich im Hintergrund agierenden
Blofeld (Donald Pleasance) initiiert einen der wenigen, über mehrere
Filme verfolgten Handlungsstränge der Serie. Den Vorlagen entspre-
chend entwickelt sich Blofeld zu Bonds privater Nemesis, im Unter-
schied zu den Romanen Flemings erscheint seine dramaturgische Be-
deutung jedoch an den Erfordernissen des Marktes orientiert zu sein.
Die melodramatische Komponente, die mit dem Widerstreit zwischen
Bond und Blofeld verbunden ist, beschränkt sich auf Peter Hunts On
Her Majesty's Secret Service.

»This never happened to the other fella!« – On Her Majesty's Secret Service

Mit der vorübergehenden Ablösung Sean Connerys durch George
Lazenby sah sich das Franchise mit der ersten Bewährungsprobe nach
einer nicht abreißenden Erfolgsserie konfrontiert. Kingsley Amis hatte
in seiner Analyse der Bond-Romane gerade die Qualitäten Bonds als
allgemeingültige Projektionsfläche gelobt: »Ein Zeitheld seines Ran-
ges sollte möglichst wenig Besonderheiten besitzen. Er sollte einfach
eine Schablone sein, die wir uns alle anpassen können. Bond könnte
noch langweiliger sein und wäre trotzdem annehmbar.«[19]
Ein wesentlicher Unterschied zwischen den Romanen und Filmen
zeigt sich gerade in Hinblick auf Bonds Charakterisierung. Sean Connery hatte in seiner Kombination aus Working Class-Toughness und
Eleganz mit Unterstützung von Terence Young seine ganz eigene Auslegung der Rolle erarbeitet. Im kollektiven Bewusstsein hatte diese
von vielen bis heute als definitive Bond-Version betrachtete Performance das Bild des literarischen 007s so weit ersetzt, dass auf den
Plakaten mit dem Slogan »Sean Connery IS James Bond« geworben
wurde, als wäre die Figur synonym mit dem Darsteller. Entsprechend
verhalten fielen die Reaktionen auf die Besetzung der Rolle mit dem
australischen Model und Schauspieler George Lazenby aus.

Im Unterschied zu den Romanen zeichnet sich in den Filmen Bond gerade nicht durch Schablonenhaftigkeit, sondern die Besonderheiten des jeweiligen Darstellers aus, wie die vehemente Debatte um Daniel Craig im Vorfeld von CASINO ROYALE zeigte. Der Schauspieler muss es verstehen das Pflichtprogramm zu erfüllen und dennoch eigene Kennzeichen hinzuzufügen. Connery brachte schwarzen Humor und eine spielerische Eleganz in die Rolle ein, Roger Moore lieferte die angesichts des verstärkten Trends zur comichaften Larger-Than-Life-Action erforderliche Ironie, Timothy Dalton propagierte eine neue Ernsthaftigkeit und verstärkte Ambivalenzen,

Melodramatische 007-Variante: Bond (George Lazenby) verliebt sich in Tracy (Diana Rigg), die Tochter eines Mafia-Paten (Gabriele Ferzetti, Mitte).

und Pierce Brosnan kombinierte schließlich erfolgreich alle drei Ansätze. George Lazenby wird hingegen immerhin von Marge Simpson aus der TV-Serie DIE SIMPSONS in ihrer ausgeprägten Sympathie für die ewigen Zweitbesten der Popgeschichte als einzig wahrer James Bond verehrt, obwohl er die Rolle nicht wirklich auszufüllen verstand. Die Pre-Title-Sequenz gestaltet sich im Vergleich zu den Knalleffekten der vorangegangenen Filme relativ ungewöhnlich: Bond hält seine zukünftige große Liebe Tracy (Diana Rigg) an einem verlassenen Strand von einem Selbstmordversuch ab. Erstmals zeigt die Kamera Bonds Gesicht in Nahaufnahme, als er sich der geretteten Schönen vorstellt. Diese gibt sich im Vergleich zu seinen gewohnten Bekanntschaften sichtlich unbeeindruckt. Sie ergreift einfach die Flucht und lässt ihren Retter allein zurück. Mit erstauntem Gesichtsausdruck blickt Bond Tracy hinterher und erklärt resigniert: »This never happened to the other fella.«
Der selbstironische Kommentar, der einen alles andere als ironischen, sondern ungewöhnlich romantischen und melodramatischen Film einleitet, sollte sich leider für Lazenby als *self-fulfilling-prophecy* erweisen. Zwar gibt er sich sichtlich Mühe, aber dennoch erscheint er über weite Strecken wie einer der zahlreichen James Bond-Imitatoren, die in den 1960er-Jahren die europäischen Leinwände füllten.
Dramaturgisch gehört ON HER MAJESTY'S SECRET SERVICE hingegen zu den interessantesten Vertretern der Reihe. Das erste Drittel des Films zeigt Bond als erschöpften und angespannten Professional, der trotz aller Anstrengungen den untergetauchten Blofeld (Telly Savallas) nicht ausfindig machen kann. Er muss sich mit Aufträgen herumschlagen, die er für Routinearbeit und unter seinem Niveau hält und engagiert sich als anfangs unwillkommener Beschützer Tracys. Erst

mit der Infiltration von Blofelds Alpenfestung kehrt der Film zu den vertrauten Standardsituationen zurück, obwohl der als schottischer Adeliger getarnte Bond eher ein Fall für Mike Myers in der Austin Powers-Serie wäre.

Ganz im Unterschied zu den meisten anderen, bewusst eigenständig gehaltenen Filmen der Serie wird in On Her Majesty's Secret Service immer wieder der serielle Hintergrund betont. Maurice Binders Vorspann präsentiert Momentaufnahmen aus den ersten fünf Filmen, als Bond alleine in seinem Büro sitzt, greift er zu Souvenirs aus den vorangegangenen Filmen, darunter Honeys Messer aus Dr. No, die Uhr mit Würgedraht aus From Russia with Love und ein Atemgerät aus Thunderball. Die ungewohnte Betonung der Kontinuität dient nicht nur dazu, den Zuschauern zu signalisieren, dass es sich immer noch um den gleichen Protagonisten wie in den vorangegangenen Filmen handelt. Sie verstärkt dramaturgisch die vorsichtigen Ambivalenzen in On Her Majesty's Secret Service. Bond droht nach einem Streit mit M den Dienst zu quittieren und kooperiert zeitweise mit der Mafia, um Blofeld ausfindig zu machen. Moneypenny wandelt Bonds Kündigungsschreiben jedoch in einen Antrag auf Urlaub um und der Mafiaboss Draco (Gabriele Ferzetti) erweist sich als gutmütiger Patriarch. Er versorgt Bond nicht nur mit entscheidenden Tipps zur Entdeckung von Blofelds Alpenfestung, sondern befördert auch die Romanze zwischen seiner Tochter Tracy und dem in diesem Film ausgesprochen sensiblen Geheimagenten.

Die Liebesbeziehung zwischen Bond und Tracy intensiviert sich noch weiter, nachdem sie ihm zur Flucht vor Blofeld und dessen Handlangern verhilft und er sie umgekehrt später aus den Klauen des SPECTRE-Bosses befreit. Den scheinbar größten Bruch mit den Gesetzen der Serie stellt Bonds Hochzeit mit Tracy am Ende des Films dar. Doch das Glück erweist sich als lediglich von kurzer Dauer. Auf dem Weg in die Flitterwochen wird Tracy von Blofeld und dessen Handlangerin Irma Bunt (Ilse Steppat) ermordet.

Die Besetzung der Rolle Tracys mit Diana Rigg erwies sich als geschicktester Coup des Films. Im Unterschied zu den diversen anderen Bond-Girls, die mit Ausnahme von Ursula Andress und Honor Blackman nach ihren fünfzehn Minuten Ruhm weitgehend im Sumpf internationaler Trash-Produktionen verschwanden, scheint sie in jeder Hinsicht Bond ebenbürtig zu sein. Eigenschaften, die erst im Verlauf der späten 1970er-Jahre dauerhaft Einzug in die Serie hielten, wurden durch Tracys Rolle in On Her Majesty's Secret Service bereits in den Vordergrund gestellt. Ihre Charakterisierung gestaltet sich als Kombination aus dem Image Diana Riggs als Emma Peel, wie ihre Vorgängerin Honor Blackman Heldin der erfolgreichen Abenteuerserie

THE AVENGERS / MIT SCHIRM, CHARME UND MELONE und ihrer innerhalb des Plots demonstrierten Durchsetzungsfähigkeit.

ON HER MAJESTY'S SECRET SERVICE unterscheidet sich von den meisten anderen Bond-Filmen, indem die Konfrontation zwischen Bond und Blofeld durch seine Gefühle für Tracy, die auch von dem größenwahnsinnigen Schurken umgarnt wird, eine persönliche Komponente erhält. Der spätere KOJAK-Star Telly Savallas versteht es die Rolle Blofelds wesentlich agiler und emotionaler zu gestalten als seine Kollegen Donald Pleasence, der ihn in YOU ONLY LIVE TWICE als den – von den ersten 007-Filmen vorgegebenen – Mabuse-Erben portraitierte, und Charles Gray, der in DIAMONDS ARE FOREVER wie ein einfacher Gangster und nicht wie ein gefährliches kriminelles Mastermind erscheint.

Nachdem ON HER MAJESTY'S SECRET SERVICE hinter den kommerziellen Erwartungen zurückblieb, verzichtete der als Krisenmanager zur Serie zurückgekehrte Guy Hamilton in DIAMONDS ARE FOREVER darauf, den Plot um Bonds tragische Ehe noch einmal detaillierter aufzugreifen. Erst zwölf Jahre später rächt Roger Moore zu Beginn von FOR YOUR EYES ONLY Tracys Tod und befördert Blofeld in einen Schornstein.

In den Actionszenen erweiterte ON HER MAJESTY'S SECRET SERVICE die Serie um eine ganze Reihe von prägenden Standardsituationen im Schnee, die wie auch bei den späteren Filmen THE SPY WHO LOVED ME, FOR YOUR EYES ONLY und A VIEW TO A KILL von dem Ski-Experten Willy Bogner aufgenommen wurden. Der Film verdeutlicht die wachsende Bedeutung der Second Unit-Teams. Die spezialisierten Einheiten für Skiaufnahmen, Autojagden, ausgefallene Flug- oder Tauchmanöver bestimmen zunehmend das Bild der Serie. Gerade in der Roger Moore-Ära ergab sich eine ganz auf die Kombination der einzelnen Elemente spezialisierte Dramaturgie. Diese beschränkte sich nicht mehr wie in den 1960er-Jahren auf einen Schauplatz, sondern je nach Bedarf wurden bekannte Reiseziele auf verschiedenen Kontinenten ausgewählt, die als Kulisse für die jeweilige Actionkategorie dienen.

Erst einige Jahre später wurde Peter Hunts Verdienst entsprechend gewürdigt, mit ON HER MAJESTY'S SECRET SERVICE den ersten Bond-Film inszeniert zu haben, der die Konventionen der Serie durchbrach, um neue dramaturgische Aspekte zu erkunden. Nachdem sich der kommerzielle Erfolg nicht im erwarteten Ausmaß einstellte, verlagerte sich die Serie vorerst ganz auf die Ausarbeitung der Schauwerte.

Suchbewegungen zwischen Tradition und Neuanfang
1971–1974

James Chapman charakterisiert die Bond-Abenteuer der frühen
1970er-Jahre als Übergangsfilme und ruft in Erinnerung, dass zu diesem Zeitpunkt die Serie beinahe das letzte Überbleibsel jener *cultural
renaissance* war, die im Zug von Swinging London Mitte der 1960er-
Jahre die internationale Popkultur maßgeblich bestimmte[20]. Die Beatles hatten sich aufgelöst, Paul McCartney schrieb als Solo-Performer
den Titelsong zu LIVE AND LET DIE und die Hollywood-Studios hatten
sich nach diversen Flops aus der Koproduktion britischer Filme zurückgezogen. Die einzige Ausnahme bildete die weitere Beteiligung
von United Artists an den 007-Filmen. Trotz des naheliegenden Be-
zugs auf die Fab Four wäre der Vergleich mit ihren vermeintlichen
Konkurrenten von den Rolling Stones um einiges naheliegender. Diese entwickelten in den 1970er-Jahren eine den Bond-Filmen vergleichbare Strategie. Ein neues Stones-Album wird wie ein neues
Bond-Spektakel als ritualisierter Event gepflegt, dessen Attraktivität
sich aus den Anspielungen auf den eigenen Mythos ergibt.
Nach dem vermeintlichen Misserfolg von ON HER MAJESTY'S SECRET
SERVICE wurden Verfolgungsjagden mit Gimmicks und Laser-Uhren
für die nächsten zwanzig Jahre verpflichtender Bestandteil der Serie.
Roger Moore, der 1973 die Rolle von Sean Connery übernahm, erwies
sich als die ideale Besetzung für dieses Vorhaben. Der »King of Eye-
brow Acting«[21] vermittelte stets den Eindruck, dass er selbst die Rolle
nicht besonders ernstnahm. In einem Interview fasste Moore 2002
seinen Ansatz prägnant zusammen: »Ich spiele Helden immer mit
einer Tongue-in-Cheek-Haltung, da ich nicht wirklich an sie glaube.
Ich habe das Drehbuch gelesen und weiß daher, dass ich gewinnen
werde. Außerdem halte ich Teile der Handlung für derart überzogen,
dass sie nur akzeptabel erscheinen, wenn man sie mit einem Tongue-
in-Cheek-Ansatz spielt.«[22]

Nostalgisches Comeback – *DIAMONDS ARE FOREVER*
Die Renovierung der Serie fiel in den frühen 1970er-Jahren konventioneller aus, als angesichts von ON HER MAJESTY'S SECRET SERVICE
zu erwarten gewesen wäre. Guy Hamilton, der mit GOLDFINGER den
bekanntesten Film der Serie inszeniert hatte, übernahm nach sieben
Jahren erneut die Regie und Sean Connery konnte noch einmal für
die Hauptrolle gewonnen werden.
DIAMONDS ARE FOREVER wird von Suchbewegungen bestimmt. Die
mittlerweile erfolgte Etablierung des Actionfilms als eigenständiges
Genre, das aus der stilisierten Beschleunigung der Motive anderer

Genres wie des Thrillers bei gleichzeitiger Reduktion der inhaltlichen Komponente entsteht, zeigt sich besonders deutlich an den 007-Filmen der frühen 1970er-Jahre. Man war sich der Tatsache bewusst, dass die Serie nicht mehr über den Status eines tonangebenden Wegbereiters verfügte, sondern vielmehr zwischen Nostalgie und ungewisser Zukunft pendelte. In der Auswahl der Schauplätze und inhaltlich erfolgte eine signifikante Annäherung an internationale Trends.

Karneval der Genres – Bond in Mondlandschaft.

Weitaus deutlicher als in den früheren Filmen wurde die Handlung für den amerikanischen Markt interessant gestaltet. An den Drehbüchern der frühen 1970er-Jahre wirkte maßgeblich der amerikanische Drehbuchautor Tom Mankiewicz, Sohn des berühmten Regisseurs Joseph L. Mankiewicz, mit. In DIAMONDS ARE FOREVER spielen weite Teile der Handlung in Las Vegas, ein Howard Hughes-Epigone leistet Bond neben dem obligatorischen Felix Leiter Unterstützung. In LIVE AND LET DIE dienen New York und die Sümpfe von Louisiana als Kulissen und die Bond-Girls in beiden Filmen wurden von amerikanischen Darstellerinnen gespielt.

Mit DIAMONDS ARE FOREVER erfolgte der Abschluss des zunehmend schwerfällig und redundant erscheinenden SPECTRE-Plots. Die persönliche Rechnung, die Bond nach der Ermordung Tracys mit Blofeld zu begleichen hat, wird nur indirekt erwähnt. Stattdessen konzentriert sich Hamilton auf die Kulisse von Las Vegas, inklusive eines Casinos mit integriertem Zirkus, der programmatisch für die Zukunft der Serie selbst erscheint. Innerhalb des Genres wurde James Bond von härteren Actionhelden wie Clint Eastwoods Dirty Harry oder dem Blaxploitation-Privatdetektiv John Shaft abgelöst. Trotzdem insistieren die Filme weiterhin darauf, dass sie aus langjähriger Erfahrung immer noch die zuverlässigste Show bieten, in dieser Hinsicht der pointierten Erkenntnis der Rolling Stones von 1973, »It's only Rock 'n' Roll, but I like it«, vergleichbar.

Die skurrilen Situationen in DIAMONDS ARE FOREVER deuten bereits den Paradigmenwechsel der Moore-Ära an. Es finden sich zwar weiterhin zahlreiche vertraute Motive der Serie, doch diese wurden massiv übersteigert. Blofeld, diesmal gespielt von Charles Gray, entkommt seinem belagerten Penthouse, indem er sich als ältere Dame mit Katze verkleidet. Das homosexuelle Killer-Pärchen Mr. Wint (Bruce Glover) und Mr. Kidd (Putter Smith) bildet den Anfang einer neuen Generation von Schurken-Sidekicks, die im Unterschied zu Harold Sakata in

GOLDFINGER nicht mehr bedrohlich erscheinen sollen, sondern für *comic relief*-Momente sorgen. Sie fallen durch zynische Kommentare auf, scheitern jedoch an ihrer dilettantischen Tarnung als Kellner. Bond entlarvt sie, indem er anstelle eines '55er-Mouton Rothschild nach einem Claret verlangt. Nachdem sie sich entschuldigen, dass kein Wein dieser Sorte auf Lager gewesen sei, klärt sie der Gourmet unter den Geheimagenten auf, dass es sich bei Mouton Rothschild um einen Claret handle, bevor er den einen Attentäter flambiert und den anderen mit dessen »Bombe Surprise«-Torte in die Luft jagt.

Die turbulente Verfolgungsjagd mit einem Mondfahrzeug etabliert eine neue, für den weiteren Verlauf der Serie wesentliche Standardsituation, die komödiantische Verfolgungsjagd. Nachdem in den Filmen der 1960er-Jahre alle möglichen Actionsze- nen auf der Straße, unter Wasser, auf Skiern oder in der Luft erprobt worden waren, suchen die 007-Filme der 1970er-Jahre von vornherein die systematische Übersteigerung der Verfolgungsjagden, die nicht mehr als Spannungselement, sondern als ausgefallene Zirkusnummern dienen. Die Stunts der beginnenden Roger Moore-Ära überbieten zwar in Sachen Aufwand ihre Vorläufer, doch der Grundton der Inszenierung erinnert an erfolgreiche Actionkomödien der damaligen Zeit. Es erscheint auch nicht weiter verwunderlich, dass sich Roger Moore im ersten CANNONBALL RUN / AUF DEM HIGHWAY IST DIE HÖLLE LOS (USA 1981), in dem es um ein illegales Rennen von der Ost- an die Westküste geht, bereitwillig im GOLDFINGER-Aston Martin dem Chaoten-Ensemble um Burt Reynolds und die Rat Pack-Größen Dean Martin und Sammy Davis Jr. anschloss.

007 Comes to Harlem – *LIVE AND LET DIE*

Mit verschmitztem Grinsen befreit ein farbiger FBI-Agent 007 aus der Gewalt von Mr. Bigs Handlangern, die den britischen Geheimagenten in einem Hinterhof des Fillet-of-Soul-Restaurants exekutieren sollten. In einem sarkastischen Tonfall gratuliert er Bond zu dessen geschickter Tarnung, der sich in einem maßgeschneiderten Anzug in die entlegensten Viertel von Harlem vorgewagt hatte. Bond reagiert darauf lediglich mit einem Stirnrunzeln. Roger Moore lässt sich als James Bond durch nichts aus der Ruhe bringen und wirkt in seinem Erscheinungsbild derart überzeichnet britisch, wie sonst nur John Cleese von der Komikertruppe Monty Python. Er versteht es von Anfang an, die Rolle in LIVE AND LET DIE nach seinen eigenen Stärken umzugestalten. Seine Coolness entspricht nicht dem raubeinigen Charme Connerys, stattdessen zeichnet er sich durch eine unerschütterliche Gelassenheit aus, mit der er selbst auf die absurdesten Situationen reagiert.

Moores deutlicher Hang zur Überzeichnung des stereotypen britischen Gentleman trägt wesentlich zur Relativierung der rassistischen Paranoia-Motive aus Flemings Romanvorlage bei. Die Gangster, die ihm begegnen, wie sein Gegenspieler Kananga (Yaphet Kotto), der die amerikanischen Innenstädte mit Heroin überfluten will, könnten aus den von der Bond-Serie inspirierten Blaxploitation-Filmen wie SHAFT (USA 1971) oder CLEOPATRA JONES (USA 1973) stammen.

Das in der Beziehung zwischen Kananga und seiner Freundin Solitaire (Jane Seymour) unterschwellig vorhandene äußerst problematische Motiv der weißen Unschuld, die von Bond zurück in die Zivilisation geholt werden muss, relativiert das Schauspiel Yaphet Kottos, der den Gangsterboss nicht als besitzergreifenden Schurken, sondern als betrogenen Geliebten darstellt. Im Roman bittet Solitaire Bond darum, ihr bei der Flucht zu helfen, im Film wird sie von ihm mit einem billigen Kartentrick überrumpelt und

Across 110th Street – 007 ermittelt in Harlem.

pflegt ursprünglich eine von gegenseitigem Vertrauen und Respekt geprägte Beziehung zu Kananga. In seinem Schauspiel bringt Kotto die Enttäuschung über Dominos Verrat zum Ausdruck und behandelt sie im Unterschied zu Goldfinger oder Largo, denen Bond ebenfalls die Gespielinnen ausspannt, gerade nicht als austauschbar. Während Bond schon ganz in jener um keinen lockeren Spruch verlegenen Haltung aufgeht, die Roger Moore im Lauf der nächsten Jahre perfektionierte, zählt Kananga neben Robert Davi in LICENCE TO KILL und Robert Carlyle in THE WORLD IS NOT ENOUGH zu den wenigen Gegenspielern der Serie, die der Konflikt mit 007 tatsächlich persönlich zu berühren scheint. Auf diese Weise durchbricht der Film über die ironische Haltung der Erzählung hinaus die Gefahr der rassistischen Stereotypen und die schmale Gratwanderung gelingt.

Als Gegenakzent zu den farbigen Gangstern führte Drehbuchautor Tom Mankiewicz den von Clifton James als manischen Hysteriker dargestellten, rassistischen Südstaaten-Sheriff J. W. Pepper ein. Dieser Vorläufer der tumben Polizisten aus den SMOKEY AND THE BANDIT / EIN AUSGEKOCHTES SCHLITZOHR-Filmen (USA 1977-1983) mit Burt Reynolds verdeutlicht den zur comichaften Überzeichnung neigenden Ansatz des Films. Die fünfzehnminütige Bootsjagd durch die Sümpfe Louisianas, bei der Bond sowohl den Handlangern Kanangas, als auch dem übereifrigen Sheriff Pepper entkommen muss, schuf eine Vorlage

Stunts und Slapstick
– die Bootsjagd aus
LIVE AND LET DIE.

für zahlreiche Actionkomödien der 1970er-Jahre. Der besondere Charme dieser Verfolgungsjagd besteht nicht in einer permanenten Steigerung der Geschwindigkeit oder des Umfangs der Verwüstungen, sondern in einer beispielhaften Kombination aus Stunts und Slapstick, die kennzeichnend für die Filme mit Roger Moore werden sollte. In GOLDFINGER fanden sich bereits während des Fluchtversuchs im Aston Martin die ersten Ansätze zu dieser von choreographischen Einfällen und sportlichen Leistungen bestimmten Ästhetik. Doch im Unterschied zu den früheren Filmen beschränkt sich die Komik nicht auf den Einsatz eines einzelnen Gadgets, sondern bestimmt die gesamte Sequenz.

Den eindrucksvollen Auftakt zur Bootsjagd bildet ein mit echten Tieren aufgenommener Stunt, bei dem Bond aus einer misslichen Lage über die Rücken einiger Krokodile entkommen muss. Bei der anschließenden Verfolgungsjagd springen die Motorboote über Straßensperren, überqueren Landzungen, landen in Swimming Pools und Hochzeitstorten. Der komische Effekt der Stunts wird zusätzlich durch die wütenden Reaktionen des ungehobelten Sheriff Pepper verstärkt, der Einsatzfahrzeuge beschlagnahmt und vergeblich auf das legendäre Schnellboot seines Schwagers wartet, das ohne sein Wissen bereits von einem Schergen Kanangas in Besitz genommen wurde.

Nicht mehr die Tatsache, dass in den Tiefen des Ozeans, auf einer Bobbahn oder mit einem Mini-Helikopter gedreht wurde, verleiht den Verfolgungsjagden von LIVE AND LET DIE bis A VIEW TO A KILL ihren Reiz, sondern das Arrangement und eine Reihe von kuriosen Einfällen, die aus den KEYSTONE COPS der frühen Filmgeschichte, den eigenen Traditionen der Bond-Filme, dem Finale von Peter Bogdanovichs WHAT'S UP DOC? / IS' WAS DOC? (USA 1972) und den Genre-Parodien von Mel Brooks stammen. Während der Roger Moore-Jahre erschien es undenkbar eine nur halbwegs originelle 007-Parodie zu drehen. Die Bond-Filme selbst hatten diese Aufgabe bereits selbst mit wechselndem Erfolg übernommen.

Der Goldene Schuss in den Ofen – THE MAN WITH THE GOLDEN GUN
Bonds 1973 erfolgte Reise nach Hong Kong und Makao hätte zu einem Höhepunkt der Serie werden können und wurde trotz der Beteiligung des großartigen Christopher Lee stattdessen zu einem ihrer schlech-

testen Filme. Nachdem in LIVE AND LET DIE die Bereiche der Blaxploitation gestreift wurden, versuchten Broccoli und Saltzman bei
ihrer letzten Zusammenarbeit an den Erfolg der so genannten Eas-
tern anzuknüpfen, die im Zug von Martial Arts-Klassikern wie THE
36TH CHAMBER OF THE SHAOLIN / DIE 36 KAMMERN DER SHAOLIN
(Hongkong 1978) und ONE-
ARMED SWORDSMAN / DAS GOL-
DENE SCHWERT DES KÖNIGS-
TIGERS (Hongkong 1967) unter
der Aufsicht der ausgesprochen
produktiven Shaw Brothers ihre
Blütezeit erlebten. Wie einige
Blaxploitation-Filme bedienten
sich auch die Martial Arts-Filme
gelegentlich bei der 007-Reihe.
In Chang Chehs RETURN OF THE
ONE-ARMED SWORDSMAN (Hongkong 1969) kommen Schwerter
zum Einsatz, die Munition abfeuern können und die von
Jackie Chan in späteren Jahren
initiierten Agentenkomödien
leisten eine beispielhafte eigenständige Weiterentwicklung des
007-Konzepts.

Oben: Duell der
verpassten Chancen
– Christopher Lee
und Roger Moore.
Unten: Martial
Arts-Klamauk –
Kung-Fu-Slapstick
á la 007.

Das erneute Genre-Crossover
scheiterte jedoch an einem un-
ausgeglichenen Drehbuch und
dem unpassenden Versuch, Roger Moore in einen Tough Guy zu
verwandeln, der der Geliebten des Gegenspielers (Maud Adams) notfalls mit Gewalt die benötigten Informationen entlocken will. Wenn
der Film hingegen versucht komödiantische Elemente einzubauen,
scheitert er auf der ganzen Linie. Britt Ekland muss sich als Geheim-
agentin Goodnight wie in einem drittklassigen Klamaukfilm im Kleiderschrank verstecken, als plötzlich am späten Abend ihre Konkurren-
tin von der gegnerischen Partei vor Bonds Hotelzimmer steht.
Christopher Lee, der innerhalb der Serie zu den Schurken mit dem
größten Potenzial gehört, wird weit unter Wert verkauft. Der von ihm
gespielte Killer Scaramanga, der für eine Bezahlung in Millionenhöhe
und nur mit einem goldenen Colt, der genau eine Patrone abfeuern
kann, tötet, hätte eine ausgesprochen interessante Figur abgeben
können. Indirekt repräsentiert er mit seiner Mischung aus streng reg-
lementiertem Professionalismus und ausgelebtem Hedonismus das

dunkle Gegenstück zu Bond. Im Vergleich zu anderen Gegenspielern, die gar nicht erst ihr Versteck verlassen oder ihre Handlanger mit den entsprechenden Mordaufträgen aussenden, erscheint er ausgesprochen dynamisch. Er betrachtet es als sportliche Herausforderung, einen Gegner selbst zur Strecke zu bringen, wie die Pre-Title-Sequenz verdeutlicht, und begrüßt Bond mit einem Glas Champagner auf seiner Privatinsel zum entscheidenden Duell. Doch statt sich auf diesen Plot zu konzentrieren, schlägt das Drehbuch wilde Kapriolen.

Ein wesentliches Problem der Handlung bildet der reichlich bemühte Sub-Plot um eine gestohlene Energiewaffe. Der damals aktuelle Zeitbezug auf die Energiekrise mag anfangs motiviert gewesen sein, aber angesichts der spannenden Konfrontation zwischen Bond und Scaramanga wirkt er ausgesprochen störend. Christopher Lee erklärt als Schurke mit der für ihn charakteristischen unerschütterlichen Gelassenheit, dass er sich nicht wirklich mit der rätselhaften Energiekanone auskenne. In dieser Hinsicht hat er etwas mit Publikum und Drehbuchautor gemeinsam. THE MAN WITH THE GOLDEN GUN veranschaulicht auf ernüchternde Weise, wie sich jene Plot-Elemente erzählerisch erschöpft haben, die in den 1960er-Jahren noch im Rahmen der Blofeld-Intrigen 007 und die gesamte westliche Welt in Atem halten konnten.

Einige Stunts wie der Salto mit einem PKW über einen Fluss und – in einem Cameo – die Rückkehr Sheriff Peppers als Tourist in Thailand bleiben in Erinnerung, aber insgesamt kann man sich nicht einmal auf die Revue der Attraktionen verlassen.

Weder gelingt die Kombination aus den Martial Arts-Epen der Shaw-Brothers und der Glamour-Welt des 007, noch das Duell zwischen Bond und einem Auftragsmörder, der bei genauerer Betrachtung mehr mit ihm gemeinsam hat, als es auf den ersten Blick scheint. Nach THE MAN WITH THE GOLDEN GUN und der versuchten Annäherung an die aktuellen Entwicklungen des Genrekinos kehrte die Bond-Serie als Traditionsprodukt der britischen Popkultur zu ihren eskapistischen Wurzeln zurück.

Nobody Does It Better
1977–1981

Entspannungspolitik der Attraktionen – THE SPY WHO LOVED ME

Im Vergleich zu den Suchbewegungen der vorangegangenen Bond-Filme demonstrierte die Pre-Title-Sequenz zu THE SPY WHO LOVED ME deutlich das Selbstverständnis des zukünftig alleine als Produzenten auftretenden Albert R. Broccolis. Er begriff in einer Zeit, in der sich das britische Kino in der Krise befand, das Franchise als traditionelles Blockbuster-Event. Im Gegensatz zur Anpassung an die aktuellen Tendenzen des Actionkinos in den beiden vorangegangenen Filmen setzte der zehnte Film ganz auf den Wiedererkennungswert der Marke Bond. Der nach zehn Jahren zur Serie zurückgekehrte Regisseur

Skispringen á la 007 – einer der bekanntesten Stunts der Serie zu Beginn von THE SPY WHO LOVED ME.

Lewis Gilbert erkannte das Potenzial von Roger Moore und passte, wie er 2002 in einem Interview erklärte, die Inszenierung an dessen Stil an:»In the first two Moore films, the problem was they made him play like Connery. Basically, Roger is a great light comedy actor … He was very funny, very charming, very English, so I made him all more tongue-in-cheek.«[23]

Die erneut von Willy Bogner inszenierte Skijagd der Vortitel-Sequenz kulminiert in einem von dem Stuntman Rick Sylvester ausgeführten Sprung in eine Gletscherspalte, der zu den bekanntesten Stunts der Filmgeschichte zählt. 007 entkommt seinen russischen Verfolgern durch die vermeintliche Flucht in den sicheren Tod und wird durch einen sich plötzlich öffnenden Fallschirm, den der Union Jack ziert, gerettet. Der bekannte Titelsong von Carly Simon liefert das entsprechende Motto für die Jubiläumsvorstellung zum zehnten 007-Film: »Nobody Does It Better«. In der Pre-Title-Sequenz wird außerdem die von Barbara Bach gespielte Protagonistin Anya Amasova eingeführt, die als russische Gegenfigur zu Bond charakterisiert wird. Bei ihrem ersten Auftritt treibt die Kamera ein raffiniertes Verwirrspiel. Ein durchtrainierter, dunkelhaariger Mann räkelt sich im Bett, doch entgegen den Erwartungen der Zuschauer erweist sich nicht er, sondern seine attraktive brünette Freundin Anya als sowjetischer Top-Agent Triple X, mit dem die Zentrale in Moskau Kontakt aufzunehmen versucht.

Als bewusstes Signal der politischen Entspannung und um das Selbstverständnis der Serie als märchenhafte Spionage-Action zu betonen, verbünden sich Secret Service und KGB im Kampf gegen den dekadenten Kapitalisten Stromberg (Curd Jürgens). Im Unterschied zu seinem Vorgänger Blofeld nimmt die Bedrohung durch ihn Ausmaße an, die sich mit den Katastrophenfilmen der 1970er-Jahre messen können. Der Betreiber einer großen Schifffahrtsgesellschaft zeigt sich gar nicht mehr an Lösegeldforderungen oder der Etablierung eines internationalen Syndikats interessiert, sondern beabsichtigt die Vernichtung allen menschlichen Lebens, um auf dem Meeresgrund eine neue Zivilisation zu begründen.

Lewis Gilbert inszenierte THE SPY WHO LOVED ME und den thematisch verwandten MOONRAKER im ironischen Stil von leicht phantastischen Comicserien. Dieser Ansatz wird durch die gewaltigen, von Ken Adam entworfenen Kommandozentralen und einer bewusst dynamischen, aber nicht sonderlich ernsthaften Erzählhaltung unterstützt.

In THE SPY WHO LOVED ME, der zum definierenden Bond-Film der Moore-Ära wurde, erfolgen ständige Referenzen, sowohl auf die eigene Serie, als auch auf andere erfolgreiche Filme. Wenn Bond und Anya die Wüste durchqueren, ertönt der Soundtrack von David Leans LAWRENCE OF ARABIA / LAWRENCE VON ARABIEN (GB 1962) und das in einer Spieluhr verborgene Funkgerät der russischen Agentin signalisiert mit dem Thema von DR.

Bonds tauchfähiger Lotus Esprit-Sportwagen aus THE SPY WHO LOVED ME.

ZHIVAGO / DR. SCHIWAGO (USA 1965), dass ein neuer Auftrag eingetroffen ist. Der melodramatische Subplot um Anyas Rachepläne gegenüber Bond, der in der Pre-Title-Sequenz unwissend ihren Freund getötet hatte, löst sich ganz im verspielten Stil des Films auf.

Die Schauplätze in Ägypten und Sardinien wurden bewusst als touristische Attraktionen ausgewählt und von Kameramann Claude Renoir, einem Neffen des Regisseur Jean Renoir, in weitflächige Scope-Bilder gefasst. Das Tal der Könige und die Pyramiden dienen sowohl als eigenständiger Schauwert, wie auch als Kulisse für die erste Begegnung mit dem Beißer – dessen Inszenierung deutliche Parallelen aufweist zu den Horrorklassikern der Universal Studios, wie der ebenfalls vor ägyptischer Kulisse aktiven THE MUMMY / DIE MUMIE (USA 1932) und Bela Lugosis DRACULA (USA 1931).

Im Unterschied zu den frühen 007-Abenteuern, in denen die Handlung rund um einen Ort entworfen wurde, diktieren in den Roger Moore-Filmen der Abwechslungsreichtum und die Eignung der Drehorte für die geplanten Verfolgungsjagden den Plot. Mit THE SPY WHO

Loved Me löste sich die Reihe erstmals vollständig von den Vorlagen. Bezüge zu den Romanen ergaben sich nur noch über die Namen von Charakteren und einzelne Situationen.

Die Jubiläumsvorstellung des zehnten Bond-Films setzt die wiederkehrenden Elemente der Serie als bekannt voraus. Die Vertrautheit mit den 007-typischen Gadgets erleichtert den Zuschauern trotz aller Kuriositäten die Orientierung im phantastischen Kosmos des Films. Überraschungseffekte entstehen aus der Kombination von Standardsituationen und dem Einsatz neuer Gimmicks. Besonders deutlich zeigt sich dieses Gestaltungsprinzip in jener Sequenz, in der Bond und Anya Strombergs Unterwasserlabor auf Sardinien besuchen und anschließend in einem von Q präparierten Lotus Esprit den auf sie angesetzten Killern entkommen.

Die Eröffnung des Schlagabtauschs zwischen Stromberg und den beiden Agenten erscheint wie in THUNDERBALL nur noch als reine Höflichkeitsfloskel, doch mittlerweile bezieht das Drehbuch selbst die Absurdität der Situation in den Handlungsverlauf ein. Die in einem Aquarium sichtbare von einem Hai abgebissene Hand der Sekretärin Strombergs lässt keinen Zweifel daran, dass sich Bond und Anya auf der richtigen Spur befinden Umgekehrt weiß der Gegenspieler, dass er jederzeit von seinem Handlanger Beißer die wahre Identität seiner Besucher erfahren kann. Keine der beiden Parteien lässt sich etwas anmerken, obwohl es sich von selbst versteht, dass es am Festland zum ersten Angriff durch Strombergs Auftragskiller und seine attraktive Helikopter-Pilotin kommen wird. Der Hubschrauber wird am Ende der Jagd mit den in Bonds Sportwagen eingebauten Raketen zerstört, doch diesmal käme vermutlich niemand auf die Idee, eine Debatte über vermeintliche Hitchcock-Plagiate zu beginnen. Nachdem ein Motorradfahrer, der seinen Beifahrersitz als Rakete auf Bonds Auto abfeuert, gescheitert ist, versucht der von einem Trupp Handlanger begleitete Beißer die Angelegenheit selbst in die Hand zu nehmen, mit dem vorhersehbaren Ergebnis, dass sein Auto einen Abhang hinunterstürzt. Doch während die anderen Gehilfen das Zeitliche segnen, bringt die Unzerstörbarkeit des ausdauernden Beißers deutlich den zwischen Tex Avery und den Superhelden-Comics changierenden Ansatz des Films zum Ausdruck. Ohne mit der Wimper zu zucken, tritt der Killer mit dem Stahlgebiss (der im Original in Anspielung auf Steven Spielbergs Blockbuster auf den Namen Jaws hört) völlig unversehrt aus der Tür einer Bauernhütte, durch deren Dach sein Auto gebrochen ist. Später wird er sich erfolgreich gegen einen weißen Hai durchsetzen, den er einfach mit einigen gezielten Bissen überwältigt. Bond flüchtet vor den restlichen Verfolgern ins Meer. Mit einem Knopfdruck verwandelt sich der Lotus in ein Mini-U-Boot, mit dem

Bond unter Wasser gegen Strombergs Taucher antritt, bevor er vor den irritierten Blicken einer Gruppe Strandurlauber wieder an Land fährt.

Während dieser Sequenz werden in einer Art cineastischem Remix Elemente aus FROM RUSSIA WITH LOVE (der Helikopter-Angriff), GOLDFINGER (das präparierte Auto) und THUNDERBALL (die angreifenden Taucher und das bewaffnete Motorrad) kombiniert und dennoch erscheint das Ergebnis ausgesprochen originell. Die Selbstverständlichkeit von Raketenwerfern in Fahrzeugen oder als Skistöcke getarnten Gewehren erfordert keine einführenden Erläuterungen mehr. Das deutlichste Beispiel für die Eigendynamik dieser Motive bieten die James Bond-Videospiele wie *Nightfire* (EA Games, 2002) und *Goldeneye* (Rare, 1997), die als 1st-Person-Shooter angelegt sind. In solchen Spielen gehören Armbanduhren und Füllfederhalter nicht gerade zu den gängigen Waffen. Auf Grund des Vorwissens um die dramaturgischen Regeln der James Bond-Serie kann der Spieler jedoch erahnen, dass die Uhr mit einem Miniatur-Laser und der Füller mit Betäubungspfeilen versehen sind.

The Final Frontier – MOONRAKER

Im Videospiel lassen sich außerdem problemlos Plots wie jene Reise ins All realisieren, die James Bond 1979 unter der erneuten Regie von Lewis Gilbert als Reaktion auf den Erfolg von STAR WARS (USA 1977) antrat und die in den heutigen 007-Filmen als zu übertrieben erscheinen würde. Dramaturgisch folgt

Einsatz einer Amphibien-Gondel auf dem Markusplatz in MOONRAKER.

MOONRAKER der gleichen Struktur wie THE SPY WHO LOVED ME. Der Großindustrielle Hugo Drax, mit diabolischer Gelassenheit von Michael Lonsdale verkörpert, beabsichtigt von seiner getarnten Raumstation aus die Menschheit zu vernichten, um anschließend mit einer Rasse von genetisch manipulierten Übermenschen die Erde neu zu besiedeln. Das Verschwinden eines Space Shuttles führt Bond und die CIA-Agentin Holly Goodhead (Louis Chiles) auf seine Spur. Wie Anya im Vorgänger erweist sich Holly gegenüber James Bond in vielerlei Hinsicht als ebenbürtig. Die Jagd führt über die Kanäle Venedigs, in denen eine motorisierte Gondel zum Einsatz kommt, und Rio De Janeiro, inklusive Karneval und einem Zweikampf mit dem Beißer, in die Weiten des Weltraums. Wie THE SPY WHO LOVED ME lebt MOONRAKER vom Ausbau bekannter 007-Standards, die in ungewöhnliches

Ambiente verlegt werden. Die Gondel, mit deren ausfahrbaren Rollen Bond über den Markusplatz fährt, bildet die Special Interest-Variante der umgebauten Autos, und die Schlacht zwischen amerikanischen Marines und der Privatarmee des Schurken aus Thunderball wiederholt sich mit Astronauten im Weltraum.

In Moonraker finden sich zahlreiche Anspielungen auf das, von der Serie sonst meistens nur flüchtig gestreifte, popkulturelle Zeitgeschehen. Das außerirdische Fünf-Tonschema aus Steven Spielbergs Close Encounters of the Third Kind / Unheimliche Begegnung der dritten Art (USA 1977/1980) dient in einem Labor in Venedig als Türcode, und ein Jagdhorn lässt das aus Stanley Kubricks 2001 – A Space Oddysey / 2001 – Odyssee im Weltraum (GB 1968) bekannte »Also Sprach Zarathustra« erklingen. Dass die Suche nach einem seltenen Orchideengift als Verbindung zwischen den einzelnen Handlungsorten dient, interessiert nicht wirklich. Moonraker führt die Eigendynamik der Bond-Standardsituationen in Perfektion vor. Wenn Bond mit seinem Gewehr vor den Augen seines Gastgebers Drax auf einen Attentäter anstelle der als Ziel gedachten Tontauben schießt oder die äußerst vage Spur am Amazonas wenige Minuten nach Bonds Ankunft durch eine Bootsjagd mit dem Beißer zur heißen Fährte wird, bedarf es keiner weiteren Erläuterungen mehr, der Zirkus der Attraktionen hat seine eigene Logik herausgebildet. Wie bereits in den ersten beiden Filmen von Lewis Gilbert steigert sich der produktionstechnische Aufwand konsequent von den ersten Ermittlungen im Umfeld des verdächtigen Industriellen Drax über eine ungewöhnliche Verfolgungsjagd in der Mitte des Films bis hin zum Finale in einem opulenten, von Ken Adam entworfenen Set. Nach dem gewaltigen, U-Boote verschlingenden Tanker und Strombergs Unterwasserfestung in The Spy Who Loved Me bildet die Raumstation in Moonraker den Höhepunkt und zugleich den krönenden Abschluss von Adams Entwürfen für die Bond-Serie.

Liebesgrüße aus Kreta – For Your Eyes Only

Nach der Perfektionierung der eskapistischen Action-Fantasy durch Lewis Gilbert demonstrierte der 1981 entstandene For Your Eyes Only, dass die Back-to-the-Roots-Strategien von From Russia with Love und On Her Majesty's Secret Service sich ebenfalls aktualisieren ließen. Vielmehr gehören sie seit den frühen 1980er-Jahren zum festen Programm der Serie und leiten regelmäßig den Beginn eines neuen Zyklus ein, wenn nach einer fulminanten Ausstattungsorgie die Rückkehr zum Genre-Alltag auf dem Programm steht. Das Landemanöver nach den diversen Höhenflügen von Moonraker arrangierte der deutlicher auf Action als auf aufwändige Production

Values spezialisierte ehemalige Second Unit-Regisseur John Glen, unter dessen Regie bereits der Ski-Stunt aus THE SPY WHO LOVED ME entstand und der dann alle fünf Bond-Filme der 1980er-Jahre inszenierte.

In FOR YOUR EYES ONLY ging es nicht mehr um eine globale Bedrohung, sondern lediglich um die Wiederbeschaffung eines vor der Küste Griechenlands versunkenen Dechiffriergerätes. Die Standardsituationen und die damit verbundenen Stunts wurden wieder verstärkt in die Handlung integriert. Sie stehen nicht mehr isoliert für sich, sondern treiben den Plot voran oder kennzeichnen das Verhältnis zwischen den Protagonisten. Dass bei einer Autojagd durch die spanische Provinz nicht ein mit allen Schikanen ausgestatteter Sportwagen, sondern lediglich die Ente der selbstbewussten Rächerin Melina Havelock (Carole Bouquet) zur Verfügung steht, erscheint programmatisch für den gesamten Film. Selbst wenn die Handlung in die Dolomiten und den bekannten Skiort Cortina wechselt, ergibt sich die alle Register des Wintersports ziehende Verfolgungsjagd aus den Umständen und wird nicht von einem mit den entsprechenden Utensilien ausgestatteten James Bond sehnsüchtig herbeigewünscht.

Spektakuläre Skijagd ohne Gimmicks in Cortina.

Die Flucht vor einem feindlichen Scharfschützen veranlasst 007 nach einem präzise getimeten Skisprung zu einer riskanten Abfahrt, in deren letzter Etappe er von zwei Motorrädern und einem ostdeutschen Biathlon-Champion eine Bobbahn hinuntergejagt wird. Das Finale, in dem Bond und seine Verbündeten eine Steilwand erklimmen müssen, um in ein griechisches Bergkloster zu gelangen, wirkt wie eine gelungene Variante des missglückten Versuchs von Clint Eastwood, sich in THE EIGER SANCTION / IM AUFTRAG DES DRACHEN (USA 1975) als Gipfel erklimmender Agent auf den Spuren von James Bond zu betätigen.

Bonds Rolle wurde deutlich an Moores fortgeschrittenes Alter angepasst, und im weiteren Verlauf der Serie etablierte sich ein Durchschnittsalter von Anfang Vierzig für die Figur. Auf die Annäherungsversuche einer jugendlichen Eisläuferin (Lynn Holly-Johnson) reagiert Bond abweisend. Gegenüber Melina, die den Tod ihrer von dem Gangster Kristatos (Julian Glover) ermordeten Eltern rächen will, tritt er als väterlicher Beschützer auf, bis sie am Ende des Films doch noch zum Liebespaar werden. Mit freundschaftlichen Ratschlägen versucht er sie von ihrem Vorhaben abzubringen. Der gemütliche Schmuggler Columbo (Topol) nimmt Melina die schwierige moralische Entscheidung ab, indem er im Finale seinen Erzfeind Kristatos mit einem Wurfmesser erlegt. Passend zur griechischen Kulisse, die etwa ein Drittel des Films bestimmt, wird Melina als Rächerin in der Tradition von Elektra charakterisiert, die ganz im Gegensatz zu früheren Bond-Girls eine dramaturgisch wichtigere Rolle einnimmt als der überwiegend im Hintergrund tätige Gegenspieler. Auffällig erscheint an FOR YOUR EYES ONLY, dass der Film bis auf eine kurze Comedy-Szene mit einem Margaret Thatcher-Double fast durchgehend auf ironische Ansätze verzichtet. Mit seinem Einsatz in Griechenland und dem verspäteten Abschluss des Blofeld-Plots in der Pre-Title-Sequenz erscheint FOR YOUR EYES ONLY wie eine Vorübung zu den beiden ernsteren Bond-Filmen mit Timothy Dalton, die den Übergang zum postklassischen Remodeling der Serie einleiten sollten.

Der Lange Abschied
1983–1987

Ansichten eines Clowns – OCTOPUSSY

Zwischen alle Stühle setzten sich Glen und Moore hingegen bei Bonds nächstem Einsatz, der den Agenten 1983 nach Mittelamerika, Indien und Ost-Berlin führte. OCTOPUS-SY beginnt als atmosphärische Kriminalgeschichte mit der Ermordung eines als Clown verkleideten britischen Agenten im geteilten Berlin. Doch der hinreichend vertrauten 007-Struktur entsprechend erweist sich der Schmuggel russischer Kunstgegenstände, dem der verstorbe-

Indischer Jahrmarkt der Attraktionen in OCTOPUSSY.

ne Agent nachging, nur als kleines Puzzleteil in einem größeren Plan, mit dem der abtrünnige Sowjet-General Orlov (Steven Berkoff) den dritten Weltkrieg auslösen will. Beim Wechsel der Handlung nach Indien nimmt der Film die für Roger Moores Auslegung der Rolle bestimmende ironische Haltung ein. Bond schwimmt als Krokodil verkleidet zum Palast der geheimnisvollen Octopussy (Maud Adams), die ihm Auskunft über seinen blassen Gegenspieler, den indischen, mit Orlov verbündeten Prinzen Kamal Khan (Louis Jordan) geben soll. Während eines Schlagabtauschs auf einem Marktplatz nutzt Bond die vorhandenen Utensilien der Feuerschlucker und Fakire, um sich seiner Gegner zu entledigen. Auch ein Besuch in Qs thematisch auf Indien bezogener Werkstatt darf nicht fehlen.

Im letzten Drittel versucht OCTOPUSSY trotz einer sehenswerten Verfolgungsjagd in einem die innerdeutsche Grenze passierenden Zug zu einem Spannungsbogen zurückzufinden, der – bis auf einige Anspielungen auf den traditionellen Spionagefilm zu Beginn des Films – gar nicht erst aufgebaut wurde. Das Ergebnis wirkt trotz einzelner gelungener Sequenzen daher etwas orientierungslos. Als Clown verkleidet entschärft James Bond in einem Zirkus auf einem amerikanischen Militärstützpunkt eine versteckte Atombombe, deren Explosion der auf eigene Faust operierende Orlov der NATO anhängen wollte. Um den Rückfall in die Klischees des Kalten Kriegs zu vermeiden, wurde der psychopathische General bereits von KGB-Chef Gogol (Walter Gottel) eliminiert, der seit THE SPY WHO LOVED ME zur erweiterten Bond-Familie gehört.

Dramaturgisch bietet OCTOPUSSY das avancierteste Beispiel jener mehrfachen Enden, die sich seit Goldfingers Entkommen aus Fort Knox zu einem Markenzeichen der Serie entwickelt haben. Auf die Zerschlagung von Orlovs sinistren Plänen folgt nicht einfach ein kurzer Schlagabtausch mit dem verbliebenen Schurken-Sidekick, sondern ein vollständiges separates Finale in Indien, in dem Bond und Q begleitet von Octopussys Amazonen-Bodyguards den Palast des intriganten Kollaborateurs Kamal Khans stürmen. Zum krönenden Abschluss muss sich Bond noch ein Handgemenge mit dem Bodyguard Gobinda (Kabir Bedi) auf dem Dach von Khans startendem Privat-Jet liefern. Die Verlängerung des Showdowns in OCTOPUSSY und die ausgiebig in Anspruch genommene Nachspielzeit verdeutlicht den Übergang ins Episodische, der die letzten Filme mit Roger Moore kennzeichnen sollte.

The Last Picture Show – NEVER SAY NEVER AGAIN und A VIEW TO A KILL

1983 inszenierte Irvin Kershner das inoffizielle THUNDERBALL-Remake NEVER SAY NEVER AGAIN, für das sich entgegen aller früheren Bekundungen noch einmal Sean Connery verpflichten ließ. Auf gelassen ironische Art und weniger offensichtlich als in den Roger Moore-Abenteuern operiert der Film mit der Geschichte der Serie und ihren Konventionen. Durch die konzentrierte Regie und die Spielfreude des Ensembles gelang NEVER SAY NEVER AGAIN überzeugender als das sich in ausgedehnten Unterwasser-Aufnahmen verlierende Original. Kershner und Connery liefern eine gelungene Neuinterpretation bekannter Szenen, indem sie gerade nicht die Situationen der Vorlage nachstellen oder verkrampft modernisieren, sondern sie in andere Kontexte transferieren. Anstelle der Begegnung am Spieltisch treffen Bond und der von Klaus Maria Brandauer wie ein selbstbewusster charmanter

New Economy-Vertreter gespielte Largo in einem Casino voller Video-spiel-Automaten aufeinander. Sie liefern sich ein Turnier an einem von Largo selbst entworfenen Spiel, in dem man in einer Mischung aus dem Arcade-Klassiker *Missile Command* und dem Brettspiel *Risiko* die Weltherrschaft erobern muss. Dem Verlierer drohen zur Bestrafung Stromschläge. Kaum eine andere Szene der Bond-Filme bringt das Spielelement der Handlung deutlicher zum Ausdruck und erscheint dennoch nicht bemüht.

Spiel-Automat aus Never Say Never Again.

Als Wetteinsatz bittet Bond um einen Tanz mit Domino (die zu diesem Zeitpunkt noch unbekannte Kim Basinger in der Nachfolge Claudine Augers). Im Gegensatz zu Thunderball gestaltet es sich für Bond wesentlich schwieriger, Kontakt mit Largos Freundin aufzu-nehmen. Den gewonnenen Tango nutzt er, um sie über die wahren Machenschaften SPECTREs aufzuklären. Kershner schafft für einen dramaturgisch entscheidenden Moment, der im Original eher beiläu-fig erschien, eine neue Szene und verleiht ihm entsprechendes Ge-wicht. Wie bereits zuvor in The Empire Strikes Back / Das Imperium Schlägt Zurück (USA 1980), beweist der Regisseur erneut ein außergewöhnliches Gespür für den eigenständigen und innovativen Umgang mit einem Ausgangsmaterial, dessen Rahmen bereits durch andere Filme vorgegeben ist.

Hinsichtlich der Gegenspielerin erweist sich Never Say Never Again als indirekter Vorgänger zu GoldenEye. Barbara Carrera gestaltet die in Thunderball von Luciana Paluzzi gespielte SPECTRE-Agentin Fatima Blush als sadistische Femme Fatale. Sie eliminiert Dominos Bruder, indem sie ihm eine Schlange in das fahrende Auto wirft, und von Bond will sie sich vor dessen Exekution schriftlich bestätigen las-sen, dass sie seine größte sexuelle Eroberung gewesen sei. Unglück-licherweise gibt sie ihm dadurch Gelegenheit seinen mit Sprengkap-seln versehenen Füller einzusetzen. Carrera entwirft mit ihrer Rolle den Prototypen der laszinen, extravaganten Killerin, an den Famke Jannsen in ihrer Rolle als Xenia Onatopp anknüpft.

Connery und Kershner thematisieren die Veränderungen in der Bond-Serie und im Actionkino allgemein auf eine Weise, die sich in den EON-Produktionen erst zehn Jahre später in den Filmen mit Pierce Brosnan findet. Zu Beginn des Films wird 007 vom neuen Chef des Geheimdiensts zur Kur in eine Klinik geschickt. Dies jedoch nicht, um sich wie in Thunderball zu erholen, sondern um seine Kondition zu verbessern, nachdem er einen Test nicht bestanden hatte, bei dem ihm eine schöne Verräterin zum Verhängnis wurde. Natürlich hat Bond, um sich der vorgeschriebenen Rohkost zu entziehen, vorgesorgt und im Geheimfach seines Koffers eine Auswahl luxuriöser Kaviar- und Champagnersorten verstaut.

Rückblickend betrachtet gestalten sich NEVER SAY NEVER AGAIN und der 1985 von John Glen gedrehte A VIEW TO A KILL nicht nur als Abschiedsvorstellungen der beiden prägenden 007-Darsteller, sondern der traditionellen Bond-Filme allgemein. Connery hatte dem Agenten mit der Lizenz zum Töten noch einmal die Referenz erwiesen, indem er ihn in Würde altern und abtreten ließ. Roger Moore hatte mit THE SPY WHO LOVED ME eine Renaissance der Serie als ironisches Comic-Spektakel initiiert und mit FOR YOUR EYES ONLY eine bodenständige Alternative skizziert, die sich anstelle von Effekten und Gimmicks auf Charaktere und die Ausarbeitung ernster Konflikte konzentriert. Mit A VIEW TO A KILL demonstrierte er hingegen auf denkbar ungünstige Weise, wie man durch die Stagnation der Serie zahlreiche reizvolle Ansätze verspielt, die angesichts des ermüdenden Pflichtprogramms gar nicht erst entwickelt werden. Sowohl Christopher Walken als genetisch manipulierter Psychopath Zorin, als auch die Pop-Sängerin Grace Jones als Attentäterin seines Vertrauens May Day geben imposante Gegenspieler ab. Sie können ihr Talent jedoch gar nicht erst entfalten, da ihnen ständig Hindernisse im Weg stehen. Diese reichen vom überladenen Plot um den Schmuggel von Mikrochips und den Erbschleichereien um die Geologin Stacy Sutton (Tanya Roberts) über das biedere Ambiente eines französischen Reiterhofs, der besser zu Blake Carrington aus dem DENVER CLAN als zu Zorin passen würde, bis hin zu einer ganzen Armada von Zweitschurken, darunter ein schnauzbärtiger Bohrunternehmer und ein unfreiwillig komischer Nazi-Wissenschaftler, die weder die konfuse Handlung noch die spärliche Action vorantreiben können.

Das Motiv der innerlich zerrissenen Gegenspieler, das sich in den Wutausbrüchen Zorins und seinem Verrat an May Day in A VIEW TO A KILL findet, erscheint dramaturgisch inkompatibel zu dem ganz auf Schauwerte und Gags fixierten Plot. Die von Roger Moore gewohnt zuverlässig realisierten Comedy-Einlagen, die anfangs durch eine Gastrolle von AVENGERS-Veteran Patrick MacNee unterstützt werden, stehen im offensichtlichen Widerspruch zur auf Vertiefung angelegten Charakterisierung der Gegenspieler. Die Ansätze zur Weiterentwicklung waren durchaus vorhanden, sie mussten jedoch erst das entsprechende Format finden. Bis es soweit war, kam und ging ein weiterer Darsteller, dessen entscheidende Vorarbeit für Bonds Comeback in den 1990er-Jahren meistens übersehen wird.

Der kalte Krieg, den die Bond-Serie zwar immer wieder geschickt um-
schiffte, auf dessen Hintergrund sich aber dennoch die meisten Plots
bezogen, gelangte zu einem plötzlichen Ende und der 1987 realisierte
THE LIVING DAYLIGHTS sollte sich zum Epilog der traditionellen Bond-
Filme entwickeln.

Reflexiver Kehraus – THE LIVING DAYLIGHTS

Die klassische Phase der Bond-Filme in ihren beiden Inkarnationen,
dem agilen Action-Klassizismus Sean Connerys und dem ironisch

gebrochenen Dandyismus Roger
Moores, fand ihren Abschluss
mit dem ersten Einsatz des
Shakespeare-erfahrenen Thea-
terdarstellers Timothy Dalton.
Obwohl der auf einer Kurzgeschichte von Ian Fleming ba-
sierende THE LIVING DAYLIGHTS
mit der Übergabe der Rolle einen Neuanfang darstellen sollte,
markierte er nach fünfundzwan-
zig Jahren einen Wendepunkt
innerhalb der Serie. Die in den
ersten Szenen des Films aufge-
griffene Vorlage, in der Bond
die Flucht eines KGB-Generals
in den Westen sichern soll, war
neben CASINO ROYALE das letzte

Oben: Timothy
Dalton als Leder-
jacken-Bond.
Unten: Abschieds-
feier.

verbliebene Material von Ian Fleming. Zum letzten Mal stand das
Intrigenspiel einer dritten Partei mit den Weltmächten des kalten K-
rieges im Mittelpunkt eines Bond-Films.

Das Verwirrspiel um den vermeintlichen Überläufer Koskov (Jeroen
Krabbe), der unterstützt von einem arroganten Waffenhändler (Joe
Don Baker) und einem selbst ernannten Revolutionär (Andreas Wisniewski) die Geheimdienste gegeneinander ausspielt, erweist sich als
doppelbödige Intrige, deren Spur von Prag über Wien nach Tangier
und schließlich ins russisch besetze Afghanistan führt. Koskov und
seine Partner hatten durch die Ermordung eines britischen Agenten
während eines Manövers auf Gibraltar dem Secret Service suggeriert,
dass der KGB den Plan »Smiert Spionem« wieder aufgenommen hätte.
Diese Operation sah in den 1950er-Jahren die Ermordung aller wichtigen westlichen Agenten vor und bereitete den Hintergrund für die
ersten Romane von Ian Fleming.

Der bösartige Fake verleitet M (Robert Brown) dazu, die Ermordung des amtierenden KGB-Leiters Pushkin (John Rhys-Davis) zu befehlen. Nur Bond, den Dalton als sehr ernsten und nachdenklichen, aber auch zu einfühlsamen Gesten fähigen Überlebenskünstler spielt, durchschaut die Intrige und erkennt, dass Koskov auf diese Weise einen verhassten Gegenspieler aus dem Weg räumen lassen will. Der Rückfall in die simplifizierende Weltsicht des Kalten Kriegs, die im Westen in den 1980er-Jahren an der Tagesordnung war, erweist sich in The Living Daylights als Manipulation einer Koalition aus selbstsüchtigen Ewiggestrigen.

Eine entscheidende Figur in diesem Intrigenspiel bildet Koskovs ahnungslose Freundin Kara (Maryam D'Abo), die Bond in Prag aufliest. In einer fragwürdigen moralischen Gratwanderung gaukelt er ihr vor, dass er sie im Auftrag ihres Freundes in den Westen holen solle. In Wirklichkeit versucht er, über sie an die Hintermänner des umtriebigen Generals zu gelangen. Das komplexe dramaturgische Verhältnis zwischen Bond und der weiblichen Hauptdarstellerin erklärt jene Ausnahmen, die The Spy Who Loved Me und For Your Eyes Only bestimmten, zur neuen Regel. Die Zeiten der einfach zu erobernden und häufig zur Passivität verdammten Gespielin gelangen in The Living Daylights an ihr überfälliges Ende.

Das sorgfältig konstruierte Drehbuch integriert die Actionszenen gezielt in die Handlung, darunter die in einem neuen Aston Martin begonnene und in einem Cellokasten beendete Flucht über die österreichische Grenze. Gleichzeitig vereint es in der Charakterisierung der Schurken drei verschiedene Typologien des damaligen Actionfilms, vom komischen und zugleich sophisticateten Zyniker (Koskov), über den Westentaschen-General in seiner improvisierten Schaltzentrale (Whitaker) bis hin zum physisch bedrohlichen Killer der 1980er-Jahre (Necros, dessen Darsteller Andreas Wisniewski nicht zufällig kurz danach von John McTiernan für den ersten Die Hard engagiert wurde).

Das Ende des Films fasst noch einmal pointiert den spielerischen, märchenhaften Ansatz der Bond-Serie zusammen, der selbst zu Zeiten des Eisernen Vorhangs utopische Alternativen im Bündnis gegen Feierabend-Faschisten und größenwahnsinnige Industriemogule skizzierte. Auf Karas Debütkonzert im Westen treffen sich der in den diplomatischen Dienst gewechselte Ex-KGB-General Gogol, die Vertreter des Secret Service um M und die mit etwas Verspätung eingetroffene Delegation der Mujaheddin, die James Bond in Afghanistan halfen, einen von Koskov geplanten Drogendeal zu vereiteln. Im Gegensatz zu reaktionären Law-and-Order-Phantasien wie Sylvester Stallones ein Jahr nach dem Abzug der russischen Truppen aus Afghanistan veröffentlichtem Rambo 3 (USA 1988) entwirft The Living

DAYLIGHTS eine internationale, auf Verständigung setzende Vision, die im Actionfilm der späten 1980er-Jahre eine Ausnahme darstellt. Wahrscheinlich gehört es zu den größten Coups der Bond-Serie, dass sie ihr weiteres Überleben sicherte, indem sie ihren eigenen Anachronismus zur Ausgangsbasis für ihr nächstes Remodeling nutzte. Die Standardsituationen blieben erhalten, vorerst wurden sie in Timothy Daltons ambitioniertem Maverick-Unternehmen LICENCE TO KILL und den ersten Filmen mit Pierce Brosnan zur Akzentuierung der Brüche eingesetzt. Doch wie so häufig in der Filmgeschichte waren die vermeintlichen Krisenerscheinungen nicht die Vorzeichen eines drohenden Endspiels, sondern im Gegenteil ein Zeichen dafür, dass die James Bond-Reihe sich als ausdauernd und überraschend flexibel erweisen sollte.

Anmerkungen

1 Chapman 2000, S. 78

2 Baron 2003, S. 136

3 vgl. Baron 2003, S. 143

4 Reicher / Robnik 2002, S. 242

5 vgl. Chapman 2000, S. 94–95

6 Truffaut/Hitchcock 1995, S. 18

7 Eco, 1986, S. 289

8 Audiokommentar der DVD zu GOLDFINGER

9 Chapman 2000, S. 100

10 Eco 1986, S. 294–295

11 Chapman 2000, S. 109–110

12 Mannsfeld 1965, S. 14–15

13 Schröder 1964

14 WV, 1965

15 Schütte, 1977

16 Petersen 2002

17 Ebd.

18 Altman 1998, S. 258

19 Amis 1984, S. 37

20 vgl. Chapman 2000, S. 153

21 Chapman 2000, S. 151

22 »I always play heroes tongue-in-cheek because I don't really believe in them. I've read the script, I know I'm going to win. And I think some of the stuff is so outrageous, unless it is done tongue-in-cheek it is not acceptable.« Empire Special, 2002, S. 13

23 Empire Special 2002, S. 8

Andreas Rauscher

Im Angesicht der Postmoderne

James Bond und der postklassische Actionfilm

The World has changed ... – Lizenz-Erneuerung und Krisen-Management

Nach dem kommerziellen Erfolg von THE LIVING DAYLIGHTS schien der Übergang von den parodistischen Ansätzen der Roger Moore-Ära zu der ernsthafteren, deutlicher an der literarischen Vorlage orientierten Auslegung der Rolle durch den Shakespeare-Darsteller Timothy Dalton gelungen zu sein. Mit dem 1989 von John Glen inszenierten LICENCE TO KILL sollte eine umfangreiche Neuauslegung der Figur für die Zeit nach dem Kalten Krieg erfolgen, indem der Charakter ambivalenter gestaltet wurde und die Handlung deutlicher als bisher von den etablierten Konventionen der Serie abwich. Zwar ging es bereits 1973 in LIVE AND LET DIE um banale Delikte wie Drogenschmuggel, doch im Unterschied zum damaligen Camp-Spektakel musste James Bond 1989 die Dienstmarke abgeben und weitgehend auf jegliche Selbstironie verzichten.

Der südamerikanische Drogenbaron Franz Sanchez (Robert Davi) befördert Bonds langjährigen Freund und Stichwortgeber Felix Leiter (David Hedison, der bereits in LIVE AND LET DIE die Rolle spielte) an dessen Hochzeitstag in ein Haifischbecken und lässt die Frau des ehemaligen CIA-Agenten brutal ermorden. Leiter überlebt schwer verwundet. Bond beschließt Sanchez ausfindig zu machen. Unterstützung erhält er von der erfahrenen Pilotin Pam Bouvier (Carey Lowell), seine Vorgesetzten reagieren jedoch alles andere als begeistert auf 007s eigenmächtiges Vorgehen. Bond widersetzt sich Ms Anweisung, die Ermittlungen im Süden Floridas den amerikanischen Behörden zu überlassen und desertiert. Auf eigene Faust reisen Pam und der suspendierte Agent in die südamerikanische Republik Isthmus, um Sanchez zur Rechenschaft zu ziehen.

Bei ihren Vorbereitungen nahmen sich Dalton und der ähnlich ambitionierte Robert Davi den Roman »Casino Royale« vor, in dem an einer Stelle die Ähnlichkeiten zwischen Bond und seinem Gegenspieler thematisiert werden. Timothy Dalton bemerkte über Bond: »Man wird bei Fleming ständig daran erinnert, dass Bond in Wirklichkeit genau so übel wie die Bösen sein kann. Er ist ein Killer, aber er hat noch ein moralisches Gespür dafür, was richtig ist. Durch sein Wissen darüber, wer er ist und was er macht, gerät er in einen Konflikt..«[1] Sanchez bewundert sichtlich die Durchsetzungsfähigkeit des Agenten und weist dadurch auf die fragwürdigeren Seiten von Bonds Persönlichkeit hin, die sich nicht alleine aus dessen angenommener Tarnung als Auftragskiller erklären lassen.

Der Filmkritiker Kim Newman schrieb 2002 rückblickend über die Filme mit Dalton: »Dalton war zu düster, seine Filme waren zu intensiv, die Gegenspieler zu glaubwürdig und die Mädchen zu tough. Vielleicht bestand das Problem darin, dass Dalton einfach zu gut war, um einen erfolgreichen 007 abzugeben … Er ist der einzige Star in der gesamten Serie, Sean Connery nicht einmal ausgenommen, der James Bond als für einen Schauspieler ernstzunehmende Rolle behandelt hat.«[2]

Nicht nur Bonds Rolle, auch die Charakterisierung des Gegenspielers unterscheidet sich deutlich von den vorangegangenen Filmen. Sanchez erinnert stärker an die großspurigen Dealer aus Michael Manns Neon-Noir-Serie MIAMI VICE (USA 1984–1989) und hat mehr mit Al Pacinos Portrait des selbstgefälligen Koksmoguls Tony Montana in Brian De Palmas SCARFACE (USA 1983) gemein als mit den traditionellen Superschurken. Entgegen seiner grobschlächtigen Brutalitäten, erscheint Sanchez im Finale tatsächlich über Bonds Verhalten wütend und enttäuscht zu sein. Neben Kananga in LIVE AND LET DIE und Eric Trevelyan in GOLDENEYE zählt er zu den wenigen Gegenspielern, die den Konflikt mit Bond als persönliche Angelegenheit betrachten.

Im Gegensatz zu den altbekannten Größenwahnsinnigen gestaltet sich das Verhältnis zwischen Bond und Sanchez komplizierter als gewohnt. Im Stil von Akira Kurosawas YOJIMBO (Japan 1961) und Sergio Leones FOR A FISTFUL OF DOLLARS / FÜR EINE HANDVOLL DOLLAR (Italien/Spanien 1964) unterwandert 007 das Imperium des Drogenbarons und spielt dessen Gefolgsleute durch gezielte Manipulationen gegeneinander aus. Der Konflikt zwischen Bond und seinem Kontrahenten erinnert in LICENCE TO KILL stärker an klassische Gangsterfilme als an die üblichen »der Countdown muss bei 0:07 gestoppt werden«-Konfrontationen der klassischen Bond-Filme. Im Unterschied zu Selbstjustiz-Epen mit vergleichbarer dramaturgischer Ausgangslage akzentuiert LICENCE TO KILL immer wieder die Pattsituationen und Sackgassen, in die Bond gerät. Die Brutalität, die im Genrekino der damaligen Zeit häufig zum Selbstzweck geriet, erweist sich hingegen als ausgesprochen selbstzerstörerisch. Sowohl der Geheimagent, als

auch sein Gegner handeln aus unterschiedlichen Vorstellungen von Loyalität. Sanchez eliminiert, getäuscht von Bonds Intrigenspiel, seine eigenen Verbündeten. Bond hingegen will sich für die Verstümmelung Leiters und die Ermordung von dessen Frau Della rächen, deren Tod ihn an Tracys Schicksal in ON HER MAJESTY'S SECRET SERVICE erinnert. Die Dialoge und Daltons Schauspiel beziehen sich auf die Ereignisse des vorangegangenen Films, um Bonds Verhalten psychologisch zu motivieren. Dieser Ansatz findet sich in keinem anderen Film der Serie, Anspielungen bleiben sonst eher flüchtig wie in der Pre-Title-Sequenz zu FOR YOUR EYES ONLY.

LICENCE TO KILL – Carey Lowell als Pam (oben), Robert Davi als Sanchez.

Als Gegenakzent zum ungewöhnlich harten Grundton des Films taucht in der zweiten Hälfte der altbekannte Technikbastler Q (Desmond Llewelyn) im Außeneinsatz auf und unterstützt James Bond vor Ort in Südamerika. Im Unterschied zu THUNDERBALL und YOU ONLY LIVE TWICE liefert er jedoch nicht die gesamte Kollektion aktueller Gadgets nach, sondern betätigt sich als Außendienst-Mitarbeiter, beobachtet die nächsten Schritte der Gegner oder besänftigt die aufgebrachte Pam, nachdem sich Bond auf eine Liaison mit Sanchez' Freundin Lupe eingelassen hat.

Das Anliegen, neue narrative Wege zu erkunden, war für die späten 1980er-Jahre zu ambitioniert, obwohl in LICENCE TO KILL erstmals jene Elemente erprobt wurden, die in der postklassischen Phase der Serie verstärkt zur Geltung kamen. Das veränderte Frauenbild der Reihe wird im Finale deutlich, als James Bond von seiner Begleiterin Pam vor dem sicheren Tod in einer Kokainmühle gerettet wird. In dieser Situation befreit zum ersten Mal das Bond-Girl den Agenten und nicht umgekehrt. Sowohl die Korrektur in Hinblick auf die Gender-

Konstellationen, als auch die Brüche in der Darstellung Bonds und die Rückkehr zu einer Handlung mit ernsthaften dramaturgischen Entwicklungen gehen auf die Experimentierfreude der Dalton-Phase zurück. Selbstreflexive Anspielungen dienen in LICENCE TO KILL nicht als Insider-Gag. Vielmehr motivieren die Parallelen zwischen dem Beginn von LICENCE TO KILL und dem Ende von ON HER MAJESTY'S SECRET SERVICE Bonds emotionalen Ausnahmezustand. Auch die erneute Besetzung Leiters mit David Hedison, der als einziger Darsteller innerhalb der Serie zwei Mal diese Rolle spielte, soll den Eindruck von Kontinuität verstärken. Mit Ausnahme einzelner kurzer Sequenzen in den Brosnan-Bonds stellt LICENCE TO KILL den einzigen Versuch in der gesamten Reihe dar, die sonst überwiegend ironisch gebrochene Figur mit einem ambivalenten Profil auszustatten.

Die innere Zerrissenheit und Erschöpfung, die Dalton zum Ausdruck bringt, nachdem Bond im Anschluss an eine spektakuläre Truck-Verfolgungsjagd Sanchez in Flammen aufgehen lässt, stehen im Gegensatz zum eindimensionalen Weltbild reaktionärer Revenge-Movies, wie sie als B-Picture-Produktionen in den späten 1980er-Jahren den Videomarkt beherrschten. Fälschlicherweise wurde LICENCE TO KILL nach seinem Start als Anpassung an genau diese formelhaften Vertreter abgeschmackter Actionware ausgelegt. Dem hysterisch propagierten »War-on-Drugs«, dem Serien wie MIAMI VICE mit Skepsis begegneten und den drittklassige Rächerfilme mit unfreiwillig komischem Pathos affirmierten, entzieht sich LICENCE TO KILL, indem der Konflikt zwischen Bond und Sanchez sich nicht auf einer allgemein politischen, sondern von Anfang an auf einer persönlichen Ebene vollzieht. Die Entschärfung realer politischer Konflikte funktioniert in dieser Hinsicht trotz der Abweichung von den bekannten Serienformeln immer noch wie zur Anfangszeit der Reihe, in der die ominösen SPECTRE-Agenten die russische Smersh-Operation ersetzten. Anstelle eines real existierenden südamerikanischen Landes wurde die fiktive Bananenrepublik Isthmus als Schauplatz gewählt. Daltons konzentriertes Schauspiel, der sorgfältig konstruierte Plot, die starken Frauenrollen von Carey Lowell und Talisa Soto, die Sanchez' Freundin Lupe spielt, und die kleinen Nuancen, die Robert Davi einem der interessantesten Gegenspieler der Serie verleiht, fanden kaum Beachtung.

James Bond wurde nach LICENCE TO KILL von diversen Feuilletons endgültig für tot erklärt. Michael Althen warnte in der »Süddeutschen Zeitung«, »Der Mann, den Sie da sehen, ist nicht Bond. Auch wenn er es behauptet«[3], und Andreas Kilb resümierte in der »Zeit«, dass die Lizenz abgelaufen sei: »James Bond hat seine dekonstruktivistische Phase eigentlich schon hinter sich … Noch nie war Bond so schlecht wie jetzt, wo er so gut gespielt wird ... Timothy-Hamlet Dalton ist viel zu sympathisch, um Bond zu sein.«[4] Auch Uwe Schmitt zeigte sich in der »Frankfurter Allgemeine Zeitung« alles andere als begeistert von dem Remodeling-Versuch: »Man ahnte, dass alles verloren wäre, wenn sie [die Bond-Filme] eines Tages nicht mehr mittelmäßig sein würden, aber gut gemacht; sondern mittelmäßig und ernst gemeint. Denn der Unterschied zwischen sogenannten guten und 007-Filmen war kein geringerer als jener zwischen Kochkunst und Leibgericht.«[5] Lediglich Milan Pavlovic erkannte im »Kölner-Stadtanzeiger« die übersehenen Stärken des Films: »Daltons Bond hat seine Unschuld verloren, er ist kein reiner Held mehr und wirkt auch nicht unbedingt sympathisch. Bessere Voraussetzungen für die Figur des Agenten mit der Lizenz zum Töten hatte noch kein Bond-Darsteller ... Das neue 007-Abenteuer zollt dem Auftreten seines Darstellers Tribut: Es zeigt mehr von den Schattenseiten, mehr von der Unkontrolliertheit seines Helden ... Der Film meint es ernst und das ist gut so.«[6]

LICENCE TO KILL stellte nicht, wie sowohl die meisten deutschen, als auch die internationalen Filmkritiken vermuteten, den Versuch dar, eine marode Serie, die ihr Haltbarkeitsdatum überschritten hatte, durch unangemessene Ernsthaftigkeit und gesteigerte Brutalitäten an den Zeitgeist anzupassen. Vielmehr vollführt er ausgehend von den etablierten Regeln der Serie systematische narrative Brüche, die interessante neue Perspektiven eröffnen und den Krisenzustand der etwas stagnierten Figur als Ausgangspunkt für die Erzählung nutzen. In dieser Hinsicht lässt sich LICENCE TO KILL mit den vom jeweiligen Fandom ebenfalls negativ aufgenommenen Verstößen gegen die Erwartungshaltungen vergleichen, die Tim Burton mit der Demaskierung des Protagonisten in BATMAN RETURNS / BATMANS RÜCKKEHR (USA 1992) und David Fincher mit der Beseitigung der Helden des Vorgängers in ALIEN 3 (USA 1992) realisierten. Doch gerade die bewusste temporäre Durchbrechung der Konventionen lässt diese Mavericks um einiges interessanter erscheinen als so manchen kommerziell erfolgreichen Bond-Film.

Auf dem Schrotthaufen der Genregeschichte – GOLDENEYE
Nach einer sechsjährigen Pause auf Grund diverser gerichtlicher Auseinandersetzungen erfolgte mit GOLDENEYE die Rückkehr Bonds auf die Leinwand. Die Hauptrolle übernahm der aus der TV-Serie REMINGTON STEELE bekannte Pierce Brosnan, der bereits 1987 als Nachfolger Roger Moores vorgesehen war, damals aber auf Grund vertraglicher Verpflichtungen absagte. Der britische Filmjournalist Mark Dinning charakterisierte präzise Brosnans Erscheinungsbild: »Brosnan portraitiert einen Spion, der geliebt, geschossen, und gelitten hat,

und der aufgrund dieser Erfahrungen einen aussagekräftigen Stil entwickelt hat.«[7]

Bonds Comeback erscheint exemplarisch für eine allgemeine Veränderung im Actionfilm der 1990er-Jahre. Die Neuauflagen bekannter
Genrestoffe im postklassischen Format zeichneten sich durch ein aus-
geprägtes Bewusstsein für die eigenen film- und pophistorischen Kontexte aus. Auf einer Ebene funktionierten Filme wie Die Hard (USA
1988) und Last Action Hero (USA 1993) als Spektakel, auf einer
weiteren konnten sie jedoch auch als Kommentare zum eigenen Genre betrachtet werden. Der skandinavische Hollywood-Exilant Renny
Harlin spielt in seinen Filmen mit diesem Ansatz. In Die Hard 2 (USA
1990) beklagt sich Bruce Willis als John McClaine darüber, dass ihm
der gleiche Mist immer wieder an Weihnachten passieren müsse und
in Deep Blue Sea (USA 1999) wird mit dem Wissen um den Weißen
Hai und dessen zahlreiche Epigonen gespielt.

Auf ernstere Art wandte Brian De Palma, schon immer ein Großmeis-
ter des postmodernen Remixes mit individuellem Anstrich, in der
Serien-Neuverfilmung Mission Impossible (USA 1996) das Verfahren
des dekonstruktivistischen Neustarts an. Die systematische Eliminierung des in der aus den 1960er-Jahre-TV-Serie definierten Einsatz-
kommandos innerhalb der ersten fünfzehn Minuten signalisierte einen drastischen Bruch mit den Konventionen der Fernsehvorlage. Die
Entlarvung des väterlichen Teamchefs Jim Phelps (Join Voight) als
abtrünnigem Drahtzieher hinter der Intrige führte zu energischen
Protesten der Darsteller des Originals, die diesen Plot als Verrat an
den Prinzipien der Serie auffassten und entrüstet darauf hinwiesen,
dass auch niemand einen Star Trek-Film mit Captain Kirk als Mas-
senmörder sehen möchte. De Palmas erzählerischer Coup leitete die
Modernisierung des Mission Impossible-Konzepts als Starvehikel für
den Hauptdarsteller Tom Cruise ein, der in Zusammenarbeit mit John
Woo und J. J. Abrams zwei Sequels (USA 2000 und 2006) produzierte. In Mission Impossible 3 wird eine komplette Einbruchs-
sequenz ausgespart. Auf Grund ihrer Kenntnisse um diese Standardsituation können genreerfahrene Zuschauer das Geschehen mühelos
ergänzen, ohne dass der Film noch einmal eine Schlüsselsequenz aus
dem ersten Film wiederholen müsste.

Mit einem ähnlichen Vorgehen wie die Mission Impossible-Neuauf-
lagen konnte sich die Bondserie davor retten, zum nostalgisch gepflegten Anachronismus des Actionkinos zu werden. Die Erben des
Familienbetriebs, Michael G. Wilson und Barbara Broccoli, hatten mit
dem kommerziellen Misserfolg von Licence to Kill genügend Erfahrung gesammelt, um zu wissen, wie weit sie gehen können, ohne das
traditionellere Publikum zu verlieren. Brosnan knüpfte in seiner Aus-

legung Bonds an die dunkleren Aspekte an, die Dalton herausgearbeitet hatte, erweiterte sie aber um die selbstbewusste Gelassenheit Connerys und den Humor Moores. Über seinen Vorgänger bemerkte Brosnan: »Ich fand es sehr mutig, dass Timothy Dalton Bond zu einem harten und dunklen Charakter machte, so wie ihn Fleming beschrieben hatte. Aber letztendlich kommt es darauf an, was die Kunden wollen. Wenn sie braune Schuhe wollen, dann gib ihnen braune Schuhe, aber gib ihnen ein poliertes Paar. Biete ihnen, was sie wollen, versehe es aber mit einem gewissen Prickeln.«[8]

Brosnan deutet als Bond eine Erfahrenheit und gelegentlich eine gewisse Erschöpfung an, die Dalton den Vorlagen gemäß in den Mittelpunkt stellte. Wenn es darauf ankommt, den Spaß an der neuesten actiongeladenen Attraktion der Serie zu vermitteln oder mit seiner Gegenspielerin zu flirten, entspricht er jedoch in jeder Hinsicht dem klassischen Bond-Image. Besonders deutlich bringt diesen Aspekt die Begegnung mit der Auftragsmörderin

Famke Jannsens Femme-Fatale-Update.

Xenia (Famke Jannsen) zu Beginn von GOLDENEYE zum Ausdruck. Bond lässt seinen altvertrauten Charme spielen, doch gleichzeitig enthält die Sequenz einen leichten Hauch von Melancholie, verstärkt durch Geigenarrangements, die aus dem sonst überwiegend von synthetischen Percussions und elektronischen Sounds dominierten Scores von Eric Serra herausragen. An den Spieltischen werden keine entscheidenden Schlachten mit SPECTRE-Agenten mehr geschlagen, und auch die aufregenden Bekanntschaften wie Sylvia Trench in DR. NO oder Tracy in ON HER MAJESTY'S SECRET SERVICE lassen auf sich warten. Brosnan beherrscht alle wesentlichen Kennzeichen Bonds mühelos und trotzdem ergibt sich aus dem flüchtigen Gespräch mit der zügig wieder aufbrechenden Xenia nicht mehr als ein beiläufiger Small Talk über gemeinsame Leidenschaften. Die angesprochene Femme Fatale verschwindet mit ihrem nächsten Mordopfer, einem britischen Admiral, und lässt den etwas perplexen Commander alleine an der Bar zurück.

Die Selbstdekonstruktion, wie sie sich in GOLDENEYE findet, wenn Bond von der neuen Geheimdienstchefin M (Judi Dench) als »sexistischer Dinosaurier« und »Relikt des kalten Kriegs« bezeichnet wird, führt nicht wirklich ins Posthistoire der Agenten-Abenteuer. Die zeitweilige Demontage der Formeln bereitet in Wirklichkeit geschickt den Relaunch des Pop-Mythos vor. Der sarkastische Gegenspieler Alec

Trevelyan, ein Verräter aus den eigenen Reihen, merkt zwar an, dass Bond ihm die psychoanalytischen Freud-Bezüge ersparen solle. Er amüsiert sich, wie lächerlich die mit Lasern, Kreissägen, Sprengzündern und Magneten versehenen Spielzeuguhren des alten Onkel Q wären. Wenige Minuten später fällt er aber doch einem der klassischen Gadgets zum Opfer, nur dass der Auslöser sich diesmal nicht in der Uhr, sondern in einem Kugelschreiber befindet.

Im Trailer zu GOLDENEYE wurde dem Zuschauer versichert, dass die Attraktionen nach wie vor spektakulär und auf der Höhe der Zeit seien, während sich im Film selbst zahlreiche gezielte Brüche fanden, die jedoch im Unterschied zu LICENCE TO KILL nicht wirklich das etablierte Schema gefährden. In der Pre-Title-Sequenz wird das dramaturgisch komplexe Verhältnis zwischen Bond und Trevelyan im ersten Flashback der Serie etabliert. Ein spektakulärer Bungee-Sprung und eine nach OCTOPUSSY und THE LIVING DAYLIGHTS weitere unwahrscheinliche, aber visuell eindrucksvolle Variante des Einstiegs in ein startendes Flugzeug sorgen als Rahmen der Sequenz dafür, dass sich der Film nicht zum dialogorientierten Kammerspiel entwickelt. Ähnlich verhält es sich mit der Begegnung zwischen dem ausgebrannten General Ouromov (Gottfried John) und Bond, die ihn als unschuldig Verdächtigten in eine Situation befördert, aus der sich ein klassischer Thriller entwickeln könnte. Doch wenige Minuten später hat sich bei der lautstarken Panzerjagd durch St. Petersburg dieses Problem bereits gelöst.

Aus Irvin Kershners NEVER SAY NEVER AGAIN wurde nicht nur die Vorlage für Xenia Onatopp übernommen, auch die anfangs angeordnete Überprüfung Bonds durch eine Psychologin bei einer Rundfahrt durch Südfrankreich erinnert an das Kurprogramm, das Sean Connery von seinem neuen Vorgesetzten verordnet wurde, mit dem Unterschied, dass nicht sein physischer, sondern sein psychischer Zustand in Frage gestellt wird. Wie sein berühmter Vorgänger zieht sich Brosnan mit einer Flasche edlen Champagners und ein paar charmanten Anmerkungen aus der Affäre.

Die Drehbuchautoren griffen in den Dialogen zwischen M und Bond in GOLDENEYE ideologiekritische Vorwürfe auf, die im Lauf der Jahre immer wieder gegen die Serie erhoben wurden, und ließen diese von Charakteren innerhalb des Films selbst äußern. Der Schlagabtausch zwischen Bond und der selbstbewussten Programmiererin Natalya (Izabella Scorupco), die über die einfältigen Vorstellungen der »boys with toys« lästert, erinnert auf längere Sicht jedoch weniger an eine Gender-Kritik auf der Metaebene, als vielmehr an die kleinen Sticheleien, die in einem typischen Buddy-Movie zwischen Mel Gibson und Danny Glover (LETHAL WEAPON / ZWEI STAHLHARTE PROFIS, USA

Selbstbewusste
Protagonistin –
Izabella Scorupco
als Natalya.

1987–1998) oder Nick Nolte und Eddie Murphy (48 Hours / Nur 48 Stunden, USA 1981) ausgetauscht werden. Einen wichtigen Fortschritt innerhalb der Serie markiert, dass sich die weibliche Hauptdarstellerin nach der in The Spy Who Loved Me, Moonraker und For Your Eyes Only geleisteten Vorarbeit dauerhaft als gleichwertige Partnerin erweist. Natalya kontert nicht nur Bonds One-Liner erfolgreich mit sarkastischen Antworten, sie bekommt auch unabhängig von Bond eine eigenständige Einführung zugestanden.

GoldenEye entwirft in der – Mitte der 1980er-Jahre angesiedelten – Vortitel-Sequenz eine Hintergrund-Geschichte für Bond als abgebrühten Agenten im kalten Krieg, der bei einem Einsatz hinter dem Eisernen Vorhang mit ansehen muss, wie sein Freund und Kollege Alec Trevelyan scheinbar von einem russischen General ermordet wird. Aus dieser Situation ergibt sich der für den restlichen Film bestimmende dramaturgische Konflikt, dessen Hintergrund sich nicht wie in Licence to Kill aus Motiven der Serie selbst, sondern aus einer eigens für diesen Film erdachten Vorgeschichte ergibt. Nach dem ersten Drittel und einigen vertrauten Standardsituationen steht Bond dem tot geglaubten Partner auf einem dunklen Schrottplatz gegenüber, auf dem sich ausrangierte Leninstatuen und andere Relikte der ehemaligen Sowjetunion stapeln. Beinahe erscheint es, als würde Bond selbst zu diesen ausrangierten Zeugnissen eines vergangenen Konflikts gehören. Der mit Sean Bean ideal besetzte Abtrünnige, der sich als Kopf eines russischen Mafia-Syndikats entpuppt, provoziert Bond, indem er ihn an die fragwürdigen Seiten seines Jobs erinnert. Er stellt ihm die bittere Frage, wie viele Wodka Martinis er benötigen würde, um die Schreie jener Menschen, die er ermordet hat, zu vergessen, und wie er Vergebung fände für all jene Frauen, die er nicht beschützen konnte. Trevelyans Vorwurf spielt auf die für frühere Bond-Filme wie You Only Live Twice und The Man with the Golden Gun charakteristischen Opferrollen an. Die Frage bleibt offen, nachdem Bond im Finale seine Rechnung mit Trevelyan begleicht und ihm entgegnet, dass er ihn nicht für England, sondern für sich selbst überwältige. Durch die Konfrontation mit dem einstigen Verbündeten Trevelyan erscheint Bond nicht als Schablone, sondern vielmehr als zerrissener Charakter, der bewusst unangenehme Erfahrungen verdrängt und Selbstzweifel wie in Tomorrow Never Dies mit ausreichend Wodka betäubt. Bonds schizophrene Position gegenüber dem verräterischen Freund zeigt sich daran, dass er einerseits einräumt, die Auslieferung von Trevelyans Eltern an Stalin durch die Regierung gehöre zu den dunkelsten Kapiteln der britischen Nachkriegsgeschichte, andererseits aber nach der erneuten Begegnung mit dem abtrünnigen Agenten kaltblütig erklärt, dass man einem Lienzer Kosaken nicht trauen könne.

Im Unterschied zu LICENCE TO KILL werden die reflexiven Brüche und Kommentare in GOLDENEYE über die Dialoge und die Gestaltung bestimmter Bildmotive realisiert, wie im eindrucksvollen Vorspann, in dem umkippende Leninstatuen das Ende der Sowjetunion symbolisieren oder in der Begegnung zwischen Bond und Trevelyan auf dem Schrotthaufen der Geschichte. Ausgespielt werden sie hingegen nur bedingt, wichtiger erscheint das Bewusstsein ihrer Möglichkeit, damit die Bond-Serie nicht als unflexibler, nostalgischer Event erscheint. Der Anachronismus der Figur wird phasenweise eingestanden, nur um einige Einstellungen später dem 007-Mythos seine neue Berechtigung zu erteilen. Die aussagekräftigen Sidekicks der neuen Bond-Ära spielen Ex-Schurke Joe Don Baker als amerikanischer CIA-Agent Jack Wade und Robbie Coltrane (CRACKERS / FÜR ALLE FÄLLE FITZ) als russischer Ex-KGB-Agent Valentin Zukovsky. Beide amüsieren sich über Bonds »stiff-arseness« oder die Feststellung, dass er immer noch ein enthaltsames Dasein beim MI6 fristet, statt als gut verdienender Individualist den Weg ins neue Jahrtausend anzutreten. Obwohl sie die Grenzen und Probleme der 007-Figur genau erkennen, liefern sie dennoch die relevanten Hinweise, die Bond in seinen Ermittlungen gegen das Janus-Syndikat weiterhelfen. Während scheinbar die Figur dekonstruiert wird, bewegt sich unmerklich der Plot weiter, der Bond als Actionhelden für die 1990er-Jahre aktualisiert.

Rückkehr zur (post)klassischen Form – TOMORROW NEVER DIES

Mit dem zweiten Einsatz von Pierce Brosnan, der unter der Regie des ehemaligen Sam Peckinpah-Cutters Roger Spottiswoode 1997 produziert wurde, kehrte man zum Format eines modernisierten, in seiner Struktur aber klassischen Bond-Spektakels zurück. Der sich bereits in GOLDENEYE bei genauerer Betrachtung abzeichnende Widerstreit zwischen Dekonstruktion und Update tritt in TOMORROW NEVER DIES noch deutlicher zu Tage. Der an Rupert Murdoch angelehnte, mit Randolph Hearst-Zitaten (»You provide the pictures, I provide the war.«) um sich werfende Medienzar Elliot Carver (Jonathan Pryce) würde im Internet-Zeitalter ausgesprochen interessante erzählerische Möglichkeiten bieten, dennoch beschränkt sich das Finale auf seinem Stealth-Boat auf eine unausgegorene Mischung aus einem platzsparenden Remake von THE SPY WHO LOVED ME und UNDER SIEGE / ALARMSTUFE ROT (USA 1992), mit dem Unterschied, dass Brosnan nicht so viele Verstecke wie Steven Seagal findet und außerdem mehr als zwei Gesichtsausdrücke beherrscht.

Auch der Plan, die englische Kriegsmarine gegen China aufzubringen, erscheint weder zeitgemäß noch sonderlich einfallsreich. Für die einprägsamsten Momente des Films sorgt Hongkong-Star Michelle Yeoh (HEROIC TRIO, Hongkong 1993, POLICE STORY 3, Hongkong 1992, TIGER AND DRAGON, Taiwan 2000), die als Solokünstlerin und im Team mit prominenten Kollegen wie Maggie Cheung und Jackie Chan umfangreiche Genreerfahrung vorweisen kann. Die von ihr gespielte chinesische Agentin Wai Lin bezieht sich sowohl auf ihre eigene Rollengeschichte, als auch auf die zwanzig Jahre zuvor von Barbara Bach dargestellte russische Bond-Kollegin Anja Amasova. In einigen Sequenzen gelingt Spottiswoode ein amüsantes Spiel mit den westlichen Genrekonventionen und der leichten Körperakrobatik des Hongkong-Kinos. Während sich Pierce Brosnan schwer bewaffnet den Weg aus einer Hamburger Druckerei freikämpft, klettert Michelle Yeoh elegant und mühelos an einem Seil die Wand hinunter, winkt ihm noch einmal freundlich zu und verschwindet unauffällig durch die Hintertür. Die intertextuellen Verweise dienen im Unterschied zu GOLDENEYE diesmal nicht als kritischer Kommentar, sondern beschränken sich auf cineastische Cocktails innerhalb des Actiongenres, die im letzten Drittel des Films etwas zu unentschlossen wirken. Dass Wai Lin am Ende von Bond befreit werden muss, mag nach der traditionellen Dramaturgie der Serie gewöhnlich erscheinen, in Hinblick auf die Star-Typologie Michelle Yeohs erscheint es vollkommen unpassend. Es müsste sich eigentlich genau umgekehrt verhalten, aber dafür bemüht sich der Film zu sehr, das bekannte Image der Serie nach den vorangegangenen postklassischen Relativismen wieder zu beleben.

Jan Distelmeyer attestierte in seiner Rezension in »epd Film« treffend: »James Bond, ein postklassisches Kinoereignis. Dass es mit derlei Selbstdefinitions-Spielchen nun vorbei ist, zeigt TOMORROW NEVER DIES von Anfang an. Bond ist zurück, nur diesmal wieder so, als wäre er nie fort gewesen.«[9] Ms Skepsis gegenüber Bond hat sich in eine maternalistische Position verwandelt. Sie verteidigt Bonds Vorgehensweise gegenüber starrsinnigen Vorgesetzten und betrachtet ihn nicht mehr als »sexistischen Dinosaurier«, sondern als einen geschätzten Kollegen mit etwas eigenwilligen Arbeitsmethoden.

Das Merchandising zum Film reichte von Handys über Wodka Smirnoff, mit dem Bond sich in einer einprägsamen Szene in den frühen Morgenstunden gebrochen, aber werbewirksam betrinkt, bis hin zum BMW, der diesmal nicht nur beiläufig für den begleitenden Werbespot zwei Minuten lang durch das Bild gefahren wird. Stattdessen wird das Gefährt, das per Handy wie mit einem Game-Controller fernsteuerbar ist und einen Bordcomputer hat, der in der Originalfassung mit ausgeprägtem deutschen Akzent spricht, für eine spektakuläre Verfolgungsjagd in einem Hamburger Parkhaus eingesetzt. Diese erinnert in ihrem Cartoon-Stil allerdings eher an die mittleren Filme der Roger-Moore-Ära als an GOLDENEYE.

Menschen im Hotel – Bond mit Wodka-Flasche.

Der Postmoderne, die sich durch ihren Zitatcharakter und selbstbewusste, intertextuelle Fiktionen auszeichnet, wird seit GOLDENEYE ein Etappensieg zugestanden. Die Filme lassen sich bis zu einem gewissen Grad auf eine dekonstruktivistische Lesart der Figur und ihrer Standardsituationen ein, um letztendlich doch wieder das bewährte Spektakel zu rehabilitieren. Besonders deutlich zeigt sich dieses Vorgehen in dem halbherzig realisierten Verhältnis zwischen Bond und Carvers Frau Paris (Teri Hatcher). Die Konstruktion einer im Film nur angedeuteten Vorgeschichte wird trotz einiger vielversprechender Ansätze dramaturgisch nicht überzeugend genug entwickelt.

Nach einem melodramatischen Intermezzo geht TOMORROW NEVER DIES wieder zur Tagungsordnung über. Bond und Paris lassen sich noch einmal auf eine kurze Romanze ein, die für Paris tödlich endet. Der rachsüchtige Carver lässt seine Frau ermorden und versucht Bond in einen Hinterhalt zu locken. Dieser überwältigt jedoch Paris' Mörder, einen teutonisch-transgressiven Folterdoktor, der mit seiner pikierten Art und seinem verkorksten Sadismus aus der Hochphase der Monty Pythons stammen könnte, und widmet sich der gagreichen Autojagd, die jegliche Tragik schnell in den Hintergrund drängt.

Dennoch finden sich einige interessante Ansätze in TOMORROW NEVER DIES. Wenn Bond in der Pre-Title-Sequenz einen Einsatz auf einem illegalen Waffenbasar zum Abschluss bringen muss, während seine Vorgesetzten auf einem Bildschirm verfolgen, wie eine von ihnen abgefeuerte Cruise Missile auf diesen Ort zurast, lässt sich der actionerprobte Agent auf einen riskanten Wettlauf mit den ferngesteuerten Waffen der Tom Clancy-Ära ein. Jim Leach nennt in seinem Essay »Bond in the 1990s – and beyond?« als zwei prägende neue Bildmotive der Brosnan-Filme: Feuerbälle, vor denen die Protagonisten fliehen, und Bildschirme, auf denen räumlich entfernte Ereignisse übertragen werden.[10]

Im Unterschied zu Charakteren wie dem abgebrühten Hacker, den Ving Rhames in den drei MISSION-IMPOSSIBLE-Filmen spielt, bringt Pierce Brosnan als Bond lieber seinen Charme ins Spiel, als dass er

East Meets West –
Michelle Yeoh in
Aktion.

seine favorisierten Uhren gegen einen Pocket-PC eintauschen würde. Er kommt mit der Bedienung eines Computers problemlos zurecht, wie seine Recherchen zu Elektra in THE WORLD IS NOT ENOUGH verdeutlichen, aber beschäftigt sich nur so weit wie nötig damit. Er lässt sich lieber von einer attraktiven Dänischlehrerin auf die für ihn typische Art Nachhilfe geben, als sich mit EDV-Lektionen zu befassen.

James Bond bildet weiterhin einen Gegenentwurf zu jenen High-Tech-Agenten, die wie Sam Fisher aus der von Tom Clancy konzipierten Videospiel-Serie *Splinter Cell* (Ubi Soft, seit 2003) Geheimagent und Daten-Desperado in einer Person vereinen oder wie Jack Ryan (Harrison Ford) in PATRIOT GAMES / DIE STUNDE DER PATRIOTEN (USA 1992) auf einem Monitor die Zerstörung eines hundert Kilometer entfernten, feindlichen Terroristenlagers verfolgen. In dieser Hinsicht befinden sich Ambiente und Protagonist in einem dialektischen Widerstreit oder wie James Chapman feststellt: »Inmitten all dieser technologischen Modernität wirkt Bond durch die elegante Sophistication von Brosnans maßgeschneiderten Anzügen, inklusive eines zusammengefalteten Taschentuchs, auf angenehme Weise wie eine Retro-Erscheinung ... Dies kann man als eine Form der Produktdifferenzierung betrachten, nachdem in den meisten anderen Action-Thrillern der 1990er Jahre, inklusive der LETHAL WEAPON- und der DIE HARD-Filme, die Tendenz zu einem grobkörnigen, düsteren Look besteht.«[11]

Obwohl mit Carvers medialen Verwertungsinteressen und seinen manipulierten Schlagzeilen auf die veränderte Medienlandschaft angespielt wird, bleibt Bond in den Filmen und selbst in den Videospielen durchgehend ein analoger Held. Alle neuen elektronischen Komponenten erfüllen letztendlich traditionelle Plotfunktionen, ohne für größere Überraschungen zu sorgen. In GOLDENEYE plant Alec Trevelyan einen Cyberspace-Coup, indem er per Internet-Manipulation das gesamte Vermögen der Bank of England in seinen Besitz bringen will. Diesem Plan entsprechend hat in der Galerie der Schurken-Handlanger der selbstgefällige Computertüftler Boris (Alan Cumming) den von Widersprüchen zerrissenen Wissenschaftler abgelöst. Am Ende entscheidet sich die Konfrontation zwischen Bond und seinem ehemaligen Kollegen dennoch durch einen erbitterten Zweikampf auf engstem Raum, der, wie Martin Campbell bestätigte, sich an der Zugsequenz aus FROM RUSSIA WITH LOVE orientiert. Lediglich wenn Boris in der Mitte des Films hektisch die Rechner deaktiviert, damit Natalya seine Netz-Adresse nicht zurückverfolgen kann, nutzt GOLDENEYE die erzählerischen Möglichkeiten der neuen Medien.

In TOMORROW NEVER DIES weist Carver Bond darauf hin, dass Satelliten die Artillerie der Zukunft sein werden. Obwohl der Schurke immer wieder in finsteren High-Tech-Zentralen mit den Titelschlagzeilen seiner Zeitungen spielt, nimmt die Konfrontation mit ihm einen überraschend traditionellen Verlauf. Bond sabotiert sein getarntes Kriegsschiff, erledigt seinen Gegenspieler mit den Worten, er habe vergessen, dass die Massenmedien dem Publikum immer das geben müssten, was es verlangt, und tritt vor der endgültigen Zerstörung des Stealth-Bootes noch gegen den alleine verbliebenen Gehilfen Stamper (Götz Otto) an.

High-Tech-Schurke Elliot Carver.

Martin Willis deutet in seinem Essay »Hard-wear: the millennium, technology, and Brosnan's Bond« den Agenten als »einen Retter vor den durch die Jahrtausendwende bedingten Ängsten vor einer Vorherrschaft der Technik.«[12]. Die pünktlich zur Jahrtausendwende aufgegriffenen Ängste vor einer durch mediale Manipulation und/oder technisches Versagen verursachten Katastrophe werden in GOLDENEYE und TOMORROW NEVER DIES mit den etablierten Mitteln eines Bond-Films beschwichtigt. Hinter allen Manipulationen steckt immer noch ein traditioneller Gegenspieler mitsamt seinen üblichen Handlangern, der sich in seiner im Vergleich zu früheren Einsätzen etwas asketischen, aber dennoch funktionsfähigen geheimen Basis versteckt.

Das Agenten-Action-Charakterdrama – THE WORLD IS NOT ENOUGH

In ihrem Essay über das »Action-Kammerspiel« fassen Isabella Reicher und Drehli Robnik 1997 jene Kennzeichen zusammen, die seit Ende der 1980er-Jahre bestimmend für das Genre waren. Nicht mehr die Vertiefung der Protagonisten steht im Mittelpunkt, sondern die detailverliebte Ausgestaltung der Räume: »Der Raum ist eine Kammer geworden ... Unabhängig davon ist sie in jedem Fall ein Spielfeld, auf dem ein beschränkter Satz von Figuren ein beschränktes Repertoire von Spielzügen ausführt: die Eroberung eines Territoriums, seine Verteidigung (innen) und Belagerung (außen).«[13] Durch den Trend zum Action-Kammerspiel ergaben sich einige interessante Veränderungen innerhalb der Bond-Serie. Am eindrucksvollsten wurden sie in THE WORLD IS NOT ENOUGH von Michael Apted umgesetzt. Die örtliche Begrenzung, die im Finale von TOMORROW NEVER DIES als uninspirierte Sparvariante der opulenten Sets von Ken Adam erschien, ergibt sich im nächsten Film in der Auseinandersetzung um aserbaidschanische Öl-Pipelines aus der Dramaturgie und ermöglicht eine genauere Konzentration auf die vielschichtiger als gewohnt angelegten Protagonisten

Die Konfrontation zwischen Bond und seinen Gegnern, deren wahre Gesinnung sich erst im Verlauf der Geschichte zeigt, entwickelt sich zu einem psychologisch aufgeladenen Kammerspiel. THE WORLD IS NOT ENOUGH nutzt die in den beiden Vorgängern nur streckenweise realisierten Brüche als Grundlage der Erzählung. Die Pre-Title-Sequenz dauert länger als gewohnt und zielt damit auf eine unterschwellige Verunsicherung der Zuschauer. Nach einem routinierten, kurzen Einsatz in Spanien kehrt Bond mit einem Koffer voller sicher gestelltem Lösegeld ins Hauptquartier des MI6 zurück. Eigentlich hätte nach der lockeren Aufwärmübung der Eröffnungssequenz schon längst der Vorspann folgen müssen. Stattdessen trifft Bond im Hauptquartier des MI6 ein, in dem gewöhnlich die ersten Szenen nach dem Vorspann spielen. Es ergeben sich unerwartete Komplikationen: 007 läuft Gefahr zur Figur in einem unübersichtlichen Schachspiel zu werden. Der abgelieferte Geldkoffer war mit einem Sprengsatz versehen und besiegelt das Schicksal seines rechtmäßigen Besitzers, eines älteren Ölmillionärs. Bond hat unfreiwillig für den Mörder die Handlangerarbeit erledigt, indem er

Abgründige Beziehung – Sophie Marceau und Robert Carlyle als Gegenspieler in THE WORLD IS NOT ENOUGH.

Koffer und Sprengsatz an das gewünschte Ziel beförderte. Bei den anschließenden Ermittlungen, aus denen ihn M anfangs herauszuhalten versucht, soll Bond die Tochter des ermordeten Moguls, Elektra King (Sophie Marceau), beschützen. Gleichzeitig benutzt er sie in einem riskanten Doppelspiel als Köder, um an den Hauptverdächtigen Renard (Robert Carlyle) zu gelangen. Der melancholische Terrorist, dessen Tage auf Grund einer in seinem Kopf steckenden Kugel gezählt sind, hatte vor einigen Jahren Elektra entführt, die ihm entkommen konnte. Bond ahnt noch nicht, dass sich bei diesem Fall die Verhältnisse weitaus diffiziler als gewohnt gestalten.

Die Millionenerbin Elektra arrangiert ein geschicktes Verwirrspiel, indem sie in einer Art Performance verschiedene altbekannte Verhaltensmuster früherer Bond-Girls vorführt. Dadurch manipuliert sie sowohl die altbekannten Beschützerinstinkte des Agenten, als auch die Zuschauer. Apteds ambitionierte Regie kokettiert in einer Sequenz bewusst mit Referenzen an ON HER MAJESTY'S SECRET SERVICE: von Elektras Frage, ob Bond jemals jemanden verloren hätte, der ihm nahe stand, über die ästhetischen Anspielungen der gemeinsamen Skifahrt bis hin zum Soundtrack von David Arnold, der in diesen Passagen

James Bond meets Lara Croft – Denise Richards als Nuklear-Expertin.

vom überwiegend elektronischen Score abweicht und eine deutlich an John Barry erinnernde Instrumentierung ins Spiel bringt.

Ein zentrales Motiv etabliert der Film beiläufig zu Beginn, wenn eine Videodatei Elektras und ein Bericht über ihre einige Jahre zurückliegende Entführung durch Renard Bond sichtlich berühren. Der abgebrühte Agent, der mittlerweile die Position vertritt, dass ihn die Erfahrung von Schönheit und nicht, wie in GOLDENEYE geäußert, die selbst verordnete Einsamkeit am Leben hält, verfällt dem Abbild Elektras, ohne zu ahnen, dass diese in Wirklichkeit Opfer und Täter in einer Person ist. Im Verlauf der Handlung muss er feststellen, dass er sich nicht alleine in dieser Situation befindet. Auch sein Gegenspieler Renard ist Elektra verfallen – in einer Umkehrung des klassischen Stockholm-Syndroms, bei dem die Opfer einer Entführung Zuneigung zu ihren Peinigern entwickeln. Carlyle spielt diesen Charakter mit einer für die Serie ungewöhnlichen Verzweiflung. In einer eigenwilligen Gratwanderung zwischen Bond-Exotik und neuem Action-Realismus, der gelegentlich auch unspektakuläre Orte in den Mittelpunkt rückt, dient der wilde Osten von Aserbaidschan als Schauplatz. Dort liefert man sich um die Vorherrschaft über noch im Entstehen befindliche Pipelines einen Schlagabtausch wie zur amerikanischen Pionierzeit um den Ausbau der Eisenbahn.

In der zweiten Hälfte entwickelt sich THE WORLD IS NOT ENOUGH zu einem tragischen Kammerspiel. Elektra entpuppt sich als kaltblütige Drahtzieherin hinter dem Intrigenspiel, die sich an ihrem Vater und der damals während ihrer Entführung vermittelnden M rächen will. Der Ausgang des Konflikts kann, obwohl alle Genrekonventionen erfüllt werden, durchaus als Drama interpretiert werden, wie es Hans Schifferle in »epd film« treffend beschrieb: »Schließlich muss Bond auch mit einer synthetischen Frau Vorlieb nehmen, einer amerikanischen Atomphysikerin mit Atombusen. Eine Ernüchterung nach der komplizierten und passionierten Elektra aus (Ost-)Europa ... am Ende dieses tollen 007-Films gilt: Trauer muss Bond tragen.«[14]

Davon abgesehen, dass Denise Richards, die als Nuklearforscherin Christmas Jones im Kostüm der Videospiel-Ikone Lara Croft auftritt,

Bond wird auf die
Folter gespannt.

es wie bereits in Paul Verhoevens STARSHIP TROOPERS (USA 1997) durchaus versteht, absichtlich mit Klischees zu spielen, trifft Schifferle sehr präzise den Ton des Films, der zu den späten Höhepunkten der Serie zählt. Bond begibt sich durch seine – an die tragischen Verwicklungen des Film Noir erinnernde – Beziehung zur als *Femme Fragile* getarnten *Femme Fatale* Elektra in ein Charakterdrama. Gegen Ende des Films erschießt er sie kaltblütig, als hätte er die spielerische Leichtigkeit des eigenen Serienuniversums gegen die Hardboiled-Codes der Romane von Mickey Spillane getauscht. Bonds Beziehung zur kumpelhaften Denise Richards holt ihn wieder in die Welt der klassischen Bond-Abenteuer zurück. In seinem synthetischen Charakter bildet das Happy-End bereits einen indirekten Vorgeschmack auf das Scheitern der folgenden Jubiläumsvorstellung.

Agenten in der Zirkuskuppel: ratlos – DIE ANOTHER DAY

Die 2002 zum vierzigjährigen Jubiläum der Serie produzierte Sondervorstellung DIE ANOTHER DAY erwies sich trotz eines vielversprechenden Einstiegs als äußerst problembehaftet. Nach dem spektakulären Ritt auf einer gigantischen Welle ermittelt Bond als Diamantenhändler Undercover in Nordkorea. Die Eröffnungssequenz liefert ein interessantes Beispiel für die Inkompatibilitäten zwischen der Serie und den am Rechner generierten Action-Gemälden des digitalen Kinos. Regisseur Lee Tamahori konnte es wie in dem ähnlich gestalteten XXX – THE NEXT LEVEL (USA 2004) nicht unterlassen, an allen Reglern der Bildbearbeitungs-Software gleichzeitig herumzuspielen. Die permanenten Farbkorrekturen und erst recht die ästhetisch weit hinter den aktuellen 007-Videospielen zurückbleibende Flutwelle in der Mitte des Films bewirken, dass im Nachhinein der real mit professionellen Surfern durchgeführte Stunt zu Beginn des Films fälschlicherweise für einen CGI-Trick gehalten werden könnte. Im Vergleich zu früheren Filmen, die ein ausgewogenes Verhältnis zwischen Special Effects und realen Aufnahmen fanden, gelang es in DIE ANOTHER DAY nicht, für eine schlüssige Integration der Computer generierten Effekte zu sorgen. Die ästhetische Unentschlossenheit setzt sich in der unausgegorenen dramaturgischen Gestaltung fort. Mehr oder weniger überraschend fällt Bond in Korea einem Verräter aus den eigenen Reihen zum Opfer und landet entgegen der Konventionen der Pre-Title-Sequenzen in einem Gefangenenlager, aus dem er erst nach dem kompletten Vorspann und etliche Monate später wieder ausgelöst wird. Unschuldig gerät er in den Verdacht, Betriebsgeheimnisse an die Konkurrenz verraten zu haben. Nach seiner Flucht aus dem Gewahrsam des Secret Service in Hongkong wechselt der Film spontan von einem Drama zu einem gut gelaunten Marathon der Anspielungen auf die eigene Seriengeschichte, der dem Zuschauer mit einigen Wendungen jedoch deutlich den Spaß verdirbt.

Von den Auswirkungen der langen Inhaftierung sichtlich gezeichnet betritt Bond im Robinson-Crusoe-Look ein Nobelhotel und bekommt auf Grund seines bekannten Namens sofort eine Suite zugeteilt, in der in Gestalt eines versteckten Filmteams die gleiche Falle wie einst in FROM RUSSIA WITH LOVE

auf ihn wartet. Eigentlich eine vielversprechende Grundlage für einen nicht gerade innovativen, aber immerhin soliden und unterhaltsamen »Best of ...«-Sampler aus gegebenem Anlass. Dennoch scheinen die Broccolis und der routinierte Lee Tamahori (ONCE WERE WARRIORS / DIE LETZTE KRIEGERIN) ihrer Geschichte nicht zu trauen und wollen sich daher ständig absichern, dass auch alle Teile des Publikums zufriedengestellt werden. Der zu Beginn des Films lancierte dramatische und später nur noch unfreiwillig komische

Oben: analoger Wellenritt.
Unten: digitaler Wellenritt.

Plot läuft parallel zu einem Spektakel mit einigen netten Set Designs wie dem von Peter Lamont entworfenen Eispalast weiter.

Der Gegenspieler (Toby Stephens) gehört jedoch zu den blassesten Gestalten der gesamten Serie und bringt ausgerechnet das – selbst in THE MAN WITH THE GOLDEN GUN weitaus besser ausgearbeitete – Motiv des Schurken als dunkles Spiegelbild Bonds wieder ins Spiel. Das wesentliche Problem besteht darin, dass die Geschichte um einen in seinem Aussehen und sogar genetisch veränderten Sohn eines koreanischen Generals besser zu den widersinnigen Charakter-Metamorphosen einer schlechten Soap-Opera passen würde. In diesem Kontext eine Analyse über postkolonialistische Metaphern zu beginnen, macht auf Grund der willkürlichen Erzählhaltung des Films nicht wirklich Sinn, obwohl die Thematik in dieser Hinsicht über einiges Potenzial verfügen würde.

Oben: Ausdrucks-
loses Schurken-Duo.
Unten: Einer der
wenigen Lichtblicke
– Halle Berry
als Agentin Jinx.

Der Jubiläumscocktail wurde aus allen möglichen Zutaten zusammengeschüttet, von Anspielungen auf die eigene Seriengeschichte (in Qs Labor finden sich zahlreiche Requisiten der früheren Filme), über das Remodeling vertrauter Figurentypen (die neue Q-Abteilung, Halle Berry, einer der wenigen Lichtblicke des Films, als selbstbewusste Agentenkollegin) bis hin zu einem diesmal reichlich lustlosen Wechselspiel zwischen Ironisierung und dramatischen Konflikten. Tamahori bleibt mit den bereits überlaufenden Cocktailgläsern an der Bar stehen und weiß nicht, ob er schütteln oder rühren soll, bevor er alles hilflos in den Shaker kippt und die Mixtur unauffällig an den nächsten Regisseur weiterreicht.

Auf der Leinwand ließen sich die Produzenten die Chance entgehen, den von LICENCE TO KILL eingeleiteten produktiven Neuanfang der 1990er-Jahre kontinuierlich weiter zu verfolgen. DIE ANOTHER DAY trat so offensichtlich auf der Stelle, dass eine weitere außergewöhnlich lange Produktionspause eintrat. Nach dem Erfolg von Vin Diesel als Extremsport-Grabbeltischagent XXX (USA 2002)[15] und einem erneuten Einsatz von Tom Cruise als Ethan Hunt in MISSION IMPOSSIBLE 3 initiieren die Produzenten einen weiteren Relaunch und setzen auf das Potenzial von Martin Campbell, der mit GOLDENEYE der Serie schon einmal zum Comeback verhalf.

Nach dem überladenen DIE ANOTHER DAY folgt ein erneutes Back-to-the-Roots-Programm, das diesmal nach dem Vorbild von Christopher Nolans BATMAN BEGINS (USA 2005) an einen imaginären Ursprung führt. Über fünfzig Jahre nach der Veröffentlichung des ersten Romans CASINO ROYALE erwarben die Broccolis die Verfilmungsrechte und wollen ausgehend von James Bonds erstem Auftrag eine neue Reihe starten, die in der Handlung wie die SPECTRE-Plots der 1960er-Jahre lose miteinander verbunden sein soll. Die Reflexionen der Postmoderne führen schließlich wieder an einen Ausgangspunkt zurück, den es in dieser Form in der Serie eigentlich nie gegeben hat. Das Publikum erfährt, wie James Bond seine Lizenz zum Töten erhält, wie er sich erst langsam an die bekannten Kennzeichen der Serie wie den adretten Smoking und das Auftreten eines weltgewandten Gentlemans gewöhnt. All diese Motive wurden in keinem der bisherigen Filme erläutert, Bond kam zwar im Lauf der fünfundvierzig Jahre immer wieder etwas in die Jahre, doch auf eine Vorgeschichte hatte man sogar in den ersten Folgen aus den frühen 1960er-Jahren verzichtet. Die postklassische Phase der Bond-Filme stellt, wie CASINO ROYALE verdeutlicht, weniger einen Bruch mit dem seriellen Prinzip als dessen Neuauslegung dar. Es bleibt abzuwarten, ob sich ausgerechnet die Geschichte des Spions, der wie kaum ein anderer als Inbegriff des modernen Actionhelden zwischen verletzlichem Professional und un-

schlagbarem Superhelden gilt, noch einmal so erzählen lässt, als würde sie sich zum ersten Mal ereignen und hätte nicht selbst maßgeblich die Spielregeln des Actiongenres definiert. Name und Nummer sind einfach doch zu klar definiert, als dass sich James Bond als Jason Bourne ausgeben könnte. Für CASINO ROYALE als einzelnen Film ging die Rechnung durchaus auf, indem er eine Sonderstellung innerhalb der Serie als Entspre-

CASINO ROYALE – Die Karten werden neu gemischt ...

chung zu den Origin Stories in Sondernummern bekannter Comicserien einnimmt. Es bleibt abzuwarten, ob sich daraus tatsächlich eine fortlaufende Erzählung konstruieren lässt. Dennoch besteht kein Zweifel daran, dass James Bond noch viele weitere Male zurückkehren wird.

Anmerkungen

1 Chapman 2000, S. 232
2 Newman 2002, S. 17
3 Althen, 1989
4 Kilb, 1989
5 Schmitt, 1989
6 Pavlovic, 1989
7 Dinning 2002, S. 21
8 Empire Special 2002, S. 21
9 Distelmeyer 1998, S. 37–38
10 Leach 2003, S. 255
11 Campbell 2002, S. 258
12 vgl. Willis 2003, S. 151 ff.
13 Reicher / Robnik 2002, S. 239–257
14 Schifferle 2000, S. 35

15 Angenehmerweise wurde Diesel im zweiten Teil von Ice Cube abgelöst. Der nicht sonderlich sportliche Elder States-Gangsta-Rapper und Schauspieler nimmt im Unterschied zu Diesels Versuchen Roger Moores Snowboard-Einlagen aus A VIEW TO A KILL zu überbieten die Rolle gar nicht erst ernst. Mit dieser Tongue-in-Cheek-Haltung, die sogar einen schlichten Smoking als raffinierte Verkleidung behandelt, lässt sich der immer noch ausgesprochen mittelmäßige und mit schlechten Digitaleffekten überladene Film immerhin als Trash-Spektakel genießen.

Cord Krüger

»Mr. Bond, I expect you to die!«

007s Widersacher und die Transnationalisierung des Bösen

Es sieht nicht gut aus für Ihrer Majestät wagemutigsten Angestellten. Festgesetzt von den Häschern eines sinistren Goldmagnaten hat man ihn auf einen matt glänzenden Metalltisch geschnallt. Eine Laserkanone zielt zwischen seine Füße, derweil der untersetzte Mann im goldgeränderten Smoking wortreich die unerfreulichen Stationen Bonds bevorstehenden Ablebens erläutert. Schließlich wird die Apparatur in Betrieb gesetzt, derweil sich Goldfinger anschickt, schnellen Schrittes den Raum zu verlassen. Bonds Ende scheint ihm so sicher wie dem Schurken seine weitere Anwesenheit überflüssig. »Do you expect me to talk?«, ruft der Agent ihm noch nach und Goldfinger hält inne. »No Mr. Bond, I expect you to die!« gibt er halb empört, halb belustigt zurück. Und eilt davon.

Die Szene aus GOLDFINGER findet ihr Pendant in praktisch jedem anderen Abenteuer des Doppelnullagenten. Bond wird wilden Tieren vorgeworfen, ins Gefängnis unter einem Spaceshuttle gesperrt, in einer zur Sprengung freigegebenen Mine zurückgelassen oder auf einem barocken Folterstuhl festgezurrt. Seine Gegner können sein Ableben gar nicht aufwendig oder exotisch genug inszenieren, was um so tragischer ist, als dass 007 selbstverständlich jedes Mal die Flucht aus der sorgsam arrangierten Todesfalle gelingt – sei es durch eine hervorgezauberte Erfindung Qs oder durch geschickte Improvisation. Was sind das für Figuren, gegen die Bond ins Feld geschickt wird, um die Welt, mindestens aber Königin und Vaterland zu beschützen? Und wieso müssen sie scheitern?

Neue Feinde: Zwischen Agentengenre und Larger-Than-Life-Bedrohungen

007 steht als Angestellter Großbritanniens in Diensten eines Staates, seine Funktion leitet sich direkt aus den Interessen seines Arbeitgebers ab. Der Typus des weltweit operierenden Geheimagenten basiert daher zugleich auf einer bestimmten Vorstellung davon, welche Akteure auf der internationalen Bühne auftreten. Ein Agent schützt durch seine Arbeit sein Heimatland vor den Umtrieben anderer Staaten. Der Prototyp der Spionageerzählung handelt darum von Staaten, die sich stellvertretend durch ihre Agenten gegenseitig behaken. So wie es freundliche, feindliche, neutrale und schwer einschätzbare Staaten gibt, existieren im Spioniergeschäft ebensolche Geheimdienstler. Für Schwung und die nötigen Überraschungsmomente hält das Genre den Typus des etikettenschwindelnden Spions, des Doppelagenten bereit.

Dieses Genremodell und seine Standards hat Bond-Schöpfer Ian Fleming natürlich verinnerlicht. Dennoch gehen 007s Filmabenteuer darüber hinaus, indem ihnen Gene eines weiteren Genres implantiert werden, Erbgut der Sciencefiction. So wie das Horrorgenre immer (auch) einen Zerrspiegel für subtile Stimmungen und Entwicklungen seines soziokulturellen oder politischen Entstehungsumfeldes bildet, so verlagert das Sciencefictiongenre technologische, politische oder gesellschaftliche Tendenzen der Gegenwart als Parabel, Utopie oder Dystopie in eine andere Zeit und/oder an einen anderen Ort, um Fragen aus dem Hier und Jetzt zugespitzt stellen zu können. THE TEXAS CHAINSAW MASSACRE (USA 1974) reflektierte nicht zuletzt die Ängste einer zwischen Vietnam, Watergate und den enttäuschten Träumen der Woodstock-Ära zutiefst verunsicherten Gesellschaft; STAR

Überlegenheit macht unvorsichtig: Auric Goldinger freut sich über Bonds bevorstehenden Tod (GOLDFINGER).

TREK (USA 1966-69) präsentierte Ende der 1960er-Jahre eine Welt, die nicht nur die Stratosphäre, sondern auch Rassendiskriminierung und Materialismus überwunden hatte.

Nun gehören die James-Bond-Filme freilich nicht zu den klassischen Vertretern der Sciencefiction, antizipieren jedoch in gewissem Maße, spiegeln, verzerren, spitzen zu und weisen in ihrer Bedeutung darum ebenfalls über den Tellerrand ihrer Geschichte hinaus. Um genau auszuleuchten, wo Flemings Agentenprosa das gegenwärtig Wahrscheinliche hinter sich lässt und in das Reich des zukünftig Möglichen eintritt, muss man zunächst beinahe 350 Jahre in die Vergangenheit blicken. Genauer, auf das Jahr 1648.

Mit dem Ende des Dreißigjährigen Krieges begann das Zeitalter des Nationalstaates als dem politischen Ordnungssystem der Wahl. Der »Problemhaushalt«[1] eines Nationalstaates umfasste Fragen der inneren Sicherheit, der Volkswirtschaft oder der Verteilung des Wohlstandes. Wenn es überhaupt zu Schwierigkeiten zwischen Staaten kam, so drehten sich diese um territoriale Unstimmigkeiten oder Fragen des Zolls. Auf jeden Fall bedeutete das Zeitalter der Nationalstaaten, dass Probleme in der Regel nationale Ursachen hatten und von nationalen Regierungen mithilfe von nationalen Ressourcen behoben werden konnten. Mit dem Westfälischen Frieden besaß der Staat gewissermaßen das Monopol auf das Führen von Kriegen. An diesem System änderte sich bis zur Mitte des 20. Jahrhunderts weitestgehend nichts.

Bonds Abenteuer wurden da zur Sciencefiction, beziehungsweise erscheinen aus heutiger Sicht noch immer sehr modern, wo sie dieses System überwanden und Problemstellungen entwarfen, die eine Welt aus Nationalstaaten so nicht kannte. Sobald der Doppelnullagent auf der Kinoleinwand in Dienst gestellt wurde, musste er sich mit einer Bedrohung herumschlagen, die – freilich im comichaften Gewand des Larger-than-life-Superschurken – die heutige, postnationale Konstellation des internationalen Systems vorwegnahm. Bereits mit Dr. No tritt nämlich jemand auf den Plan, der auf der auf weltpolitischem Parkett gar nicht vorgesehen war: ein nichtstaatlicher Akteur.

Solche Spieler von Weltgeltung ohne Anbindung an eine Regierung waren der Weltordnung nach dem Dreißigjährigen Krieg fremd. Das System kannte weder multinationale Konzerne noch ein supranationales Gebilde wie die Europäische Union, das in seine Mitgliedstaaten hineinzuregieren vermag. Seit den 1960er-Jahren erodiert diese Konstellation jedoch zunehmend, Problemlagen wie Umweltverschmutzung oder die volkswirtschaftlichen Nebenwirkungen der Globalisierung sind in den Staaten zu spüren, ihnen ist aber kaum noch »vor Ort« durch den Einsatz nationaler Ressourcen und von nationalen Regierungen angemessen beizukommen. Für die nach Autonomie strebende Volksgruppe der Kurden kann keiner der involvierten Staaten allein eine Lösung erwirken; die Tschernobyl-Katastrophe verstrahlte unmittelbar zwar »nur« Teile der Ukraine und Weißrusslands, die mittelbaren Strahlungsfolgen sind indes so weitreichend, dass westliche Staaten enorme Mittel für eine weitere Sicherung des havarierten Reaktors aufwenden. Im gleichen Maße, indem die Staaten ihre

Möglichkeiten zur Problemlösung verlieren, erstarken die nichtstaatlichen Akteure. Wie machtvoll ein solcher werden kann, belegt das Beispiel *Royal Dutch Shell*. Der niederländisch-britische Konzern soll mittlerweile in Nigeria mehrere tausend Söldner zur Sicherung der dortigen Ölquellen unter Waffen haben[2]. Eine Blofeld'sche Privatarmee im roten Livree erscheint vor dem Hintergrund solcher Entwicklungen zwar nach wie vor nicht wahrscheinlich, aber keineswegs undenkbar.

Mit Dr. No betritt eine neue Bedrohung die Weltbühne. Das Zeitalter der Nationalstaaten geht zu Ende (Dr. No).

Als Fleming seinen Geheimagenten konzipierte, war eine derart ins Kraut schießende Globalisierung zwar noch Zukunftsmusik. Seine Schurkengestalten mit ihren Wirtschaftsimperien, Verbrechersyndikaten und schier unbegrenzten Mitteln nahmen jedoch geschickt Aspekte des sich abzeichnenden Wandels der nationalstaatlichen zu einer postnationalen Weltordnung auf. Zum Beispiel in Dr. No. Dieser seltsame Zeitgenosse mit seinem Faible für teure Aquarien und gestohlene Kunstgegenstände will das amerikanische Raumfahrtprogramm nicht im Auftrag der Sowjets oder der Chinesen sabotieren, sondern arbeitet – scheinbar – auf eigene Rechnung. (Was es genau mit SPECTRE auf sich hat, erfährt man erst am Anfang von From Russia With Love.) Bond und mit ihm der Nationalstaat Großbritannien hat es also nicht mit einem Akteur zu tun, dem der Sinn nach der Erweiterung seiner nationalen Einflusssphäre steht. Dr. No ist nicht die Sowjetunion, entsprechend sind seine Ziele anders gelagert. Er und SPECTRE (*Special Executive for Counterintelligence, Terrorism, Revenge and Extortion*) haben sich Terrorismus auf die Fahne geschrieben und damit Ziele, die nationalstaatlichem Handeln in aller Regel zuwider laufen. Berühmte Superschurken wie Dr. Mabuse oder Fantomas sind zwar ebenfalls zu einflussreich für einen gewöhnlichen Kriminellen, ohne von einem Nationalstaat abhängig zu ein. Im Unterschied zu Stromberg und Co. treiben sie ihr Unwesen aber nicht im internationalen System, sondern in territorial überschaubaren Gebieten. Norbert Jacques' sinistrer Hypnotiseur Mabuse bewegt sich bei seinen Filmauftritten scheinbar frei durch alle Schichten, Machtzentren und Hinterzimmer der Weimarer Republik und versinnbildlicht mit seinen Verbrechen die Angst vor Korruption und Staatszerfall. Ein ausländischer Agent muss ihm indes nicht Einhalt gebieten, weil sich der Bösewicht nicht für grenzüberschreitende Missetaten interessiert.

Die von ihm etwa in DR. MABUSE DER SPIELER (D 1921) oder DAS TESTAMENT DES DR. MABUSE (D 1932) angestrebte Herrschaft des Verbrechens zielt auf den Staat im Staate, nicht auf weltweiten Terror oder gar den Weltuntergang. Mabuses agiles Pendant Fantomas ist ähnlich gestrickt und vollführt seine verbrecherischen Maskenspiele im Frankreich der Moderne.

SPECTRE hingegen ist international ausgelegt, Blofelds Schergen bewegen sich mit der gleichen Selbstverständlichkeit in verschiedenen Staaten und Kulturen, wie damals Dr. Mabuse im Deutschland zwischen den Weltkriegen. Blofeld versucht in FROM RUSSIA WITH LOVE und YOU ONLY LIVE TWICE Ostblock und Westen aufeinanderzuhetzen, zur Hochzeit des Kalten Krieges gewissermaßen der Gipfel irrationalen Handelns auf internationaler Bühne. Ein ganz so größenwahnsinniges Arbeitspensum setzen sich freilich nicht alle Superschurken: Hugo Drax möchte immerhin eine handverlesene Minderheit in seinem Weltraumhabitat überleben lassen; Auric Goldfinger, Max Zorin (A VIEW TO A KILL), Elliot Carver (TOMORROW NEVER DIES) oder Elektra King (THE WORLD IS NOT ENOUGH) zielen mit ihren Plänen auf Wirtschaftmonopole ab; die Bösewichte in THE LIVING DAYLIGHTS oder LICENCE TO KILL würden einfach gerne ihren Drogengeschäften nachgehen, wenn Bond sie denn nur ließe; und beinahe rührend mutet wiederum Blofeld an, wenn er sich in ON HER MAJESTY'S SECRET SERVICE mit seinen Biowaffenterroristinnen lediglich eine Generalamnestie nebst Adelstitel erpressen will. Der Klischeefeind aus dem Ostblock taucht höchstens noch als Freelancer auf (OCTOPUSSY, GOLDENEYE) und einzig in FOR YOUR EYES ONLY kommt mit der Sowjetunion als potenziellem Käufer einer ominösen U-Boot-Fernsteuerung überhaupt ein staatlicher Akteur so ins Spiel, wie man es in einem klassischen Spionagestoff erwarten könnte.

Am eindrucksvollsten gelingt es Bonds Widersachern immer dann, sich in Szene zu setzen, wenn die Geheimdienste erst davon ausgehen, es mit einer nationalstaatlichen Bedrohung alter Schule zu tun zu haben. Solche Täuschungsmanöver finden sich etwa in FROM RUSSIA WITH LOVE, OCTOPUSSY, THE LIVING DAYLIGHTS oder TOMORROW NEVER DIES, wobei ersterer wohl nach wie vor das erzählerisch gelungenste Intrigenspiel darstellt, in dem ein Bond-Schurke Nationalstaaten gegeneinander ausspielen will.

Zur Beschaffenheit eines Superschurken

Nicht nur weil die Bondserie ihre Bösewichte schneller verschleißt als die Darsteller des Doppelnullagenten, ist das Gemunkel vor jedem 007-Film groß, welcher Schauspieler als Bond-Widerpart zum Zuge kommen wird. Eine Figur wie Francisco Scaramanga bringt nun einmal Exotik und Exzentrik in den Agentenalltag, zumal wenn sie von »dem« Dracula-Mimen der Neuzeit schlechthin, Christopher Lee, verkörpert wird. Als vergleichbare popkulturelle Reverenz wurde A VIEW TO A KILL auf Plakaten mit der Frage »Has James Bond Finally Met His Match?« beworben, womit die Bondreihe abermals auf die Ikonographie eines Schurkendar-stellers – in diesem Fall die der Disco-Amazone Grace Jones – abhebt. Auch die schauspieleri-schen Glanzlichter setzen die Le-nyas und Fröbes, die Beans und die Marceaus.

Böse Russen allüber-all? Mitnichten! KGB-Mann Gogol (rechts) ist die Aus-nahme, nicht die Regel (FOR YOUR EYES ONLY).

Vielleicht dachte Fleming, dass nur ein Wechselbalg es mit den Nationalstaaten aufnehmen wür-de, jedenfalls gehört die doppelte Staatsbürgerschaft gerade in den Fleming'schen 007-Abenteuern zum Bösewicht wie der Maßanzug zum Geheimagenten. So ist Dr. No Sohn einer Chinesin und eines deut-schen Missionars, Ernst Stavro Blofeld hat griechische und polnische Vorfahren und selbst Auric Goldfinger haftet ein so eigenartiger Stall-geruch an, dass man Bond erst darauf hinweisen muss, der Industrie-kapitän sei trotz seines unverkennbar deutschen Akzentes Engländer. In Comicsphären stößt die Reihe sicher mit Gustav Graves vor, der anders als die übrigen chimärischen Bondschurken erst eine Metamor-phose durchlaufen muss, indem er sich mittels einer obskuren Gen-Therapie vom koreanischen Colonel Moon in einen englischen Playboy und Geschäftsmann verwandelt. Auf biografische Verwerfungen re-kurriert GOLDENEYE, wenn Alec Trevelyans Wandel vom Agenten Ihrer Majestät zum nach Vergeltung trachtenden Bösewicht aus dem Verrat seiner kosakischen Eltern durch die Briten während des Zweiten Welt-krieges abgeleitet wird. Elektra Kings Impetus in THE WORLD IS NOT ENOUGH ist das ihrer Familie vermeintlich angetane Unrecht.
Eine weitere für die Bond-Bösewichte typische Anomalie sind kör-perliche Deformationen. Dr. No fehlen die Hände, Blofeld die Ohr-läppchen, Emile Largo hat ein Auge zu wenig, Scaramanga eine Brust-warze zuviel und dem unglücklichen Renard steckt nach einem missglückten Attentat noch ein Projektil im Kopf. Noch extremer fal-

Bei den Handlangern der Bondschurken ist das physisch Abnorme normal: Tee Hee (Live And Let Die), Jaws (Moonraker), Zao (Die Another Day), Oddjob (Goldfinger).

len die körperlichen Unzulänglichkeiten der diversen Helfershelfer ins Auge: Oddjob ist stumm, Schnickschnack kleinwüchsig, Tee Hee hat eine monströse Armprothese, Zao ein von Diamantschrapnellen zerfurchtes Gesicht und Jaws verfügt neben seiner abnormen Körpergröße und -kräfte über äußerst effiziente Beißwerkzeuge.

Die Syndikate, aus denen die Superschurken operieren, erscheinen an ihrer Spitze als rudelartige Zweckfamilien verschiedenartig Verfemter, körperlich, geistig, sozial und biografisch Desintegrierter und Deformierter. Den harten Kern von Goldfingers Organisation bilden ein größenwahnsinniges, sadistisches Wirtschaftswunderdickerchen mit unpassendem Dialekt, ein stummer asiatischer Ringer, der ständig in der Gefahr schwebt seinen Frack zu sprengen (Oddjob) und eine nicht nur in ihren sexuellen Präferenzen unberechenbare Pilotin (Pussy Galore). Auch SPECTRE und Co. entfalten sich irgendwo im Bermudadreieck zwischen Camorra, Zirkus und der dunklen Spiegelung eines Großkonzerns.

Wie trefflich sich mit den durch die Bondserie gesetzten Standards operieren lässt, auch um den Zuschauer in die Irre zu führen, demonstriert Die Hard (USA 1988). Im Falle des unnachahmlich von Alan Rickman verkörperten Hans Gruber scheint man es mit einer durchaus 007-kompatiblen Bösewicht zu tun zu haben: Gerade weil er die Chuzpe besitzt, einen ganzen Wolkenkratzer zu besetzen, weil er intelligent und sadistisch ist und weil er mit deutschem Akzent spricht, glaubt man nur zu leicht, dass dieser Gruber hochfliegende Ziele wie das Freipressen inhaftierter Terroristen verfolgt. Bloß ist Gruber kein größenwahnsinniger Erpresser, er ist lediglich ein profaner Dieb, der sich als Mini-Blofeld tarnt, um ungestört den Safe ausräumen zu können. Und Geld haben die meisten Bondschurken mehr als genug.

Mit ihrer dennoch klaren Trennung zwischen einer Führungsriege aus Chef (in FROM RUSSIA WITH LOVE ist das Blofeld), Planern (Kronsteen) und leitender Exekutive (Klebb/Grant) sowie einer Unzahl namenloser Helfershelfer weist sich die Bond-Reihe als Kind der Moderne aus. Auch das Reich des Bösen scheint letztlich ähnlich aufgestellt zu sein wie ein Staatsapparat oder ein Industriebetrieb. Musste der irrsinnige Psychoanalytiker aus DAS STAHLNETZ DES DR. MABUSE (D/F/I 1961) seine Hilfsarbeiter noch mittels Hypnose gefügig machen, wirken Blofelds Heerschaaren von Technikern, Forschern und Soldaten wie reguläre Angestellte, und sogar der Größenwahn des Chefs hat etwas selbstverständliches und professionelles. Bei der Organisationsstruktur gehen auch Dr. Fu Manchu und die Bondschurken wieder getrennte Wege. Zwar kann Sax Rohmers Romanfigur eher als Kosmopolit gelten als Fantomas und Konsorten, operiert er doch etwa in der Verfilmung THE FACE OF DR. FU MANCHU (GB 1965) gegen die freie Welt und Scotland Yard von seinem tibetischen Palast aus. Auch die Sitte, sich unliebsame Ermittler mit allerlei exotischem Getier vom Leibe zu halten, geht wohl auf Dr. Fu Manchu zurück. Jedoch ist er bei seinen Übeltätereien wiederum auf die mühselige Entführung von Wissenschaftlern angewiesen. Blofeld und Drax sind da einen Schritt weiter: sie unterhalten ganze Forschungsabteilungen.

Durch diese moderne, aber eben nicht postmoderne, Organisationsstruktur bleibt das Böse erstens für den Zuschauer überschaubar und zweitens durch Bond angreifbar. Denn wer weiß schon, wer jetzt genau in einer multinationalen Aktiengesellschaft das Sagen hat: Der Vorstandsvorsitzende? Der Aufsichtsrat? Banken? Ein Hedgefonds oder am Ende die norwegischen Rentner, die hinter dem Hedgefonds stehen? Wie mühsam dieses etwas überkommene, aber dramaturgisch nach wie vor reizvolle Patentrezept nur noch aufrecht gehalten werden kann, zeigen Beispiele aus den neueren Bond-Filmen: Hier musste ab TOMORROW NEVER DIES auf autokratische Industriemagnate zurückgegriffen werden, wie es sie mit John D. Rockefeller und William R. Hearst schon vor 150 Jahren gab, die heute aber einsame Ausnahmen von der börsennotierten Regel darstellen. Die relativ anachronistische Organisation wird freilich so spannend inszeniert, dass sie

Die Aufgaben sind bei SPECTRE klar verteilt. Kronsteen (rechts) plant, Rosa Klebb (links) überwacht die Ausführung (FROM RUSSIA WITH LOVE).

einem erst bewusst wird, wenn jemand sie auf den Kopf stellt. So etwa in der genialen SIMPSONS-Episode *You Only Move Twice*[3] von 1996. Hier wird der Do-it-yourself-Dekonstruktivist Homer Simpson vom *Globex*-Konzern abgeworben. Homers neuer Chef Hank Scorpio erscheint als Prototyp eines ungezwungenen Managers der Dot-Com-Generation, mag von seinen Angestellten nicht »Boss« genannt werden und sieht aus wie eine Mischung aus Richard Branson von *Virgin* und Larry Ellison von *Oracle*. Zum ersten Mal in seinem Arbeitsleben fühlt sich Homer motiviert und erfüllt, obwohl er keine Ahnung hat, woran er mit seinem Team eigentlich arbeitet. Was für Homer zählt, ist, dass seine Abteilung im firmeninternen Ranking noch vor den Teams mit der Wettermaschine und der bakteriellen Kriegsführung liegt. Denn was Homer nicht bemerkt: Scorpio erpresst die freie Welt nach bester Blofeld-Manier mit der angedrohten Vernichtung einer europäischen Hauptstadt.[4] Schließlich kündigt Homer schweren Herzens bei *Globex* gerade dann, als Soldaten in Scorpios frappierend an das Vulkan-Hauptquartier aus YOU ONLY LIVE TWICE erinnernde Operationszentrale einrücken. Doch noch nicht einmal jetzt fällt Scorpio aus der Rolle des jovialen Chefs. Während er sich schon mit einem Flammenwerfer bewaffnet abwendet, wirft er Homer noch nach: »Homer, on your way out if you feel like killing someone, it will help me a lot.« Die parodistische Sprengkraft der Episode entfaltet sich erstens in Homers völliger Ahnungslosigkeit, der bis zum Ende nicht bemerkt, dass er für einen Superschurken arbeitet und dem die völlige Entfremdung vom Gegenstand seines Tuns herzlich egal ist, solange nur das Arbeitsklima und der Platz im firmeninternen Ranking stimmen. Mit Homer sehen wir die Blofeld'sche Weltvernichtungsmaschinerie aus der Graswurzelperspektive eines unwissenden Abteilungsleiters.[5] Zweitens persifliert *You Only Move Twice* den archetypischen Superschurken, indem es ihn nicht als augenrollenden Versehrten mit exzentrischem Gebaren präsentiert, sondern als den liebenswürdigsten Chef, den man sich nur denken kann. Die Episode überführt gewissermaßen die Ideale der nachindustriellen Arbeitswelt von flachen Hierarchien und höchster Angestelltenzufriedenheit ins Sujet der Superschurkenorganisation, die in ihrer Struktur die schlimmsten Auswüchse von Industrialisierung und Moderne verkörpert.

Lebensart als zentraler Nebenkriegsschauplatz

Bondschurken interessieren sich nicht bloß für das Jüngste Gericht, sondern auch für Kunst, Kultur, Frauen und jegliche andere Zerstreuungen des Mannes von Welt. Genau wie der Doppelnullagent, und er muss seine Kräfte mit Goldfinger und Co. auf dem Terrain von Beruf und mondäner Lebensart messen. Bei den ersten Aufeinandertreffen mit Goldfinger geht es ums Kartenspiel und um Golf, mit Grant fachsimpelt Bond über Wein, Drax lädt zum Tontaubenschießen und zum Gurkensandwich, Stromberg philosophiert über die Vorzüge des submarinen Lebens und mit Khan kommt sich 007 bei einer Partie Backgammon näher. Je gekonnter sich Bonds Auseinandersetzung mit seinem Widersacher im Wechselspiel zwischen den Sphären Arbeit und Freizeit entfaltet, desto spannender und zugleich spielerischer gestaltet sich der zentrale Konflikt des Films. Wieder veranschaulicht DIE ANOTHER DAY, wie es nicht geht: Wenn 007 Graves beim Fechten einen Besuch abstattet, gibt es weder Beschnuppern noch Belauern. Ohne die Möglichkeiten einer gelungenen Charade zu nutzen, entbrennt sofort eine wüste Keilerei, wie sie sich Bond einst in MOON-RAKER noch mit Chang lieferte – bloß dass dieser eben nur Drax' stummer Lakai war und der Film die Kennenlernphase längst abgeschlossen hatte. Selbst die Superschurkenquartiere sind immer beides, Arbeits- und Lebensraum. Denn was ist das alpine Schwesternwohnheim in ON HER MAJESTY'S SECRET SERVICE – Biowaffenlabor hin, Privatarmee her – letztlich anderes als die Blofeld'sche Inversion der *Playboy*-Mansion?

Der Weltverbrecher als Irrläufer

Wer sein Zuhause derart einrichtet, kann nicht ganz bei Trost sein. Tatsächlich scheint das Böse im Bond-Universum seinen Ursprung oft in einer geburtsmäßigen oder sozialen Anomalie, einer Mutation gewissermaßen, zu haben. Bösewichte, so zeigen uns Dr. No, Blofeld, Scaramanga oder Whitaker (THE LIVING DAYLIGHTS), sind Fehler im System. Obwohl nicht explizit thematisiert, betreiben 007s Abenteuer eine »Biologisierung des Wahnsinns«[6], allerdings unter anderen Vorzeichen, als noch zu Zeiten der Mabuses und Caligaris. War eine Verbindung von »Genie, moralischer Verfehlung, Macht und Gefährlichkeit«[7] noch Symbol eines allgemeinen gesellschaftlichen Niedergangs, so greifen die Bond-Filme auf diese Motivik lediglich zurück, um Drax und Konsorten ebenso einfach wie effektiv als Irrläufer im System kenntlich zu machen. Die bipolare, sich zur postmodernen wandelnde

Weltordnung scheint seit Dr. No nicht von vornherein gefährdet zu sein, jedenfalls nicht durch die vorgesehenen Akteure.

Denn in der wohlgeordneten Welt, deren Untergang die Bond-Reihe mitverfolgt, bekommt es der Doppelnullagent nur selten mit in staatlichen Einrichtungen ausgebildeten Militärs und Agenten zu tun. Selbst der frühe Felix Leiter definiert sich nicht in erster Linie durch Dienstgrad und Organisationszugehörigkeit, sondern durch Professionalität. Spätestens mit den postmodernen 007-Abenteuern der 1990er-Jahre erscheinen selbst die Kollegen aus den Vereinigten Staaten als ziemlich kauzige Zeitgenossen – in britischem Clubambiente ist ein Jack Wade (GoldenEye, Tomorrow Never Dies) jedenfalls nur noch schwer vorstellbar.

In Blofelds Harem gibt Bond den Hahn im Korb. Doch der Schein trügt: Die Schönheiten sind Selbstmordattentäterinnen (On Her Majesty's Secret Service).

Wesentlich gefährlicher sind in einer bipolaren Weltordnung der relativ klaren Verhältnisse, in der Stabilität aus der beidseitigen Vermeidung von Atomschlägen erwächst, die blockmäßig Desintegrierten.

Das dystopische Moment der Bond-Reihe zielt darum weniger auf eine normativ-moralische Kritik an der Weltordnung des Kalten Krieges als auf eine Analyse deren möglicher Schwächen in Funktion und »Bedienung«. Die Drehbuchautoren arbeiten auf der Grundlage der Fleming-Romane so gesehen wie ein Think Tank, der allen comichaften Übertreibungen zum Trotz den Haarrissen im System nachspürt, diese überlebensgroß ausdehnt und dann die Bondschurken hindurchjagt. So erzählen die 007-Abenteuer nicht von der prinzipiellen Gefährlichkeit von Wissenschaften, Technologien oder politischen Systemen, sondern immer nur von der Gefahr durch den sie missbrauchenden, korrumpierenden und deformierenden Menschen. Auch einem Industriebetrieb wird seine Organisationsstruktur erst in dem Moment zum Verhängnis, in dem sich ein Fehlgeleiteter an ihre Spitze setzt. Grundsätzlich ist die Stoßrichtung der Bondfilme deshalb nicht progressiv; sie verfolgen keine politische Agenda eines utopischen Sollens, sie mahnen lediglich, ein wachsames Auge auf das Sein zu haben – damit nicht eines Tages wirklich ein Max Zorin auf die Idee kommt, Silicon Valley zu überfluten. Unter der apolitischen Ausrichtung pocht freilich das Herz eines altväterlichen »Wird-schon-werden«-Optimismus, den derart bunt wohl nur zusammenfabulieren kann, wer die vielhundertjährige Geschichte eines Empires auf seiner Seite weiß. Naiv? Vielleicht. Charmant? Unbedingt!

Alles oder Nichts:
Die Apokalyptiker

Das Böse in Menschengestalt zerfällt bei Bonds Opponenten in drei Gruppen: Weltbeherrscher sowie wirtschaftliche und individuelle Großverbrecher. In fünf der ersten sieben Bond-Abenteuer ist er 007s Hauptwidersacher: Ernst Stavro Blofeld, der als Kopf der nach Profit und Terror strebenden Organisation SPECTRE auch unter der Bezeichnung »Nr. I« firmiert. In Dr. No zieht Blofeld im derart Verborgenen die Fäden, dass man von seiner Verwicklung in den Plan zur Störung der US-Raumfahrt erst im darauf folgenden From Russia With Love erfährt. Hier tritt er dann in seiner legendären Pose auf, als Mastermind, dessen Bedrohung sich durch Gesten andeutet und in überraschend ausgesprochenen und unverzüglich vollstreckten Todesurteilen an in Ungnade gefallenen Untergebenen offenbart. Blofelds Faszinosum liegt vor allem in den wenigen Attributen, außer denen man bis You Only Live Twice nichts von ihm zu Gesicht bekommt. Bis einschließlich Thunderball ist »Nr. I« eine gesichtslose (und im Abspann folgerichtig namenlose) Gestalt im Lehnstuhl, mit sanfter, leicht deutsch gefärbter Stimme sprechend, gekleidet in einen grauen Zwitter aus Uniform und Anzug, einen Ring mit Krakenemblem am Finger, eine weiße Katze auf dem Schoß. Überhaupt sind die Tiere elementar für das Indizienspiel, dass die frühen Bondfilme um die anonyme Gestalt Blofeld veranstalten. Ob die siamesischen Kampffische, anhand derer er SPEC-TREs Plan zum Aufeinanderhetzen von West und Ost illustriert, oder die weiße Langhaarkatze, die als luxuriöses Accessoire eingeführt, spätestens hingegen in You Only Live Twice auf ungleich clevere Weise zur Charak-

Gebt gut Acht auf eure Atomwaffen, will uns Thunderball ermahnen, sonst holt sie sich ein moderner Pirat wie Largo.

Insignien des Bösen: Blofeld in From Russia With Love.

terisierung ihres Besitzers eingesetzt wird. Hier kann nämlich aus den Streicheleinheiten, mit denen der von Donald Pleasence verkörperte Blofeld seinen Stubentiger bedenkt, auf seinen Gemütszustand geschlossen werden. Je nach Zufriedenheit mit den allgemeinen Arbeitsfortschritten reicht das Zuwendungsspektrum vom beinahe zärtlichen Kosen mit dem kleinen Finger bis hin zum rüden Streicheln über den Kopf des Tieres. Die Bedrohlichkeit verlagert sich bei der Figur Blofelds von der Ebene des Spiels mit ganzem Körper und der Stimmlage ganz auf minimale Gesten. In den ersten Bond-Filmen werden Blofeld und SPECTRE beinahe zum Standardgegner für 007 und den MI6. Ähnlich wie M wird auch »Nr. 1« nicht in eine Auseinandersetzung mit seinen Feinden gezogen, weshalb Blofeld bis einschließlich THUNDERBALL nicht auf umkämpftem Gebiet in Erscheinung tritt. Wenn Bond ihm ab YOU ONLY LIVE TWICE immer näher kommt, kann er sich seiner Festsetzung jedes Mal entziehen. Dieses wiederkehrende Moment schlachtet die Reihe im Folgenden jedoch so massiv aus, dass Blofelds Ableben in FOR YOUR EYES ONLY gerade noch die Pretitle-Sequenz trägt und auch da nur bedingt zu fesseln vermag. Nichtsdestotrotz verdeutlicht dieser Auftritt, wie wirkungsvoll Blofelds ikonografische Einführung gelungen war. Selbst im Abspann von FOR YOUR EYES ONLY ist nämlich lediglich vom »Villain in a Wheelchair« die Rede; Gesten und Attribute machen die Figur auch ohne namentliche Benennung zweifelsfrei als Blofeld erkennbar. (Als ernstzunehmende Nemesis Bonds ist die Figur Blofeld wohl ab jener Szene aus DIAMONDS ARE FOREVER gestorben, in der sich »Nr. 1« in Frauenkleidern aus einem Casino davonstiehlt.)

Das Maskenspiel als alberne Travestie: Blofeld (rechts) in DIAMONDS ARE FOREVER.

Von der Art und Reichweite ihrer Machenschaften sind Blofelds engste Verwandte seine »Nr. 2« Largo, Dr. No, aber auch Stromberg, Drax, General Orlov (OCTOPUSSY) und Graves/Moon. Sie streben nach massiver Erpressung unter Inkaufnahme eines Weltkrieges (Blofeld, Largo), nach praktisch absoluter Vernichtung (Stromberg, Drax) oder Herrschaft (Orlov), derweil sich Graves mit der Okkupation Südkoreas bescheiden will. Zur Umsetzung ihrer megalomanen Ziele betreiben sie den vergleichsweise größten Aufwand aller Bondschurken. Blofeld befehligt eine Raketenabschussbasis in Japan, ein Biowaffenlabor in den Alpen und eine Ölbohrplattform vor der amerikanischen Küste nebst orbitalem Laser; Drax nimmt alle Ressourcen seines Luft- und Raumfahrtkonzerns in Beschlag, mehrere Startrampen rund um den Globus, sowie eine Raumstation; Stromberg benötigt einen gigantischen umgebauten Öltanker zur Herbeiführung eines Atomkrieges und zum Überleben sein gigantisches Unterwasserrefugium; Graves steuert eine satellitengestützte Laserkanone von einem Transportflugzeug aus und Orlov verfügt für seinen nuklearen Erstschlag lediglich über einen Atomsprengkopf, einen Zug und eine Schar Schausteller. Nicht von ungefähr erscheinen die Schurken umso denkwürdiger, je gigantischer ihre Vorhaben, je größer und entlegener ihre Schaltzentralen und je spektakulärer die Untergänge ihrer Imperien sind, die nach politischer Lesart immer auch die kleinen Emporkömmlinge darstellen, die Großbritannien seinen Status – als wenigstens noch gefühlte Weltmacht – streitig machen wollen.

Die Reihe hatte in dieser Hinsicht mit Stromberg und Drax einen Höhepunkt erreicht, der sich nicht mehr ohne weiteres übertreffen ließ. Dass in der Folgezeit ein fehlgeleiteter Militär wie Orlov oder auch ein zwar nicht nach Weltbeherrschung strebender, in seinen Grundvoraussetzungen allerdings mit Drax vergleichbarer Schurke wie Zorin (A VIEW TO A KILL) nicht so glänzen konnten wie ein Largo oder Stromberg liegt auch daran, dass ihre Apparate, also ihre Technologien, Helfershelfer und Machtzentren viel weniger hermachten. Orlovs Zug fällt hinter Blofelds Raumfahrzeug doch sehr zurück, Zorins Luftschiff kommt (zumal verglichen mit der 234 Meter messenden realen *Graf Zeppelin* von 1928) geradezu mickrig daher und selbst Graves Eispalast erreicht nicht mehr den morbiden Charme liebevoll umhegter und inszenierter Maßlosigkeit, weil sein Besitzer ihn erstens nicht für geheime Ränke, sondern eine öffentliche PR-Schau gebraucht, und ihn dann zweitens nach zwei Dritteln des Films (und eben nicht erst im Finale) selbst und ohne Not einschmilzt.

Das Kreuz mit den Weltbeherrschern

Ein Gegner für Bond, welcher die Welt oder zumindest weite Teile davon unterjochen, vernichten oder sonst wie aus dem Gleichgewicht bringen will, macht natürlich viel her und ist für die auf ein Spektakel abzielenden Filmemacher ausgesprochen fruchtbar. So aufregend es sein mag, mit dem Ende aller Dinge zu liebäugeln, so ganz konnte und wollte sich die Reihe aber nie von der Realität verabschieden. Eine Bedrohung, die genau so gewaltig und gefährlich aussieht wie sie ist, konnte bereits seit YOU ONLY LIVE TWICE kaum noch glaubhaft generiert werden. Nicht von ungefähr bemühte sich die Bond-Reihe immer dann um eine behutsame Neuausrichtung, wenn 007s Kampf gegen einen Apokalyptiker im Streben nach größtmöglichen Schauwerten den Realismus weitestgehend aufgegeben hatte. Auf YOU ONLY LIVE TWICE folgte der ambitionierte ON HER MAJESTY'S SECRET SERVICE, auf MOONRAKER der reduzierte FOR YOUR EYES ONLY, und nach den CGI-Exzessen in DIE ANOTHER DAY fand CASINO ROYALE den Anschluss an die Realität wieder.

Dabei sieht sich die Serie jedoch immer wieder mit einem grundlegenden Dilemma konfrontiert: In einer zunehmend unübersichtlichen, zunehmend multipolaren Weltordnung mit flacher werdenden Hierarchien entziehen sich selbst die größten stattfindenden Schurkereien dem Blick. In der nationalstaatlichen Konstellation konnten noch vier Sicherheitsbedrohungen ziemlich trennscharf unterschieden werden: Es gab den klassischen Krieg (Staat gegen Staat), Staatsterror (Staat gegen Gesellschaft), den klassischen Terrorismus oder Bürgerkrieg (Gesellschaft gegen Staat) und Kriminalität (Gesellschaft gegen Gesellschaft). Über die Zeit des Kalten Krieges hinweg verschwammen nicht nur diese Grenzen zunehmend, die Anzahl klassischer zwischenstaatlicher Kriege ist im gleichen Maße rückläufig, in

Selbst im baulichen Exzess noch stilbewusst: Hugo Drax' Schloss in Moonraker.

dem Bürgerkriege, Terrorismus und Kriminalität zunehmen. (Mit dem Nordirlandkonflikt hatte das Publikum der Bondfilme – zumal das britische – über Jahrzehnte hinweg ein Paradebeispiel in Sachen asymmetrischer Abnutzungskrieg vor Augen.) Da sich diese Problemlagen nun auch noch transnationalisieren, »wird die doppelte Grenzziehung zwischen einerseits dem Gewaltmonopolisten Staat und seiner Gesellschaft nach innen und andererseits zwischen unterschiedlichen durch ihr Gewaltmonopol gekennzeichneten Staaten nach außen aufgehoben.«[8] Anders ausgedrückt: nach realistischen Maßstäben geht Bond die Arbeit aus, beziehungsweise sie entzieht sich seiner klassischen Aufgabendefinition.

Bonds Auftrag, wenn er gegen Blofeld, Drax, Orlov und Co. ins Feld geschickt wurde, lautete, einen zwischenstaatlichen Krieg oder die Vernichtung der Welt abzuwenden. In einer Zeit, in der Bürgerkriege und organisierte Kriminalität fließend ineinander übergehen und sich wechselseitig ernähren (als Beispiel sei auf Rebellentum und Rauschgifthandel in Kolumbien verwiesen) und beide eine durchaus relevante Sicherheitsgefährdung darstellen können, wird die Lage kompliziert, werden die Adressaten für Geheimdiensteinsätze zunehmend unscharf. Wirtschaft und Kriminalität haben gemein, dass sie weniger hierarchisch organisiert sind als Staaten und in einem Kinofilm entsprechend schwieriger zu handhaben sind. Dennoch waren die Bond-Filme ausgesprochen findig, wenn es darum ging unter den Erfordernissen einer filmisch möglichst reizvollen und massentauglichen Aufbereitung Ideen für moderne Verbrechensszenarien zu entwickeln.

Ein Schurkentypus, der herangezogen wurde, wenn es galt, die Serie neu zu »erden«, ist der des Monopolisten.

Der Monopolist als Widersacher: Wirtschaftsverbrecher

Ihren mit dem Weltuntergang kokettierenden Anverwandten kommen dabei Goldfinger und Zorin noch am nächsten, bewegen sie für ihre wirtschaftlich motivierten Ziele doch gewaltige Ressourcen und gehen über Leichen. Doch schon sie unterscheiden sich durch die räumliche Begrenztheit ihrer Missetaten. Die Errichtung von Monopolen auf Gold oder Halbleiterindustrie macht nur Sinn, wenn es anschließend noch eine Wirtschaft gibt, die man dann auch dominieren kann. Massen von Opfern werden dabei eher billigend in Kauf genommen, als dass sie wie von Blofeld als Druckmittel einkalkuliert oder wie von Drax und Stromberg geradezu als Grundaxiom ihres Tuns begriffen werden. Moralisch sieht Goldfinger in seinem Überfall auf Fort Knox darum eher einen Bankraub mit künstlerischem Mehrwert: »Man has climbed Mount Everest, gone to the bottom of the ocean. He's fired rockets at the Moon, split the atom, achieved miracles in every field of human endeavour ... except crime!«

Als Oberton schwingt in Goldfingers Verbrechen auch der Wille des ewig zu kurz gekommenen mit, es allen einmal zu zeigen und sich einfürallemal aus der Position des *Underachievers* zu verabschieden. Der pummelige Rohstoffmagnat repräsentiert genau den Typus des in hoher Gesellschaft eher geduldeten denn geachteten Neureichen – eines Emporkömmlings, wie er vor allem in Großbritannien für Naserümpfen sorgen kann. Oddjob ist insofern eine Parodie auf den traditionellen Butler, steif und loyal zwar bis zum Umfallen, aber dabei natürlich so englisch wie der Akzent seines Meisters. Dass die höchste soziale Erfüllung im Adelsstand liegt, wissen auch Blofeld und Graves. Ersterer will anscheinend seine lange Superschurkenkarriere mit einem Titel krönen und damit neben der juristischen auch die gesellschaftliche Amnestie auf höchstem Niveau; für Graves hingegen scheint der Ritterschlag nur ein modisches Accessoire. Ob hier das »Cool Britannia« der 1990er lediglich den Bösewicht bekommt, den es verdient, sei dahingestellt. In den Vereinigten Staaten muss man sich um einen Adelstitel keine Gedanken machen, da sich hier die gesellschaftliche Elite nicht aus Aristokraten qua Geburt, sondern qua wirtschaftlichen Erfolgs zusammensetzt. Goldfingers Minderwertigkeitskomplex ist letztlich ein für das Publikum inszenierter, keiner, der sich unmittelbar aus der Lebenswirklichkeit der Figur ergäbe. Den Typus des böswilligen Parvenüs haben die Bondfilme freilich nicht

Die Rache der ewig Zukurzgekommenen: Goldfinger dreht dem Establishment eine lange Nase (GOLDFINGER); Graves/Moon (Mitte) will die Anerkennung seines Vaters (DIE ANOTHER DAY).

erfunden. Schon das Treiben von Dr. Mabuse oder Dr. Caligari zu Weimarer Zeiten war in erster Linie ein Rachefeldzug gegen die damalige Oberschicht.[9]

Mit der bislang wahrscheinlich komplexesten Opponentenfigur wartet THE WORLD IS NOT ENOUGH auf: Elektra King. Die ebenso undurchsichtige wie umtriebige Erbin eines Ölimperiums lässt sich nicht einfach auf einen Defekt oder ein einziges persönliches Antriebsmoment herunterbrechen. Sie spielt geradezu mit den Erwartungen an eine gewisse charakterliche Beschränktheit und führt dadurch Publikum und Bond in die Irre. Zunächst wird sie, durch eine traumatische Entführung und den gewaltsamen Tod des Vaters geschlagen, als typisches Opfer eingeführt. Wenn Elektra den Beschützerinstinkt des Doppelnullagenten weckt, greift sie dabei manipulierend auf das Verhaltensrepertoire früherer Bondgirls zurück – von verhuscht-suchenden Blicken bis hin zu Panikattacken. Ihr Ansatzpunkt ist dabei Bonds Verlusterfahrung aus ON HER MAJESTY'S SECRET SERVICE, über den sie eine Verbindung zwischen den beiden herstellt. Schließlich wirft Elektra 007 vor, sie als Lockvogel für Renard missbraucht zu haben, womit sie einmal alle Konflikte zwischen dem Agenten und seinen Frauen durchgespielt hat. Bond war ihr Beschützer, ihr Liebhaber und musste doch im entscheidenden Moment seine Professionalität über jede Sentimentalität stellen. Im Folgenden wird Elektra zur schwarzen Spiegelung ihrer selbst. Jede ihrer vormals positiv konnotierten Eigenschaften wird ins Gegenteil verkehrt. Kam Elektras Traditionsbewusstsein zuvor in der Umlegung eines Pipelineabschnittes zum Schutz historischer Anlagen zum Ausdruck, greift sie später auf einen antiken Folterstuhl zurück; das beim windigen Zukovsky scheinbar freigiebig verjubelte Geld entpuppt sich als Bezahlung; nicht Elektra ist ihrem Entführer Renard verfallen, sondern er (in einer perfiden Inversion des Stockholm-Syndroms) ebenso ihr; familiäre Loyalität bringt Elektra einzig ihrer mütterlichen Seite entgegen, weil sie sich von ihrem Vater verraten fühlte. Und an dieser Stelle gesellt sich in Elektras Charakter jene Geltungssucht zum

pathologischen Wahn, die das Anti-Bondgirl endgültig zum Bond-schurken werden lässt:
»It is my oil. Mine! And my familiy's. It runs in my veins – thicker than blood. I'm going to redraw the map. And when I'm through the whole world will know my name. My grandfather's name. The glory of my people!«

Wieweit es mit einem Bösewicht *ohne* persönliches Antriebsmoment kommen kann, zeigt sich in Zorin, einem Widergänger Goldfingers im Leerlauf. Christopher Walken orientiert sich in der Rolle eines – von einem Naziwissenschaftler verschlimmbesserten – Hightechunterneh-mers eng am unnachahmlichen Yuppiehabitus von Klaus Maria Bran-dauers Largo aus NEVER SAY NEVER AGAIN. Der Typus des Sunnyboys mit den gelegentlichen Zornesaufwallungen gerät dem Oscarpreis-träger allerdings kaum glaubwürdig, weil ihm im Gegensatz zu Largo der Makel des Gezüchteten, Erzogenen, Gewollten anhaftet. Wie im Fall von Graves/Moon ist ein künstlicher Bösewicht nur halb so gut, und ein richtiger Bondschurke, so lehrt die Reihe im Rückblick, braucht ebenso wenig eine Gentherapie, wie er es nötig haben sollte, Wissenschaftler zu entführen – ein beliebtes Topos in unzähligen Bondkopien. Wer Bosheit, Genie und Infrastruktur nicht von Haus aus mitbringt, ist kein adäquater Gegenspieler für 007. Und anders als Goldfinger oder Elektra muss der Retortenschurke Zorin eben auch weder sich noch seiner Heimat etwas beweisen, deswegen wirkt sein gigantisches Palais nebst Pferdezucht auch wie ein selbst-vergessenes, beliebiges Hobby. Sein Besitzer hegt keinerlei gesellschaftliche Ambitionen, er ist schlicht wahnsinnig. Und Psychopathen tun vieles. Sogar Pferde züchten.

007s Gegenspielerin Elektra King tarnt sich als Bondgirl und führt so auch den Zuschauer hinters Licht (THE WORLD IS NOT ENOUGH).

Ebenfalls nicht nach Anerkennung streben die Drogenschmuggler Kananga/Mr. Big (LIVE AND LET DIE) und Franz Sanchez (LICENCE TO KILL). Beide wollen möglichst unbehelligt die Vereinigten Staaten mit Heroin respektive Kokain überschwemmen. Konkurrenten sollen dabei allerdings nicht durch eine künstliche Güterverknappung aus-gestochen werden, sondern durch günstigere Preise. Paradoxerweise halten sich also gerade die Kriminellen enger an die innere Logik des Marktes als die in legalem Metier wirtschaftenden Goldfinger, Zorin und King. Um ihr Drogengeld zu waschen werden schwunghafte Tarn-unternehmen betrieben, im Fall Kanangas die Nachtlokalkette »Fillet of Soul«, bei Sanchez der Sender eines dubiosen Fernsehpredigers.

Interessant ist hier, wie geschickt in beiden Filmen die postmoderne Grenzverwischung zwischen Kriminalität und Staatszerfall mitvollzogen wird.

Noch in GOLDFINGER wurde diesem Thema gerade einmal die Pretitle-Sequenz gewidmet, in der Bond nach seinem erfolgreichen Anschlag auf ein Drogenlager (und die Feststellung eines Helfers, die Dealer wären damit wohl aus dem Geschäft) konstatiert: »At least they won't be using heroin flavored bananas to finance revolutions.« LIVE AND LET DIE und die beiden Dalton-Bonds spielen 007s Aperçu dann durch. Staatszerfall und organisiertes Verbrechen bringen sich hier wechselseitig hervor. Den Nährboden für Rauschgiftimperien liefern San Monique, Afghanistan und eine (nicht allzu) fiktive Republik in Mittelamerika, gescheiterte politische Systeme also, in denen Korruption und Kriminalität florieren, das Gewaltmonopol des Staates nur auf dem Paper existiert und in denen Männer wie Sanchez schalten und walten können, wie es ihnen beliebt. Als der Präsident bei ihm vorstellig wird, weist der Drogenbaron ihn darauf hin, dass sein Amt lediglich auf Lebenszeit befristet sei. Die Kriminellen haben die Macht übernommen.

Kananga brauchte 1973 noch Diplomatenpass und Voodoozauber, um sich nach außen und innen unangreifbar zu machen. 16 Jahre später erscheinen die Vereinigten Staaten in LICENCE TO KILL selbst so korrumpiert, dass ein Sanchez unbehelligt durch die Maschen des Staatsapparates schlüpfen kann. Die Behörden haben keine adäquate Antwort auf die Vendetta an Felix Leiter, sodass 007 sich selbst zum Regelverstoß genötigt sieht, ein Dilemma wie es seinerzeit auch in Michael Manns innovativer Krimiserie MIAMI VICE (USA 1984–1989) immer wieder verhandelt wurde. Die Drogenschmuggler der Bond-Serie spiegeln das Ineinandergreifen von Staatszerfall und Straftaten, und wie sich diese Sicherheitsbedrohung den nationalstaatlichen Instrumentarien zu entziehen versucht. Freilich haben letztlich auch die postmodernen Wirtschaftsverbrecher bei 007 wunde Punkte, die sie angreifbar machen, haben Helfer, die man aus dem Zug werfen und ein Versteck, das man in die Luft sprengen kann.

Am eklatantesten biegt die Bond-Serie vielleicht gerade den Bösewicht auf ein im Sujet des Actionfilms handhabbares Maß zurecht, der von allen Widersachern der letzten 30 Jahre das größte Potenzial gehabt hätte: Elliot Carver. Sein Rohstoff ist ein vollständig virtueller, sein Imperium absolut transnational. Potenziell könnte Carvers Mediengruppe Regierungen wie Konzerne in Bedrängnis bringen, und mit einer Pressekampagne gegen 007 und den MI6 hätte TOMORROW NEVER DIES innerhalb des Bond-Universums neue Maßstäbe in Sachen asymmetrischer Bedrohungen setzen können. Frühe Drehbuchfassungen schienen genau in diese Richtung zu gehen. Hier sollte der Medienzar aus Wut über die britische Übergabe Hongkongs an China aktiv werden, doch beschlich die Verantwortlichen dann wohl Angst vor der eigenen Courage.[10] Anstatt seine abstrakten Ressourcen aus-

Mit dem Presse-zaren Elliott Carver hat Bond einen ganz neuen Feind: die Medien (Tomorrow Never Dies).

zuspielen und als Mann im Hintergrund die Fäden zu ziehen, hantiert Carver indes mit äußerst konkreten GPS-Geräten, einem Bohrkopf-Torpedo, und findet sich natürlich zum Showdown auf seinem Stealthboot ein. Das Medien-Sujet hätte es Carver gerade erlaubt, sich Bonds Zugriff zu entziehen, doch stattdessen muss der arme Jonathan Pryce böse mit den Augen rollen und gleich in seiner ersten großen Szene seinen Plan ausplaudern. (Der Hearst zugeschriebene Ausspruch »You'll furnish the pictures – I'll furnish the war«, den Carver zitiert, macht umso schmerzlicher bewusst, dass der *Tomorrow*-Herausgeber nur der Schatten eines Medientitanen ist: Wer wie Hearst einen Benito Mussolini als Kolumnenschreiber engagieren kann[11], braucht keine kindischen Stealthboote.) Bevor Bond also eine Bedrohung wegen ihrer Beschaffenheit über den Kopf zu wachsen droht, wird sie dem Instrumenteninventar eines Nationalstaates angepasst – Carvers Potenzial bleibt Gestus.

Antibonds und Schmuggler: Terroristen und Individualverbrecher

Die in der öffentlichen Wahrnehmung derzeit größte Bedrohung geht von transnationalen Terroristen aus. Diesem Verbrechertypus ist zu eigen, dass er zunehmend dezentral, global und geradezu hierarchiefrei operiert. Im »Franchise-Unternehmen des Glaubenskrieges«[12], Al Qaida, ist die Zuordnung zwischen »Terrorismus, Bürgerkrieg, Staatsterror und Kriminalität«[13] aufgehoben. Zwar konnte Stephen Gaghan in Syriana (USA 2006) zeigen, dass auch der Terrorismus neuesten Typs in einem Spielfilm abbildbar bleibt. Das Selbstmordattentäterdrama Paradise Now (USA 2005) und die Aufsehen erregende Showtime-Serie Sleeper Cell (USA 2005) setzen ihn sogar in den emotionalen Mittelpunkt. Für ein unterhaltsames Agentenabenteuer Marke 007 dürfte die Sachlage jedoch etwas zu komplex sein. Dennoch brachte die Bond-Serie neben Welt- oder Marktbeherrschern auch Terroristen hervor, Figuren, die den Prozess der Transnationalisierung von Sicherheitsbedrohungen spiegelten und/oder vorwegnahmen.

Da ist etwa Brad Whitaker in THE LIVING DAYLIGHTS, ein Kosmopolit im schlechtesten Sinne: Erst flog er in Westpoint, danach heuerte er in Afrika als Söldner an und beliefert schließlich Kunden rund um den Globus mit Kriegsgerät. Er wirkt gefährlich, weil sein Werdegang zwar dem Schema des Irrläufers folgt, dieses aber verhältnismäßig realistisch ausgestaltet wird. Einen Whitaker, so scheint es, kann es geben – und wahrscheinlich nicht nur einen. Bevor es dem Zuschauer zu mulmig werden kann, überzeichnet der Film den stämmigen Waffenschieber freilich zur eigenen Parodie und lässt Whitaker auf seinem Anwesen in einer Fantasieuniform à la Hermann Göring herumstolzieren und lebensgroße Figuren von Hitler, Caesar und Napoleon mit seinem Konterfei versehen.

Nicht nur in Whitaker reflektiert THE LIVING DAYLIGHTS die Erosion der nationalstaatlichen Ordnung und die postmoderne Verschränkung von internationalem Waffen- und Drogenhandel und Bürgerkrieg. Bei seiner Entführung nach Afghanistan erhält Bond im Kampf gegen den abtrünnigen Militär Koskov unerwartete Hilfe. Mudschaheddin-Führer Kamran Shah entpuppt sich als Oxford-Absolvent, das Empire hat sein Licht mithin bis an den Hindukusch getragen. Dass der Kampf gegen die Rote Armee mit Drogengeld finanziert wird, verschweigt THE LIVING DAYLIGHTS nicht, und es wird klar, dass sich Bond und Kamran Shah bei einer anderen Mission auch als Feinde gegenüber stehen könnten. Fronten werden unscharf, Bündnisse kurzfristig.

Koskov selbst erscheint weniger als Terrorist der neuen denn vielmehr als janusköpfiger Bösewicht der alten Agentenschule. Zunächst als ranghoher sowjetischer Überläufer eingeführt, entpuppt sich Koskov als verbrecherischer Opportunist, der auf eigene Rechnung KGB-Kollegen an den MI6 verrät. Sicherlich gehört die Figur nicht zu den stärksten der Serie, und der Gutteil ihrer Faszination liegt an ihrer Justierung im tragischen Beziehungsdreieck mit seiner Freundin, der tschechischen Cellistin Kara Milovy und Bond. Koskov und Whitaker wirken weniger wie eine homogene, zwingende Bedrohung, sondern mehr wie eine Zweckgemeinschaft. THE LIVING DAYLIGHTS mag dadurch weniger spektakulär wirken als manch anderer Bondfilm, setzt jedoch OCTOPUSSY durchaus konsequent fort: Suchte dort der unzufriedene General Orlov sein Heil im militärischen Alleingang, verlässt ein Koskov bereits das sinkende Schiff des Ost-West-Konfliktes und spielt die Ewiggestrigen bei MI6 und KGB mit ihren Ängsten gegeneinander aus. Deswegen folgt er auch nicht den konventionellen Mustern eines Überläufers oder Doppelagenten. Koskov flieht aus dem ganzen bipolaren System.

Als dritte Figur in dieser – so könnte man sagen – Trilogie über das Ende des Kalten Krieges kommt 006 Alec Trevelyan ins Spiel. Der ehemalige Agent vollzieht aus lauter Verbitterung über das Schicksal seiner scheinbar von den Briten verratenen kosakischen Familie und aus Verzweiflung an seiner Arbeit eine 180-Grad-Wende vom »Ihrer Majestät loyalen Terrier« zum Dieb und Terroristen gegen sein eigenes Land. Zum Auslöser wird erneut das Ende der alten klaren Verhältnisse in der Welt. So stellt 006 Bond die Sinnfrage:

Vorbei die Zeit der großen Pläne: Bonds Gegenspieler in THE LIVING DAYLIGHTS, der Waffenschieber Whitaker und Ex-Agent Koskov, sind nur auf den eigenen Vorteil bedacht.

»Did you ever ask why? Why we toppled all those dictators, undermined all those regimes, only to come home: ›Well done, good job, but sorry, old boy, everything you risked your life and limb for has changed.‹«

Damit wird Trevelyan zu einem eindrucksvollen Schurken, weil bei ihm Rache und Habgier wie selbstverständlich zusammenfallen. Daneben ist er ein weit gelungenerer Antibond als der etwas verschenkte Lagunensöldner Scaramanga. So sehr unterscheiden sich die Lebensläufe der beiden Doppelnullagenten nicht, dass nicht auch ein James Bond aus Wut über Tracys Tod und Ms Kritik an 007s unzeitgemäßen Methoden die Nerven hätte verlieren können. Letztlich ist es Bonds absolute Loyalität, die ihn still leiden, aber niemals wanken lässt. Orlov, Koskov und Trevelyan repräsentieren drei Szenarien zum Ende des Kalten Krieges, indem sie die letzten Kräfte der Machtblöcke in verzweifelten Attacken gegen den alten Feind (OCTOPUSSY) oder die eigene Seite (GOLDENEYE) mobilisieren, respektive beide gegeneinander ausspielen, um sich abzusetzen (THE LIVING DAYLIGHTS).

Unter die individuellen, im Grunde apolitischen Schwerverbrecher fallen Kristatos, Khan und Scaramanga. Kristatos scheint in FOR YOUR EYES ONLY den Briten zunächst wohl gesonnen zu sein. Der für seine Partisanenverdienste im Krieg sogar ausgezeichnete Grieche soll Bond bei der Aufspürung des Killers Emile Loque helfen. Als fieser Schmuggler enttarnt ihn schließlich sein Konkurrent Columbo. Sein Spiel mit dem Figureninventar der Bond-Reihe treibt FOR YOUR EYES ONLY in Kristatos vor allem hinsichtlich des »Mittelsmanns vor Ort«. Bis er auffliegt, tarnt sich der Schmuggler als unauffälliger Geschäfts-

Bond und seine dunklen Widersacher: Francisco Scaramanga (THE MAN WITH THE GOLDEN GUN) und Alec Trevelyan (GOLDENEYE).

mann und das leider so überzeugend, dass die Figur wohl zu den unverbindlichsten überhaupt gehört.

Sehr viel schillernder kommen da schon Scaramanga und Prinz Kamal Khan daher. Ersterer finanziert sich seinen verschwenderischen Lebenswandel nebst Insel, Spiegelkabinett und kleinwüchsigem Butler im Fantasielivree als legendenumwobener Auftragsmörder und Meisterschütze; zweiterer bewohnt gleich einen indischen Palast, betrügt beim Backgammon und umgibt sich mit Kunst und leichten Mädchen. Scaramanga und Khan haben noch etwas gemeinsam: beide sind sie die falsche Figur im richtigen Film, respektive andersherum. Bond und Scaramanga können ihr Duell als Professionals von Weltrang nie richtig ausfechten, weil sich immer wieder hartnäckig der Superschurkenplot vom gestohlenen Sonnenkollektor dazwischendrängelt. Christopher Lee kann sich in THE MAN WITH THE GOLDEN GUN darum umso weniger als terroristischer Privatunternehmer und dunkler Widerpart 007s positionieren, je mehr ihn das Drehbuch zu einem neuen Goldfinger umzumünzen versucht. Khan erscheint hingegen als imposanter Bösewicht von altem Schrot und Korn. Sogar sein hünenhafter Leibwächter Gobinda ruft Erinnerungen an Oddjob wach. Auch Khan kann sein Potenzial nicht entfalten, weil OCTOPUSSY's Widersacherportfolio schon bei den flachen Hierarchien der schurkischen Interessengemeinschaften der 1980er angelangt ist. Allein gäbe er einen prächtigen Gegenspieler für 007 ab. So jedoch bleibt Khan zwischen Orlov und Octopussy einer von vielen.

Der neue Zyklus innerhalb der Bond-Reihe, der mit CASINO ROYALE seinen Anfang genommen hat, vollzieht nicht nur den fälligen Generationswechsel bei der Besetzung der Hauptfigur. Zugleich stellt sich die Reihe auf die veränderte Weltlage ein und erfindet seine Antagonisten neu. Dass der wohl elementarste Relaunch ausgerechnet auf Flemings ersten Roman zurückgreift beweist, dass das bond'sche Inventar von Themen und Variationen so umfangreich ist, dass sich die Prämissen »auf zu neuen Ufern« und »zurück zu den Wurzeln«

ganz und gar nicht ausschließen. Mit CASINO ROYALE ist 007 endgültig im Zeitalter der asymmetrischen Kriegsführung angelangt, denn sein erster Einsatz mit der Lizenz zum Töten führt ihn nicht in die Schaltzentrale eines megalomanen Superschurken. Vielmehr setzt der MI6 da an, wo es überhaupt möglich ist, denn Bond kann die Hydra Terrorismus realistischerweise nicht mit einem gezielten Schlag ausschalten. Als Bankier des internationalen Terrors ist Le Chiffre einer der raren Knotenpunkte,

In OCTOPUSSY rotten sich die Schurken zusammen: Der verrückte Militär Orlov (oben, rechts) und der windige Prinz Kamal Khan (unten, rechts) mit seinem Prätorianer Gobinda (links).

gegen die es sich zu Felde ziehen lässt. Wie die Produzenten ankündigten, war CASINO ROYALE nur der Auftakt zu einer mehrteiligen Mission Bonds. In der Vortitelsequenz von DIAMONDS ARE FOREVER, gleichsam der Schlusspunkt der Auseinandersetzung mit SPECTRE, jagte Bond noch Blofeld durch die halbe Welt; im neuen Zyklus wird sich 007 an einer ungleich komplexeren Organisation abarbeiten. Es steht zu vermuten, dass man auch ihr schließlich ein Gesicht in Form eines Chefterroristen geben wird, doch die Zeiten, in denen alle anderen, niederen Gegner Bonds für ihn vernachlässigbare Größen darstellten, die scheinen vorbei zu sein. Mit CASINO ROYALE führt die Serie einen gewissermaßen postmodernen Gegner für ihre Hauptfigur ein, der flexibler und vielgestaltiger agiert als seine Vorgänger. Mit Daniel Craigs erstem Einsatz als 007 und seinem Opponenten Le Chiffre gehen die James-Bond-Filme den nächsten logischen Schritt nach den Weltbeherrschern, den Monopolisten und den Individualverbrechern.

Vom Planen und Improvisieren

Bei allen Unterschieden und Veränderungen über die Jahre eint Bonds Opponenten doch ein ganz unmittelbares Moment: sie sind Planer. Selbst ein Goldfinger kann die Kontaminierung der amerikanischen Goldreserven nicht mal eben zwischen einer Bridge-Partie und einem Plausch im Golfclub herbeiimprovisieren. Ob Kronsteen, die beiden Largos, Khan oder Carver, alle sind Meister in der Entwicklung der abenteuerlichsten Schurkenstücke. Unter immensem logistischen Auf-

Planer gegen Improvisateur: Bohemien Maximilian Largo hat Bond festgesetzt – jedenfalls glaubt er das (NEVER SAY NEVER AGAIN).

wand stehlen sie militärisches Gerät (FROM RUSSIA WITH LOVE, THE SPY WHO LOVED ME, FOR YOUR EYES ONLY, GOLDENEYE), infiltrieren Konzerne und Organisationen (DIAMONDS ARE FOREVER, THE LIVING DAYLIGHTS) oder verüben wirtschaftlich motivierte Verbrechen (GOLDFINGER, LIVE AND LET DIE, A VIEW TO A KILL, LICENCE TO KILL). Bondschurken spielen über die Bande und müssen vielerlei Variablen im Auge behalten, soll ihr Ziel irgendwo zwischen den Polen Weltvernichtung und -beherrschung Wirklichkeit werden. Zur Illustration sei auf Largos Entwendung zweier Atomwaffen in THUNDERBALL verwiesen (die zur oft kopierten Genreblaupause avancierte): Ein Nato-Pilot wird gegen einen Mann von SPECTRE ausgetauscht, der nach einer operativen Gesichtsangleichung unbemerkt ein Flugzeug mit Wasserstoffbomben besteigen und in der Karibik zur Havarie zwingen kann. Largos Tauchmannschaften entwenden die Atomwaffen und verfrachten sie auf seine Jacht. Bonds Widersacher sind darum nicht bloß böse und meist geradezu wahnsinnig, sie sind ebenso genial.

Bond hingegen gibt so eine treffliche Identifikationsfigur ab, weil er – außer für die richtige Seite zu spielen und klar im Kopf zu sein – eben auch nichts von der gewissermaßen akademisch-gestrengen Klugheit seiner Opponenten hat. Blofeld und Co. sind Planer, Bond ein hemdsärmeliger Improvisateur par excellence. Ein Sherlock Holmes löste seine Probleme durch akribische Analyse und Logik und entsprach damit den Idealen seiner Zeit. Holmes' Nemesis, James Moriarty, seines Zeichens Professor der Mathematik, geht ebenso analytisch-rational vor. Er kann als Vorläufer der Bondschurken angesehen werden, mit dem entscheidenden Unterschied, dass Moriartys Ränke Holmes Reaktionen immer zu einem gewissen Grad mit einbezogen. Ein Stromberg hingegen zeichnet sich bei aller Geistesgröße gerade durch seine irrationale Fahrlässigkeit im Umgang mit 007 aus. Er nimmt den Agenten einfach nicht ernst genug. Und weil sie an entscheidender Stelle dauernd schludern, kann Bond den komplexen Maschinerien seiner Gegner immer einfach in die Speichen fallen. Carvers Komplott begegnet Bond, indem er ihm bei der Vorstellung seines Satellitenprogramms einfach den Stecker herauszieht. Schurkische Vorhaben, so zeigt die Reihe, sind kompliziert und labil, Bonds Reaktionen stets pragmatisch und effektiv. Anders als bei Holmes (ohne dessen beharrlich Fragen stellenden Assistenten Watson der Leser ständig im Wald stünde) findet die Handlungsantizipation des Publikums bei den Abenteuern des MI6-Agenten zahlreiche Momente genugtuender Bestätigung: Wenn 007 sich in ON HER MAJESTY'S SECRET SERVICE befreit, indem er den Schließmechanismus der Tür mit einem Lineal überlistet, schenkt ihm der Zuschauer ein zufriedenes »Hätt' ich auch so gemacht!«. Bond ist ein Professional mit einer begnadeten situativen Cleverness, aber sein Handeln bleibt immer nachvollziehbar.

Mit den Bondschurken ist es ein wenig wie mit dem Sandburgenbau aus Kindertagen. Wir lieben die diffizile und langwierige Umsetzung eines architektonisch anspruchsvollen Sandgebildes. Im Grunde bewundern wir die Scaramangas und die Largos für ihr anmaßendes, aber betörendes Treiben. Noch mehr als den Bau einer Sandburg lieben wir aber den Moment, in dem die Flut, noch besser: wir selbst, das Gebilde wieder einreißen. 007 tut es stellvertretend für uns, und weil er moralisch auf der richtigen Seite steht, dürfen wir ihm dabei hemmungslos die Daumen drücken. Weil wir aber immer beides lieben, den Fall und eben auch den Aufstieg eines Blofelds, ist der Schritt von der griechischen Tragödie zum Bond-Spektakel letztlich ein kleiner.

Der so gesehen »destruktive« Bond braucht seine »konstruktiven« Widersacher zur Selbstvergewisserung darum mehr als diese ihn. Hugo Drax kann als das verkannte Genie unter den Schurkengestalten gelten, denn er hat ein Stadium so allumfassender Souveränität erreicht, dass er sich von einem dahergelaufenen Doppelnullagenten gar nicht erst aus der Reserve locken lässt. Michael Londsdale verkörpert den umtriebigen Raumfahrtunternehmer mit sensationellem Gleichmut, den man leicht als schau-

Wieso sollte er sich durch Bond aus der Ruhe bringen lassen? Hugo Drax ist die Gelassenheit in Person (MOONRAKER).

spielerische Unbeholfenheit fehldeuten könnte. Natürlich hakt auch MOONRAKER penibel sämtliche Stationen in der Auseinandersetzung zwischen Bond und seinem Widersacher ab, allein: Drax scheint es völlig einerlei zu sein, ob sein Scharfschütze vom Ast geschossen wird oder 007 in seine Urwaldfestung eindringt. Mehr als ein kurzer resignierter Blick ist dem Kapitän Nemo von eigenen Gnaden nicht abzuringen. Er scheint schlicht besseres zu tun zu haben, als dem aufdringlichen Spion in prahlerischer Ausführlichkeit seine Pläne darzulegen. Bond so frech ins Leere laufen zu lassen macht Drax zur kurzweiligen Ausnahme zwischen all seinen verbissenen Kollegen – und zum vielleicht sympathischsten aller Bösewichte.

Dass ein größenwahnsinniger Schurke auf seine Nemesis andererseits auch angewiesen sein kann, zeigt die Episode *Our Man Bashir*[14] aus STAR TREK: DEEP SPACE NINE von 1996. In einem holografisch simulierten Agentenabenteuer vereitelt der von Dr. Bashir verkörperte Superagent den Plan seines Widersachers Dr. Noah (alias Captain Sisko) zur Überflutung der Erde nicht. Der Schurke gerät durch diesen unerwarteten Ausgang völlig aus dem Konzept, das Simulationsprogramm stürzt ab. Zu gewinnen ist 007s Widersachern jedoch nicht gegeben. Ob jemand aus Blofeld und Co's Mitte ebenfalls in eine existenzielle Krise gestürzt würde, könnte er nur einmal über Bond triumphieren, werden wir vermutlich nie erfahren. Noch in weiteren 40 Jahren werden sie wie damals Goldfinger wirklich glauben, dass sich 007 ihren Plänen ergibt und erwartungsgemäß das Zeitliche segnet. Und ihr Verhängnis wird jedes Mal sein, das James Bond ihrem Plan einfach nicht entsprechen will.

Eine Art Fazit: Ist James Bond noch zeitgemäß?

Die Bondreihe hat in ihrer mehr als vierzigjährigen, beispiellosen Geschichte bewiesen, dass es ihr immer wieder gelingt, aus einer überschaubaren Zahl von Typen, Handlungsmotiven und Standardsituationen beständig Filme zu generieren, die nicht nur überaus unterhaltsam sind, sondern auch als Spiegel zeitgenössischer Bedrohungen dienen. Ob Moden, Schwächephasen oder das Ende des Kalten Krieges: Bond scheint alle Widrigkeiten zu überstehen. Aus Flemings Vorlagen und den Ideen der Drehbuchautoren entstanden Szenarien und Widersacher, die zugleich zeitlos in ihren Elementen und äußerst gegenwärtig in der Antizipation realitätsnaher Gefahren waren. Die Faszination der Bondfilme liegt in dieser Verschränkung. Dass uns 007 auch in Zukunft noch weitere 40 Jahre vor transnationalem Unheil bewahrt, hängt darum entschieden davon ab, ob es gelingt, den Bedrohungen unserer Zeit ein Gesicht zu geben. Das mag in Zeiten zunehmender sicherheitsperspektivischer Unschärfen, in denen die asymmetrische Auseinandersetzung den zwischenstaatlichen Krieg mehr und mehr ablöst, schwierig erscheinen. An nichtstaatlichen Akteuren mangelt es indes nicht, und mit CASINO ROYALE hat die Serie einen großen Satz nach vorn gemacht und erneut alle Zweifler ihrer Fortschrittlichkeit eines besseren belehrt. Die Bondreihe hat sich immer wieder als so anpassungsfähig und selbstreflexiv erwiesen, dass weitere Goldfingers, Trevelyans und Le Chiffres des 21. Jahrhunderts kaum lange auf sich warten lassen dürften. Denn was bedeutet »James Bond will return« letztlich anderes als »Another threat will emerge«?

Anmerkungen

1 Zangl/Zürn 2003: 149

2 Uesseler 2006

3 Folge 155, achte Staffel, Erstausstrahlung 03.11.1996. Zu Deutsch: *Das verlockende Angebot*, Erstausstrahlung 28.10.1997.

4 Ob Hank Scorpios Namensähnlichkeit mit Vladimir Scorpius, dem Bösewicht in John Gardners gleichnamigem Bond-Roman von 1988 dem SIMPSONS-Autor John Schwartzwelder, bekannt war, sei dahingestellt.

5 Aus der gleichen Perspektive übrigens, mit der der Science-Fiction-Film CUBE (Can 2000) operiert, in dem die in einem monströsen, aus unzähligen Kuben zusammengesetzten Gefängnis Eingeschlossenen in ihrer Mitte zwar einen der Kerkerkonstrukteure haben, dieser bei der Flucht aber wenig hilfreich ist, weil er nur mit einem winzigen Ausschnitt des Projekts befasst war und keinerlei Überblick über das große Ganze hatte. Und auch aus der gleichen Perspektive, mit der Mike Myers in AUSTIN POWERS (USA 1998) Schabernack treibt, wenn er einem der subalternen Helfershelfer plötzlich einen familiären Hintergrund und – vor allem – einen Namen gibt.

6 Fellner 2006: 290

7 Ebd.

8 Zangl/Zürn 2003: 182

9 Koebner 2003: 23ff

10 vgl. Tesche 1999: 207f.

11 vgl. Pizzitola 2002: 260ff.

12 Der Spiegel 33/2006, S. 96

13 Zangl/Zürn 2003: 190

14 Folge 82, vierte Staffel, Erstausstrahlung 27.11.1995. Zu Deutsch: *Unser Mann Bashir*, Erstausstrahlung 24.10.1996.

Georg Mannsperger

»Die Wirklichkeit finde ich ziemlich langweilig«

Ken Adam und das Set Design der Bond-Filme

Eine dürre Wüstenlandschaft aus Sanddünen. Nur ein Palmenwäldchen deutet darauf hin, dass hier überhaupt noch etwas wächst. Davor ein unscheinbares braunes Zelt, das nur nach den Gesetzen der Zweckmäßigkeit aufgebaut zu sein scheint. Als James Bond das Zelt betritt, bestätigt sich dieser Eindruck nicht. Es eröffnet sich eine unüberschaubare Fülle von Kostbarkeit und Reichtum: Antike Möbel, goldbestickte Samtkissen, kunstvoll gefertigte Wandteppiche und eine riesige Schale mit exotischen Früchten beschwören die luxuriösesten Wunschträume aus tausend und einer Nacht herauf. Diese kurze Szene aus The Spy Who Loved Me demonstriert die Auffassung von der Inszenierung der Innenräume in der James-Bond-Serie auf besondere Weise. Die abgeschiedene, oft öde und lebensfeindliche Umgebung, in der das Hauptquartier des gigantomanen Gegenspielers meist versteckt ist – sei es die Wüste oder der Grund des Ozeans – lässt den ungeheuren Komfort, den ihr Besitzer dort heranschaffen kann, um so mehr als Ausdruck seiner gewaltigen Macht erscheinen. Das ist ein wichtiger Punkt bei der Charakterisierung des bösen Masterminds. Die Innenräume sind immer weitläufig und flößen dem Besucher ob ihrer schieren Größe Respekt ein. Die Tiefenwirkung wird bei dem beschriebenen Wüstenzelt dadurch verstärkt, dass horizontale Streifen an den Wandtüchern und vertikale Linien an der Decke den Raum durch ihre optische Verjüngung noch größer erscheinen lassen. Der Mann, der für diese Effekte verantwortlich zeichnet, ist der 1921 in Berlin geborene Produktionsdesign Ken Adam.

»Ich glaube generell, dass ich das Publikum eher überzeugen kann, wenn ich nicht real bin und wenn meine Dekors nicht real sind. Die Wirklichkeit finde ich nämlich ziemlich langweilig, während ich es liebe, den Leuten meine Idee von der Wirklichkeit zu präsentieren.«[1]

Dies ist das künstlerische Credo Ken Adams. Nicht eine Reproduktion realer Örtlichkeiten, sondern die Kreation phantastischer Welten ist sein Ziel als Filmarchitekt. Eine weitere wichtige Leitlinie seines Werks ist die Verbindung von klassischer Wohnkultur und moderner Architektur, von Vergangenheit und Zukunft, auch die Konfrontation von Gegensätzen wie Innen und Außen, Natur und Künstlichkeit, natürlich rau vs. glatt geschliffen. Die Sets von Ken Adam definierten von Anfang an eine Phantasiewelt, in der Wunschvorstellungen von Reichtum und Allmacht auf verspielte und oftmals ironisch stilisierte Weise realisiert werden konnten. Dies waren die idealen Rahmenbedingungen für die Intention der Produzenten, mitten in der schwarz-weißen Zeit der *Kitchen Sink*-Dramen einen heldenhaften Agenten als Verkörperung des konsumsüchtigen Jet-Sets in einen Kampf gegen größenwahnsinnige Welteroberer zu schicken. Der überlebensgroße Charakter der adam'schen Sets entsprach zugleich der Denkweise der Produzenten Albert R. Broccoli und Harry Saltzman, die möglichst jeden ausgegebenen Cent als »Production Value« sichtbar auf der Leinwand wiederfinden wollten. Selbst in der Zeit eher bescheidener Budgets gelang es Adam, den Bond-Filmen die äußere Anmutung eines Multimillionen-Projekts zu geben. Für die Ausstattung zu Dʀ. No beispielsweise standen lediglich 20.000 Pfund (damals etwa 100.000 EUR) zur Verfügung. Dennoch ist Dr. Nos unterirdische Zentrale ein nicht nur aufgrund der schieren Ausmaße beeindruckendes Stück Set Design. Es handelt sich um eine der künstlerisch bedeutendsten Arbeiten der Bond-Serie, die den Charakter aller folgenden Sets definierte.
Inmitten einer menschenfeindlichen Umgebung wird ein Lebensraum geschaffen, der an Komfort und Bequemlichkeit nichts zu wünschen übrig lässt. Nach der Gefangennahme von Bond und seiner Gefährtin Honey Rider durch einen Feuer speienden Panzer wird der Zuschauer jedoch zunächst in eine anonyme Welt der Hochtechnologie eingeführt. Der Look der Dekontaminationsstation ähnelt mit ihrer Vielzahl grellbunter, aus blinkenden Leuchtdioden und farbigen Flächen bestehenden Instrumente den Sciencefiction-Serien der 60er-Jahre (z. B. Sᴛᴀʀ Tʀᴇᴋ, USA 1966–69). Der Mensch, der auf dem Fließband mehrere Apparaturen durchlaufen muss, um von Umweltgiften befreit zu werden, bevor er die mondän ausgestatteten Wohnräume betreten

Modernes 6oer Jahre-Chic paart sich mit rustikalem Empire-Stil und klassischer Bauhaus-Atmosphäre: Dr. Nos Appartement.

kann, ist ein zur Karikatur übersteigertes Zerrbild von der Zukunft der Konsumgesellschaft. Typisch für die Arbeit von Ken Adam ist ein ironisches Augenzwinkern. Die Gerätschaften, die bei der Dekontamination zum Einsatz kommen, sind nur zum Teil High-Tech aus der Zukunft; die Duschen und Schrubber, mit denen Bond und Honey zu Leibe gerückt wird, sind dem Zuschauer dagegen aus dem Alltag bestens bekannt. Auch das Gemälde des Grafen Wellington von Francisco de Goya, das sich in Dr. Nos Appartement befindet, trägt auf doppelbödige Weise zur Charakterisierung von dessen Selbstverständnis bei und stellt gleichzeitig eine humorvolle Verknüpfung zwischen der Phantasiewelt James Bonds und der Alltagswelt des Zuschauers dar: Genau dieses Gemälde war nämlich kurz vor Beginn der Dreharbeiten in einem Aufsehen erregenden Diebstahl aus der Londoner Nationalgalerie entwendet worden – Adam machte sich nun bewusst einen Spaß daraus, es im Hauptquartier seines Oberschurken wieder auftauchen zu lassen. Somit lebt Adams Filmwelt auch davon, dass sie – wie futuristisch, wie grotesk übersteigert sie auch sein mag – immer wieder kleine Signale und Erkennungsmerkmale als Verbindungsstücke zur Gegenwart ihrer Zeit enthalten.

Nach erfolgreicher Körperreinigung werden Bond und Honey in ein Gästezimmer gebeten. Nun wird deutlich, dass man sich in einem ausgebauten Höhlensystem befindet. Die beiden müssen einen Gang durchschreiten, der an beiden Enden von einer an einen Tresorraum erinnernden Luke verschlossen ist. Wohnlicher wirkt der Empfangsraum, den die beiden dann betreten. Der Eindruck eines vornehmen Hotels mit Rezeption und Concierge lässt die Gefangennahme Bonds wie eine großzügige Einladung erscheinen – auch das eine ironische Brechung der düsteren Macht des Gegenspielers, die zum Standardmotiv wurde: Brutale Unterdrückungsmechanismen erscheinen in der Nachahmung von Grundmustern exklusiver Wunschvorstellungen der Konsumgesellschaft. Oder sind genau diese Wunschvorstellungen selbst Teil eines gewaltigen Unterdrückungsapparates? Hier lässt das Oeuvre Ken Adams bewusst ambivalente Deutungen zu.

In der Gestaltung fällt die Mischung aus natürlichen und artifiziellen Bestandteilen, aus denen der Raum besteht, auf. Die Wände sind zum Großteil noch die ursprünglichen Felsen der Höhle. Und in einer Zierwand rankt sich ein Baum empor. Erst der Gang, der zu den Gästezimmern führt, hat voll ausgebaute Betonwände. Hier sieht man eine weitere Eigenart des architektonischen Grundverständnisses von Ken Adam: Die Decken seiner Räume sind nur selten flach. Er bevorzugt Giebel oder Schrägen, die von mächtigen Balken getragen werden. Auf diese Weise wirken die Räume immer leicht verzerrt und anormal. Berühmt wurde in diesem Zusammenhang auch Adams exzentrisches Set Design für den Kommandoraum in Stanley Kubricks Atomkriegs-Farce Dr. Strangelove or: How I Learned to Stop Worrying and Love the Bomb (GB 1964), deren Raumzuschnitt trapezförmig auf einen wandfüllenden Monitor an der Basisfläche zuläuft und von einem riesigen, kreisrunden Konferenztisch in der Raummitte dominiert wird. Mit der Kombination von naturbelassenen und bearbeiteten Materialien sowie der Verbindung klassischer und zeitgenössischer Ausstattungsmerkmale zur Kreation eines großzügigen Innenraumes, der in die Gegebenheiten seiner Umwelt eingepasst ist, trat Adam in die Tradition der Neuen Sachlichkeit um Architekten wie Frank Lloyd Wright, mit dem er auch die Vorliebe für die Verwendung abstrakter geometrischer Formen in Dekor und Ausstattung teilt.

Auch Dr. Nos »Gästezimmer«, in denen er Bond und Honey gefangenhält, sind ganz im nüchtern-modernistischen Stil des Bauhaus gehalten. Eine Wand wird komplett von einem Spiegel abgedeckt. An der dem Bett gegenüberliegenden Wand ist eine Täfelung aus Leder angebracht. Das Mobiliar, mit dem die Räume ausgestattet sind, verleiht ihnen einen typisch weiblichen bzw. männlichen Charakter. So ist die Wandtäfelung in Bonds Zimmer blau, in Honeys Zimmer aber goldfarben. Während Bonds Zimmer eine gut bestückte Bücherzeile enthält, bekommt Honey einen Wandschrank mit teuren Kleidern darin. In Bonds Zimmer befinden sich Holzstühle und ein Ledersessel, in Honeys Raum dagegen Baststühle; in ihrem Bettgestell sind zudem schmückende Herz- und Knospenornamente erkennbar. Trotz dieser kleinen Zugabe an Luxus, die Honey gewährt wird, ist der Grundcharakter der Zimmer zweckmäßig, jedoch von erlesenster Qualität – lediglich das Fehlen von Fenstern und die massive Stahltür, die sich nur von außen elektronisch öffnen lässt, verweisen darauf, dass es sich tatsächlich um ein unterirdisches Gefängnis handelt. Die Modernität von Ken Adams Ausstattung ist gleichzeitig zeitgebunden – da sie Moden der 60er-Jahre aufgreift – und zeitlos – da sie diese stets in eine übersteigerte, »erhöhte Realität« (Adam) versetzt.

Dr. Nos Appartement, in das Bond und Honey zum gepflegten Dinner gebeten werden, kombiniert die Elemente von Höhle und Wohndesign in einem äußerst phantasievoll gestalteten Set. Im Eingangsbereich bilden erneut Naturfelsen die Wände und geschliffene Steinplatten

Halb Barock, halb High-Tech: Der Saal, in dem der Geheimdienst tagt, bringt den »tongue-in-cheek«-Charakter von Ken Adams Set Design zum Ausdruck (THUNDERBALL).

den Fußboden. Der Hauptraum weist einen Boden, der mit Holzfliesen und Teppichbelag ausgestattet ist, sowie weiß gestrichene Wände auf. Der Raum ist zweigeteilt durch einige Stufen, die den Salon vom etwas höher angelegten Speisezimmer trennen. Parallel zu dem Treppenaufgang wird das weitläufige Zimmer durch einen felsigen Wandvorsprung strukturiert, der im Unterschied zur Felswand des Eingangsbereichs nicht aus Granit, sondern aus hellem Sandstein zu bestehen scheint. Darauf ist ein gewaltiger, abgestorbener Baum angebracht, der bis zur Decke reicht. Außerdem befinden sich dort eine Glasflasche, eine Ziertruhe, zwei große Kerzen und ein dickes, aufgeschlagenes Buch. Das Mobiliar ist meist im klassisch-rustikalen Empire-Stil gehalten (massive Holzstühle, –tische und -kommoden), zum Teil aber auch im zeitgenössischen Stil der frühen 60er-Jahre (die moderne Leder-Sitzgruppe). Der auffälligste Bestandteil des Raumes ist jedoch ein riesiges Aquarium, in dem durch das Vergrößerungsglas der Scheibe überdimensional groß erscheinende Fische schwimmen. Viele der künftigen Bond-Gegner werden sich auf eine ähnliche Weise mit Meerestieren identifizieren. Durch diesen Verweis werden sie als kalte, gefühllose und instinktgeleitete Wesen charakterisiert. Außerdem wird ihr erlesener Geschmack, ihr hoch stehender Bildungsgrad, aber auch ihre technologische Potenz durch das Set Design illustriert. Darüber hinaus tun sie sich vielfach noch als aufgeblasene Angeber hervor – in Dr. Nos Fall überdeutlich durch die zu Übergröße verzerrten Zierfische.

Auch die Einpassung von Dr. Nos Hauptquartier in ein unterirdisches Stollensystem ist ein Charakterisierungsmerkmal, das bei vielen seiner Nachfolger wie Blofeld, Stromberg oder Drax wieder aufgegriffen wurde: Der Gegenspieler ist ein Chamäleon, das sich perfekt an seine Umgebung anpassen kann und trotz seines prunkvollen Lebensstils nach außen unsichtbar bleibt. Sein Versteck kann ein erloschener Vulkan sein, der Meeresgrund oder sogar der Weltraum – die spektakulären Bauwerke bleiben für die Geheimdienste unlokalisierbar. Doch das Reich, das sich die Bösewichter geschaffen haben, um sich unangreifbar von der Welt abzunabeln, stellt sich schließlich wie ihre hochtrabenden Pläne doch stets als Illusion heraus. Das Hauptquartier geht im Showdown förmlich in Rauch auf. Auch in dieser Tatsache wird die bei Ken Adams Arbeit zu beobachtende konzeptionelle Einheit von Narrative, Charakterentwicklung und Set Design deutlich.

Hinsichtlich ihrer Bedeutungsebenen lassen sich bestimmte wiederkehrende Motivkreise in Ken Adams Sets definieren. Besonders instruktiv sind hier die beiden Filme, die er für das exzentrische Regisseursgenie Stanley Kubrick ausstattete. In dem Historienfilm BARRY LYNDON (GB 1975) wird der Ehrbegriff einer Oberschicht dargestellt, die den Wert eines Menschen von Besitztümern und Titeln abhängig macht – Ähnlichkeiten zur heutigen Zeit durchaus nicht zufällig. Adam stellt dem morbiden Luxus dieser Gesellschaftsschicht die konspirative Stimmung der zwielichtigen, nur von Kerzenlicht erhellten Räume zur Seite. In den weitläufigen Zimmern wirken die Menschen unter riesigen Fenstern, Gemälden und Kronleuchtern klein und verloren; die Perspektive macht die Maßstäbe menschlicher Größe sichtbar. Und in der bereits erwähnten Satire DR. STRANGELOVE verdeutlicht Adams Set die Monstrosität einer Kriegstechnologie, die bar jeder Vernunft in einem tödlichen Mechanismus jederzeit außer Kontrolle geraten kann. Das Allmachtsgefühl der amerikanischen Supermacht und der Glaube, man könne jeden Widersacher in jedem Moment beobachten und nötigenfalls zur Strecke bringen, manifestieren sich in der schieren Größe des Überwachungsmonitors, dessen Absurdität im Kontrast zur Blindheit des wahnwitzigen Militärapparates deutlich wird. Und die Paranoia, die Angst vor kommunistischer Unterwanderung, ist in der konspirativen, von Dunkelheit eingehüllten Sitzgruppe gegenwärtig.

Auch in den Bond-Filmen kehrte Adam immer wieder zurück zu den in BARRY LYNDON und DR. STRANGELOVE implizierten Themen. Auch der Sitzungssaal des MI6, in dem zu Beginn von THUNDERBALL alle Doppelnull-Agenten zum Briefing versammelt werden, persifliert die Hybris einer sich selbst überschätzenden Weltmacht. Monumentale Säulen, Rundbögen und Mosaike verleihen dem Raum einen fast klerikalen Charakter mit dem überladenen Bombast einer Barockkirche. Plötzlich wird jedoch eines der wandfüllenden Gemälde mechanisch nach oben gezogen und der dahinter liegende Großmonitor wird sichtbar. Bei steigendem Budget konnte Adam im Verlauf der Serie immer aufwändigere Sets bauen. Für GOLDFINGER schuf er eine maßstabsgerechte Rekonstruktion des Golddepots der Vereinigten Staaten, Fort Knox. Während die Außenansicht noch eine realitätsgetreue Repräsentation

Nicht der Realität, sondern Adams Phantasie verpflichtet: Die Innenräme von Fort Knox in GOLDFINGER.

Vulkan aus YOU ONLY LIVE TWICE.

der existierenden Architektur ist, ließ er für die Interieurs seine Phantasie walten. Die reflektierenden Oberflächen des stählernen, mehrere Stockwerke umfassenden Sets verstärken den Glanz des Goldes, das in meterhohen Stapeln die unzählbaren vergitterten Zellen füllt. Adam verweist in diesem Zusammenhang auf seine Auffassung von Filmsets als »heightened reality« oder »stylisation«[2]. Obwohl er sich sowohl bei Dr. Nos Atomreaktor als auch beim Inneren des Fort Knox an realen Vorbildern orientierte, übersteigerte er ihre Ausstattung zugunsten des im Film intendierten Effekts. Die Sets erfüllen jeweils die selbe dramaturgische Funktion. Beide Räume bilden letztlich die Bühne für einen klimaktischen Zweikampf Bonds gegen seinen Widersacher. Und beide sind Repräsentationen des jeweiligen Filmthemas: Einmal die unwiderstehliche Attraktivität des Goldes, einmal der Sciencefiction-Plot von umgeleiteten amerikanischen Weltraum-Raketen. Dieser futuristische Ansatz war auch von Bedeutung für die größten Sets, die Adam je baute: Blofelds voll ausgebauter Vulkan und Strombergs Supertanker Liparus. Hier handelt es sich nicht mehr nur um Kulissen, sondern um eigenständige Gebäude. Die für THE SPY WHO LOVED ME gebaute Soundstage war die größte ihrer Art und wurde später noch in zahlreichen weiteren Actionfilmen eingesetzt. Und doch lässt sich selbst bei diesen gigantischen Bauwerken eine stilistische Übereinstimmung zu den bescheidenen Sets der Anfangszeit beobachten. Immer wieder taucht das Kreismotiv aus DR. STRANGELOVE auf. In YOU ONLY LIVE TWICE ist es die Ellipse des Vulkanschlundes, die von einem Ring aus Scheinwerfern umgeben ist und deren Form durch die ihr gegenüberliegende Hubschrauberlandeplattform verdoppelt wird. In MOONRAKER ist es die gigantische Öffnung in der Startrampe des Raumpendlers, in der Bond festgehalten wird. Doch schon in DR. No war der Raum, in dem Professor Dent unter einem riesigen runden Stahlgitter stehend die Anweisungen von seinem Auftraggeber erhält, eines der eindringlichsten Sets. Bei allen drei Räumen fällt auf, dass die Decke, in der die Öffnung angebracht ist, zur Schräge geneigt ist. Und das ist eines der beständigsten Elemente in der Arbeit von Ken Adam. Goldfingers Billardzimmer, Tiger Tanakas Büro, das britische Marine-Hauptqartier in THE SPY WHO LOVED ME – die Liste ließe sich beliebig fortsetzen – die Räume werden nach oben immer von einer schrägen Decke abgeschlossen. Wir erinnern uns: Auch der »War Room« aus DR. STRANGELOVE bildete mit seiner zum Monitor hin ansteigenden Decke die Form eines Dreiecks. Schiefe Winkel und verzerrte Perspektiven sind die formalen Mittel, mit denen Ken Adam seine erhöhte Realität konstruiert.

Adam and Beyond – die Ansätze von Syd Cain und Peter Lamont

Die konsequente Beibehaltung der adam'schen Auffassung von Filmgestaltung über mehrere Jahrzehnte hinweg hängt auch mit der personellen Kontinuität im Art Department der Bond-Produktion zusammen. Einer der engsten Mitarbeiter Ken Adams war Syd Cain. So ist es kein Wunder, dass er es war, der Adam »vertrat«, als dieser nicht zur Verfügung stand, etwa bei FROM RUSSIA WITH LOVE oder LIVE AND LET DIE, als Adam seine Kubrick-Projekte vorbereitete. Im Unterschied zu seinem Lehrmeister zieht Cain die Arbeit an Originalschauplätzen, die er den Handlungserfordernissen entsprechend ausstattet, dem Drehen im Studio und auf komplett neu erstellten Sets vor. Dies wird auch sichtbar an seinem Design zu ON HER MAJESTY'S SECRET SERVICE. Blofelds Hauptquartier, das exponierte kreisrunde Gebäude auf einem schneebedeckten Gipfel in den Schweizer Alpen, ist so spektakulär wie ein von Adam entworfenes Set – nur das es sich bei den Außenaufnahmen um einen Original-Drehort handelt: Ein Aussichtsrestaurant am oberen Ende des Skilifts, der zum Gipfel des über 3000 Meter hohen Schilthorns in der Schweiz führt. Um dem Drehbuch gerecht zu werden, ergänzte Syd Cains Crew die Anlage um eine voll funktionsfähige Hubschrauberlandeplattform. Cain eifert Adam in vielen Aspekten nach und sichert so ein durchgängig einheitliches Production Design. Dr. Kanangas unterirdische Residenz beispielsweise ist eine klare Hommage an Adams Entwürfe für die Wohnräume von Dr. No und Blofeld (YOU ONLY LIVE TWICE). Cains Ansatz ist jedoch naturalistischer. In die Felsstrukturen sind kaum künstliche Wände eingezogen, und die Gänge folgen den Windungen des Höhlensystems. Beim Gegensatzpaar Natur – Technik, das Adam in Einklang zu bringen versuchte, dominiert bei Cain der Aspekt des Natürlichen.
Ein weiteres Mitglied des Bond-Teams, das sich nach oben arbeitete, ist Peter Lamont. Er begann als Produktionszeichner für GOLDFINGER. Als Set Decorator unterstützte er Syd Cain und Ken Adam ab ON HER MAJESTY'S SECRET SERVICE. Über die Stationen des Co-Art Director und Art Director bekam er in FOR YOUR EYES ONLY erstmals die Verantwortung für das gesamte Produktionsdesign eines Bond-Films übertragen. Er ist der legitime Nachfolger Ken Adams. Aufgrund seiner engen Beziehung zu den »Gründervätern« des Bond-Designs ist durch seine Person die Beibehaltung des charakteristischen Bond-

Looks bis hin zu dem 2006 gedrehten Casino Royale gesichert. Ein Beispiel für diesen Gleichklang ist General Gogols Büro aus For Your Eyes Only. Es handelt sich dabei um das selbe Zimmer wie schon in Moonraker. Offenbar wurde das Set wiederverwendet. Auch Gogols Gegenpart beim britischen Geheimdienst, M, residiert im Lauf der Jahre immer im selben traditionellen, holzgetäfelten Büro. Mit der personellen Erneuerung durch einen Nachfolger Ms wagt Lamont in Octopussy auch eine behutsame Modernisierung der Einrichtung. So hat der neue MI6-Chef nun ein Tastentelefon auf dem Schreibtisch und Moneypennys neuer Assistentin steht gar ein PC zur Verfügung. Der geheime Sitzungssaal, in dem die Auseinandersetzung zwischen Gogol und Orlov stattfindet, verweist direkt auf die entsprechenden Vorbilder in Dr. Strangelove und Thunderball. Lamont legt es darauf an, deren ironische Vorführung von Hochtechnologie nochmals zu übersteigern. Nicht nur der wandfüllende Monitor ist animierbar, auch die halbrunde Anordnung der Sitzungsstühle kann auf einer Drehscheibe mechanisch bewegt werden. Die russischen Generäle werden auf diese Weise endgültig zu Rädchen im Getriebe degradiert. Tendenziell betont Lamont gegenüber den phantastisch-futuristischen Elementen jedoch eher die akkurate Rekonstruktion existierender Architekturformen. So verwendet er sehr viel Detailarbeit darauf, für die exotischen Sets von Octopussy aus Elfenbeinsäulen und spitz gezackten Rundbögen eine indische Atmosphäre zu schaffen, die mit dem Kolonialstil von Khans Einrichtungsgegenständen kontrastiert wird. In A View to a Kill wird ein nicht existierendes Jugendstil-Restaurant auf dem Eifelturm durch eine detailbesessene Ausstattung – von schmalen, rostbraunen Stahlfenstern bis hin zu den verschnörkelten Stuhllehnen – sehr glaubhaft in Szene gesetzt. Die Vorliebe, verschiedenste Kunstrichtungen in seinen Sets zu zitieren, zieht sich durch alle Arbeiten Peter Lamonts. In Sanchez' Villa von Licence to Kill ist es der Surrealismus (der Elefant, der einen Obelisken trägt und der Fisch mit menschlichem Gesicht), in The Living Daylights die Romanik (das Rundbogengewölbe von Bonds und Taras Unterkunft in Tanger) und in GoldenEye die christlich-orthodoxe Kunst (der russische Sitzungssaal). Die asymmetrische Bauweise von Adams Konstruktionen ist einer regelmäßigeren Ästhetik gewichen. Das wird deutlich bei Zorins Konferenzraum an Bord seines Zeppelins. Von der Anordnung der Stühle um den Tisch, dessen Fluchtpunkt genau auf den am Kopfende sitzenden Zorin zeigt, bis hin zu den parallel angebrachten Deckenleuchten und den vier Fenstern an den Wänden ist der Raum streng symmetrisch entwickelt. Die schmucklose Moderne dieses Raums wurde wiederholt beim Design von Ms neuem Büro in GoldenEye. Nichts erinnert mehr an das altmodische Dienstzimmer des

Marine-Admirals, der Sammler-stücke wie ein Schiffsmodell oder ein Fernrohr darin ausstellte. Seine Nachfolgerin residiert in einem Büro, das dem Vorstandszimmer eines Industriekonzerns ähnelt. Ein großes Fenster mit Kunststoffgardine grenzt an einen gläsernen Bücherschrank, der organisch in ein Eck des Zimmers integriert ist. Zweckmäßigkeit, Sachlichkeit

Konferenzraum in GOLDFINGER. Auch hier wiederholen sich die schrägen Decken aus DR. STRANGELOVE.

und Modernität sind die Attribute, die Judi Denchs M durch ihre Zimmereinrichtung zugeschrieben werden. In diesem Sinne wird auch das Vorzimmer von Miss Moneypenny nunmehr wie das Sekretariat eines modernen Wirtschaftsbosses ausgestattet: zeitgemäßes, geschmackvolles Mobiliar, aber keinerlei Luxus. Überraschen mag in diesem Zusammenhang, dass auch die »neue«, emanzipierte Miss Moneypenny noch die gleichen Blumenbilder an der Wand hängen hat, die ursprünglich ihre erste Inkarnation als Mauerblümchen und alternde Jungfer charakterisierten. Dies ist einer der vielen Selbstbezüge, die in den Bond-Filmen mittlerweile an der Tagesordnung sind und die ihre Einheit als zusammenhängendes Film-Serial zementieren. In CASINO ROYALE beschwört Lamont noch einmal die traditionelle Welt der Spielcasions herauf und kombiniert diese mit den schmuddeligen Schlupfwinkel des High-Tech-Terrorismus und einer erstmals wieder düster und ambivalent inszenierten Halbwelt der Spionage.

Es bleibt also dabei: Die evokativen Sets sind eines der wichtigsten Elemente des unverwechselbaren Bond-Designs und ein wesentliches Mittel, mit dem die Filme ihre Narration vorantreiben. Dieses Design ist von einem handwerklichem Können und künstlerischem Talent geprägt, wie es bei einem »Pulp«-Genre wie dem Spionagethriller zunächst überraschen mag. Doch die James-Bond-Filme beweisen immer wieder aufs Neue, wie der Genuss von purem Entertainment gerade durch eine aufwändige und detailbesessene Gestaltungsweise gefördert werden kann: Auch das ist ein Erklärungsansatz dafür, wie James Bond zu einem so allgegenwärtigen Phänomen der Popkultur werden konnte.

Anmerkungen

1 *www.jamesbondfilme.de/adam.htm* [10. 10. 06]

2 Pfeiffer/Lisa 1995, S. 196

Bernd Zywietz

Schmutziges Gerät

Über die Technologie der Bond-Schurken

»Seit den Tagen Jules Vernes bildet das Interesse für neuartige Erfindungen, seien sie nun denkbar oder nicht, eine Grundlage des Zu-
kunftsromans«, erinnert Kingsley Amis[1] in seiner Analyse der Bond-
Abenteuer Ian Flemings. Ob diese wirklich reine Zukunftsromane

Alles oder nichts –
Beim Spiel um die
Welt geht es bei
Largo (Klaus Maria
Brandauer) in NEVER
SAY NEVER AGAIN
noch »billig« zu.

(oder: Science Fiction) sind oder
waren, ist zu bezweifeln: Was an
technischen (Gedanken-)Spiele-
reien bei 007 auch vorkommt,
fast immer sind sie der jeweils
gegenwärtigen Realität näher
gewesen als viele Kritiker wahr-
nehmen wollten. Die James
Bond-Filme über ihre technologischen Visionen pauschal in
den Bereich der Science Fiction, und damit in die Sphäre der Phan-
tastik zu verabschieden, würde denn auch den Blick auf ein aufschlussreiches Thema verbauen.

Die Technik, die die Bond-Filme präsentieren, teilt sich in die der
›Guten‹ und der ›Bösen‹. Beide Seiten stellen unterschiedliche Konzepte dar. Bonds Gadgets wie die Modifizierung seiner Autos und die
Wunderarmbanduhr sind »kleine Helfer«, Werkzeuge, die sich in anderen Werkzeugen verbergen und gerade aus dieser Tarnung ihren
Wert schöpfen. Auf der anderen Seite steht eine gänzlich divergente
Vorstellung von Technik. Auch wenn die Gegenspieler Bonds – oder
viel eher ihre Helfershelfer – sich mit ähnlichen Accessoires behelfen
wie 007 (Oddjobs Hut mit Stahlkrempe in GOLDFINGER), repräsentie-

ren sie in den Filmen eine andere Vorstellung von Technologie und ihrer Ausprägung. Statt »kleinen Helfern«, die dem Menschen und seinen speziellen Bedürfnissen untergeordnet sind, wird von ihnen eine monströse Technik betrieben, die allein in ihrem Ausmaß den sie erschaffenden Menschen zu überwältigen droht.

Baukasten des Bösen

James Bond kämpft fast ausschließlich gegen technologisch basierte Ränke. Grob aufgeteilt kommt man zu folgenden Elementen:

Der Auslöser: Kleine und größere Gebrauchsgegenstände der Spionage und des Militärs, um deren Besitz es geht. Ihre Funktion und damit ihr Wert wird in der Lagebesprechung mit Bonds Chef M kurz erläutert – und spielt anschließend kaum mehr eine Rolle. Entscheidend ist nur, ihren Besitz für »Unbefugte« zu vermeiden oder sie der Gegenseite abzunehmen. Die Lector-Dechiffriermaschine aus FROM RUSSIA WITH LOVE ist zu diesen Stellvertretergeräten zu zählen und das ATAC in FOR YOUR EYES ONLY – aber auch das ominöse »U-Boot-Ortungssystem« aus THE SPY WHO LOVED ME, das in Art und Form im Film nie erörtert wird und als ›McGuffin‹ funktioniert, als reiner dramaturgischer Aufhänger. Die gestohlenen Atom-Bomben in THUNDERBALL bzw. Cruise Missles in NEVER SAY NEVER AGAIN fallen ebenso in diese Kategorie wie das Solex in THE MAN WITH THE GOLDEN GUN.

Der Clou: Den Mittelpunkt bilden die Großprojekte der Schurken, die wissenschaftliche Standards weitertreiben, um eine »Höllenmaschine« hervorzubringen. Diese dienen dazu, Katastrophen herzustellen: Sei es, dass sie selbst neue Formen dafür erfinden wie zerstörende Strahlen aus dem All (DIAMONDS ARE FOREVER, DIE ANOTHER DAY), natürliche initiieren (Erdbeben in A VIEW TO A KILL, Viren in ON HER MAJESTY'S SECRET SERVICE) oder auf indirekte Weise die »künstliche« Katastrophe Krieg hervorbringen (YOU ONLY LIVE TWICE, THE SPY WHO LOVED ME, TOMORROW NEVER DIES). In eine ähnliche Richtung verweisen die Angriffe auf technische Fundamente der jeweils aktuellen Zeit wie die digitale Informationsgesellschaft (GOLDENEYE).
Allen gemein ist, dass sie einen zutiefst destruktiven Charakter aufweisen. Wie komplex sie auch sind und aus welchem wissenschaftlichen Bereich sie auch stammen, ihr Zweck besteht allein darin, Gleichgewichte zu stören, die für das friedliche Zusammenleben, Entfalten und Fortentwickeln fundamental sind. Die Sabotage betrifft sowohl Kommunikationstechnologie und Energieressourcen, als auch

die Balance von ökonomischer (z. B. die Goldreserven in GOLDFIN-GER) oder physischer und militärischer Macht.

Seeßlen und Metz (2002) bemerken angesichts der Unglücksfilme der 1970er: »All diese Kino-Bilder der Katastrophenphantasie erzählen von nichts anderen als davon, dass Systeme umso verwundbarer werden, je mehr technisch und organisatorisch avanciert sie sind, und je mehr sie sich auf ihre Unverwundbarkeit einbilden. [...] Immer aber ist sie [die Katastrophe, B. Z.], im Kino zuerst und dann auch in der Wirklichkeit Ausdruck einer fundamentalen Fehlkonstruktion: Etwas oder jemand ist dort, wo es oder er nicht sein sollte«[2].

Die Katastrophen-maschine funktio-niert prächtig – DIE ANOTHER DAY.

Die Bond-Filme treten dem entgegen, indem sie zu einer Art »Anti-Katastrophenphantasie« werden. Die avancierte Technik in den Bond-Filmen (und das ist eben immer die der Widersacher) wird primär nicht selbst zur Katastrophe, sondern bleibt Technik zur Herstellung der Katastrophe. Während Filme wie TOWERING INFERNO oder die AIRPORT-Reihe ein Unbehagen vermitteln (u. a. weil sie opferzentriert sind), weisen die Bond-Filme unterschiedliche Strategien auf, den Argwohn gegenüber komplexer Technik und Technikkomplexen zu lindern. Eine davon ist, dass im Film die monströse Maschine des Schurken immer und zugleich nie funktioniert: Ihr *Ziel* ist die Katastrophe – sie ist ein *Zwischen*apparat, und ein solcher hat keinen Platz in den üblichen technischen Katastrophenphantasien, die den Hochmut und maßlosen Glauben in die Machbarkeit allzu hoher Wolkenkratzer und angeblich sicherer Verkehrsflugzeuge bestraft. Wenn dort die Katastrophe Folge des Versagens größenwahnsinniger Technik ist, in den Bond-Filmen jedoch diese Technik ausschließlich für eine *gewollte* Katastrophe verwendet werden soll, hat man als Zuschauer einen eleganten emotionalen Schutz vor dem Desaster. Dieses käme bei 007 zustande, wenn die Technik des Schurken eben *nicht* versagt. Bonds Aufgabe besteht gegenüber den alltäglicheren Helden der Katastrophen-Filme folglich nicht darin, andere *aus* der Technik zu retten, sondern uns *vor* ihr. Am Ende der Filme findet sich bei Bond immer eine Zerstörung der Höllenmaschine und ihres Verstecks: die Ersatz-Katastrophe – die monströse Apparatur der Schurken Blofeld und Co. dient als Substitut und Sündenbock. Die 007-Filme bringen so ironisch die Katastrophe in ihrem griechischen Wortsinn von der Umkehr oder Wendung wieder ganz zu sich.

Das Gefährt: Die Transportmittel des Widersachers fungieren oft als Zwischenstation auf dem Weg zum großen Schlupfwinkel (Ort des finalen Kampfes), kann mit diesem aber auch identisch sein. Maschinen dieser Art sind Flugzeuge (Die Another Day; eher als reines Fluchtfahrzeug in Goldfinger), ein Zug (GoldenEye), Schiffe (Thunderball bzw. Never Say Never Again und Tomorrow Never Dies; in gewisser Hinsicht auch Strombergs Supertanker in The Spy Who Loved Me) oder, gemächlicher, ein Zeppelin (A View To A Kill), der für Zorin Fluchtmittel und Kommandostand darstellt.

Der Bau: Zumeist dienen jedoch statischere Zentralen an exotischen bzw. unwirtlichen Stellen dem Oberschuft als Ausgangspunkt für seine Machenschaften. In vielen Fällen sind sie technisch mit der Höllenmaschine verbunden, diese wird von dort aus bedient oder ist selbst Bestandteil des Baus. Von einer Bohrinsel kontrolliert Blofeld seinen Diamantenlaser im All, von einem Alpensanatorium den Einsatz seiner Biowaffen und aus einem ausgebauten japanischen Vulkan fängt er Weltraumkapseln ab (Diamonds Are Forever, On Her Majesty's Secret Service, You Only Live Twice). Aus einer Tempelanlage verbreitet Sanchez seine Drogen (Licence To Kill), von seiner karibischen Insel mit Atomreaktor aus sabotiert Dr. No die US-Raumfahrt, Scaramanga als The Man With The Golden Gun herrscht über ein chinesisches Eiland samt Sonnenkraftanlage. Und Drax will in Moonraker nicht nur die Menschheit von seiner Weltraumstation aus ausrotten, sondern diese auch als Zuchtlabor zur Wiederbevölkerung verwenden. Ähnliches, wenn auch weniger ausgefeilt, gilt für Strombergs Unterwasserfestung vor Sardinien (The Spy Who Loved Me).
Mal sind diese Zentren eher zweckmäßig, mal überwiegt die Funktion des Wohnraums (erinnert sei an Strombergs gemütliches Schurken-Wohnzimmer mit privatem Haifischbecken). Diese Behausung mit ihrem futuristischen Design und dem technischen Equipment wie den automatischen Türen ist nicht nur Schauwert. Sie charakterisiert Blofeld & Co. auch privat als Technokraten und schreibt ihnen eine kalte, doch vorwärts gewandte Stilistik zu, als Gegensatz zu Bond mit seinen traditionellen Clubs und edlen Bars[3]. Sobald 007 die Grenze zu diesem Refugium überschreitet, betritt er die Maschinerie, in der ganz andere Regeln herrschen als bis dahin. Die Zeit der spielerischen Auseinandersetzung des Soziallebens – auf dem Golfplatz, am Roulettetisch oder gar im Wettkampf um die Frau – lassen er und der Zuschauer hinter sich. Hier im Bau gelten die klaren, technischen, damit so logischen wie unbarmherzigen Vorgaben einer Prozesstaktik.
Dieser Zeitpunkt kennzeichnet den letzten Abschnitt der Filme, der

ganz aufs Materielle zielt: Während der Schurke den Planablauf überwacht und die Großapparatur in Gang setzt, arbeitet Bond dem entgegen. Dabei hätte er selten eine Chance, wäre er nicht selbst techni-
siert. Seine Gimmicks wie die Zigarettenrakete in YOU ONLY LIVE
TWICE oder der explosive Kugelschreiber in GOLDENEYE geben ihm
Gelegenheit, um Steuerungskreise zu stören.[4]
Im Film wird die gesellschaftliche Ordnung insofern wieder hergestellt, als jene der Teufelsmaschinerie umgeworfen wird. Dabei ist der
Apparat so mächtig, weil sich seine Gewalt auch nach innen richten
kann. Jedoch muss ein *Versagen* der Technik an sie herangetragen
werden: Ihre eigene Schwungenergie wird gegen sie verwendet.

Alles unter Kontrolle

Die avancierte Technik, die Gefahr bedeutet, wird in den Filmen
nie bedrohlich. Nicht nur, dass Agent 007 als Held die Menschheit
stets vor dem bestenfalls erpresserischen Einsatz der monströsen, oft
auf Massenvernichtung zielen-
den Technik bewahrt. Auch der
Umstand, dass Bond keine ver-
selbständigte Erfindung jenseits
menschlicher Kontrolle zu stoppen hat, ist eine nicht zu unter-
schätzende Beruhigung. Hinter
all den Atomgeräten (auch dem
U-Boot-Reaktor aus THE WORLD
IS NOT ENOUGH), den Weltraum-
kanonen jedweder Form, sogar
hinter der Rauschgiftflut (LIVE
AND LET DIE, LICENCE TO KILL)

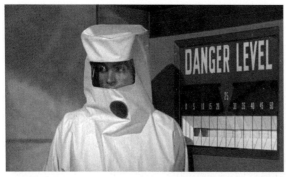

Schluss mit lustig –
007 (Sean Connery)
innerhalb der Ma-
schinerie (Dr. No).

als sozial-merkantile »Mechanik«, steckt der Plan *eines* Bösewichts,
damit eine bewusste und kalkulierte Absicht. Niemals läuft die Schur-
ken-Technik Amok, entsteht eine Gefahr aus sich heraus, sieht man
vom missratenden Anti-Klimax in THE MAN WITH THE GOLDEN GUN
ab, als Bond das Solex retten muss, während um ihn herum die Sonnenkraftanlage ihrer Zerstörung zustrebt. (Daher macht es Sinn, dass
das Primärziel dieses Geräts ausnahmsweise nicht Vernichtung ist.)
Blofeld und seinesgleichen stehen damit nicht in der Tradition eines
mad scientists, dessen wissenschaftliche Ergebnisse sich verselbständi-
gen und gegen ihn wenden. All die Unternehmungen bilden vielmehr
eine Gefahr für die Menschheit und Aufgabe für 007, weil sie stur und
mustergültig den Zweck erfüllen, für den sie geschaffen wurden.

Gleichzeitig ist sie – dramaturgisch betrachtet – im gleichen Maße labil, was ihre (Zer)Störbarkeit durch 007 anbelangt. Undenkbar, dass der Satellit in GOLDENEYE nicht von Bond unschädlich gemacht würde, sondern schlichtweg versagt. Lediglich der Diebstahl des Shuttles in MOONRAKER, der die Geschichte in Gang setzt, wird im Nachhinein dadurch begründet,

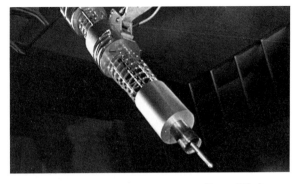

Das multifunktionale Gerät – Goldfingers Laser (GOLDFINGER).

dass eines von Drax' privaten Exemplaren zu viele Produktionsmängel aufwies. Das ist allerdings nur der fadenscheinige Aufhänger der Story; zuletzt läuft dann wieder alles nach Plan.

Die Technik erweist sich somit nicht als unberechenbar, sondern als gleichgültig. Auric Goldfinger (Gerd Fröbe) macht es anhand seines Lasers deutlich: Man könne damit von der Erde aus einen Lichtfleck auf den Mond projizieren – oder aus kürzerer Entfernung Metall schneiden (ganz zu schweigen von menschlichen Körpern). Noch anschaulicher wird diese technische Indifferenz und die Frage nach der Perspektive, wenn Goldfingers Heeresführer (Michael Mellinger) im Tresorraum von Fort Knox mit eingeschlossen wird und plötzlich wie Bond ein starkes Interesse daran zeigt, das »Atomgerät« zu entschärfen.

Bonds Blütezeit ist die der Massenvernichtungswaffen und des Wettrüstens – und sie endet heute, im Zeitalter von Proliferation, maroder Nuklearkontrolle oder allzu großer Verfügbarkeit von Bio- und Chemiewaffen noch lange nicht. Diese Bedrohungen tauchen in den 007-Abenteuern auf, zugleich werden sie für den Zuschauer neutralisiert, indem sie nie von allein losgelassen werden. Das besagt nichts anderes, als dass – bei jedem Größenwahn und allen Exzessen – diese Technologie diese durch den Menschen beherrschbar und bis zur letzten Instanz handhabbar bleibt. Mehr noch, sie ist es für einen einzelnen Menschen, der zwar eine Menge Handlanger und vielleicht auch den einen oder anderen Spezialisten braucht, aber ansonsten nur genügend Unternehmergeist. Diese Konstellation feiert das Potenzial der Technik: Wenn sie sich von einer einzelnen Hand so leicht für böse Zwecke verwenden lässt, müsste sie sich doch ebenso einfach für gute Absichten nutzen lassen.

James Bond-Filme haben deshalb allenfalls in abstrakter, soziologischer Weise und in einer speziell märchenhaften Form mit Science

Fiction zu tun, auch mit ihrer avancierten Art, wie sie Georg Seeßlen versteht. Bei dieser SF geht es nicht mehr darum, einen Kampf gegen die Technik zu beschreiben, sondern gegen den unmündigen, unvernünftigen Menschen, der mit ihr nicht umzugehen weiß: »So erhält die Technik den Charakter einer Utopie, die der Mensch nicht erfüllen kann«[5].

Blofeld, Stromberg und Co. verkörpern diesen unfähigen Menschenschlag – jedoch nur als Widersacher schlechthin, der allegorisch Unmündigkeit und Unvernunft als Soziopathie und Kriminalität vorführt. Bond-Filme liefern damit keine Gesellschaftsentwürfe (mehr). Sie formulieren höchstens ein Problem – vereinfacht, als Spiel und ohne Antwort.

Diese volle Handhabbarkeit ergänzt sich mit der Technikbegeisterung im Alltag[6], wie sie in der Bond'schen Geburtsstunde der 1950er und -6oer ausgeprägt war. Mit welcher Wonne wurde die Multifunktionalität von Küchengeräten gepriesen, und strahlende Hausfrauen in bonbonfarbenen Kleidern hielten die neueste Mixer-Generation in die Kamera. Aber auch im Großen steckte der Fortschrittsglaube: Der Segen der zivilen Atom-Energie wurde entdeckt, ebenso die Raumfahrt. In dieser Phase des Konsumglücks, das sich auch auf die Technik erstreckte, finden sich diejenigen Bond-Filme, deren Schurken-Plots entsprechend marktwirtschaftliche Ziele verfolgen. In FROM RUSSIA WITH LOVE, THUNDERBALL, YOU ONLY LIVE TWICE, aber auch noch bis in die 1970er hinein, mit DIAMONDS ARE FOREVER und THE MAN WITH THE GOLDEN GUN, geht es darum, Geld zu machen. Eine Zäsur bedeutet THE SPY WHO LOVED ME (1977): Carl Stromberg (Curd Jürgens) entführt U-Boote, um mit ihnen einen die Erdoberfläche verwüstenden Atomkrieg zwischen den Machtblöcken anzuzetteln. Die Zukunft der Menschheit, so das Motto des Ozeanologen, liegt auf dem Meeresgrund. Ähnliches findet sich in MOONRAKER, und von da an treten immer häufiger Schurken mit ideologischer und emotionaler Motivation auf: General Orlov will in OCTOPUSSY mit einer Atomexplosion die russische Überlegenheit in Europa sichern, Bonds Ex-Kollege Alec Trevelyan sich an England rächen (GOLDENEYE), und Colonel Moon/Gustav Graves mit seinem Weltraumstrahler Nord-Korea den Weg freimachen (DIE ANOTHER DAY). Zwar gibt es immer noch die »Kapitalisten« wie Zorin in A VIEW TO A KILL, Sanchez in LICENCE TO KILL und LeChiffre in CASINO ROYALE, aber deren Pläne kommen ohne innovationstechnologische Teufelsmaschinen aus.[7] Das irrationale, weil menschliche Kalkül triumphiert über (wirtschafts)technische Zwecklogik.

Eine Ursache für diesen Umschwung Mitte der 1970er ist das veränderte Bewusstsein für soziale Wertigkeiten. Konsum- wie Technikkri-

tik, nicht zuletzt hinsichtlich der Kosten, z. B. in Form von Umwelt-
zerstörung, schlagen sich in der Bedrohung innerhalb der 007-Filme
nieder – man denke an die »ökologische Säuberung« des Planeten
vom Menschen in MOONRAKER. Wieweit Bond Gradmesser für das
gesellschaftliche Technikgefühl war, zeigt, was die Schurken früherer
Zeiten (ganz im Sinne des Fortschrittsgedankens auf der einen und
des Wettrüsten auf der anderen Seite) angreifen: In DR. No werden
die Raketenstarts von Cape Canaveral durch Radiowellen gestört,
in YOU ONLY LIVE TWICE die Raumkapseln der USA und der UdSSR
gekidnappt. Das »immer höher, immer weiter« – die Entfaltung der
Gesellschaft nach »außen« als ei-
ne immer auch imperial-koloni a-
listische Erzählung – droht, be-
schnitten zu werden.
Entsprechend sind die Zentralen
dieser Gegner auch am Rande
der Zivilisation angesiedelt: auf
tropischen Inseln, im ausgebauten Vulkan, unter Wasser oder
im All. Das Urwüchsige der Natur arbeiten Bonds Widersacher
dabei in den Hightech-Unter-
schlupf architektonisch ein, statt

Die Raumfahrt im
Visier: Schon vom
Start an (Dr. No).

ihn zu verdrängen. Der Frontier-Gedanke (die Zivilisation schiebt mit
Gerätschaften ihre Grenze weiter hinaus) fällt mit der Furcht derselben Zivilisation vor einer ungebändigten mythisch-irrationalen Wildnis zusammen. Auch technisch relativiert sie sich durch die unfüg-
same Natur, und diese ist nur soweit gezähmt, als sie noch Schutz bietet. Aber »[s]olange wir es mit dem Lebendigen zu tun haben, liegt,
ohne Sentimentalität, ein Gegenseitigkeitsverhältnis vor«[8], das bei
den anorganischen Stoffen, denen man auch kein so moralisches
Bewusstsein entgegenbringt, entfällt[9]. Die Bond-Schurken mögen sich
zum Schutz ihres Planes verstecken, ihre Faszination z. B. für exo-
tisches – und tödliches – Getier erklärt das nicht. (Stromberg in THE
SPY WHO LOVED ME ist schon selbst mit seinen Schwimmhäuten
so sehr als Meeresbewohner gekennzeichnet, dass zwischen Technik
und Natur bei ihm kaum etwas Menschliches übrig bleibt.) 007s
Widersacher zelebriert die Natur ebenso – und als Ausgleich dazu –
wie er ein lustvolles Verhältnis zur Technik zeigt. Dieses Verständnis
vom Technischen als Selbstverwirklichung und sinnlicher Luxus, gar
erotische Erfahrung, vor allem eine Erscheinung der 1960er, gestaltet
die Figur des Schurken, dem sogar Menschenleben beliebige »an-
organische Stoffe« sind, halbwegs lebendig. Von ihren beiden Ex-

tremen – rohste Wildnis und sterilste Technifizierung – als überzogene Entsprechungen der Exklusivität des Bond'schen Lifestyle, rückt die 007-Reihe nach THE SPY WHO LOVED ME und MOONRAKER deutlich ab.

Waffen-Mechanik

Spätestens mit diesen beiden Filmen wird das rationale System von Technik, Zweck und Wahrnehmung aufgekündigt. Der erste der beiden, THE SPY WHO LOVED ME, ist als zehnter Film und nach längerer Orientierungsphase, zugleich Reminiszenz und Übergang, auch was das Technikbild betrifft. Noch einmal steht Technik gegen Technik: Strombergs Radarortungsgerät und sein Supertanker ›Liparus‹ ermöglichen es ihm, je ein russisches und amerikanisches U-Boot einzufangen (man denke an YOU ONLY LIVE TWICE). Auch geht es wieder darum, einen Krieg zwischen den Weltmächten zu provozieren, indem von den gekaperten Booten aus zwei Atomraketen Richtung Moskau und New York abgefeuert werden. Zweck und Mittel sind in THE SPY WHO LOVED ME (militär)technologisch ausgerichtet. Doch statt eines der Technik angemessenen ökonomischen Kalküls, wie es noch in YOU ONLY LIVE TWICE den Beweggrund liefert (Blofeld wird von einer dritten Macht bezahlt), verbirgt sich hinter Strombergs Unternehmung ein utopischer Wahn. Die rationale ökonomische Basis (Tausch- und Nutzwert), die sich bis dahin in den Bond-Filmen auf allen Seiten fand[10], wird hier verlassen. Im nächsten Film, MOONRAKER, ist auch noch die Technik des Bösen völlig einseitig geworden, für die Verwirklichung der Pläne werden

Mit Alt und Neu für Weltuntergang und Neuschöpfung – Michael Lonsdale als Hugo Drax in MOONRAKER.

keine Ressourcen irgendwelcher fremder Mächte eingeplant. Vielmehr verlässt sich Drax (Michael Lonsdale) bei seinem Plan neben den eigenen modernen Raumfahrt-Erfindungen auf die Natur: Er gewinnt das Giftgas für seinen Plan, die Erde zu entvölkern, aus einer südamerikanischen Orchidee, die bereits die Mayas ausgerottet habe. Auch die Startrampen seiner Shuttle-Archen finden sich in der unwirtlichsten Peripherie des Planeten. Die USA und UdSSR, in THE SPY WHO LOVED ME noch als potenzielle Kriegspartner verplant, spielen für Drax keine Rolle mehr. Vielmehr raufen sie sich sogar zusammen, um notfalls gemeinsam die Weltraumstation zu attackieren.

Bond-Filme weisen einen Wandel im Konzept ihrer »technischen Bedrohung« auf. Die dramaturgische Etablierung der Gefahr bleibt zwar weitgehend gleich, jedoch haben sich die Errungenschaften, die dafür verwendet werden, geändert. Immer mehr treten militärische Waffen in den Hintergrund, also diejenigen Geräte, die direkt zur Abschreckung und Zerstörung geschaffen wurden. Ihre Stelle nehmen »harmlose« zivile Technologien ein, die der Bösewicht für seine Zwecke missbraucht, indem er sie umfunktioniert. Der elektronische Zahlungsverkehr (GOLDENEYE), Energieleitungen (THE WORLD IS NOT ENOUGH) oder gewöhnlicher Bergbau (A VIEW TO A KILL), sogar die simple – wenn auch amoralische – Unternehmensfinanzierung in CASINO ROYALE werden in den Filmen aufgegriffen.

Hinter der Verschiebung vom primär Militärischen zum Zivilen mag man den Sinnspruch vom Krieg als Vater aller Dinge erkennen: Das Internet als eine Idee der US-Streitkräfte, der Bergbau zur Erzgewinnung für Schwerter und Kanonen und die Durchsetzung der Filmkamera im Sinne Paul Virilios, der die Kriegsentwicklung verbunden sieht mit der der Fotografie und Kinematografie (die Verlängerung der Sinne gepaart mit der des Schlachtfelds). Bedenkt man, dass die ersten Fotographien von Kriegsschauplätzen Inszenierungen waren, weil die lange Blendenzeit keine andere Wahl ließ, und Propaganda bis heute auch über Abbildungen erfolgt, scheint, wie in TOMORROW NEVER DIES, der Schritt zum Missbrauch der Presse für den privaten Größenwahn ein kleiner.

Indem die Bond-Reihe das Bedrohungspotenzial der Militärmaschinerien in den Filmen zurückschraubt, reagiert sie auf das Verblassen dieser althergebrachten Angstmacher in der westlichen Gesellschaft. Wenn das Thema doch einmal wieder aufflammt, z. B. anlässlich der Pershing-Stationierung in den 1980ern, wird es, wie in OCTOPUSSY zwar aufgegriffen und nach der üblichen Weise entschärft, die Film-Plots orientieren sich aber überwiegend an aktuellen, zivilen Technologiebereichen, die keine konkreten zeitpolitischen Ereignisse betreffen, sondern Entwicklungslinien nacharbeiten.

Die postmodernen Filme der 1990er mit Pierce Brosnan als James Bond sind in dieser Hinsicht besonders interessant. Die quasi selbstreflexive Bedrohung in GOLDENEYE ist sogar titelgebend: eine russische Satellitenwaffe, die der Regierung »entfallen« ist und nun von der Mafia missbraucht wird. Die militärtechnische Bedrohung wird als Relikt der Vergangenheit ausgewiesen. Im Unterschied zu Goldfingers Laser ist GoldenEye keine neue Erfindung, sondern Überbleibsel und Verfügungsmasse. Auch die Hintermänner erweisen sich als vergessene »Helden« des Kalten Kriegs (Bonds ehemaliger Mi6-Kollege und ein General), und das Motiv (die Vergeltung für eine unrühmliche Tat

Retro-Rockets – Mit (und in) GoldenEye heißt es für die Bond-Reihe: Vorwärts in die Vergangenheit.

Großbritanniens gegen Ende des Zweiten Weltkriegs) ist alles andere als zukunftsgewandt. Es verwundert nicht, dass sogar die GoldenEye-Waffe dafür gedacht ist, die Uhren zurückzudrehen, indem sie per *Elektromagnetic Pulse* Datenspeicher löscht und das Informationszeitalter negiert.

Tomorrow Never Dies, der nächste Film, geht noch einen Schritt weiter. Die digitale Welt wird nicht angegriffen, sondern dient als Mittel zum Zweck. Aus der Achillesverse der freien Zivilgesellschaft ist ihr Damoklesschwert geworden. Bösewicht Carver (Jonathan Pryce) spricht es sogar aus – seine Satelliten seien die Artillerie der Zukunft. Nachrichtenkanäle und Programminhalte sind potenziell mindestens so gefährlich wie Atomwaffen oder EMP-Kanonen in der Erdumlaufbahn. Wie in The Spy Who Loved Me soll in Tomorrow Never Dies ein Krieg herbeigeführt werden, doch verwendet werden dazu massiv zivile, immaterielle Mittel. Auch das Ortungssystem, 1977 noch eine ominöser McGuffin, taucht 1997 in Tomorrow Never Dies wieder auf. Hier jedoch ist es das real vorhandene GPS-System, das lediglich manipuliert werden muss. Bezeichnend ist, weshalb der Film versagt. Etwas unausgegoren braucht Carver für sein Komplott doch wieder die altbekannten Militärmittel sowie ein eigenes Super-Boot. Auf diesem findet dann das martialische Finale statt, und Bond darf sich als Kampfmaschine à la Steven Seagal beweisen.

Wie unbefriedigend so ein Ausweg für einen 007-Streifen auch geworden sein mag, es belegt, welche Zugeständnisse an die Fiktion gemacht werden müssen, um Bedrohungspotenziale »dingfest« zu machen. Man braucht einen handlichen Angriffspunkt; gegen die erschreckende, aber legale Medienmacht Carvers allein haben Geheimdienste und Actionhelden nichts auszurichten. Deswegen *muss* Carver am Schluss selbst auf seinem Boot sein, statt die Operation wie zu Beginn des Films aus der Ferne zu dirigieren. Tomorrow Never Dies stellt dadurch ein altmodisches Beharren aus. Dieses Festhalten am sauberen Auflösen und Auslöschen des Bösen erzeugt ein Unwohlsein, dass über den Film hinausreicht.

Zugleich holt das scheinbar unzeitgemäße und vereinfachte Militärszenario des Films bei allen Defiziten sein Publikum auf einen realen Level zurück, der bis zu einem bestimmten (Zeit)Punkt überwunden geglaubt wurde: »Diese materielle und organische Katastrophe trifft eine Gesellschaft, die sich gerade immateriell und meta-organisch machen wollte [...]«, schreiben Seeßlen und Metz[II] hinsichtlich der Terrorattentate des 11. September 2001. Der Einsatz v. a. der US-Militärmaschinerie in Afghanistan und im Irak ersetzte sehr schnell wieder das Bild von ethisch legitimierten UNO-Missionen in kleinen, weit entfernten Staaten und Gebieten als den vorherrschenden Wahrnehmungszugang zu Krisen und Konflikt.

Zudem kann man gerade in Zeiten des »Krieges gegen den Terror« die Figur James Bond als durchweg pikanten Helden verstehen, was seine Art der »Kriegsführung« betrifft. Wenn das Metier der Schurken in den 007-Filmen die Technikplanung ist, ist Bonds jenes der -improvisation, und wo es auf die Auseinandersetzung zwischen Höllenmaschine und Taschenmesser hinausläuft, kann man letzteres leicht als Teppichmesser lesen, mit dem sich z. B. Passagierflugzeuge kapern lassen. Bond als asymmetrischer Krieger, der sich in den Apparat des Satans einschleicht, um ihn mit allerlei Tarnung, von innen her zu besiegen? Man kann James Bond bei all dem spielerischen Charakter seiner Abenteuer als mittlerweile unangenehm vertraute Version des David sehen, der gegen Goliath antritt.

Vom Entwickler zum Anwender

Wie die Wissenschaft über die allgemeine Technisierung des Alltags näher in die Mitte der Gesellschaft gerückt ist, so verdeutlichen die Bond-Filme auch in ihrer Darstellung des Wissenschaftlers bzw. Technikers, der im Dienst des Superverbrechers steht, den veränderten Stellenwert der Technologie. In den ersten 007-Abenteuern repräsentieren Forscher noch einen Stand, der Ehrfurcht gebietet. Der erste Bond-Schurke der Filmreihe ist sogar selber einer: Dr. No. Zwar bleibt unklar, worin er promoviert hat, doch die Technik, mit der er die Raketenstarts stört, hat er offenbar selbst entwickelt. Dr. No ist der Inbegriff des mysteriösen Schurken, der durch wissenschaftliche Strenge stützt, was ihn durch mysteriöse Exotik vergespenstert. Die späteren Megaverbrecher agieren dagegen eher als Organisatoren, quasi Konzernchefs, die die nötigen Fachkräfte rekrutieren und wieder »feuern«, wenn sie unrentabel geworden sind – was konkret bedeutet, sie über den Haufen zu schießen, wie es Sanchez in Licence To Kill mit seinem Finanzexperten macht.

Von den Weißkitteln über Vierzig, die noch das Establishment der Laborforschung verkörpern, hat sich das Bild vor allem ab der Neuorientierung der Reihe in den 1990ern hin zu den anwendungsbezogenen Fachkräften verschoben. Die Technik zum bösen Zweck muss nicht mehr erst erfunden werden. Stattdessen wird auf vorhandene Re-

Der Superschurke und »sein« Doktor: Blofeld (Charles Gray, Mitte) und Prof. Dr. Metz (Joseph Fürst, links) in DIAMONDS ARE FOREVER.

ssourcen zurückgegriffen. Das funktioniert für das Publikum, weil die Durchtechnisierung des Alltags so weit fortgeschritten ist, dass sogar anspruchsvollste Anwendungen je- dermann offen stehen und Forschung und Entwicklung sich vom Gebrauch immer mehr entkoppeln.

Die neuen technischen Handlanger der Superschurken sind daher weniger Hard- als Softwarespezialisten, ihr Bild wandelt sich vom Alchemisten zum Schriftgelehrten. Konstruktiv und kreativ werden sie dort, wo das technische System selbst schon auf Modulation angelegt ist. Der aalglatte Finanzberater Truman-Lodge (Anthony Starke) aus LICENCE TO KILL ist dafür ein Vorreiter. Seine Aufgabe ist es, das günstigste Verkehrsmodell für die Ströme des Drogengeldes zu finden. GOLDENEYE stellt wiederum besonders stark die Programmierer heraus. Alan Cummings als Boris, dem Computercrack, ist kein gravitätischer Nobelpreisträger vom Schlag eines teutonischen Dr. Metz (DIAMONDS ARE FOREVER). Er ist jung, exaltiert, trägt Hawaiihemden und kurze Hosen. Im verschneiten Sibirien erfindet er keine neue Waffentechnik sondern verwaltet sie. Langeweile und pubertäre Machtgelüste treiben ihn in die Arme der Kriminellen.

Mit diesem Bild reagiert der Bond-Film, wenn auch etwas spät, auf das Aufkommen der *Nerds*, die vor allem im EDV-Bereich etablierten Fachstrukturen den Rang abgelaufen haben. Die neue Verfügbarkeit der nötigen Technik im Privatbereich schuf eine engagierte, junge Konkurrenz zur institutionellen, unflexibleren Entwicklungskultur, die sich zur neuen Elite aufgeschwungen hat. Dieser neue, alternative Zugang zum Expertentum wird durch Henry Gupta vertreten (Ricky Jay). In TOMORROW NEVER DIES wird er sowohl als ehemaliger Berkley-Student und Vertreter der 68er-Studentenrevolte wie auch als Erfinder des Techno-Terrorismus vorgestellt. Ebenso wie der Film auf die tradierten 007-Muster in Sachen Militärtechnik zurückfällt, werden konservative Schichtenmodelle gefüttert: Der freigeistige liberale Student macht seine Ideale letztendlich auch nur zu Geld.

Gupta und Boris, aber auch Michael Gorevoy als zotteliger Tüftler, der in DIE ANOTHER DAY Gustav Graves den Kontrollanzug der Satellitenwaffe anpasst, heben sich durch ihr Äußeres deutlich von den Weißkittel-Forschern und -ingenieuren der Blofeld-Ära ab: unrasiert oder mit ungepflegten Bärten, laxe Kleidung, wirres Haar kennzeichnen sie. Für die Oberschurken sind sie jedoch nur Mittel zum Zweck. Die ausgestellte Individualität und die Bravour der Spaßgesellschaft der

Jungtechniker führen die Bond-Filme ebenso vor wie den weltfernen, eifrigen Ernst ihrer Vorgängergeneration.

CASINO ROYALE geht nun den letzten Schritt. Als Neustart und erster wirkliche Bond-Film des neuen Jahrtausends (und seiner unübersichtlichen Welt diesseits des 11. Septembers) stellt er den gelackten Dienstleister in den Mittelpunkt. Aus Blofeld ist Dr. Metz, oder mehr noch, aus Sanchez ist Truman-Lodge geworden. Mit dem sardonischen LeChiffre wird nicht der Terrorist gejagt, sondern dessen Bankier, sprich »Techniker«. Zurück zum Ursprung ist die Devise: Zurück zum ersten Bond-Roman, zur Vorgeschichte 007s und den Finanz- und Wirtschaftsverwaltern mit ihrer grundlegenden, der »ersten« Technik und dem Machtmittel schlechthin – dem Geld, was bei Bond dann soviel heißt wie die Wurzel des Übels.

Zeit und Paradigmen

Die Großtechnik auf der Gegnerseite bildet mehr noch als die Gadgets Bonds zeitaktuellen Stand und Tendenzen in Wissenschaft und Technologie ab. Auf den oft pauschal erhobenen Futurismus-Vorwurf braucht man wenig geben: Der Laser als Erfindung war zur Zeit GOLDFINGERS vielleicht noch nicht handhabbar, aber er war ebenso wenig eine Illusion wie das Gemini-Projekt in YOU ONLY LIVE TWICE 1967 oder das Space Shuttle zur Zeit MOONRAKERS 1979. Auch bei Strombergs Unterwasserfestung hatte man die ozeanographischen Unterwasserlabors der Japaner oder der US-Marine im Hinterkopf.

Auch woran es *fehlt*, greifen die Bond-Filme gerne auf, um das dramatische Bedrohungspotenzial der Superschufte zu »erden«. Die Ölkrise Anfang der 1970er schlug sich mit THE MAN WITH THE GOLDEN GUN in der Solex-Solarzelle nieder, wie die Interessenpolitik der 1990er, das neue »Great Game« um den Anschluss an die Erdölreserven über die Südstaaten der ehemaligen UdSSR in THE WORLD IS NOT ENOUGH. Technik stellen die Bond-Abenteuer gerne als Faktor von Machtpolitik aus.

Die 007-Filme rekonstruieren aber darüber hinaus die Veränderung im Verhältnis des Kulturmenschen zu Technik und Technologie. Technik und Kulturgesellschaft durchdringen einander, Funktionalität und Sinn- bzw. Wertzuschreibung können nicht als losgelöst voneinander betrachtet werden. Auch wenn dies nicht ausdrücklich in den Bond-Filmen verhandelt wird, können sie sich nicht von dieser Implikation lösen, denn je gewaltiger die Errungenschaften der Wissenschaft und ihre Umsetzung in Apparaturen ausfallen, desto furchteinflössender werden sie für den Menschen: »Ein bestimmter Typus von Dingen, nämlich die technischen Dinge, haben sich so sehr in das Erscheinungsbild der modernen Gesellschaften gedrängt, dass diese dazu neigen, die Technik als entscheidenden Faktor der gesellschaftlichen und kulturellen Entwicklung zu betrachten. [...] Und je umfassender sich in der modernen Gesellschaft ein autonomes Subjekt zu entfalten sucht, desto mehr wächst die Vorstellung vom Primat der Technik, aber auch die Furcht vor ihm, vor der ›Verdinglichung‹ als Bedrohung eines Subjekts, das sich selbst als ›unbedingt‹ zu fassen sucht«[12]. Dieser »Primat der Technik« zeigt sich im Bedeutungswandel der Sprache[13], wie im Gleichsetzen von Technik mit Fortschritt[14] – so dass die Technik zum »universellen Denkmodell«[15] wird.

Das Umwidmen harmloser Sozialapparatschaften der späteren Bond-Schurken in eine zweckentfremdete (aber nicht weit vom Zweckgebrauch entfernte) Bedrohung drückt nach den konkreten Gefahren der Kriegsgeräte die abstraktere Furcht des modernen Menschen vor der Übermacht der Technik und ihrer Systematisierung aus, in der für ihn und seine Individualität und Werte kein Platz mehr ist. Begriffe wie Industrialisierung, Massenproduktion und Fließbandarbeit sind dafür ebenso Stichworte wie Globalisierung, Massenentlassung und Humankapital. Diese Bezüge haben die Bond-Filme aktuell gehalten. Die Oberschurken verfügen über ein Heer von blind gehorchenden Angestellten als Handlanger und Lohnsklaven. Der einzelne zählt dabei nicht – weder für seinen Boss, noch für Bond. Selbst für den Zuschauer sind sie keine Individuen.[16]

Doch die Einteilung von Gut und Böse, Masse (Schurken-Heer) und Individuum (Bond) fällt schnell in sich zusammen: »Die Optimisten wie die Pessimisten stimmen in der Vorstellung überein, unsere Gesellschaften würden nicht nur von der Technik gemacht und beherrscht, sondern neue Techniken würden auch einen neuen Typus von Gesellschaft und Kultur begründen«[17].

Dieser Gedanke ließe sich in der Auseinandersetzung von Blofeld & Co. mit James Bond erkennen. Beide Seiten entstammen zunächst »einer komplexen Kultur der Moderne, die den technischen Fortschritt und das Ich feiert«[18]. Gleichzeitig verkörpern sie, auf den ersten Blick,

die zwei Seiten derselben Medaille, zwei Paradigmen. Die Super-
verbrecher zielen als Vertreter der Produktionsseite auf die effektive
Kontrolle der Dinge sowie die Beherrschung der natürlichen und
menschlichen Umwelt durch diese. Bond trägt als Konsumparadigma
dagegen »subjektbezogene Erwartungen und Bedeutungen an die
Dinge« heran, »die es natürlich ohne die Existenz der Dinge gar nicht
zu ›träumen‹ wagte«[19]. Bond-Filme erzählen somit von Deutungs-
kämpfen, die um beide Positionen ausgefochten werden. Der Subjekt-
zugriff – also 007 – gewinnt stets; nicht nur die moralische Ordnung
wird wieder hergestellt, sondern auch die individuelle *Über*ordnung
wird behauptet. Einen Reiz der 007-Serie stellt dabei auch die schiere
blofeldschen Macht dar, die Faszination umfassender Herrschaft –
oder Unterwerfung bis hin zur Auflösung.
Masse und Individuum, Produktion und Konsum: Bond und Anti-Bond
sind allerdings paradigmatisch und ideologisch so leicht nicht aus-
einander zu dividieren. Es ist der Beamte Bond, der die Inventarnum-
mer 007 trägt, und es ist von Dr. No bis LeChiffre der vermeintliche
»Anti-Bond«, der sich in seiner Behausung selbst entfaltet und seine
Individualität ausstellt. Dr. Nos
Unterseeaussicht mit Vergröße-
rungs-Glas mag ebenso sehr auf
einen unerfreulichen Charakter
verweisen wie Strombergs oder
Whitakers (THE LIVING DAY-
LIGHTS) privates Museumsam-
biente. Von James Bond hingegen erfährt man in den Filmen
bestenfalls, dass er eine nichts

Der Anti-Bond
als Cyborg: Gustav
Graves (Toby Ste-
phens) im Techno-
Dress (DIE ANOTHER
DAY).

sagende Wohnung hat (DR. NO), dass darin eine Espresso-Maschine
steht (LIVE AND LET DIE), und spätestens seit CASINO ROYALE ist klar,
dass Bond als 007 kein vollwertiges Privat- oder Gefühlsleben aufweisen kann. Nicht Ritterlichkeit, Menschlichkeit oder das reine Herz führen ihn zum Sieg, sondern nur das Funktionieren. Bond, »der Spieler«
(Hans-Otto Hügel) muss sich der großen Maschinerie des Verbrechers
anpassen, in die er wie ein Virus eindringt. Seine eigene Technik ist
allerdings – und das ist das entscheidende – nicht die des Produzenten, der über Geräte gebietet. Bonds Gadgets sind Verlängerungen
und Verbesserungen seines Körpers, aber sie bleiben ihm nur zuge-
ordnet, statt eins mit ihm zu werden – im Gegensatz zum Schurken,
der sich statisch und aus freien Stücken an seine mächtige Apparatur
bindet. Er geht mit ihnen und in einigen Fällen auch *durch* sie unter
(z. B. Carver durch seinen Torpedo in TOMORROW NEVER DIES oder
Gustav Graves durch seinen Techno-Anzug in DIE ANOTHER DAY).

Sichtbarkeit und die Grenzen des Spektakels

Die Supergangster entwickeln und erfinden, und seien es auch nur neue Verwendungsarten für bereits vorhandene Errungenschaften: Die Atom-Bombe wird nicht für die Explosion oder die Abschreckung gebraucht, sondern zur Erpressung (THUNDERBALL), Satelliten dienen nicht der Kommunikation, sondern um Laserstrahlen zu verschießen (DIAMONDS ARE FOREVER), nicht zur Orientierung sondern um in die Irre zu führen (TOMORROW NEVER DIES). Das unterscheidet die Bond-Schurken gegenüber den meisten ihrer Nachahmer der *Bondomania* in den 1960er-Jahren: In diesen meist europäischen Plagiaten beschränkte man sich darauf, einen freundlichen Wissenschaftler zu entführen oder dessen Erfindung zu stehlen.

Attackierten die aberwitzigen Unternehmungen der kreativen 007-Bösewichte zunächst noch die – überwiegend staatlichen – Großprojekte des allgemeinen Fortschritts wie z. B. die Astronautik, wurde ihnen später immer mehr die ganze Unternehmung überlassen. Statt klammheimlich eine schmarotzerhafte Schatten-Technologie zu schaffen, deren Ziel es ist, fremde Geräte zu annektieren oder zu zerstören, werden gleich die Originale offen übernommen: Das Gemini-Programm der NASA wird in YOU ONLY LIVE TWICE noch von Blofeld mit einer selbstgebauten Kapsel gestört, während die offizielle Raumfahrtindustrie in MOONRAKER schon ganz in der Hand Hugo Drax' liegt. Man mag darin eine Parodie bzw. Pervertierung des Fortschrittsglaubens erkennen, wahlweise auch den Abgesang auf seinen Optimismus und eine frühe unernste Warnung vor dem militärisch-industriellen Komplex[20]. Da die Technik nun gleichgültig ist und Forschungsprojekte milliardenschwerer Privatmänner nicht verboten werden können – schon gar nicht, wenn sich der Staat immer mehr zurückzieht –, wird Bonds Aufgabe immer mehr die eines Gebrauchs-kontrolleurs statt eines Polizisten; der britische Geheimdienst der 007-Filme fungiert als Aufsichtsamt, das Missbräuchen vorbeugen oder sie aufklären soll. Die Schurken erfahren immer mehr Rücken-deckung von »Oben« und müssen ihre Pläne und Erfindungen immer weniger verbergen. In letzter Konsequenz präsentiert in DIE ANOTHER DAY der gerade zum Ritter geschlagene Gustav Graves (Toby Stephens) seine monströse Waffe, eine Laserkanone im All, bei einer Pressekonferenz und »versteckt« sie damit im vollen Licht der Öffentlichkeit. Für den fast gleichen Apparat musste Blofeld als gesuchter Großkrimineller in DIAMONDS ARE FOREVER noch die Identität des exzentrischen Industriellen Willard White (alias Howard Hughes) annehmen. Selbst Hugo Drax als Shuttle-Fabrikant verheimlicht seine Basen auf und über dem Planeten[21]. Für Bond bedeutete dies, ledig-

lich Klarheit herstellen zu müssen, z. B. indem er Drax' Radar-
blockiersystem in dessen Weltraumstation ausschaltete. Im
Falle Gustav Graves wird es un-
gemein schwieriger und auch
für den Zuschauer unbehaglich:
Wenn Missetaten nur mehr bedingt vor ihr verborgen werden

Öffentlichkeit als direktes Mittel zur und Form der Weltbeherrschung – Elliot Carver (Jonathan Pryce) in TOMORROW NEVER DIES.

müssen, spricht das nicht für die Sicherheit und Stabilität einer
Gesellschaft. (Das letzte Kontrollorgan, die Presse, ist mit TOMORROW
NEVER DIES ohnehin beschädigt.)
Ganz andere Dimensionen von Sichtbarkeit machen James Bond noch
mehr zu schaffen, genauer gesagt den Bond-Filmen selbst, und zwar
im Bereich der Darstellbarkeit. Während in den 1960ern der technische Fortschritt am Material, seiner Verarbeitung und Umformung zu
messen war, beeindruckt es mittlerweile weniger, große Flugkörper
zu bauen oder Geräte zu miniaturisieren. Weil die technische Alltagswelt voll davon ist, sind Bonds Gadgets (das Filigrane) und seines
Widersachers Riesengeräte (der Bombast) als »sense of wonder« ver-
blasst. Die neuesten bahnbrechenden Erfindungen sind eher immateriell und zumindest visuell unspektakulär. Von »wundersam« kann
aber kaum gesprochen werden, wenn die realen technischen Möglichkeiten die Science Fiction-Phantasie eingeholt haben (z. B. erste
Versuche mit künstlichen Augen, Computerchips, die mit Neuronen
verschmelzen, gezüchtete Organe). Der Alltag ist zudem voller komplexer Technik, von der man sich innerlich entkoppelt hat, nicht zuletzt weil (und indem) die einzelnen Entwicklungsbereiche sich bis
zur Undurchschaubarkeit spezialisiert haben, so dass »digital«, »com-
putergesteuert« und ähnliche Chiffren als Erklärungen von Funktions-
weisen genügen.
Ob Gentechnik, die auf zellulärer Basis wirkt oder die digitalen Sprünge, die auf der abstrakten Ebene der Nullen und Einsen operieren:
für einen gestandenen Action-Helden bedeutete das kein günstiges
Betätigungsfeld. Da explodiert nichts und wenig kann mit Kampf-
truppen erstürmt werden, das Motto »Immer höher, immer weiter«
findet keine Anwendung mehr. In DIE ANOTHER DAY bricht Bond auf
der Flucht den Geschwindigkeitsrekord, aber sogar im Film selbst wird
das als Spielerei abgetan.
Die ersten 007-Gadgets waren noch kleine mechanische Wunder-
dinger. Sie waren zum schrauben, zum drehen, stecken und schieben
(man denke nur an den Koffer aus FROM RUSSIA WITH LOVE), woran
die Zuschauer als taktile Lebewesen teilhaben konnten. Die Bond-

Reihe hat zuletzt immer krampfhafter nach Möglichkeiten des Brückenschlags zwischen dem elektronisch-digitalem Un-Gerät und körperhafter Mechanik gesucht. In TOMORROW NEVER DIES kann Bonds Handy Elektroschläge verteilen und seinen BMW steuern. Gerade für letzteres mußten die Drehbuchautoren mühselig eine Verwendung finden. So lenkt Bond schließlich das Fahrzeug vom Rücksitz aus, statt sich ans Lenkrad zu setzen. Auf der Seite der Schurken sieht es mit

Carvers Rückgriff auf die wuchtigen Militärgerätschaften ähnlich aus, um dem Film zu seinem Spektakel zu verhelfen.

Am treffendsten illustriert Bonds Aston-Martin in DIE ANOTHER DAY das Problem. Dank einer Polymerschicht kann er sich unsichtbar machen. Das ist zwar technisch innovativ und vorausgedacht. Für das Publikum im Kino ist allerdings ein Auto, das man *nicht* sieht, recht unergiebig.

Man kann auch sagen, dass die Antizipation realer Errungenschaften mitunter keinen Spaß

In TOMORROW NEVER DIES lenkt Bond sein Auto per Handy vom Rücksitz aus, in DIE ANOTHER DAY ist das Gefährt schon unsichtbar.

mehr macht, weil sie zu sehr von den Leistungen des Helden wegführen. Vielleicht ist sie (noch) nicht so perfekt wie in Tony Scotts ENEMY OF THE STATE (USA 1998), doch die Geheimdienstarbeit läuft mittlerweile massiv über technische Überwachung, über Beobachtungssatelliten, das Abgleichen von Kontodaten etc. Bei allen literarischen Schwächen ist es der große Verdienst Tom Clancys, auf dieser Grundlage spannende Plots zu entwerfen. Der Brosnan-Bond der 1990er-Filme müht sich demgegenüber, seinen Wert und damit den der *Human Intelligence* zu behaupten. In GOLDENEYE verteidigt 007 als »Dinosaurier« seinen altmodischen Instinkt gegen die technischen Analysten, als es darum geht, die Gefahr des gestohlenen »Tiger«-Helikopters einzuschätzen. Erst als die Satelitenbilder ausfallen, darf sich Bond auf den Weg machen, um einen alten Feind und Kollegen in Sankt Petersburg aufzusuchen. Als leibhaftigen Mann vor Ort braucht es ihn auch in der Vortitelsequenz von TOMOROW NEVER DIES, um Nukleartorpedos von einem Waffenbasar am Hindukusch zu sichern, den eine nicht mehr zu stoppende Rakete ansteuert (die der Guten natürlich!).

Nicht zuletzt ist die Technisierung des Spektakels selbst ein Hindernis für die filmische Wirksamkeit von 007 geworden. Der Kampf Bonds gegen Grant im Zugabteil (FROM RUSSIA WITH LOVE) ist nach vierzig Jahren packender als die überbordende Autohatz in DIE ANOTHER DAY. Das liegt nicht nur daran, dass man es eine Nummer kleiner mit der Alltagserfahrung besser erfasst[22]. Ein Grund ist ebenso, dass man den Bildern nicht mehr traut. Auch hier treibt die Computertechnik, per CGI, das visuelle Staunen Stück für Stück aus. DIE ANOTHER DAY setzt als erster Film der 007-Reihe – die bis dahin hauptsächlich Modelle verwendete – massiv auf digital erstellte Bilder. Unfreiwillig komisch wirkt es, wenn Jinx (Hale Berry) mit einem rückwärtigen Kopfsprung ins Meer taucht oder Bond per Fallschirm einer Flutwelle davonsegelt. Das ist nicht nur schlecht gemacht, es ist auch inakzeptabel weil heillos übertrieben in dem, was es dem Wahrnehmungshorizonts des Zuschauers abverlangt. Mit CASINO ROYALE scheint ein Umdenken samt Rückbesinnung auf die harte, »realistische« Action eingesetzt zu haben. Sogar der Coup des Schurken (falls es so etwas hier überhaupt noch gibt) stützt sich im kompletten Neustart der Reihe auf keinerlei neuartige oder außergewöhnliche Geräte mehr. Ob dieser Weg weiter beschritten wird, muss sich erst zeigen.

Wenn aber echte Stunts, die über die Filmwirklichkeit hinaus reale Gefahr und Leistung suggerierten (oft kam es über die Jahre zu ernsthaften Verletzungen, gar Toten während der Drehs), durch beliebig produzierbare und fadenscheinige Simulationen ersetzt werden, läuft James Bond auf jeder Ebene der Sichtbarkeit Gefahr, von der Technik besiegt, gar ›ausgetrieben‹ zu werden.

Das ist etwas, was die Monsterapparaturen eines Blofelds nie geschafft haben.

Anmerkungen

1 1986 [1965], S.140

2 Seeßlen / Metz, S. 30

3 Nicht umsonst hat Art Director Ken Adams, dem die Bond-Filme viel zu verdanken haben, sich von William Cameron Menzies – selbst Designer – THINGS TO COME (GB 1936) beeinflussen lassen, der den bombastischen Fortschrittstriumph in kolossalen Bildern den Menschen überwältigen ließ. Von Menzies Film selbst wiederum lässt sich die Spur zurückverfolgen zu Fritz Langs METROPOLIS (D 1927).

4 Bond setzt im Gegenzug seine Technik nie direkt gegen die große Kern-Maschine ein: Seine Gimmicks schalten Handlanger aus, sind Ablenkung oder zerstören die »Außenhülle«, indem sie Tanks explodieren lassen u.ä. – der Showdown Bond vs. Technik bedeutet in letzter Instanz nie Technik vs. Technik.

5 Seeßlen 1980, S. 75

6 »Die Technik hat es im industriellen Zeitalter zu so evidenten Hochleistungen gebracht, sie ist in der ganzen

Breite des Kulturlebens, bis in den dörflichen Haushalt, bis in die Küche und in die Kinderstube hinein, so allgegenwärtig geworden, dass Denkformen und Verhaltensweisen, die primär auf sie zugeschnitten, an ihr sogar ausgeprägt worden sind, allgemein dominant werden – ein Vorgang, der dann freilich erst in der zweiten Reflexion erkannt werden kann, wie Umlagerungen von Bewusstseinsstrukturen immer«, (Freyer 1996 [1960], S. 239).

7 Ein Ausnahme stellt TOMORROW NEVER DIES dar, in dem Medientycoon Elliot Carver mittels manipuliertem GPS-Satelliten und Stealth-Boot neben dem Scoop auch die Medienrechte für China sichern will. Weniger als ums Geld geht es ihm jedoch um seine Form der Weltherrschaft.

8 Freyer 1996, S. 250 f.

9 vgl. ebd., S. 251

10 Besonders deutlich in FROM RUSSIA WITH LOVE mit einer Dechiffriermaschine als Ware und mit unterschiedlichem *Wert* für die drei Parteien (die privatwirtschaftliche Verbrecherorganisation SPECTRE, der britische und der sowjet-russische Geheimdienst).

11 2002, S. 35

12 Hörning 1989, S. 91 mit Verweis auf Friedrich W. Heubach

13 »Viele Wörter stehen mitten in einem Bedeutungswandel (oder haben ihn schon hinter sich) derart, dass technische Vorstellungen und Denkformen in ihren Sinngehalt oder zumindest in das Assoziationsfeld einströmen, das ihn wie ein Hof umgibt,

und dieser Prozess kann so weit fortschreiten, dass sich ihre Bedeutung von dem rechtlichen, sozialen oder biologischen Bereich, in dem sie früher lag, in den technischen verlagert«, (Freyer 1996 [1960], S. 238).

14 Inwiefern das keine Selbstverständlichkeit ist, vgl. Freyer 1996 [1960], S. 240 ff.

15 Freyer 1996 [1960], S. 245

16 Was Mike Meyers in seiner Bondparodie AUSTIN POWERS mit einigen intelligenten Scherzen vorführt, z. B. wenn der Film nach dem beiläufigen Tod eines anonymen Wächters die Zeit findet, zu zeigen, wie dessen Angehörige unterrichtet werden und welche Tragödie damit verbunden ist.

17 Hörning 1989, S. 100

18 Hörning 1989, S. 114

19 ebd. S. 114 f.

20 Die Machenschaften des »Militärisch-Industriellen Komplexes« werden in Paranoia-Thrillern der 1970er wie Alan J. Pakulas THE PARALLAX VIEW, USA 1974, angeprangert.

21 Auch Graves ist freilich nur eine falsche Identität, tatsächlich ist er ein nordkoreanischer Oberst, der per Gen-Therapie (!) zum Kaukasier wird. Ganz ohne Versteckspiel, Mummenschanz und Heimlichtuerei kommen die Bond-Filme also doch nicht aus.

22 Wie es z. B. Doug Limans THE BOURNE IDENTITY (USA 2002) vormachte, eine Überraschungserfolg, an dem man sich für CASINO ROYALE orientierte.

Andreas Rauscher

Sounds of 007

Scores und Songs der James Bond-Filme

»Without the music you have an action movie, you don't
have a Bond movie.« – David Arnold[1]

Einige Soundtrack-Kompositionen haben sich so tief ins popkulturelle
Gedächtnis eingeschrieben, dass dem Zuhörer nicht nur innerhalb der
ersten Takte die entsprechenden filmischen Bilder einfallen, sondern
sie darüber hinaus ein ganzes fiktionales Universum mit einer präg-
nanten musikalischen Phrase charakterisieren. Assoziationen dieser
Art bleiben gewöhnlich eher Songs als instrumentalen Scores vor-
behalten. Zu den prägnanten Ausnahmefällen gehören das STAR
WARS- und das INDIANA JONES-Thema von John Williams, einige
Erkennungsmelodien berühmter TV-Serien wie MISSION IMPOSSIBLE
oder THE SIMPSONS, Ennio Morricones eingängige Leitmotive zu
THE GOOD, THE BAD, AND THE UGLY / ZWEI GLORREICHE HALUNKEN
(Italien 1966) oder ONCE UPON A TIME IN THE WEST / SPIEL MIR DAS
LIED VOM TOD (Italien 1968) und natürlich das »James Bond Theme«.
Dessen markantes Gitarrenmotiv signalisiert gemeinsam mit dem Gun
Barrel-Logo zu Beginn eines jeden neuen Abenteuers, dass sich die
Zuschauer wieder in der Welt von 007 befinden.
In einem Essay über die Vermarktung der Bond-Soundtracks weist
der Filmwissenschaftler Jeff Smith auf den Trademark-Charakter des
Themas hin: »Die nahezu Pavlovianische Verknüpfung von Musik und
Charakter war einer der Schlüssel für den Erfolg der Serie sowohl auf
dem heimischen, wie auch auf dem internationalen Markt. Die klang-
vollen Töne und der Nachhall der elektrischen Gitarre, sowie die
kraftvollen Bläsersätze überwinden die Sprachbarrieren und dienen

als ein einfaches, ökonomisches und auf Anhieb erkennbares Mittel, um den Charakter zu promoten.«[2] Smith merkt an, dass Ian Fleming untersagt hatte, den Namen seines Helden für so schlichte Produkte wie Seife oder Deodorants zu missbrauchen. Erst nach dem Tod des Autors wurde die gesamte Palette an Merchandising-Artikeln ermöglicht[3], die von James Bond-Radioweckern bis hin zu Spielzeugautos reicht. Die nicht von Flemings Auflagen betroffene Vermarktung der Soundtracks erschien jedoch von Anfang an als ideales Vehikel für ein kontinuierliches Marketing-Segment.

Obwohl das Bond-Thema von dem britischen Songwriter Monty Norman auf der Grundlage einer Melodie für sein Musical »A House for Mr. Biswas« komponiert wurde, sorgte erst das Arrangement von John Barry für den besonderen Charakter des Stücks. Im Unterschied zu traditionellen Hollywood-Komponisten hatte Barry, der mit elf Kompositionen die klassische Phase der Bond-Soundtracks definierte, seine ersten musikalischen Erfahrungen nicht mit einem klassischen Orchester, sondern als Bandleader seiner eigenen Rock'n'Roll-Combo »The John Barry Seven« gesammelt. Das Bond-Thema nahm er mit fünf Saxophonen, neun Bläsern, einer Rhythmus-Sektion und der hervorstechenden Sologitarre von Vic Flick auf. Die Autorin Kati Burchardt erläutert in einem Artikel über die 007-Soundtracks: »Der die Figur Bonds charakterisierende Gitarrensound wird durch das harte Anschlagen der Saiten erzeugt. Das zentrale Gitarrenmotiv besteht in seinem Kern nur aus drei Tönen, die

John Barry in THE LIVING DAYLIGHTS.

allerdings rhythmisch stark, z. B. durch Synkopen, akzentuiert sind und dem Thema eine besondere Dynamik verleihen.«[4]

Die Betonung des Rhythmus bildet eine wesentliche Grundlage für Pop-orientierte Soundtracks, die auch außerhalb des Films im Rahmen der veröffentlichten Alben als eigenständige Tracks funktionieren sollen. Im Unterschied zu typischen Hollywood-Scores geht es in den James-Bond-Filmen nicht um die Vertonung des emotionalen Innenlebens einer Figur, sondern um die Dynamisierung des Geschehens. In den von groovenden Bässen und treibenden Bläsern geprägten Scores von John Barry spiegelt sich die Verlagerung der Handlung von den Psychogrammen des Thrillers hin zu den rasanten Verfolgungsjagden und Hindernisläufen des Actionkinos wider.

Die kreative Leistung Barrys zeigt sich an der bis heute anhaltenden Popularität der Soundtracks als Klassiker des Easy Listening und als

Sample-Vorlage für zahlreiche Bands wie beispielsweise das DJ-Team der Propellerheads, die 1998 nicht nur diverse Bond-Themen neu vertonten, sondern auch der Grand Dame der 007-Songs Shirley Bassey mit dem Song »History Repeating Itself« zu einem fulminanten Comeback verhalfen.

Anstelle rein symphonischer Orchestrierungen setzt Barry in den frühen Soundtracks auf eine innovative Kombination aus Rock-Elementen wie E-Gitarre, Bass sowie Percussion, und orchestralen Motiven in Form von bedrohlichen, ausgesprochen rhythmischen Bläsern und anschwellenden Streichern. Jazzelemente und traditionelle Thriller-Scores ergänzen sich in seinen Stücken nahtlos. James Chapman fasst prägnant die Kennzeichen der von Barry entworfenen »Wall of Sound« zusammen: »… seine Bond-Scores verwenden verschiedene Stilformen, um die Bilder zu ergänzen: Eindringliche Bläser für die Action-Sequenzen, üppige Streicher für die Liebesszenen und treibende Jazz-Motive (geradezu auf der Höhe der zeitgenössischen Lounge-Musik), um die Exzesse der Bond-Welt zu betonen.«[5]

Während Bernard Herrmann in den Filmen von Alfred Hitchcock versuchte, den emotionalen Zustand der Charaktere durch seine Kompositionen zum Ausdruck zu bringen, setzte Barry auf die Pop-Art-Effekte eines musikalischen Comic-Strips. Im Unterschied zu späteren Superhelden-Soundtracks von John Williams (SUPERMAN) und Danny Elfman (BATMAN, SPIDER-MAN), die trotz aller temporärer Brüche das heroische Format akzentuieren, nimmt Barry die *Larger-Than-Life*-Haltung der Bond-Filme nie wirklich ernst und ermöglicht gerade durch diese gelassene Distanz Teilen des Publikums einen Zugang zu den Filmen zu finden, die mit den Romanen aus ideologischen Gründen nichts anfangen konnten. Die swingenden Spionage-Scores betrachten die 007-Abenteuer grundsätzlich als *tongue-in-cheek*. Die ständige Untermalung selbst der simpelsten Aktionen, wie beispielsweise dem Check-In und der Bestellung des Frühstücks in einem Hotel, mit dem »James Bond Theme« in FROM RUSSIA WITH LOVE betont auf der ersten Ebene die zentrale Rolle des Geheimagenten. Der Einsatz der Musik kann jedoch auch als ironisierendes Stilmittel verstanden werden, gerade wenn man sich die Lyrics der Titelsongs genauer betrachtet. John Barry räumt ein, dass er bis heute nicht wüsste, wovon der Text zu »Thunderball« eigentlich handelt, »He always runs while others walk. / He acts while other men just talk. / He looks at this world and wants it all. – (Wie in einem Call-and-Response-Schema wird als Antwort das »James Bond Theme« angespielt.) – So he strikes like Thunderball. He knows the meaning of success.« Sowohl Shirley Bassey, als auch Tom Jones bekamen bei den Aufnahme-Sessions zu ihren 007-Songs erklärt, dass sie nicht allzu lange über den Gehalt der Lyrics nachdenken sollten. Leicht ironisch bezeichnete Barry in einem Radio-Interview 1999 seine Scores als »Wagnerian Million Dollar-Mickey Mouse Music«[6]. Ganz den Production Values der ersten Filme folgend, bestand für ihn die wichtigste Devise in dem Motto: »Give it size, give it style, and give it class.«[7]

Obwohl heute feste Kennzeichen mit den James Bond-Soundtracks wie ein prägnanter Titelsong und dessen instrumentale Integration in den späteren Score oder die zahlreichen Variationen des »James Bond Theme« verbunden sind, sollte es jedoch bis GOLDFINGER (GB 1964) dauern, bis die 007-Filmmusik ihr eigentliches Format fand. Das Album zu DR. No wurde 1962 zwar von den Klängen des »James Bond Theme« eröffnet, erscheint aber aus der heutigen Distanz eher als eine interessante Kompilation und weniger als eigenständiger Soundtrack. Eine Gruppe von Location Scouts besuchte vor Beginn der Dreharbeiten Jamaika, um vor Ort Musiker für den Film zu engagieren. Unter den Mitgliedern der Crew befand sich auch der zukünftige Gründer des Island-Labels Chris Blackwell, der später Künstlern wie Bob Marley und anderen Reggae-Größen zum internationalen Durchbruch verhelfen sollte.

Byron Lee in
DR. No.

Die Musik zu DR. No besteht kaum aus orchestralen Tracks, sondern präsentiert stattdessen eine abwechslungsreiche Sammlung aus jamaikanischen Songs der frühen 1960er-Jahre. Titel wie »Twisting with James«, »Audio Bongo« und »Jamaica Jazz« erwiesen sich als programmatisch für den von Monty Norman produzierten Soundtrack. Lokale Musiker wie Byron Lee verliehen den Songs »Jump Up«, »Under the Mango Tree« und »Kingston Calypso« eine eigene Note und machten die Filmmusik zu einem aufschlussreichen pophistorischen Dokument.

Eines der wenigen Male wurde mit der Integration karibischer Calypso-Musik in DR. No innerhalb der Serie auf einen zeitgemäßen musikalischen Trend eingegangen, ohne dass die Arrangements an die vorgegebenen Konventionen des Bond-Universums angepasst wurden. Bezüge zur aktuellen Popmusik finden sich in den Filmen nur noch im Titelsong oder einzelnen, beiläufig angespielten Stücken, mit Ausnahme von THE LIVING DAYLIGHTS, für den die New Wave-Band The Pretenders zwei leitmotivisch eingesetzte Songs komponierte.

DR. No ist bisher der einzige Film der Serie, in dem James Bond selbst, gemeinsam mit der gerade den Wellen entstiegenen Honey Ryder, einen der Songs, »Under the Mango Tree«, zum Besten gibt. Trotz aller Selbstironie der Roger Moore-Ära erscheint es nur schwer vorstellbar, dass 007 im Duell mit Kung Fu-Kämpfern »The Man With The Golden Gun« trällert oder in THE SPY WHO LOVED ME, während er den gewagten Skisprung ausführt, »Nobody Does It Better« pfeift. Der Auftritt von Byron Lee und seiner Band in einer Bar, in der sich Bond mit Felix Leiter und Quarrell über das weitere Vorgehen abspricht (in DR. NO), wird unmittelbar in den Handlungsraum einbezogen. In den späteren

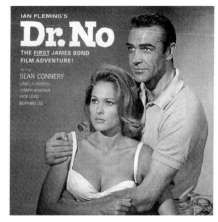

DR. No-Cover.

Filmen der Serie tauchen Live-Performances nur noch als reines Ambiente oder als Gag auf, wie die Soul-Version des Titelsongs in LIVE AND LET DIE oder die scheußliche, von einer russischen Country-Band dargebotene Cover-Version des Standards »Stand By Your Man« in GOLDENEYE.

Die sich ihres artifiziellen Stils vollkommen bewussten, comichaften Kombinationen aus Thriller-Soundtrack im Lounge-Arrangement und Pulp-Jazz, mit denen John Barry über zwanzig Jahre der Serie einen unverwechselbaren akustischen Stil verleihen sollte, finden sich in DR. No noch nicht. Die wenigen traditionellen instrumentalen Passagen Monty Normans, der lediglich am ersten Film der Reihe beteiligt war, erscheinen eher als Pflichtprogramm, bevor in den diversen Songs zur Kür übergegangen werden kann. Kompositionen wie »Dr. No's Fantasy« und »The Island Speaks« erinnern mit ihrer Percussion und den dezenten E-Gitarren eher an die musikalische Begleitung von TV-Serien aus dem Science-Fiction- und Abenteuer-Bereich, als an den glamourösen und wuchtigen Sound, der die späteren Bond-Filme prägen sollte.

Mit dem 1963 vollständig von John Barry verfassten Score zu FROM RUSSIA WITH LOVE hielten die charakteristischen Bläser und tiefen Bässe Einzug in die Serie. Streckenweise hören sich die ausgesprochen dynamischen Kompositionen beinahe wie die Grundlagen für spätere Drum 'n' Bass-Platten an. Das neue Arrangement »James Bond with Bongos« bietet eine Fundgrube für Breakbeat-Samples und nimmt indirekt bereits jenen ganz auf die Rhythmus-Sektion konzentrierten Sound vorweg, den der seit 1997 für die Reihe tätige David Arnold zu seinem Markenzeichen erklärte. Mit dem von stakkatoartigen Bläsern und einem pulsierenden Rhythmus geprägten »007« gelang es Barry, innerhalb der Reihe ein zweites wiederkehrendes

Thema zu kreieren, das mehrfach im Verlauf seiner späteren Scores variiert wurde.

Lediglich der von dem Theaterkomponisten Lionel Bart verfasste Titelsong verfügte noch nicht über die gewohnte exponierte Stellung. Im Unterschied zu den späteren Hits wurde die von dem Sänger Matt Munro eingespielte Version im Abspann versteckt und zuvor nur flüchtig während einer Bootsfahrt im Radio angespielt. Im Vorspann ist lediglich eine instrumentale Version zu hören. Die charakteristische Eröffnung mit einem Paukenschlag blieb dem bekanntesten Song der Reihe vorbehalten.

John Barry selbst nennt »Goldfinger« als seinen Favoriten unter den zahlreichen Bond-Soundtracks. Auch wenn die Stellung des Films hinsichtlich der Etablierung der so genannten Bond-Formel gelegentlich überstrapaziert wird, verfügt er hinsichtlich seiner Filmmusik in der Tat über einen für die gesamte Serie definierenden Status. Während der außergewöhnliche FROM RUSSIA WITH LOVE-Score sich durch seine einprägsamen rhythmischen Arrangements auszeichnet, geht GOLDFINGER ganz in dem wuchtigen Big Band-Sound eines Breitwand-Agentenspektakels auf, selbst wenn der Film noch nicht im Scope-Format gedreht wurde.

Die meisten musikalischen Parodien auf die 007-Filme beziehen sich auf den Soundtrack zu GOLDFINGER. Zu den originellsten zählt die Hommage der Cartoon-Serie THE SIMPSONS, deren Hauskomponist Alf Clausen für die Episode »You Only Move Twice / Das verlockende Angebot« in einem an den Shirley Bassey / John Barry-Hit angelehnten Song die Verdienste des Superschurken Scorpio rühmt, der seinen Angestellten unter anderem »free dental care« und drei Wochen großzügig bezahlten Urlaub, sowie Bier und Hot Dogs an jedem Freitag in der Kantine anbietet.

Shirley Basseys stimmgewaltige Hymne über den hinterhältigen »man with the Midas touch«, in dessen »web of sin« sich die habgierigen Opfer auf Grund der »golden words he will pour in your ear« verfangen, etablierte ein mustergültiges Beispiel für die späteren Titelsongs. Als Vorbild für Lieder über Schurken, die in der Regel relativ selten wären, nennt Barry die »Ballade von Mackie Messer« aus der »Dreigroschenoper« von Kurt Weill und Bertolt Brecht. Die Musik zu GOLDFINGER entwickelte sich ebenso wie der markante Titelsong zu einem Massenerfolg mit Pop-Kompatibilität. In den USA verdrängte der Soundtrack sogar A HARD DAY'S NIGHT von den Beatles von der Spitze der Charts. Umso absurder erscheint angesichts seines eigenen Pop-Star-Status Bonds Kommentar in GOLDFINGER, dass man die Beatles lediglich mit Ohrstöpseln hören könnte. Diese stilisierte Ignoranz lässt sich nur dadurch erklären, dass es sich bei dem Agenten mit der Lizenz-zum-Töten um einen heimlichen Rolling Stones-Fan handelt.

Die absurde Comicwelt der James Bond-Filme mit ihren Superschurken und deren sinistren Plänen, den Gadgets und den luxuriösen Utensilien wird zu einem wesentlichen Teil über das opulente und dennoch ausgesprochen rhythmische Arrangement der Scores vermittelt. Ganz im Gegensatz zu den bedrohlichen Klangfarben des mit dem Spionage-Thriller eng verwandten Paranoiakinos signalisiert der Track »Bond Back in Action«, dass es im Geheimdienst Ihrer Majestät mit der gewohnten Leichtigkeit zur Sache geht, selbst wenn die Orchestrierung an das Ticken einer Zeitbombe erinnert. Das den Establishing Shot nach dem Vorspann begleitende »Into Miami« akzentuiert die Exklusivität und den Luxus des Schauplatzes und könnte auch als Hintergrundmusik in einer Cocktail-Bar eingesetzt werden. Die konsequente Mixtur aus comichaft überzeichneten Thriller-Motiven, die sich besonders deutlich im abschließenden Kampf um Fort Knox mit der Betonung der Snare Drums finden, Beat-Arrangements und Lounge-Ästhetik hält geschickt die Balance zwischen der akustischen Akzentuierung der Schauwerte und einem gelassen ironischen Ansatz[8]. Dieser entschärft allzu übertriebene Szenarien, indem der spielerische Charakter des Geschehens musikalisch verdeutlicht wird.

An die von seiner Musik zu GOLDFINGER geprägten Standards knüpfte Barry unmittelbar in THUNDERBALL an. Als neues Element kam der gezielte Wechsel zwischen betont langsamen, von schweren Bläsern dominierten Tracks und schnellen Action-Passagen hinzu. Der ursprünglich vorgesehene, nach dem italienischen Spitznamen für James Bond benannte Titelsong »Mr. Kiss Kiss, Bang Bang« wurde kurz vor Fertigstellung des Films durch einen von Tom Jones eingespielten nach dem Filmtitel benannten Song ersetzt. In seiner Kombination aus verspielter Leichtigkeit, elegantem Charme und traditionellen Entertainer-Qualitäten traf Jones prägnant den damaligen Stil der Serie. Barry kommentierte das Selbstverständnis seiner Scores retrospektiv mit gewohnt trockenem Humor: »Eine Lizenz zum Töten ist eine Lizenz alberne Sachen zu schreiben und Spaß zu haben … Es war nicht gerade CITIZEN KANE … Nachdem Bond zur Formel geworden war, verschwand auch der Spaß.«[9]

Der Eintönigkeit formelhafter Soundtracks konnte sich John Barry vorerst erfolgreich durch auf die Schauplätze der Filme bezogene musikalische Motive und das variantenreiche Spiel mit den leitmotivisch eingesetzten Titelsongs entziehen. Für YOU ONLY LIVE TWICE, der mit Nancy Sinatras gleichnamigem Song einen der einprägsamsten Tracks der gesamten Serie enthält, integrierte Barry asiatische Elemente in den Score, die Bonds ersten Ausflug nach Japan begleiten. Die ruhigeren musikalischen Passagen akzentuieren jene Sequenzen im Mittelteil des Films, in denen Tiger Tanaka seinen westlichen Kollegen mit der fernöstlichen Kultur vertraut macht und Bond in einem Trainingslager in die Kampfkünste der Ninjas einführt. Im Unterschied zu späteren Genrefilmen steht in diesen Szenen das Abenteuerliche und Exotische im Mittelpunkt. John Barry verleiht Bonds Training mit den Ninjas Stil und grenzt durch seine Musik den Glamour der Bond-Serie von gewöhnlichen Martial Arts-Routinen ab.

In der zweiten Hälfte des Films finden in Stücken wie »James Bond – Astronaut« erstmals die Science-Fiction-orientierten, fanfarenartigen Kompositionen Eingang in die Serie, die 1979 in MOONRAKER zur Vollendung gebracht werden sollten. YOU ONLY LIVE TWICE bietet darüber hinaus eines der aufschlussreichsten Beispiele für die Integration des Titelthemas in den Soundtrack. Die instrumentale Version des Songs unterstreicht die eindrucksvolle Landschaft vor der Küste Japans und dient gleichzeitig als Überleitung zu den ausgedehnten Action-Passagen des Showdowns. Der Schauplatz spielt im Soundtrack noch eine zentrale Rolle und wird als musikalische Pulp-Poesie behandelt. Zwar erscheinen sämtliche Elemente überzeichnet und leicht bombastisch, doch im Gegensatz zum Einsatz der Musik in den Roger Moore-Filmen soll der Score tatsächlich noch zur Verstärkung der aus damaliger Sicht exklusiven Schauwerte dienen. Wenn in THE SPY WHO LOVED ME Bond und seine sowjetische Kollegin zu den Klängen von Maurice Jarres LAWRENCE OF ARABIA / LAWRENCE VON ARABIEN (GB 1962) durch die Wüste wandern oder in MOONRAKER der Geheimagent als Westernheld verkleidet zu den Klängen von Elmer Bernsteins THE MAGNIFICENT SEVEN / DIE GLORREICHEN SIEBEN (USA 1960) ins Bild reitet, nimmt der Soundtrack eine parodistische Haltung ein, die in der Anfangszeit der Serie trotz selbstironischer Züge undenkbar gewesen wäre.

In den späten 1960er-Jahren arbeitete John Barry hingegen noch an der kreativen Ausgestaltung der verschiedenen Soundtrack-Konzepte, die vom groovenden, rhythmusbetonten Minimalismus von FROM RUSSIA WITH LOVE bis hin zum symphonischen Arrangement von YOU ONLY LIVE TWICE reichen. Einer seiner stärksten Scores gelang Barry 1969 im Übergang von der Kreativität der Anfangszeit hin zur autoreflexiven Abgeklärtheit der 1970er-Jahre. Der Soundtrack zu George Lazenbys singulärem Einsatz in ON HER MAJESTY'S SECRET SERVICE nimmt nicht nur aufgrund der Ballade »We Have All the Time in the World«, der letzten Aufnahme des legendären Jazz-Interpreten Louis Armstrong, einen Sonderstatus innerhalb der Reihe ein. Barry, der im Rahmen dieses Scores erstmals mit Synthesizern experimentierte, betrachtet den Soundtrack zwar mit gemischten Gefühlen und behauptet, er hätte die Musik überstrapaziert, um Sean Connerys Abwesenheit zu kaschieren. Dennoch bringt das auf vier langen Noten aufbauende instrumentale Thema mit seinen tiefen Synthie-Bässen und dem gehetzten Beat die Stimmung des Films treffend zum Ausdruck und gehört zu den stärksten Motiven der gesamten Serie. Der Romantik des mehrfach instrumental in den Soundtrack integrierten »We Have All the Time in the World« steht die aufgewühlte Verfassung des zu Beginn des Films sichtlich ausgebrannten Geheimagenten gegenüber. Blofelds Alpenfestung wird mit schlichten Synthesizer-

FROM RUSSIA WITH LOVE-Cover.

Effekten, wie man sie aus B-Picture-Streifen der 1950er-Jahre kennt, illustriert. Während der fulminanten Ski- und Bobjagden kommt hingegen das Hauptthema in voller Länge zur Geltung. Selbst aus der Distanz von achtunddreißig Jahren lässt sich im perfekt aufeinander abgestimmten Zusammenspiel von Montage und Soundtrack an diesen Sequenzen die innovative Leistung von John Barry hinsichtlich der Ausformulierung von musikalischen Standards für das sich neu formierende Actiongenre erkennen.

In den folgenden Jahren ergaben sich jedoch zunehmend kreative Beschränkungen auf Grund der Erwartungshaltung gegenüber der Serie, die gerade während der unentschlossenen inhaltlichen Suchbewegungen der frühen 1970er-Jahre formal umso stärker die Kontinuität und die selbstgeschaffenen Kennzeichen eines zuverlässigen Entertainment-Franchise betonte. Der Soundtrack zu DIAMONDS ARE FOREVER von 1971 verdeutlicht musikalisch die Versuche des Films, an die goldene Zeit der Reihe Mitte der 1960er-Jahre anzuknüpfen. Nicht nur die Rückkehr Guy Hamiltons auf den Regiestuhl und der Besetzungscoup mit Sean Connery verwiesen auf die ersten Filme. Shirley Bassey sang zum zweiten Mal den Titelsong, der diesmal mit doppeldeutigen Anspielungen kokettierte (»Diamonds are forever, they are all I need to please me. They can stimulate and tease me … Hold one up and then caress it, touch it, stroke it and undress it. I can see every part, nothing hides in the heart to hurt me.«), die zum Eklat zwischen Barry und Produzent Harry Saltzman führten.

Der instrumentale Score selbst gestaltet sich im Vergleich zu den innovativen Arrangements von ON HER MAJESTY'S SECRET SERVICE vergleichsweise traditionell, in einigen Passagen sogar explizit nostalgisch, wenn wieder einmal das »007«-Thema aus FROM RUSSIA WITH

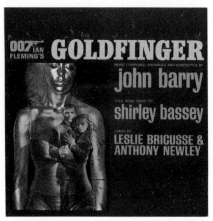

GOLDFINGER-Cover.

LOVE das Finale begleitet oder die mit der Raketenbasis aus YOU ONLY LIVE TWICE assoziierten Passagen zitiert werden. Barrys siebter Bond-Soundtrack klingt wie die Easy Listening-Version seiner eigenen Kompositionen. Reizvolle Elemente bieten die musikalischen Anspielungen auf den Schauplatz Las Vegas, die das Selbstverständnis als »Greatest Show in Town« betonen und zugleich durch die Integration von Zirkus-Musik ironisieren. Der Titel »007 and Counting« bringt das spielerische, mittlerweile aber auch weniger experimentierfreudige Selbstverständnis auf den Punkt. Barry, der sich unabhängig von den Bond-Filmen als gefragter Soundtrack-Komponist etabliert hatte, baut in seinen späteren Bond-Scores als Professional bewusst auf den eigenen Grundlagen auf. Der unter enormen Zeitdruck produzierte Soundtrack zu THE MAN WITH THE GOLDEN GUN lieferte 1974 die Bahnhofskino-Variante zu YOU ONLY LIVE TWICE. Während bei den Abenteuern in Japan die Weite der Landschaft und der eindrucksvolle Anblick der von Ken Adam designten Vulkanbasis Blofelds durch die schweren Bläser-Arrangements zum Ausdruck gebracht wurde, poltert der in Hong Kong und Makao angesiedelte Schnellschuss mit Stilcollagen aus Prä-Disco-Pop, Swing und Martial Arts-Beat unentschlossen vor sich hin. Im Vergleich zum trotz eines brillanten Christopher Lee unausgegorenen Film gewinnt der Score durch seine hektische Produktionsgeschichte und die Pastiche-Ästhetik einen ganz eigenen Reiz. Im Gegensatz zu seinen früheren Lounge-Arrangements schreckt Barry diesmal auch nicht vor einem billigen Knalleffekt zurück, der im Film Bonds riskanten Autostunt begleitet und dessen trashiger Charme vermutlich Ed Wood begeistert hätte. Dennoch verfügt Barry über genügend Stilbewusstsein, dass die turbulente Mixtur nicht unbeholfen erscheint.

Der dritte von Barry in den 1970er-Jahren komponierte Bond-Soundtrack zum selbstironischen Ausflug in das nach STAR WARS (USA 1977) zu neuer Popularität gelangte Science-Fiction-Genre setzt im Unterschied zu THE MAN WITH THE GOLDEN GUN ganz auf die etablierten Kennzeichen eines klassischen Bond-Soundtracks. Barry greift ein weiteres Mal die in YOU ONLY LIVE TWICE eingeführten musikalischen mit dem Weltraum assoziierten Themen auf, entwickelt sie im Gegensatz zu DIAMONDS ARE FOREVER jedoch weiter. Er findet neue Arrangements für die eigenen älteren Kompositionen zwischen den Pop-kompatiblen Klängen der frühen Bond-Filme und den seit den

Arbeiten von John Williams eine kleine Renaissance erlebenden orchestralen, spätromantisch geprägten Soundtracks. Shirley Bassey
nahm für MOONRAKER ihren dritten Titelsong auf, der anstelle des
gewohnten Big Band-Sounds sanfte Streicher zum Einsatz bringt.
Die vorsichtige Modernisierung der selbst geschaffenen musikalischen
Grundlagen kennzeichnet auch die drei weiteren in den 1980er-Jahren
entstandenen Barry-Scores. Die in den 1960er-Jahren durch den Einsatz von E-Gitarre, Bass und Percussion noch fließend ineinander
übergehenden Pop-Arrangements und symphonischen Parts wurden
in seinen späteren Kompositionen deutlicher voneinander getrennt.
Die mit Rita Coolidge 1983 für OCTOPUSSY aufgenommene Ballade
»All Time High« taucht im Film mehrfach instrumental als roman-
tisches Motiv auf. Das Arrangement verzichtet jedoch zu Gunsten
klassischer Streicher im Vergleich zum Titelsong auf die für Pop-Songs
der damaligen Zeit typischen Elemente wie tiefe Bässe und in den
Hintergrund gemischte E-Gitarren. Diese traditionelle Instrumentierung überträgt jene Gestaltungsprinzipien auf die Bond-Filme, mit
denen Barry Ende der 1960er-Jahre Oscars für die Abenteuerfilme
BORN FREE / FREI GEBOREN – KÖNIGIN DER WILDNIS (GB/USA 1967)
und THE LION IN WINTER / DER LÖWE IM WINTER (GB 1968) und erneut einige Jahre später für OUT OF AFRICA / JENSEITS VON AFRIKA
(USA 1986) und DANCES WITH WOLVES / DER
MIT DEM WOLF TANZT (USA 1990) gewann.

Auf produktive Weise ergänzten sich 1985 Barrys orchestrale Arrangements mit der Performance der New Wave-Band Duran Duran
bei A VIEW TO A KILL, einem herausragenden
Stück zu einem mäßigen Film. Barry verfasste
die Streicher-Passagen für die Aufnahme der
Band und integrierte eine symphonische Version des im Vorspann von Synthie-Drums und
Keyboards geprägten Songs in den orchestralen Soundtrack. Auf spielerisch leichte und
dennoch bis ins Detail durchdachte Weise
kombinierten Duran Duran ihre eigene durch
Videos und Bühnenshows definierte Ästhetik

THE MAN WITH
THE GOLDEN GUN-
Cover.

mit den Kennzeichen der Bond-Filme. Ihr origineller Videoclip, in dem
es auf dem am Ende des Lieds gesprengten Eifelturm zu Verfolgungsjagden und abstrusen Szenen mit den Bandmitgliedern kommt, funktioniert sowohl als Hommage, wie auch als Parodie. Die eigenständige
Auslegung des musikalischen Bond-Mythos durch einen bekannten
Interpreten setzt sich unmittelbar bis heute in den Kompositionen von
David Arnold, sowie den Videos von Tina Turner, Garbage, Sheryl

Crow und Madonna fort. Lyrics und Visualisierung in den Clips beziehen sich auf den Inhalt der jeweiligen Filme und integrieren sich dennoch nahtlos in das Werk der jeweiligen Performer, die mit dem Zeichensatz der 007-Filme spielen. Garbage konstruieren eine kurze Geschichte um eine explosive Femme Fatale, und Madonna, die kurz zuvor erst den komödiantischen Konkurrenten Austin Powers musikalisch unterstützt hatte, kämpft mit ihrem eigenen Spiegelbild in einem Museum voller Bond-Requisiten.

Die einfallsreichsten Ansätze in den 1980er-Jahren finden sich in John Barrys letztem Score für die Bond-Serie THE LIVING DAYLIGHTS von 1987. Im Unterschied zu seinem Nachfolger David Arnold, der wie ein DJ mit orchestralen Passagen, Breakbeats und elektronischen Instrumenten operiert, erfolgt bei Barry die Integration neuer Instrumentierungen eher zurückhaltend. Für den ersten James Bond-Film mit Timothy Dalton verlieh er mit Hilfe eines Synthesizer-Basses der Musik einen frischen Klang. Während er sich über die Zusammenarbeit mit der skandinavischen Popgruppe a-ha, die den Titelsong aufnahm, im Nachhinein beklagte, funktionierte die Kooperation mit der Band The Pretenders um die Punk-sozialisierte Sängerin Chrissie Hynde ohne größere Komplikationen und erweiterte den Soundtrack um zwei eingängige Themen. Die Angriffe des Walkman-Würgers und Nachwuchs-Terroristen Necros werden von dem Rock-Song »Where Has Everybody Gone?« begleitet und die Beziehung Bonds zu der Cellistin Kara unterstützt die Ballade »If There Was A Man«. Die lukrative Produktion eines Mainstream-kompatiblen Hits übernahmen a-ha, das ältere Publikum bedienten, hingegen die mit entsprechender künstlerischer Credibility versehenen Pretenders. Die symphonische Verknüpfung zwischen beiden Sound-Universen schafft der Score von John Barry. Der Hauskomponist der Reihe verabschiedete sich mit einem ihm würdigen Cameo in THE LIVING DAYLIGHTS als Dirigent eines klassischen Ensembles.

LIVE AND LET DIE-Cover.

Wenn andere Komponisten als John Barry für die Serie aktiv wurden, gestalteten sich diese durchaus hörenswerten Soundtracks wie Gastspiele. George Martin, der einen Großteil der Beatles-Alben produziert hatte, arrangierte LIVE AND LET DIE 1973 als an den eingängigen Soul-Scores der Blaxploitation orientierten Pop-Soundtrack mit prägnanten Bläser-Passagen. Der von Martins langjährigem Weggefährten Paul McCartney verfasste Titelsong zählt neben GOLDFINGER zu den bekanntesten

Themen der Serie und wurde mehrfach unter anderem von der Retro-Stadionrock-Band Guns N' Roses und der Pretenders-Sängerin Chrissie Hynde neu interpretiert. Die vor Barrys Rückzug 1987 nur an jeweils einem Film beteiligten, drei anderen Komponisten entwarfen wie die Performer der Titelsongs eigenständige Variationen des bewährten 007-Sounds, die an aktuelle Trends angeglichen wurden. Der Oscar-Preisträger und Musical-Komponist Marvin Hamlisch verfasste 1977 gemeinsam mit Carole Bayer-Saga den häufig in anderen Filmen angespielten Carly Simon-Hit »Nobody Does It Better« für THE SPY WHO LOVED ME. Der Song wurde als

THE SPY WHO LOVED ME-Cover.

erster Titel der gesamten Serie für einen Oscar nominiert und betont gemäß dem Stil des Films ebenso selbstbewusst wie ironisch den Kultstatus der Serie. Für die instrumentale Musik orientierte sich Hamlisch an dem durch SATURDAY NIGHT FEVER / NUR SAMSTAG NACHT (USA 1977) erfolgreichen Disco-Sound der Bee Gees. Einen vergleichbaren Ansatz wählte der Erfolgskomponist Bill Conti (ROCKY, USA seit 1976), der für FOR YOUR EYES ONLY 1981 die gleichnamige eingängige Ballade mit Sheena Easton aufnahm. Die von ihm komponierte instrumentale Musik orientiert sich deutlicher als die durchgehend mit einer eigenen Handschrift versehenen Stücke von John Barry an damaligen mit Rock-Referenzen versehenen Pop-Soundtracks, obwohl streckenweise die für Contis Kompositionen typischen traditionellen Orchester-Parts ins Spiel kommen.

Eine Neuorientierung bei der Gestaltung der Bond-Soundtracks erfolgte erst nach John Barrys Abschied von der Serie. 1989 übernahm der 2003 verstorbene Michael Kamen den Soundtrack zu LICENCE TO KILL. Der innovativ zwischen Rockmusik und Filmmusik changierende Komponist hatte zuvor mit DIE HARD / STIRB LANGSAM (USA 1988–1995) und LETHAL WEAPON / ZWEI STAHLHARTE PROFIS (USA 1987–1997) die einschlägigen Action-Soundtracks der späten 1980er-Jahre komponiert. Parallel zu seiner Arbeit als Filmkomponist hatte Kamen im Verlauf seiner Karriere mehrfach mit bekannten Rockstars wie Pink Floyd und Eric Clapton zusammengearbeitet. Zeitweise wurde er sogar als offizielles Mitglied der Hardrock-Gruppe Metallica genannt, mit denen er ein Live-Album aufnahm. Dem ungewöhnlichen Ansatz des Films entsprechend verzichtet der LICENCE TO KILL-Score vollständig auf Barrys ironische Haltung. Einige südamerikanisch angehauchte Flamenco-Gitarren-Parts beziehen sich zwar auf das Lokal-

kolorit des Settings, doch ganz im Gegensatz zu den asiatischen Motiven in You Only Live Twice oder den Sambaklängen in Moonraker
dienen sie nicht als Spiel mit exotischen Versatzstücken, sondern zur
epischen Überhöhung der für die Serie untypischen Handlung. Kamen
bringt auf effektvolle und gleichzeitig reduzierte Weise melodramatische Motive zum Einsatz, wie sie sich nicht einmal im dramaturgisch
ausgefallenen On Her Majesty's Secret Service finden. Das »James
Bond Theme« selbst setzt Kamen sparsam und überlegt in zentralen
Actionsequenzen ein. Stattdessen finden sich im Score für einen
Bond-Film ungewöhnliche Passagen, die anstelle der aus Barrys Kompositionen vertrauten dynamischen Rhythmisierung die bedrohliche
Lage und die angespannte Situation in den Mittelpunkt rücken.
Sowohl in Licence to Kill, als auch in GoldenEye bilden die Titel-
songs von Soul-Diva Gladys Knight und Rock-Ikone Tina Turner den
deutlichsten Anknüpfungspunkt an die Traditionen der Serie. Das im
Film selbst zentrale Remodeling der Serie wurde in GoldenEye auf
der Ebene des Soundtracks von Luc Bessons Hauskomponist Eric
Serra (Le Grand Bleu / Im Rausch der Tiefe, La Femme Nikita /
Nikita, Leon / Leon – der Profi, Le Cinquième Elément / Das
fünfte Element) vorgenommen. Das »James Bond Theme« taucht
erst in der Mitte des Films in einem stark verfremdeten Arrangement
auf, und Serras Stil entsprechend dominieren elektronische und per-
cussive Elemente weite Teile des Scores. Den Gegenakzent zu den
minimalistischen Elektro-Passagen bilden Streicher-Arrangements, die
dem Geschehen eine leicht melancholische Note verleihen. Im Unterschied zu den früheren Gastspielen von George Martin, Marvin Hamlisch und Bill Conti passten sich die Komponisten nicht mehr dem
etablierten Stil der Serie an, sondern die Bond-Soundtracks wurden
der individuellen Handschrift der jeweiligen Komponisten auf der
Suche nach einem neuen musikalischen Stil für die Serie angeglichen.
Erst 1997, zehn Jahre nach John Barrys Abschied, fand man mit David
Arnold einen dauerhaften Nachfolger. Der 1962 geborene Komponist
hatte sich durch das Album »Shaken and Stirred«, auf dem er 1997 in
Zusammenarbeit mit Künstlern wie den Pretenders, Iggy Pop, Left-
field, Pulp und den Propellerheads ungewöhnliche Coverversionen
klassischer 007-Kompositionen von John Barry realisierte, als Nach-
wuchstalent empfohlen. Das »Shaken and Stirred«-Album liefert ein
signifikantes Beispiel für die Erneuerung einer in die Jahre gekommenen Serie, indem vergleichbar den Mission Impossible-Filmen die
Retromoden als Grundlage für den eigenen Relaunch integriert werden. Die über einen rein nostalgisch geprägten Rahmen hinausgehen-
den Brüche werden zur Grundlage für die Fortführung der Serie genutzt. Statt sich auf einen orthodoxen Klassizismus zurückzuziehen,

wurden die von Elektro-Performern wie Moby, den Propellerheads und Paul Oakenfold produzierten Sample-Coverversionen des »James Bond Theme« in die neuen Filme selbst integriert.

David Arnold erwies sich in den späten 1990er-Jahren als Schlüsselfigur in der Zusammenführung der florierenden Bond-Remixkultur mit den Erfordernissen eines klassischen symphonischen Scores. Mit den orchestralen Soundtracks zu STARGATE (USA 1994) und INDEPENDENCE DAY (USA 1996) konnte er entsprechende Erfahrung im Bereich des traditionellen orchestralen Scoring aufweisen. Mit dem Einstieg des leidenschaftlichen Bond-Fans Arnold wurden diverse Remix-Techniken zum innovativen gestalterischen Prinzip der Soundtracks. Seine Kompositionen zu TOMORROW NEVER DIES, THE WORLD IS NOT ENOUGH und DIE ANOTHER DAY arbeiten mit symphonischen Aufnahmen, die jedoch um Breakbeats und diverse elektronische Stilmittel erweitert wurden. In TOMORROW NEVER DIES signalisiert der deutlich an John Barry angelehnte Einstieg die Kontinuität der Serie. Mit dem Wechsel der Handlung nach Hamburg finden neben melodramatischen Passagen Techno-Elemente Eingang in den Soundtrack. Auf raffinierte Weise nimmt Arnold in einem ersten Schritt einen klassischen Orchester-Soundtrack auf, den er später als Grundlage für den selbst angefertigten Remix verwendet. Im Vergleich zur experimentierfreudigeren Arbeit Serras greift Arnold zwar ebenfalls auf elektronische Verfremdungseffekte zurück, bringt diese jedoch in ein reizvolles Wechselspiel mit den etablierten Mustern der Serie.

Für den aus der Perspektive der Femme Fatale Elektra geschilderten Titelsong zu THE WORLD IS NOT ENOUGH arbeitete Arnold mit Don Black zusammen, der gemeinsam mit John Barry die Songs zu THUNDERBALL, DIAMONDS ARE FOREVER und THE MAN WITH THE GOLDEN GUN verfasst hatte. Arnold avancierte nach Barry zum zweiten definierenden Komponisten der Serie, indem er einerseits die Modernisierung des bekannten Bond-Cocktails aus markanten Bläsern, treibenden Bässen und dynamischen Streichern fortführt und sie gleichzeitig um eigene Elemente wie dominante Beats und Techno-Soundeffekte erweitert. Trotz der neuen Arrangements findet sich in Arnolds Kompositionen immer wieder der Einsatz klassischer Instrumente ohne ironischen doppelten Boden. In dieser Hinsicht schuf er auf der musikalischen Ebene ein überzeugendes Äquivalent zu den postklassischen Ansätzen der Brosnan-Filme. Wie bereits in der gemeinsam mit der Band Pulp realisierten beeindruckenden Dekonstruktion der Ballade »All Time High«, in der sich die völlige Reduktion der Instrumente mit plötzlich einsetzenden Orchester-Samples zu einer Art Call-and-Response-Verfahren ergänzt, zeigt sich Arnold als Fan der Serie und ihrer Soundtracks der Geschichte der Bond-Filme bewusst, ohne seine Eigenständigkeit als Komponist aufzugeben oder sich verkrampft anzubiedern.

Seine gelegentlichen Zitate der früheren Scores dienen nicht als einfacher Referenzgag. Sie erfüllen eine klare dramaturgische Funktion, wenn in THE WORLD IS NOT ENOUGH während der Ski-Sequenzen die vom Plot gesuchten Assoziationen an ON HER MAJESTY'S SECRET SERVICE musikalisch verstärkt werden oder in DIE ANOTHER DAY die Einleitung des Happy-End als Gegengewicht zu Madonnas umstrittenem Techno-dominiertem Titelsong über eine kurze Anspielung auf YOU ONLY LIVE TWICE erfolgt. Wie John Barry, der den Broccolis Arnold als seinen Nachfolger selbst empfohlen hatte, zeigt sich der Experte für Soundtrack-Remodelings der Notwendigkeit zur Veränderung bewusst:»Ich denke, es besteht grundsätzlich die Möglichkeit Bond wieder anders zu gestalten. Deshalb machen wir den einundzwanzigsten, denn es gibt immer einen Weg das Vertraute, Bewährte und Erwartete mit etwas hoffentlich Unberechenbarem und Neuem zu verbinden.«[10] Für CASINO ROYALE entschied sich Arnold für eine Zusammenarbeit mit Chris Cornell, dem ehemaligen Sänger der Grunge-Combo Soundgarden und akutellen Frontman der aus früheren Mitgliedern der Polit-Rockgruppe Rage Against the Machine rekrutierten Band Audioslave. Nachdem Madonna sich zum Entsetzen der traditionalistischeren Bond-Fans bis hin zur beinahe vollständigen Auflösung der orchestralen Begleitung in die Terrains des Elektro-Pops vorgewagt hatte, entspricht der Song »You Know My Name« mit seinen trockenen Gitarrenriffs ganz dem bodenständigen Back-to-the-Basics-Ansatz des neuen Films. Er erinnert an eine etwas gelassenere Variante jener Rock-Songs, die Metallica 2000 für den leicht missglückten MISSION IMPOSSIBLE 2 von John Woo aufnahmen. Ob für kommende Bond-Abenteuer nach der Wiederentdeckung des neo-klassischen Hard-Rock auch ausgedehnte Gitarrensolos im Soundtrack geplant sind, ließ sich noch nicht in Erfahrung bringen.

Letztendlich gibt es auch im musikalischen Bereich nicht die eindeutig definierte Bond-Formel, vielmehr entsteht die Kontinuität auch auf musikalischer Ebene durch das von Umberto Eco für die Romane als charakteristisch ausgemachte, raffinierte Wechselspiel zwischen der leicht verfremdeten Wiederkehr vertrauter Elemente und gezielten Variationen.

Anmerkungen

1 Feature auf der von MGM veröffentlichten DVD zu A VIEW TO A KILL.

2 Jeff Smith: »Creating a Bond market: Selling John Barry's soundtracks and theme songs« in: Christoph Lindner (Hg.): »The James Bond Phenomenon«. Manchester, 2003. S. 119.

3 Vgl. Smith (2003), S. 120. Die von Fleming gefürchtete James Bond-Seife lät weiterhin auf sich warten, aber immerhin gab es zum Start von GOLDENEYE 1995 Nassrasierer mit Blattgoldüberzug und einem schmückenden 007-Logo.

4 Hans-Otto Hügel, Johannes von Moltke (Hg.): »Die Welt des 007«. Hildesheim, 1998. S. 62.

5 Chapman (2000), S. 62.

6 Interview des amerikanischen National Public Radio mit John Barry von 1999. Online abrufbar unter *http://www.npr.org/templates/story/story.php?storyId=3870891)* (Zugriff: 28.6.2006)

7 ebd.

8 Vgl. auch die detaillierte Analyse zum Score von GOLDFINGER in: Georg Mannsperger: »James Bond will Return – Der serielle Charakter der James Bond-Filme« (Dissertation an der Universität Mainz, 2003) S. 175–179.

9 National Public Radio-Interview mit John Barry, 1999.

10 *http://www.mi6.co.uk/sections/articles/music_david_arnold_bbc_july04.php3* (Zugriff: 11.7.06)

Ivo Ritzer

All the Time in the World

Modernität, Wissenschaft und Pop
in den James-Bond-Filmen der 1960er-Jahre

>»Wissenschaft ist eine Ersatzhandlung, weil die Wissen-
schaftler hauptsächlich um der Erfüllung willen arbeiten,
die ihnen diese Arbeit bringt.« (Theodore J. Kaczynski)

>»Are you ready for this? I told you he was coming. Who?
J.B., and he's ready to sock it to ya one time!« (Rex Garvin &
the Mighty Cravers)

I.

James Bond signifies. Wie keine zweite populäre Figur spiegelt James
Bond die optimistische Modernität der 1960er-Jahre[1]. Während dieser
Zeit glaubte speziell Großbritannien an eine untrennbare Verbindung
zwischen ökonomischem, technischem und sozialem Aufschwung.
Bereits im Zuge der Wahl von 1964 wurde daher Wissenschaft zum
besonderen Wahlkampfthema erklärt. Der *Labour*-Politiker und Pre-
mierminister-Kandidat Harold Wilson benutzte als Metapher für die
kybernetische Revolution das Schlagwort *White Heat* und forderte auf
ihrer Basis ein *New Britain*. Damit schwebte Wilson eine Nation vor,
in der traditionelle Klassenkonflikte zugunsten eines kollektiven Engagements für wissenschaftlich-technologischen Fortschritt aufgegeben werden könnten.
Während das erste Auftreten von James Bond im Kino teilweise zweifellos durch den damaligen Diskurs um technische Modernisierung zu
erklären ist, lässt sich der filmische Stil hingegen über eine solche

Verbindung nicht vollends erschließen. Wie die Kulturwissenschaftler Tony Bennett und Janet Woollacott aufgezeigt haben, können kulturelle Produkte nicht auf eine bloße Verkörperung sozialer Gegebenheiten reduziert werden. Stattdessen muss der analytische Fokus auf die komplexen Beziehungen gelegt werden, welche zwischen kulturellen Phänomenen und ihrem gesellschaftlichen Kontext vorherrschen. Kulturelle Phänomene sind sozialen Kontexten stets eigen und wiederum selbst aktiv an deren Gestaltung beteiligt. Aufgabe einer Analyse muss also nicht bloß die Untersuchung kultureller Kontexte hinsichtlich ihrer Verbindung zu gesellschaftlichen Vorgängen sein, sondern sie muss insbesondere eine weitreichende Berücksichtigung ökonomischer, technologischer und institutioneller Wechselverhältnisse leisten. Denn vergleicht man die einzelnen James-Bond-Filme miteinander, dann lässt sich zwar konstatieren, dass sich der Protagonist selbst – im Gegensatz zu seinem Pendant in den Romanen Ian Flemings – nur geringfügig wandelt, die mit ihm verknüpften dominanten Diskurse aber sehr stark variieren. Bond steht damit im Gegensatz zu einem narrativen Geschichtsverständnis und funktioniert – zeichentheoretisch gesprochen – als Index seiner Zeit. Für Bennett und Woollacott sind deshalb jene sich wandelnden Werte zentral, die Bond als kulturelle Figur hervorbringen: »If Bond has functioned as a ›sign of the times‹, it has been as a moving sign of the times, as a figure capable of taking up and articulating quite different and even contradictory cultural and ideological values, sometimes turning its back on the meanings and cultural possibilities it had earlier embodied to enunciate new ones.«[2]

Indexikalisches Zeichen seiner Zeit – James Bond 1969.

II.

In den späten 1950er-und frühen 1960er-Jahren versuchten die Supermächte USA und Sowjetunion beiderseits einer Kolonialisierung des Weltalls Vorschub zu leisten. Zwischen den Nationen kam es zu einer Art Wettrennen um die Erkundung des Orbits. 1957 gelang es der Sowjetunion mit »Sputnik 1«, den ersten Satelliten im Weltall zu positionieren. Vier Jahre später fand unter Leitung des russischen Kosmonauten Yuri Gagarin die erste bemannte Mission in den Weltraum

George Lazenby und Diana Rigg in ON HER MAJESTY'S SECRET SERVICE.

statt. Der amerikanische Präsident John F. Kennedy reagierte darauf mit dem Aufbau seines *Apollo*-Programms, innerhalb dessen vor Ende der Dekade ein US-Astronaut auf dem Mond landen sollte. Kennedy sprach von einer historischen *New Frontier*, welche es zu überwinden gelte. Seine Rhetorik war dabei freilich in hohem Maße ideologisch aufgeladen. Das Raumfahrtprogramm der USA wurde eine Metapher für jene soziale Harmonie und wirtschaftliche Prosperität, die man glaubte erreichen zu können, wenn alle Bürger sich mit ausreichender Hingabe der Nation gegenüber verpflichteten[3]. Kennedys mythische Verklärung des wissenschaftlichen Fortschritts lässt sich bis ins Amerika der unmittelbaren Nachkriegszeit zurückverfolgen, wo ein vergleichbarer Wissenschaftskult erstmals Gestalt annahm: als »key to American greatness and the main source of economic and industrial expansion«[4].

Der Kalte Krieg wurde zu einer »era of the expert«[5], wo Technologie und Wissenschaft jeden einzelnen Aspekt des öffentlichen und privaten Lebens zu durchdringen schienen. Zum Höhepunkt des Kalten Kriegs in den 1960er-Jahren galten sie als Ikonen von Modernität schlechthin. Wissenschaft und Technologie schrieben sich als Metaphern fest der amerikanischen Gesellschaft ein – vom Design der Möbel über Themen in Populärmusik, Fernsehserien und Genrekino. In Großbritannien fand ebenfalls eine kongruente Entwicklung zwischen sozialer Imagination und Technisierung statt. Mit Beginn der 1960er-Jahre versuchte die Regierung den schwindenden Status Großbritanniens als Weltmacht wieder herzustellen, indem man technologischen Fortschritt zum politischen Leitthema machte. Es wurde versucht, die Nation als avancierten Produzenten von High-Tech-Geräten im internationalen Markt zu positionieren. Für Harold Wilsons *Labour*-Regierung galt es als Frage nationalen Prestiges, wissenschaftliche Erneuerung global als spezifisch britische Errungenschaft auszustellen. In Folge des *Robbins Report* von 1963 erfolgte die Etablierung eines Ministeriums für Technologie, das ökonomische Effizienz und den Einsatz neuer Technik in der Industrie befördern sollte. Mitte der 1960er-Jahre hatte sich Großbritannien in eine moderne Industrienation verwandelt.

Analog zu den Vereinigten Staaten war auch in Großbritannien die Vision von wissenschaftlich-technologischem Fortschritt durch einen starken ideologischen Unterbau definiert. Wie die *Birmingham School* und ihre *Cultural Studies* um Stuart Hall zeigen konnten, gelang es den britischen Regierungen nach dem Zweiten Weltkrieg, eine Konsensideologie zu befördern, die – lediglich repressiv tolerant – Gemeinschaftsgefühl und Zusammenhalt in der Bevölkerung stärkten[6]. Vollbeschäftigung und steigender Lebensstandard erlaubten es, eine Mythologie von Klassenlosigkeit zu lancieren, innerhalb der das rasche Wirtschaftswachstum als Neutralisierung traditioneller Klassenkonflikte präsentiert wurde. Zu Beginn der 1960er-Jahre begannen allerdings Brüche in der Rhetorik von Fortschritt und Konsens aufzutreten. Innenpolitische Skandale und undiplomatische Außenpolitik ließen eine signifikante Krise entstehen. Als Folge dessen versuchte die Regierung unter Harold Wilson, eine neue Basis zur Sicherung politischer Macht zu etablieren. Für Wilson war ökonomisches Wachstum noch immer möglich, er forderte jedoch eine strikte Disziplinierungspolitik. *National good* und *scientific revolution* wurden zu obersten Prinzipien, denen sich individuelle Ansprüche unterzuordnen hatten.

Nach Tony Bennett und Janet Woollacott gehen ideologische Veränderungen oft mit populärkulturellen Innovationen einher. Bennett und Woollacott stellen dabei populäre Texte nicht unter einen Generalverdacht der Massenmanipulation, wie es etwa Theodor W. Adornos Konzeption der Kulturindustrie tut. In Anlehnung an Umberto Eco begreifen sie Popkultur als Feld komplexer ideologischer Vorgänge, innerhalb dessen sich Diskurse und Gegendiskurse historisch abwechseln. Popkultur funktioniert als »touchstone for the entire field of ideological representations, sounding out where, ideologically speaking, ›the people‹ have moved to and piloting the ideological adjustments which [...] will be able to stitch ›the people‹ back into a newly constituted place within a restructed hegemony«[7]. Die James Bond-Filme der 1960er-Jahre lassen sich nach genau diesem Prinzip lesen. Sie verkörpern sinnbildhaft Wilsons Idee, Großbritannien durch eine Allianz von Kapital, Arbeit und Wissenschaft zu revitalisieren. James Bond bewohnt eine fiktionale Welt, in der kein Zweifel daran besteht, dass die Durchschlagskraft von *state-of-the-art*-Technologie alles Übel der Welt zu besiegen vermag. Diese Technologisierung findet sich auf einer Ebene zweiter Gültigkeit auch in der Ästhetik der Filme selbst wieder. Die ersten Bond-Movies zeichnen sich durch hohe Dynamik und Intensität aus, bis dahin allenfalls vergleichbar dem Kino von *Hollywood Mavericks* wie Samuel Fuller, Don Siegel oder Robert Aldrich. Eine ebenso schnelle wie harte Montage, streng auf affektive Wirkung angelegte Bildkompositionen, ein aufwühlender, die narrativen Abenteuer punktierender Soundtrack und nicht zuletzt aktionsbetonte Taglines – etwa: »Blast him! Seduce him! Bomb him! Strangle him!« (FROM RUSSIA WITH LOVE) oder »Mixing business and girls! Mixing thrills and girls! Mixing danger and girls!« (GOLDFINGER) – schufen eine neuartige Erlebniswelt für den Zuschauer.

III.

Zentrale Elemente der Serie sind seit FROM RUSSIA WITH LOVE Bonds zahlreiche Gadgets, die er als Spezialausrüstung von Q (Desmond Llewelyn), dem Waffenmeister des englischen *Secret Service*, zur Verfügung gestellt bekommt. Unter Gadget versteht man ein technologisches Hilfsmittel mit durchdachter Funktionalität und einem meist ungewöhnlichen Design. Sie sind üblicherweise klein, handlich und zum Mitführen konzipiert. Gadgets fungieren für Bond gleichsam als Schutz und Prothese. Bond repräsentiert damit stellvertretend einen Kampf zwischen Menschlichkeit und Technologie: Auf der einen Seite lassen sich seine Eigenschaften wie Intelligenz und Leidenschaft als besonders menschlich einstufen, auf der anderen Seite kann man Bonds Gadgets kybernetischen Utopien zuordnen. Die positiven Aspekte der Kybernetik zeigen sich im problemlosen Gebrauch der Gadgets durch Bond. Den Gegensatz hierzu bilden in späteren Filmen etwa die Pro-

Gadgets aus der Werkstatt von Q.

thesen von Gegnern wie Tee-Hee aus LIVE AND LET DIE oder Jaws aus THE SPY WHO LOVED ME und MOONRAKER. Beide haben zwar mit Hilfe der Technik ihre Körper in Waffen verwandelt, erscheinen durch diese aber nicht nur deformiert, sondern können von 007 sogar leichter überwältigt werden. Bond hingegen hebt den Gegensatz zwischen Körper und Maschine auf[8]. Weil Bond durch Gadgets stets in Beziehung zu einer technologischen Zukunft steht, bestimmt sich aus philosophischer Perspektive der Sinn seines Seins nicht als Gegenwart, sondern ist bezogen auf das, was gerade abwesend ist. Ein Fortschritt also, »in der das ganz Andere sich als solches – ohne alle Einfältigkeit, ohne Identität, ohne Ähnlichkeit oder Kontinuität – ankündigt. Sich als solches ankündigt in dem, was es nicht ist«[9].

Bonds vielfältige Spezialausrüstung drückt zusammen mit seinem technischen Know-how stets ein Grundvertrauen in das Potenzial der Naturwissenschaft aus. In FROM RUSSIA WITH LOVE besitzt Bond eine Aktentasche, die ein zerlegbares Scharfschützengewehr mit Infrarot-zielfernrohr enthält. Das Schloss der Tasche wird durch einen Mechanismus gesichert, der eine Gaspatrone explodieren lässt, wenn der Koffer falsch geöffnet wird. In GOLDFINGER verfügt Bond über einen Aston Martin DB5 inklusive kugelsicherer Heck- und Frontscheibe, Nebelwerfer, Maschinengewehre sowie rotierender Autokennzeichen. Darüber hinaus ist der Aston Martin mit einem Ortungsgerät ausgestattet, das entfernt an die heutzutage verbreiteten Navigationssysteme erinnert. In THUNDERBALL erreicht die Vielfalt von Bonds Gadgets einen ersten Höhepunkt. Er kann sich unter anderem eines flugfähigen Raketenrucksacks, einer Sauerstoff spendenden Mini-Luftpatrone, einer Armbanduhr mit eingebautem Geigerzähler oder eines Sauerstoff-Tanks mit aufgesetztem Düsenantrieb und Harpunenfunktion bedienen. In YOU ONLY LIVE TWICE werden Bond ein schwer bewaffneter Ein-Mann-Traghubschrauber namens »Little Nelly« sowie eine schussfähige Zigarette zur Verfügung gestellt. Dagegen kommt ON HER MAJESTY'S SECRET SERVICE, neben LICENCE TO KILL und CASINO ROYALE (2006) der unkonventionellste aller Bond-Filme, mit vergleichsweise wenig Gadgets aus. Bonds Aston Martin verfügt hier über keine eingebauten Extras. Lediglich ein Safeknacker, der darüber hinaus fähig ist, Fotokopien herzustellen, kommt zum Einsatz. Die während der 1960er-Jahre bei Regierungen und Wissenschaften besonders ausgeprägte Vorliebe für Kürzel ist ebenfalls prominent in der Bond-Serie vertreten. Code-Namen wie 007, M oder Q, aber auch Bezeichnungen für Geheimorganisationen wie SPECTRE ziehen sich von Beginn an durch die Serie. Während SPECTRE eine verbrecherische Vereinigung darstellt, die transnational zur Akquirierung von Macht und Einfluss arbeitet, kooperiert der britische MI6 (Military Investigation Section 6) respektive SIS (Secret Intelligence Service) mit der amerikanischen CIA (Central Intelligence Agency). Bonds intensive Zusammenarbeit und insbesondere seine persönliche Freundschaft mit dem CIA-Agenten Felix Leiter kann dabei als Metapher für das vermeintlich klassenlose Klima der Leistungsgesellschaft gegen Mitte der 1960er-Jahre gelesen werden. Leiter und Bond sind Mitglieder von außerordentlich effizient erscheinenden Organisationen. Sie kennen keine Loyalitäten zu einer bestimmten Klasse, sondern sichern ihren Status allein durch persönliche Tugenden wie besondere Professionalität und Expertentum. Auf diese Weise verkörpert Bonds Kooperation mit Leiter ein Großbritannien, das versucht, seine traditionellen Klassengegensätze abzuschütteln und in ein neues Zeitalter des globalisierten Kapitalismus vorzurücken. Wo James Bond in den Romanen von Ian Fleming noch ein sehr auf Distinktion bedachter Gentleman und Angehöriger der gehobenen Mittelklasse Großbritanniens war, veränderten die Bond-Filme mit Sean Connery und George Lazenby seinen Charakter grundlegend. Bond wurde zu einer Identifikationsfigur für breitere Schichten, indem er sich vom versnobten Aristokraten zu einem draufgängerischen Superhelden wandelte.

IV.

Wo Bond nun keinen Klassengrenzen mehr verhaftet zu sein schien, fand das aristokratische Moment vor allem in Peter Hunts ON HER MAJESTY'S SECRET SERVICE wieder Einzug – dort allerdings verkörpert durch Bonds *love interest* und spätere Ehefrau Contessa Teresa Di Vicenzo (Diana Rigg). Die Gräfin Tracy Di Vicenzo lässt sich als Archetyp italobritischen Landadels beschreiben. Sie ist weniger abgeklärte Spielerin, als vielmehr neurotische Aristokratin, die mit suizidalen Tendenzen zu kämpfen hat (Bond: »She needs a psychiatrist, not me!«). Hunts Film verlagert den Skandal der Verbindung zwischen Bond und Tracy allerdings von Fragen der Klassenzugehörigkeit auf eine professionelle Ebene. Wo er als

Archetyp des italobritischen Landadels – Diana Rigg als Tracy.

Geheimagent und Offizier im Dienste Ihrer Majestät steht, handelt es sich bei Tracy um die Tochter eines berüchtigten Verbrechers. Diese Interessenverschiebung stimmt wiederum mit der Verbindung Bond-Leiter überein: auch dort werden anachronistische Klassengrenzen aufgelöst. Daneben gehört Tracy klar zu einem sich aus 1960er-Kultur speisenden Figurenarsenal. Als »pop feminist«[10] verbindet sie glamourhaften Sex-Appeal mit selbstbestimmter Eigenverantwortlichkeit und erinnert an Charaktere wie Modesty Blaise (Monica Vitti in der gleichnamigen Comicverfilmung von Joseph Losey, GB/F/ITA 1966) oder Emma Peel aus der britischen Fernsehserie THE AVENGERS (GB 1961-1969). Tracy wird wie Emma Peel von der Schauspielerin Diana Rigg verkörpert und zeichnet sich ebenfalls durch besondere Stärke, Mut und technische Begabung aus. Wo Emma Peel allerdings von bürgerlichen Auflagen wie Ehe, Familie und Häuslichkeit befreit war und beispielhaft für eine emanzipierte *Swinging Sixties*-Weiblichkeit stand, wird Tracy von Bond geheiratet und dadurch symbolisch domestiziert.

Dennoch hält mit Tracy eine Situation in die Bond-Serie Einzug, die bis dahin undenkbar schien: Ein »Bond-Girl« rettet Bond das Leben. Als Bond von Blofelds Schergen in die Enge getrieben wird, taucht sie als sein Schutzengel auf schüttelt in einer wilden Verfolgungsjagd die Häscher ab.

Das Bond-Universum der 1960er-Jahre spiegelt in vieler Hinsicht die Popkultur seiner Zeit wieder. Es ist als Oberflächenphänomen einer oft als *Swinging London* beschriebenen Ära zu verstehen – verklärt als »the place where our modern world began«[11]. Während Dr. No noch keinen Titel-Song besitzt und gemäß des Settings von Calypso-Jazz dominiert wird, versucht sich Matt Munro in From Russia With Love an einer Frank Sinatra-Imitation und besticht durch expressiven 1960s-Swing-Sound. Mit Goldfinger kommt die James Bond-Serie bereits zu ihrem ersten großen Welt-Hit. Shirley Basseys soulvolles Titel-Lied ist bis heute das bekannteste aller Bond-Soundtracks und wurde vielfach gecovert, dabei besonders prominent von der englischen Wave-Punk-Band Magazine. In Thunderball singt der junge Tom Jones den gleichnamigen Theme-Song, welcher sich durch starke Reminiszenzen an den Beat-Sound der zeitgleich stattfindenden *British Invasion* auszeichnet. Für You Only Live Twice steuert Nancy Sinatra das Titel-Stück bei. Sinatra war zu diesem Zeitpunkt mit ihren Alben »Boots« (1966) und »How Does That Grab You« (1967) bereits ein etablierter Pop-Star, dem wegen des Songs »These Boots Are Made For Walkin'« das Image einer Proto-Feministin vorauseilte. On Her Majesty's Secret Service verzichtet hingegen auf einen gesungenen Song während der animierten Titelsequenz. Stattdessen findet sich ein orchestrales Stück von John Barry, das in seiner Dynamik die Aktionsbilder des Films bereits vorwegnimmt.

Moderner Kleider-Chic fand ebenfalls Einzug in die Bond-Filme der 1960er-Jahre. In On Her Majesty's Secret Service tragen die Bond-Girls auf Blofelds Alpenfestung etwa Minirock und Kaftan. Damit verkörpern sie eine Pop-Sensibilität, welche auf Stil-Ikonen wie die Designerin Mary Quant zurückgeht und an die Fashion-Hochburg der Carnaby Street erinnert. Darüber hinaus besitzt die von Bond verführte Ruby Bartlett (Angela Scoular) einen modischen Kurzhaarschnitt, wie er in den 1960s durch das Star-Model Twiggy popularisiert wurde. Bonds Gadgets zeichnen sich ebenfalls oft durch Pop-konnotationen aus, welche sich auf bürgerliche Alltagsgegenstände

(z. B. Armbanduhr oder Füller) ebenso erstrecken wie Yps-Gimmicks (z. B. Safe-Knack-Gerät) oder Genussmittel (z. B. Zigarette als Waffe). Wo eine gewisse Technologiebegeisterung wahrscheinlich als menschliche Konstante zu werten ist, veränderte sich die Würdigung technischer Spielereien mit den 1960er-Jahren. Gadgets wurden Pop, ihr Spaßfaktor trat in den Vordergrund. Die Grenze zwischen sinnvoller Funktionalität und sinnfreier Verspieltheit begann sich aufzulösen. Entscheidend war an Technik im Alltag nun nicht mehr das Sein, sondern das Design – egal ob bei Tassenwärmern, Telefonhörern, Taschenrechnern oder Weckern.

Phantasma eines Swinging London.

Gadgets wurden zum miniaturisierten und individualisierten Konsumprodukt, dessen Pop-Potenzial die reine Funktionalität dominierte. Heute sind Gadgets in logischer Konsequenz zu einem wichtigen Zweig der digitalen Industrie geworden. Anstelle von Q sind es nun Sony oder Apple, die sich in der Konzeption von Gadgets üben. Der iPod mag als jüngstes Beispiel dafür dienen.

James Bonds Siegeszug im Kino fällt zeitlich ebenfalls mit der Entstehung einer frühen Jugendsubkultur zusammen, deren Vertreter sich »Modernists« nannten. Modernists (oder kurz: Mods) waren Angehörige der Arbeiterklasse, die ihr Erscheinen gern dandyhaft übersteigerten. Analog zu den amerikanischen Hipstern definierten sich die britischen Mods über einen Detailfetischismus in der Kleidung. Anders als sich konfrontativ gebende Rocker-Gangs traten Mods besonders smart auf und trugen dabei Anzüge. Ihre scheinbar biedere Kleidung aber stand gerade nicht für gesellschaftliche Angepasstheit. Durch Übererfüllung sozialer Normen drückte sie vielmehr Kritik an ästhetischem *common sense* aus. Der *Cultural Studies*-Wissenschaftler Dick Hebdige spricht den Mods daher »revolt in style«[12] zu.

In den Bond-Filmen der 1960er-Jahre kommt es zu einer Überschneidung zwischen Mod-Kultur und Typologien des Agenten-Hipsters. Analog zur Subkultur der Mods ist Bond eine Figur, welche sich konsequent über ihren Stil definiert: »Bond represents a potency enacted through style [...] which, it turns out, is the substance, itself the fount in a system where the signifier finally catches up to be signified, or at least is designed to provide the illusion that it does«[13]. Bonds Stil ist es, der signifiziert, d.h. kennzeichnet und bedeutet. An Bonds Kleidung lassen sich Attribute wie Schicklichkeit, Wohlstand und Vielseitigkeit ablesen. Solche Eigenschaften offenbaren wiederum Bonds wichtigstes Merkmal: Souveränität. Weil Bond souverän ist, er also wie der Zuschauer weiß, dass er am Ende immer gewinnt, kommt ihm eine Aura von Unbekümmertheit zu, die seinen Status als Ikone des Cool begründet. Selbstvertrauen und Überlegenheit erwirbt Bond nicht durch harte Arbeit, vielmehr sind solche Attribute *a priori* für die Figur gegeben. Bond muss sich keine Gedanken um seine Garderobe machen. Er besitzt für jede Gelegenheit das passende Outfit. Woher und von wem Bonds Kleidung zur Verfügung gestellt wird, bleibt in den Filmen oft ungeklärt und nicht nachzuvollziehen. Die Gender-Theoretikerin Judith Roof merkt daher an: »In Bond's case, the clothes [...] do not make the man, nor the man the clothes, but rather, the evident symbiosis between Bond and style is a *fait accompli*, a given that is always already natural«[14].

Bonds stets perfekte Garderobe bleibt nicht der einzige Effekt seines signifizierenden Stils. Aufgrund von 007s Unfehlbarkeit sieht man ihn nie in einem Augenblick des Zögerns begriffen. Zu keinem Zeitpunkt scheint Bond sich fehl am Platze zu fühlen. Zu keinem Zeitpunkt weiß er nicht, wie er sich in sozialen Kontexten optimal zu verhalten hat. Zu keinem Zeitpunkt kann man ihn wirklich aus der Reserve locken. Selbst wenn alle anderen um ihn herum in Panik geraten, bleibt Bond stets die Ruhe in Person. Daraus resultiert eine Illusion von Potenz und Unmittelbarkeit, die sich im Besonderen an zwei scheinbar sehr unterschiedlichen Orten zeigt: zum einen am Spieltisch, zum anderen im Schlafzimmer. 007 legt sowohl beim Glücksspiel als auch bei sexuellen Betätigungen dieselbe Souveränität an den Tag. Beide Aktivitäten erledigt er, ohne mit der Wimper zu zucken, wie es idealerweise von einem Agenten des britischen *Secret Service* erwartet wird. Interessanterweise sind Glücksspiel und Erotik in den Bond-Filmen oft nicht voneinander zu trennen. Bonds erster Auftritt in der gesamten Serie erfolgt am Spieltisch, wo er seine spätere Teilzeit-Geliebte Sylvia Trench (Eunice Gayson) herausfordert. Das Kräftemessen im Glücksspiel nimmt die sexuelle Begegnung von Bond und Trench bereits vorweg. In THUNDERBALL überlistet Bond seinen Widersacher Emilio Largo (Adolfo Celi) im Casino und beeindruckt damit dessen Geliebte Domino (Claudine Auger). Generell tritt Bond meist als Spieler auf, der seine wahren Fähigkeiten nicht offen zur Schau trägt. Wie ein professioneller *poker player* wirkt er damit weitaus weniger gefährlicher, als er es tatsächlich ist. In GOLDFINGER schließlich besiegt Bond den titelgebenden Bösewicht (Gert Fröbe) beim Golfspiel, indem er noch geschickter betrügt als die Betrüger selbst.

Um seine Gegner aus der Reserve zu locken, instrumentalisiert Bond nicht nur das Glücksspiel für seine Zwecke, sondern macht sich auch an deren weibliche Günstlinge heran. Darüber hinaus verführt er oft die Partnerinnen seiner Widersacher. In GOLDFINGER bezirzt Bond nicht nur Goldfingers Agentin Jill Masterson (Shirley Eaton), sondern kann durch Liebesdienste auch dessen engste Vertraute Pussy Galore (Honor Blackman) auf seine Seite ziehen. In THUNDERBALL vergnügt er sich sowohl mit Largos Spionin Fiona Volpe (Luciana Paluzzi) als auch mit Largos Geliebter Domino. Letztere kann er über den Mord von Largo an ihrem Bruder aufklären und sie so ihm gegenüber verpflichten. In FROM RUSSIA WITH LOVE bringt Bond die so loyale wie pflichtbewusste Sowjetagentin Tatiana Romanova (Daniela Bianchi) dazu, sich in ihn zu verlieben und damit ihrem Auftrag untreu zu werden. Für Bond sind Frauen stets Werkzeuge, über welche er aufgrund der Unwiderstehlichkeit seines Stils verfügen kann.

Bonds omnipotente Verführungskraft wird durch seine Gimmicks und Accessoires redupliziert. Feuerzeuge, Uhren, Stifte, Schuhe oder Zigarettenetuis erlauben es ihm nicht nur, sich aus brenzligen Situationen zu befreien, sie konstituieren auch Bonds signifizierenden Stil. Als avancierter »Prothesengott«[15] und Proto-Cyborg ist es Bond durch seine Spezialausrüstung möglich, Reichweiten zu verlängern, verborgene Kräfte zu mobilisieren oder kommunikatives Potenzial zu verbessern. Bonds auffälligstes Gadget ist seit GOLDFINGER jedoch immer wieder sein Automobil. Analog zu Bonds Vorgehen im Glücksspiel herrscht bei der Auswahl seiner Wagen auf den ersten Blick ein gewisses Understatement vor. Sie offenbaren ihr tödliches Potenzial nicht sofort, sondern rücken zunächst Bonds unfehlbaren Geschmackssinn in den Vordergrund. Analog zur Standardsituation am Spieltisch besteht auch eine Verknüpfung der Fahrzeuge mit sexuellen Implikationen. Vor allem das Autorennen ersetzt in den Filmen oft einen Geschlechtsakt. In GOLDFINGER liefert sich Bond etwa mit Tilly Masterson (Tania Mallet) eine erotisch konnotierte Verfolgungsjagd durch die Alpen. In THUNDERBALL findet er sich im Wagen der *Femme Fatale* Fiona Volpe wieder, die ihn durch ihre notorische Temposünden stärker aus der Fassung bringt als im gemeinsamen Schäferstündchen. Dennoch zeichnen sich die Wagen von Bond letztlich weniger durch phallische Ikonographie aus, vielmehr sind sie als weitere Verlängerung seines Stils zu begreifen. Immer stehen Bonds Fähigkeiten am Steuer, das besondere Equipment der Automobile und Bonds nie absentes Glück im Vordergrund. Wie im Schlafzimmer und dem Casino definiert sich die Figur Bonds auch auf der Straße durch absolute Souveränität.

V.

Das Bond-Franchise der 1960er-Jahre ist also als Text zu begreifen, der die Modernität seiner Zeit anhand untrennbarer Kernthemen wie Wissenschaft, Fortschritt und Pop artikuliert. Es kennzeichnet eine wichtige historische Ära, in der Großbritannien neues Selbstvertrauen gewann und sich betont optimistisch gab. Jedoch konnten die Bond-Filme in ihrer Verspieltheit gegen Ende der 1960er nicht mit den sozialen und politischen Entwicklungen Schritt halten. Lediglich ON HER MAJESTYS SECRET SERVICE unternimmt den Versuch, neuen gesellschaftlichen Tendenzen gerecht zu werden. Der Film tritt weitaus härter und mit mehr Paranoia auf als all seine Vorgänger. Bond besitzt kaum mehr Gadgets, er kann den Bösewicht Blofeld nicht dingfest machen, mehr noch, Blofeld ermordet Bonds Ehefrau Tracy unmittelbar nach der Hochzeit.

Die letzte Sequenz von ON HER MAJESTY'S SECRET SERVICE ist bis heute die verstörendste der gesamten Reihe: Bond hält die erschossene Tracy in den Armen, sein Gesicht dicht an ihres gepresst. Als ein Motorradpolizist vorbei fährt und Bond seine Hilfe anbietet, antwortet ihm Bond apathisch und mit Tränen in den Augen: »It's all right. It's quite all right, really. She's having a rest. We'll be going on soon. There's no hurry, you see. We have all the time in the world«.

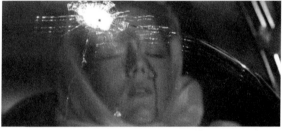

Oben: Tracy begegnet Bond im Casino. Unten: Verstörendes Ende – Tracy wird von Blofeld ermordet.

Dann schließt der Film mit einer Einstellung auf das Einschussloch im Wagen Bonds, durch welches das für Tracy tödliche Projektil trat. ON HER MAJESTY'S SECRET SERVICE endet auf diese Weise so desillusionierend wie es für viele Filme der späten 1960er-Jahre charakteristisch ist. Peter Hunts Film drückt eine tiefe Beklemmung aus, die mit sozialen und politischen Unsicherheiten der Zeit einhergeht. Sowohl in Großbritannien als auch den Vereinigten Staaten war gegen Ende der 1960er nicht mehr viel übrig geblieben von jener Stabilität und Zuversicht, die zu Beginn der Dekade vorherrschten. Stattdessen sahen sich beide Nationen in einem Prozess des Zerfalls begriffen. In den USA kamen die strukturellen Defizite des *New Frontier*-Optimismus durch gesellschaftliche Fragmentierung, Gettoisierung der

Städte und den verlustreichen Vietnamkrieg zum tragen. In Großbritannien gelangte die exportierende Wirtschaft in eine große Krise, Steuern stiegen in bisher unbekannte Höhen und Streiks standen auf der Tagesordnung. Auch eskalierende Rassenunruhen in Notting Hill sorgten für extreme Dissonanzen, bis 1970 schließlich Harold Wilson aus dem Amt gewählt wurde und seinen Platz für den erzkonservativen Premierminister Edward Heath räumen musste. Die USA wie auch Großbritannien befanden sich in einer Krise, welche den *laissez-faire*-Optimismus der Kennedy- und Wilson-Ära durch eine harsche Konfrontationspolitik ersetzte. Ideologien von kollektivem Wohlstand waren in beiden Ländern gescheitert und machten nun repressiveren Formen von Herrschaftsausübung Platz. Liberaler Konsens sollte ab sofort durch einen Diskurs von *law and order* ersetzt werden. Dessen Aggressionspotenzial konzentrierte sich nun gegen subversive Elemente, die als Feind im Inneren betrachtet wurden. Mit den 1970ern ersetzten Konfusion, Zweifel und Instabilität den quasi-religiösen Glauben an eine wissenschaftlich-technische Revolution. Dadurch wurde das kulturelle Leben in der späten Moderne neu definiert. Die Entstehung des Bond-Franchises in den 1960er-Jahren steht somit an einem Schlüsselpunkt in der Geschichte des 20. Jahrhunderts. Es spiegelt die politischen und sozialen Entwicklungen eines singulären historischen Moments. Die Figur James Bond sollte nach ON HER MAJESTYS SECRET SERVICE als »mobile signifier«[16] mit gewandelter Bedeutung in DIAMONDS ARE FOREVER und speziell LIVE AND LET DIE wiederkehren. Aber sämtliche post-1969-Filme der 007-Reihe können eins nie verbergen: den narrativen wie formalen Rekurs auf die sechs klassischen Bond-Filme der 1960er-Jahre, welche weniger Ausdruck eines individuellen Stils von Terence Young als vielmehr Repräsentation eines kulturellen Jahrzehnts der Spätmoderne sind.

Anmerkungen

1 Als ähnlich emblematisch wäre allenfalls die Puppentrickserie *Thunderbirds* (GB 1965-1966) zu werten. Vgl. Osgerby, S. 123 ff.

2 Bennett / Woollacott, S. 19

3 Vgl. Hellmann, S. 121

4 Jamison / Eyerman, S. 15

5 Tyler Mae, S. 26

6 Vgl. Hall / Jefferson / Clarke / Roberts

7 Bennett/Woollacott, S. 282

8 Vgl. O'Donnell, S. 67

9 Derrida, S. 82

10 Osgerby, S. 133

11 Levy, S. 5

12 Hebdige, S. 106

13 Roof, S. 77

14 Ebd., S. 82

15 Freud, S. 222

16 Bennett/Woollacott , S. 42

Andreas Rauscher

Play It Again, James

Die 007-Videospiele

Seit Umberto Ecos Essay über die narrativen Strukturen bei Ian Fleming wurde immer wieder die Spiel-Metapher auf das James Bond-Universum angewandt. Angesichts der Leveldramaturgie der ausstattungsbetonten Filme und der zahlreichen Gadgets erstaunt es nicht weiter, dass gerade das Medium der Videospiele eine reizvolle Plattform für 007-Varianten aller Art bietet: von den – aufgrund der technischen Beschränkungen zwangsläufig abstrakten – Zeichenspielen der Konsolen-Frühzeit, bis hin zur Rückkehr Sean Connerys, der 2005 ein weiteres Mal mit einem gegrummelten »Never Say Never Again« die stilisierte Hassliebe zu seiner Paraderolle pflegte und seinem vierzig Jahre jüngeren virtuellen Alter Ego in der EA Games-Produktion FROM RUSSIA WITH LOVE für die Xbox und die Playstation 2 die Stimme lieh.

Mit ihrem Repertoire an attraktiven Standardsituationen und dem weiten Assoziationsspektrum der Filme bedienten sich erfolgreiche Spielautomaten-Konzepte wie *Spy Hunter* (Midway, 1983) und *Elevator Action* (Taito, 1983) am Motivarsenal der Bond-Filme. Die Wechselspiele zwischen Videospielen und dem Bond-Universum erweisen sich bis heute in einigen Fällen als produktives Austauschverhältnis. Offiziell lizenzierte 007-Titel integrieren Spielelemente aus anderen erfolgreichen Games, umgekehrt nehmen originale Konzepte wie *No One Lives Forever 2* (Fox Interactive, 2002), in dem sich eine Agentin, bewaffnet mit Gadgets wie einem explodierenden Lippenstift durch bonbonfarbene Sixties-Kulissen kämpft, deutlich Bezug auf die Ästhetik der klassischen Bond-Filme.

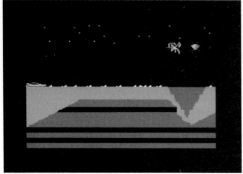

*James Bond 007 –
Abstrakte Agenten-
spiele (Parker, 1983).*

1983 erschien das erste offiziell lizenzierte 007-Videospiel für die Anfang
der 1980er-Jahre weit verbreiteten Ata-
ri-Konsolen und den C64. Das von der
überwiegend für Brettspiele bekannten
Firma Parker Brothers produzierte Spiel
bietet zumindest nominell Levels zu den
Filmen DIAMONDS ARE FOREVER, THE
SPY WHO LOVED ME, MOONRAKER und
FOR YOUR EYES ONLY. Praktischerweise
benutzt James Bond für seine Mission
ein an den Lotus Esprit aus THE SPY
WHO LOVED ME angelehntes Multi-
Funktionsfahrzeug, das über alle vier
Spielabschnitte hinweg gleich bleibt.
Das Gameplay, das im Spielverlauf kaum
variiert wird, erinnert deutlich an
den Arcade-Klassiker *Moon Patrol* (Irem,
1982), in dem der Spieler mit einem
Moon-Buggy über Krater springen und
angreifende UFOs abwehren muss. Der
Bezug zu den vier Bond-Filmen ergibt
sich in diesem minimalistischen Seit-
wärts-Scroller in erster Linie aus den Einblendungen auf dem Start-
Bildschirm und dem die Verpackung zierenden Gun-Barrel-Logo.

Mitte der 1980er-Jahre sicherte sich die britische Software-Firma Domark die Rechte für Bond-Adaptionen, die für sämtliche damals verbreiteten Home-Computer wie den C64, den Schneider CPC, den
Amiga und den Atari ST umgesetzt wurden. Statt der hochtrabenden
Mogelpackung des 4-in-1-Konsolenspiels beschränkte man sich von
vornherein auf Spiele-Umsetzungen von jeweils einem Film. Die einfach strukturierten Spiele zeichneten sich vor allem durch die reizvolle 8-Bit-Adaption von Soundtrack-Motiven aus den Filmen aus. Für
A View to a Kill (1985) wurde der Titelsong von Duran Duran mit markanten Synthie-Sounds umgesetzt, die restlichen Domark-Spiele be-
gleiteten Variationen des James Bond-Themas.

Lediglich im Fall von *A View to a Kill* versuchten sich die Gamedesigner an einer Kombination aus unterschiedlichen Spielgenres. Im
ersten Level muss Bond in Paris May Day nach ihrem Sprung vom
Eifelturm in einem monotonen, in einer Kombination aus subjektiver
Fahrersicht und Straßenkarte präsentierten Rennspiel verfolgen. Die
letzten beiden Spielabschnitte präsentieren die Flucht aus dem bren-
nenden Rathaus von San Francisco und die Suche nach Zorins Bombe

in der stillgelegten Mine als Action-Adventure, in dem die Aufgaben durch die Kombination von Gegenständen gelöst werden. Der Handlungskontext ergibt sich erst aus der Kenntnis des Films oder der Lektüre der Anleitung. Im Unterschied zu heutigen 007-Games, in denen mit Hilfe von voranimierten Zwischensequenzen komplette eigenständige Handlungsverläufe entwickelt wurden, beschränkten sich die Spiele aus der Hochphase der 8- und 16-Bit-Computer noch ganz auf die Umsetzung einzelner Sequenzen, in denen jedoch auf Grund der technischen Beschränkungen wesentliche Momente aus den Filmen fehlten. Weder der auseinanderfallende Renault, noch May Days Sprung vom Eifelturm wurden im Spiel *A View to a Kill* dargestellt, stattdessen wurde auf das etablierte Reglement eines Zeitlimits zurückgegriffen.

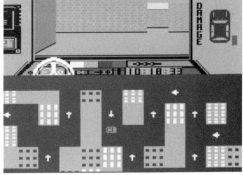

Obern: Gun Barrel-Logo zu Beginn des Spiels. Unten: Autojagd durch Paris in *A View to a Kill* (Domark, 1985).

In dem 1987 zum Filmstart veröffentlichten THE LIVING DAYLIGHTS beschränkte man sich von vornherein auf einen einfachen seitwärts scrollenden Shooter, in dem sich James Bond von der Übung auf Gibraltar aus der Pre-Title-Sequenz über Prag bis zur Villa des Waffenhändlers Whitaker in Tangier kämpfen musste. Weder die raffinierten Wendepunkte des Films, noch die spektakulären Actionszenen wie die Flucht mit dem neuen Aston Martin fanden Eingang in das Spiel. Auch LICENCE TO KILL von 1989 beschränkte sich auf eine Abfolge von Shooter-Passagen. Die einzige Abwechslung bestand in einem deutlich zu schwierig geratenen Zwischenlevel, in dem der Spieler als Bond wie in der Pre-Title-Sequenz des Films das Flugzeug des Drogenbarons Sanchez von Felix Leiters Helikopter aus mit einem Enterhaken stoppen musste. Wie bereits im Fall des Vorgängers spielte die dramaturgische Ausnahmesituation Bonds aus dem Film im Spiel keinerlei Rolle. Stattdessen kämpfte er sich durch eine Reihe von Standardsituationen, wie sie sich in den späten 1980er-Jahren in vielen Actionspielen fanden.

Für die soliden und im Rahmen des jeweiligen Game-Genres durchaus unterhaltsamen Adaptionen zu *Live and Let Die* (1988) und *The Spy Who Loved Me* (1990) orientierten sich die Programmierer von Domark an einem Konzept, das mit den Action-Höhepunkten der Filme

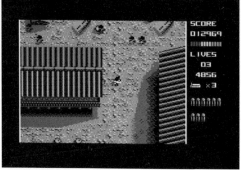

Timothy Daltons virtuelles Alter Ego vor der Kulisse Gibraltars und auf den Bahamas. (*The Living Daylights*, Domark 1987, *License to Kill*, Domark 1989).

kompatibel erschien. In *Live and Let Die* kann der Spieler eine Reihe von Bootsrennen bestreiten, bevor er sich in einem verminten und von Helikopter-Patrouillen gesicherten Wasserkanal auf den Weg ins Hauptquartier des Gegenspielers Kananga begibt.

The Spy Who Loved Me stellt hingegen im Stil des erfolgreichen Automatenspiels *Spy Hunter* die Verfolgungsjagd mit dem Lotus Esprit aus dem gleichnamigen Film von 1977 nach. Im Unterschied zur ersten Adaption von Parker Brothers bringt das Spiel die Tauchfähigkeiten des Lotus Esprit deutlich zum Einsatz

Nach klassischem Shoot'em-Up-Konzept muss sich der Spieler über mehrere Straßen und unter Wasser den Weg zur Zentrale Strombergs bahnen. Das Spiel veranschaulicht auf amüsante Weise die semantischen Unterschiede zwischen Film und Game. Beide nehmen zwar in der Darstellung der Actionszenen eine bewusst comichafte *Larger-Than-Life*-Haltung ein. Doch trotz überzeichneter Elemente wie dem unverwüstlichen Beißer verzichtet der Film auf allzu kuriose Hindernisse wie eine James Bond aus der Bahn werfende Ölspur oder Versorgungspakete mit neuen Waffen, die in den Videospielen der 1980er-Jahre Selbstverständlichkeiten darstellen. In diesem Fall zeigt sich deutlich die vielfach in den kulturwissenschaftlichen Game Studies diskutierte Unterscheidung zwischen dem von Regeln bestimmten Spiel, in dem die fiktionale Welt jederzeit dramaturgische Brüche wie die Wiederholbarkeit einzelner Passagen oder Power-Ups aufweisen kann, so lange die Spiellogik gewahrt bleibt, und der auf narrative Stringenz ausgelegten Handlung eines Films.

Auch wenn sich die Titel gegen Ende der 007-Serie von Domark weniger erfolgreich als die Veröffentlichungen zu den aktuellen Filmen verkauften, gaben sie deutlich das Format für zukünftige Bond-Adaptionen vor. Ein vom späteren 007-Romanautoren Raymond Benson verfasstes Text-Adventure zu *Goldfinger*, das 1986 für Apple II und PC erschien, und in dem der Spieler im Stil von Rollenspiel-Büchern durch die Eingabe von Textbefehlen 007 durch das Abenteuer navigiert, erlangte nicht den gleichen Bekanntheitsgrad wie die weniger einfallsreichen Bond-Shooter-Spiele. Den nächsten entscheidenden Schritt in der Entwicklung der James Bond-Videospiele vollzog Nintendo mit dem bis heute einflussreichen Spiel zum filmischen Comeback *GoldenEye* (Rare, 1997). Im Unterschied zu den früheren Adaptionen war es auf Grund des maßgeblich verbesserten Speicherumfangs möglich, die Handlung des gesamten Films, inklusive kurzer digitalisierter Ausschnitte in das Spiel einzubeziehen.

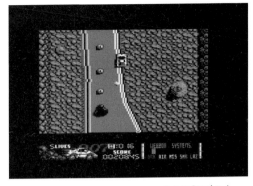

James Bond zwischen Bonus-Paketen und Ölfleck im Spiel *The Spy Who Loved Me* (Domark, 1990).

Als Format wählten die Spieldesigner der Firma EA Games das seit den internationalen – in einigen Ländern kontrovers diskutierten – Erfolgen von *Castle Wolfenstein* (ID Software, 1991) und *Doom* (ID Software, 1993) populäre Ego-Shooter-Genre. Die subjektive Perspektive, die auf der Leinwand nur phasenweise funktioniert, wie der Misserfolg des experimentellen Film Noir LADY IN THE LAKE (USA 1947) verdeutlichte, in einem Game jedoch für ein intensives und flüssiges Spielerlebnis sorgt, erwies sich als geschickte Wahl.

Ein unabhängig von den Filmen von Domark 1993 für das Sega Master System veröffentlichtes James Bond-Spiel namens *The Duel* blieb im Unterschied zu *GoldenEye* und dessen Nachfolgern noch ganz der Cartoon-Ästhetik der populären Jump 'n' Run-Spiele wie *Super Mario Bros.* (Nintendo, seit 1986) verpflichtet. *The Duel*, in dem James Bond eine geheime feindliche Basis infiltrieren muss, bildet spielerisch nur eine von vielen verschiedenen Varianten des gleichen Spielkonzepts, auf das sich auch Parodien wie die Reihe *James Pond – Agent Robocod* (Millenium Interactive, 1991) beziehen, in der ein Walross die Fabrik des entführten Weihnachtsmanns vor explosiven Pinguinen retten muss.

Das in Deutschland aus nicht weiter nachvollziehbaren Gründen indizierte Spiel zu *GoldenEye*, dessen spielerisch sehr ähnliche Nachfolger ab 16 Jahren freigegeben wurden, verzichtet auf die Comicelemente seines Jump 'n' Run-Vorgängers. Stattdessen nimmt die Missionsgestaltung Motive der erfolgreichen Stealth-Spiele wie *Splinter Cell* (Ubi Soft, seit 2003) vorweg, in denen der Spieler nicht durch rohe Gewalt, sondern durch ein möglichst unauffälliges Verhalten und überlegte Spionage-Taktiken voran kommt. Bei einigen Aufträgen muss der Spieler lediglich Informationen beschaffen oder möglichst lange unentdeckt bleiben. Als Erweiterung enthielt *GoldenEye* außerdem einen Multi-Player-Modus, in man unter anderem in der Rolle altvertrauter Bond-Gegner wie Oddjob und May Day gegeneinander antre-

James Bond auf den Spuren von *Super Mario – The Duel* (Domark, 1993).

ten konnte. Es überrascht nicht wirklich, dass sich unter den vom Plot des Spiels unabhängigen, wählbaren Schauplätzen für die Multi-Player-Turniere auch das bizarre Fun House Scaramangas aus THE MAN WITH THE GOLDEN GUN findet. Auf den Erfolg von *GoldenEye* folgte eine ganze Reihe von Ego-Shootern, die das bekannte Major-Studio EA Games zwischen 1997 und 2002 produzierte. Die Spiele zu TOMORROW NEVER DIES, ausnahmsweise als 3rd-Person-Game gestaltet, und THE WORLD IS NOT ENOUGH kombinierten Verfolgungsjagden mit Missionen, in denen der Spieler Bond sicher durch die Szenarien der Filme befördern muss. Die nicht immer einfachen Verknüpfungen zwischen Film und Spiel verdeutlicht *The World Is Not Enough*. Während des Helikopter-Angriffs auf Valentin Zukovskys Kaviarfarm kann ein Hubschrauber nur dadurch besiegt werden, indem er wie im Film über eine bestimmte Stelle gelockt und anschließend mit einem gezielten Schuss auf eine defekte Gasleitung in die Luft gejagt wird. Wenn man den Film gerade für inspirierende Ideen griffbereit hat, bereitet die detailgetreue Umsetzung unter Umständen eine Menge Spaß, sollte man ihn jedoch schon seit längerer Zeit nicht mehr gesehen haben, kann das ermüdende Helikopter-Duell schnell zur Sisyphos-Arbeit werden.

Mit Produktionen wie dem Rennspiel *007 Racing* (EA Games, 2000) und dem sogar von der Figur James Bonds vollkommen unabhängigen *GoldenEye – Rogue Agent* (EA Games, 2004) entfernten sich die Gamedesigner zunehmend von den filmischen Vorlagen, bis sich die Reihe mit dem Spiel *Agent Under Fire* (EA Games, 2001) an eigenständige Abenteuer wagte. In den späteren Titeln wie *Nightfire* (EA Games, 2002) finden die 007-typischen Gimmicks wie die Infrarot-Sonnenbrille aus THE WORLD IS NOT ENOUGH, eine Uhr mit eingebautem Laser oder ein im Handy verborgener Safeknacker Eingang in das Gamedesign. Die Game-Plots integrieren sogar auf der Leinwand nicht mehr mögliche Kuriositäten wie einen erneuten Ausflug in den Weltraum, und die Gegenspieler schrecken nicht vor albernen Namen wie Nikolai Diavolo zurück.

Im ersten Spiel *Agent Under Fire* muss Bond die CIA-Agentin Zoe Nightshade aus der Gewalt des heimtückischen Industriellen Nigel Bloch befreien und gemeinsam mit ihr dessen Klon-Experimente ein Ende bereiten. Die Spur führt von Rumänien über eine Öl-Plattform im südchinesischen Meer in die Schweizer Firmenzentrale des Schur-

ken, der die Regierungsoberhäupter der
G8-Staaten durch Klone ersetzen will.
Im Vergleich zu den neueren Filmen
nehmen die eigenständigen Plots der
EA-Games-Reihe deutlich Bezug auf Motive des Science-Fiction-Films. *Agent Under Fire* entwirft eine alternative Version
des Bond-Universums, die sich hätte
ergeben können, wenn die Reihe Ende
der 1970er-Jahre weiterhin den Stil von
Lewis Gilberts Filmen verfolgt hätte.
Nightfire, für das erstmals ein eigener

Bond in der ersten
Person – Infrarot-
Sonnenbrille im Ego-
Shooter *Nightfire*
(EA Games, 2002).

Titelsong, inklusive eines Vorspanns in der Tradition der von Maurice
Binder gestalteten Credits, produziert wurde, weist schließlich deutliche Parallelen zu MOONRAKER auf. Bonds Gegenspieler Drake, dessen Name nicht zufällig an den selbsternannten Weltraum-Despoten
Drax erinnert, betreibt eine Firma, die scheinbar Nuklearwaffen ent-
sorgt. In Wirklichkeit wirtschaftet er in die eigene Tasche und plant
die Kontrolle über ein an das amerikanische SDI-Projekt angelehntes
Waffensystem im Orbit zu erlangen. Die Schauplätze des Spiels greifen auf das Inventar aus vierzig Jahren Bond-Filme zurück. In den
ersten Levels erkundet Bond eine Alpenfestung – Modell Blofeld –, in
Japan muss er einen Überläufer vor angreifenden Yakuza-Armeen
beschützen, und nach einer Tauchfahrt im SPY WHO LOVED ME-Stil
geht es zum großen Finale hinaus in die unendlichen Weiten, die kein
Geheimagent seit 1979 zu sehen bekommen hat. Kein Wunder, dass
sich im nächsten Spiel *Everything or Nothing* (EA Games, 2004) ein
mit diesem Ambiente bestens vertrauter alter Bekannter zum erneuten Schlagabtausch mit Bond einfindet. In *Nightfire* wurde das Erscheinungsbild Bonds in den Zwischensequenzen deutlich an Pierce
Brosnan angelehnt, obwohl der Plot aus der Hochphase Roger Moores
stammen könnte.

Die Production Values gestalteten sich zunehmend aufwändiger, bis
die Spiele sich zu eigenständigen Events mit prominenten Gaststars
entwickelt hatten. Richard Kiel holte mit dreiundzwanzig Jahren Verspätung seinen in FOR YOUR EYES ONLY 1981 nicht realisierten dritten
Auftritt als Beißer in *Everything or Nothing* nach. Die Rückkehr des
Beißers bietet einen reizvollen ironischen Kommentar zur Codierung
einiger Actionspiele. Seine Unzerstörbarkeit erinnert nicht von ungefähr an den *Respawn* von Gegnern, die, nachdem sie überwältigt wurden, nach kurzer Zeit wieder an der gleichen Stelle erscheinen und
somit nur temporär überwunden, aber nie endgültig besiegt werden
können.

Sogar Pierce Brosnan, John Cleese und Judi Dench beteiligten sich als Stimmen ihrer digital animierten Avatare an der Produktion des Spiels. Mit dem Auftritt Brosnans als Scanvorlage für Bond wechselte das Gamedesign aus der entpersonalisierten First-Person-Sicht zurück in die 3rd-Person-Perspektive, die dem Spieler ermöglicht, den von ihm gesteuerten Helden in einer Over-Shoulder-Kameraperspektive bei der Arbeit zu beobachten.

Das Drehbuch zu *Everything or Nothing* stammte von Bruce Feirstein, der als Autor an den Filmen GOLDENEYE, TOMORROW NEVER DIES und THE WORLD IS NOT ENOUGH beteiligt war. Der von ihm verfasste Plot spielt auf originelle Weise mit den Motiven der Serie, die Schauplätze Ägypten, Peru, New Orleans und Moskau entsprechen dem Setting eines klassischen 007-Abenteuers. Bond befreit eine entführte russische Wissenschaftlerin und Spezialistin für Nano-Technologie (gespielt von Model Heidi Klum, ein ähnlicher Besetzungscoup wie Denise Richards als Nuklearforscherin) aus den Klauen ägyptischer Terroristen. Wie in THE WORLD IS NOT ENOUGH erweist sich die Gerettete jedoch als Verräterin, die gemeinsame Pläne mit einem ehemaligen Kollegen des in A VIEW TO A KILL zu Fall gebrachten Psychopathen Max Zorin schmiedet. Der ehemalige KGB-Agent Nikolai Diavolo (Willem Dafoe, der sich amüsanterweise mit Zorin-Darsteller Christopher Walken in Abel Ferraras Cyberpunk-Verfilmung NEW ROSE HOTEL als Daten-Desperado die Leinwand teilte) interessiert sich im Unterschied zu seinem verstorbenen Mentor zwar nicht sonderlich für die Computer-Industrie von Silicon Valley, doch seine Pläne gestalten sich nicht weniger ambitioniert. Mit Hilfe einer neu entwickelten Nano-Technologie, mit der er einen Angriff auf den Kreml startet, will er die Herrschaft über Russland an sich reißen. Eine amerikanische Geologin (Shannon Elizabeth), sowie eine adrette, in New Orleans operierende NSA-Agentin (R 'n' B-Star Mya, die auch den Titelsong zu *Everything or Nothing* einspielte) helfen Bond die diabolischen Pläne des High Tech-Usurpators zu durchkreuzen. Das ägyptische Tal der Könige, ein Inka-Tempel in Peru, ein labyrinthischer Friedhof in New Orleans und geheime Katakomben unter dem Kreml bereiten die geeignete Spielfläche für ein Action-Adventure und dienen zugleich als reizvolle Anspielung auf Filme wie THE SPY WHO LOVED ME und LIVE AND LET DIE.

Anschließend entwarf Bruce Feirstein auch die Adaption zu *From Russia with Love* (EA Games, 2005). Das in den frühen 1960er-Jahren angesiedelte Spiel, inklusive Aston Martin aus GOLDFINGER und Raketen-Rucksack aus THUNDERBALL, erregte nicht nur auf Grund der Beteiligung von Sean Connery die Aufmerksamkeit der Medien außerhalb der Games-Fachpresse. Das Spiel nahm jene Back-to-the-Roots-Strategie vorweg, die ein Jahr später mit CASINO ROYALE auch auf der

Leinwand umgesetzt wurde. *From Russia with Love* liefert ein aufschlussreiches Beispiel für die Erweiterung des aus dem Film bekannten Handlungsraums im Rahmen einer Game-Adaption. Abgesehen davon, dass SPECTRE auf Grund der endlosen Auseinandersetzungen mit dem ebenso rustikalen wie weiterhin streitlustigen THUNDERBALL-Co-Produzenten Kevin McClory in OCTOPUS umbenannt werden musste, wurde die Handlung um eine neue Pre-

Pierce Brosnan bei seinem letzten Einsatz als James Bond in *Everything or Nothing* (EA Games, 2004).

Title-Sequenz erweitert, in der James Bond im nächtlichen London mit Raketenrucksack die Tochter des britischen Premierministers aus der Gewalt der SPECTRE-Ersatz-Terroristen befreien muss. Als neuer Charakter wurde außerdem eine Assistentin Red Grants in der Tradition der Assassinen Fiona und Fatima eingeführt. Der von Christopher Lennertz komponierte Game-Score variiert nicht nur John Barrys Vorlage, sondern enthält neue eigenständige Stücke, die unter der Mitarbeit des Gitarristen Vic Flick entstanden, der einst als Mitglied der John Barry Seven das Original-Bond-Thema interpretierte.

Dass der unrühmliche DIE ANOTHER DAY ästhetisch und dramaturgisch schlechter als die zeitgleich veröffentlichten Videospiele erscheint, verwundert bei genauerer Betrachtung nicht mehr weiter. Schließlich hatte sich Autor Feirstein, der mit dem ambitionierten Pulp-Drama THE WORLD IS NOT ENOUGH einen der besten Filme der Reihe mitverfasste, aus den Filmen zurückgezogen und sich ganz auf die Produktion der Videospiele verlagert.

Bedauerlicherweise wurde *Everything or Nothing* zum letzten Auftritt Brosnans. Die Produzenten griffen zwar die Idee dankbar auf, CASINO ROYALE zu verfilmen, wie es Quentin Tarantino und Pierce Brosnan gemeinsam propagiert hatten. Für die Hauptrolle verpflichteten sie jedoch den kontrovers diskutierten Daniel Craig und vertrauten, bevor Bond autoreflexive Dialoge über die Bedeutung des Martinis im Actionfilm in den Mund gelegt werden konnten, die Regie dem GOLDENEYE-Veteranen Martin Campbell an. Mit dem Darstellerwechsel und dem Verkauf des renommierten Hollywood-Studios MGM an Sony wechselten auch die Lizenzvereinbarungen für die 007-Videospiele von EA Games zu Activision, einem weiteren Traditions-Softwarestudio. Dort verhält man sich gegenüber der filmischen Umgestaltung erst einmal abwartend. Zu CASINO ROYALE wird noch keine Spiel-Adaption produziert, das erste Activision-James Bond-Spiel soll 2008 zum zweiten Film mit Daniel Craig erscheinen. Sollten alle

Stricke reißen, wie manche Hardliner im Fandom befürchten, können die Gamedesigner anstelle von Daniel Craig alternativ auf die bereits digitalisierten Pierce Brosnan und Sean Connery zurückgreifen. Denn auch für die virtuellen Spielplätze gilt die altbekannte Devise: »James Bond will be back ...«, man kann sich nur nie ganz sicher sein, in welcher seiner bisherigen sechs Inkarnationen. Vielleicht wird irgendwann auch die Wahl des favorisierten James Bond-Darstellers dem einzelnen Spieler überlassen.

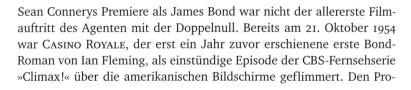

Kommentierte Filmographie

[ar] = Andreas Rauscher
[ck] = Cord Krüger
[gm] = Gregor Mannsperger
[zyw] = Bernd Zywietz

P: Produktion
R: Regie
B: Drehbuch
Pd: Produzent
K: Kamera

S: Schnitt
PdD: Production Design
M: Musik
D: Darsteller (Auswahl)
L: Länge

1. DR. NO (JAMES BOND JAGT DR. NO)
GB 1962

P: MGM – United Artists / EON Productions | R: Terence Young | B: Richard Maibaum, Johanna Harwood, Berkley Mather | Pd: Harry Saltzman, Albert R. Broccoli | K: Ted Moore | S: Peter Hunt | PdD: Ken Adam | M: Monty Norman | D: Sean Connery (James Bond), Ursula Andress (Honey Rider), Joseph Wiseman (Dr No), Anthony Dawson (Professor Dent), Zena Marshall (Miss Taro), John Kitzmuller (Quarrel), Eunice Gayson (Sylvia Trench), Peter Burton (Major Boothroyd), Jack Lord (Felix Leiter), Bernard Lee (M), Lois Maxwell (Miss Moneypenny) | L: 105 Min.

Sean Connerys Premiere als James Bond war nicht der allererste Filmauftritt des Agenten mit der Doppelnull. Bereits am 21. Oktober 1954 war CASINO ROYALE, der erst ein Jahr zuvor erschienene erste Bond-Roman von Ian Fleming, als einstündige Episode der CBS-Fernsehserie »Climax!« über die amerikanischen Bildschirme geflimmert. Den Produzenten Albert R. Broccoli und Harry Saltzman schwebte für ihre eigene Adaption der inzwischen zur Erfolgsreihe avancierten Literaturvorlagen freilich etwas anderes vor als das schwarzweiße Kammerspiel um einen amerikanisierten »Jimmy Bond«. Es sollte ein farbenprächtiges Spektakel voller Action, Luxus und Erotik werden und gleichzeitig den kolonialen britischen Lebensstil liebevoll ironisch vorführen. Dem Hauptdarsteller, einem gedrungenen Bodybuilder aus der schottischen Unterschicht, wurden von Regisseur Terence Young zu diesem Zweck in mühevoller Kleinarbeit die Sitten und Manieren der britischen Upper Class beigebracht, die von Sean Connery jedoch auf höchst eigenwillige Weise interpretiert und teilweise konterkariert wurden.

Broccoli und Saltzman, die sich die Rechte an allen Bond-Romanen außer »Casino Royale« gesichert hatten, wählten den sechsten Titel der Reihe, »Doctor No« aus dem Jahr 1958 als Vorlage für den ersten Teil ihrer von Anfang an als Serie konzipierten Produktion. Der Plot zeichnet die Handlung der Vorlage recht originalgetreu nach, die inhaltlichen Änderungen im Detail – etwa, dass Dr. No beim Showdown nicht in einem Haufen Vogelexkrement erstickt, sondern im Kühlwasser eines Atomreaktors ertrinkt – sind eher amüsante Fußnoten am Rande. James Bonds erster Kino-Auftrag ist im Vergleich zu späteren Missionen noch vergleichsweise unspektakulär: Er soll dem geheimnisvollen Verschwinden eines Agentenkollegen auf den Grund gehen. Immerhin wird er dazu in das Inselparadies Jamaica entsandt, das im Film auch mit gebührendem Reisekatalog-Hochglanz vorgestellt wird. Eine internationale Filmproduktion dieses Ausmaßes »on location« auf dem Karibik-Eiland zu realisieren, bedeutete eine gewaltige logistische Herausforderung, die man als Betrachter des 21. Jahrhunderts angesichts der eher konventionellen und aufgrund des begrenzten Budgets auch noch nicht so extravaganten filmischen Machart kaum mehr nachvollziehen kann.

Die Recherche – die James Bond noch viel mehr wie ein Detektiv der alten Schule als wie die »Frontkämpfer« späterer Verfilmungen durchführt – bringt ihn nach »Crab Key«, einer vorgelagerten kleinen Insel, die der geheimnisvolle Industriemagnat Dr. No scheinbar zur Rohstoffgewinnung nutzt. Im Unterschied zum Roman – wo er für die russische Geheimorganisation SMERSH arbeitete – ist er im Film Mitglied des profitorientierten Verbrechersyndikats SPECTRE (**SP**ecial **E**xecutive for **C**ounter-intelligence, **T**errorism, **R**evenge and **E**xtortion, in der deutschen Version zu »Phantom« umbenannt). Dieses hatte Ian Fleming allerdings erst im neunten Roman, »Thunderball« (1961) – unmittelbar vor Beginn der Vorbereitungen für den Film erschienen – eingeführt. Die Tendenz der Filme, die Kalter-Krieg-Thematik der fünziger Jahre durch eine solche Stellvertreter-Organisation zu ersetzen, nahm also hier bereits ihren Anfang. Der Geheimplan Dr. Nos ist es, amerikanische Weltraum-Raketen unmittelbar nach ihrem Start durch Störsignale zu entführen und die Großmacht dadurch zu erpressen. Unterstützt wird der britische Agent 007 von seinem CIA-Kollegen Felix Leiter – einer wiederkehrenden Figur, die vom Start weg in einigen Ian Fleming-Romanen, nicht jedoch in »Doctor No«, aufgetreten war. Diese Figur sollte dem amerikanischen Publikum im Film wohl zusätzliches Identifikationspotenzial bieten und wurde James Bond in den folgenden Jahren immer wieder zur Seite gestellt, allerdings mit wechselnden Darstellern, die rein äußerlich nichts miteinander gemein hatten, bis dahin, dass er in Never Say Never Again und zuletzt auch in Casino Royale sogar die Hautfarbe wechselte und von einem schwarzen Darsteller gespielt wurde (Bernie Casey bzw. Jeffrey Wright).

Bevor das Hauptquartier Dr. Nos ausfindig gemacht und wenig später pulverisiert wird, begegnet Sean Connery noch dem klassischen »Bond-Girl« schlechthin: Ursula Andress als Honey Rider prägte für Generationen ein Frauenbild, das durch eine laszive erotische Ausstrahlung, einen kindlichen, unverbildeten Instinkt und eine Hingezogenheit zu dominanten Männern bestimmt ist. »Daheim« im Hauptquartier des Geheimdienstes sehnt sich bereits Miss Moneypenny nach der Rückkehr ihres Lieblingskollegen, mit dem sie sich mit Vorliebe zweideutige Wortgefechte liefert. Ebenso bereits mit an Bord: Der namenlose Geheimdienstchef »M«, der für Bond eine Respekts- und Vaterfigur darstellt, während der Waffenmeister – hier noch »Major Boothroyd« genannt, später »Q«, die Ersatzfamilie Bonds komplettiert. Die Hauptzutaten des Bond-Mahls waren also angerichtet. [gm]

2. FROM RUSSIA WITH LOVE (LIEBESGRÜSSE AUS MOSKAU)
GB 1963

P: MGM – United Artists / EON Productions | R: Terence Young | B: Richard Maibaum | Pd: Harry Saltzman, Albert R. Broccoli | K: Ted Moore | S: Peter Hunt | PdD: Syd Cain | M: John Barry | D: Sean Connery (James Bond), Daniela Bianchi (Tatiana Romanova), Pedro Armendariz (Kerim Bey), Lotte Lenya (Rosa Klebb), Robert Shaw (Donald Grant), Bernard Lee (M), Vladek Sheybal (Kronsteen), Anthony Dawson (Ernst Stavro Blofeld), Desmond Llewelyn (Q/Major Boothroyd), Lois Maxwell (Miss Moneypenny) | L: 116 Min.

Obwohl James Bond in seinem zweiten Leinwand-Abenteuer zwar »Liebesgrüße aus Moskau« gesandt werden – nämlich von der russischen Agentin Tatiana Romanova – war der Film die erste westliche Großproduktion, die in Istanbul gedreht wurde. Wie schon im ersten Film DR. No machten auch hier die Schauwerte des exotischen Drehorts einen Großteil der visuellen Attraktivität aus. Wieder ist der Gegenspieler James Bonds ein Vertreter der Verbrecherorganisation SPECTRE, anstatt, wie in der Vorlage, der Sowjetunion. Die Gelüste des Syndikats richten sich diesmal auf Bond selbst: Man hat sich, ausdrücklich als Racheakt für den Mord an Dr. No, einen infamen Plan ausgedacht, um den verhassten Agenten bei seiner größten Schwäche, nämlich der für Frauen, zu packen und so auszuschalten. Romanova wird von ihrer verdeckt für SPECTRE arbeitenden Chefin Rosa Klebb dazu beauftragt, James Bond zu verführen und durch einen so provozierten Sex-Skandal für seinen Arbeitgeber untragbar zu machen. Was in späteren Jahren zum routinemäßig wiederholten Ritual werden sollte und bei Geheimdienstchef M nur noch ein Hochziehen der Augenbrauen verursacht, diente zu diesem Zeitpunkt also noch als berufsgefährdendes Druckmittel gegen Bond. Um den britischen Geheimdienst zu ködern, täuscht Romanova vor, mit einer wertvollen Dechiffriermaschine im Gepäck überlaufen zu wollen. Als Ort der Kontaktaufnahme dient Istanbul. Auf der Zugfahrt Richtung Westen (natürlich im Orientexpress – für James Bond ist das beste gerade gut genug) erwehrt sich Bond eines sicherheitshalber von SPECTRE auch noch auf ihn angesetzten Attentäters und flieht mit Romanova nach Venedig, wo er – nach einem finalen Mordversuch durch Rosa Klebb selbst – Tatiana zum tatsächlichen Wechsel in den Westen bewegt.

Neben diesem narrativen Element – der durch die Anziehungskraft des britischen Agenten erfolgten ideologischen Neupositionierung einer Femme Fatale – werden in FROM RUSSIA WITH LOVE auch in dramaturgischer und filmgestalterischer Hinsicht einige Standardmotive eingeführt, die später zum Markenzeichen der Reihe werden sollten. So wird der Film erstmals von einer sogenannten »Vortitelsequenz« (pre-title sequence) eröffnet – einer dem eigentlichen Vorspann vorgelagerten Actionsequenz, die später keinen direkten Zusammenhang zum Hauptfilm mehr aufweisen musste, sondern den Showdown eines nicht weiter erläuterten anderen Bond-Abenteuers darstellte. Mit Desmond Llewelyn als Waffenmeister »Q« wird die über Jahre hinweg konstante Riege an wiederkehrenden Nebendarstellern komplettiert. Auch auf der Gegenseite betritt eine Figur die Bühne, die für die Filmserie von großer Bedeutung werden sollte: Das Oberhaupt von SPECTRE, im Dialog nur »Number One« genannt, im Abspann aber bereits als »Blofeld« gelistet. Kennzeichnend für die Bond-Filme sind auch die Kompositionen von John Barry, der hier erstmals zum Einsatz kam. Urväter aller späteren »Gadgets« und Wunderwaffen aus der Schmiede von Q ist der »Geheimkoffer«, der neben diversen Verteidigungsmechanismen auch eine Reihe Goldmünzen für den Einsatz bei Bedarf in einem Geheimfach bereithält.

Zwei Actionsequenzen aus FROM RUSSIA WITH LOVE bilden den Ausgangspunkt für die sehr charakteristische Schnitttechnik, die Peter Hunt in die Serie einbrachte: In einem türkischen Zigeunerlager, in dem sich Bond zwischenzeitlich versteckt, findet, von der Haupthandlung völlig losgelöst, ein Kampf auf Leben und Tod zwischen zwei eifersüchtigen Frauen statt; in einem Zugabteil ficht Bond später einen tödlichen Kampf mit dem SPECTRE-Killer aus. In diesen Szenen übernehmen blitzschnelle Perspektivwechsel die Rauminszenierung. Im ersten Fall wird die Weite des Zigeunerlagers durch gezielte Desorientierung der Raumwahrnehmung gewissermaßen gestaucht; im zweiten Fall dynamisiert die Montage einen Kampf, der in klaustrophobischer Enge ausgetragen wird. In dem handwerklichen Geschick, mit dem es Hunt gelingt, trotz der Geschwindigkeit der Schnitte stets die Narration zu stützen, wurden die James-Bond-Filme stilbildend für das Genre des Actionfilms an sich. [gm]

3. GOLDFINGER (GOLDFINGER)
GB 1964

P: MGM – United Artists / EON Productions | R: Guy Hamilton | B: Richard Maibaum, Paul Dehn | Pd: Harry Saltzman, Albert R. Broccoli | K: Ted Moore | S: Peter Hunt | PdD: Ken Adam | M: John Barry | D: Sean Connery (James Bond), Honor Blackman (Pussy Galore), Gert Fröbe (Auric Goldfinger), Shirley Eaton (Jill Masterson), Tania Mallet (Tilly Masterson),: Harold Sakata (Oddjob), Bernard Lee (M), Martin Benson (Solo), Cec Lider (Felix Leiter), Desmond Llewelyn (Q), Lois Maxwell (Miss Moneypenny) | L: 111 Min.

Mit GOLDFINGER fand die James-Bond-Serie endgültig zu sich selbst. Mit dem Übergang der Regie von Terence Young zu Guy Hamilton wurden die Elemente des Spionagethrillers, die bei den ersten Filmen dominierend waren, gepaart mit einer offeneren Form des Humors, die im Prinzip für die nächsten 20 Jahre zum wichtigen Erfolgsbestandteil der immer aufwändigeren Produktionen werden sollte. Während später jedoch mehr und mehr slapstickartige Comedy-Nummern für Lacher sorgten, steht in GOLDFINGER noch die Charakterkomik sowie ein sehr britischer, schwarzer Humor im Vordergrund.

Anfangs sieht es noch nach langweiliger Routine im Agentenalltag aus: Bond erhält den Auftrag, einer Schmuggelaffäre um den berüchtigten Großjuwelier Goldfinger nachzugehen. Wie schon in DR. NO entwickelt sich der phantastische Geheimplan, der die ganze westliche Welt ins Wanken bringen könnte, erst nach und nach aus einer zunächst eher kleinformatigen und in der Realität der Geheimdienste verwurzelten Spionagegeschichte heraus. Goldfingers wahrer Plan ist es, die Goldreserven der Vereinigten Staaten, die in Fort Knox gelagert sind, durch eine radioaktive Verseuchung wertlos zu machen, um so den Wert seines eigenen Goldvermögens zu verfielfachen – und gleichzeitig ein wirtschaftliches Chaos im Westen heraufzubeschwören (hier wird eine Allianz Goldfingers mit Rot-China angedeutet).

Die Figurenkonstellation in GOLDFINGER kann als paradigmatisch gelten für alle James-Bond-Geschichten überhaupt: Auf der einen Seite der ungebundene Spezialagent mit seiner »Ersatzfamilie« im Londoner Hauptquartier (M, Q, Moneypenny), auf der anderen Seite der Gegenspieler (Goldfinger), der eine ausreichende Menge an persönlichem Reichtum angehäuft hat, um staatsähnliche (aber eben gerade nicht staatliche) Strukturen und eine ihm völlig ergebene Privatarmee aufzubauen, und dazwischen das attraktive »Bond-Girl« (Pussy Galore), dessen Loyalität ambivalent ist. Zunächst erscheint sie, ausgebildete Pilotin und Leiterin einer ausschließlich weiblichen Kunstfliegertruppe, als emanzipierte Frau, die Goldfinger aus purem materialistischen Eigeninteresse heraus ohne jede Skrupel unterstützt. Selbst gegen Bonds Avancen, die in FROM RUSSIA WITH LOVE noch eine so überzeugende Wirkung auf die russische Agentin Romanova hatten, ist sie zunächst immun: Es wird ihre lesbische Neigung angedeutet. Schon Romanovas Chefin Rosa Klebb hatte homosexuelle Züge aufgewiesen und es wird nicht das letzte Mal innerhalb der Bond-Filme gewesen sein, dass der ungezügelten, »gesunden« Erotik des Helden auf der Seite der Gegenspieler eine »fehlgeleitete« Sexualität entgegengesetzt wird – dies ist ein Teil der reaktionären Grundideologie des Fleming'schen Stoffes, die auch ein halbes Jahrhundert später noch spürbarer Bestandteil der Filme ist. In GOLDFINGER wechselt Pussy schließlich im doppelten Sinne die Seiten: Sie lässt sich von Bond doch noch verführen und unterstützt von da an den britischen Geheimdienst – wird also auch ideologisch »zurechtgerückt«. Der Kampf für den Erhalt des britischen Lebensstils spiegelt sich auf anderer Ebene also wider im individuellen Konkurrenzkampf um eine Frau. Goldfinger, der hinsichtlich der körperlichen Attraktivität mit seinem Kontrahenten nicht mithalten kann, verliert schon die hübsche Tilly Masterson an Bond. Aus zynischem Eifersuchtsstreben heraus lässt er sie durch eine Ganzkörpervergoldung im Schlaf ermorden. Ihre Gestalt wird, einer Statue gleich, im wörtlichen Sinne zum

Objekt reduziert. Der nackte Frauenkörper als Schauobjekt innerhalb eines Zirkus visueller Attraktionen: In dem berühmt gewordenen Bild des »Golden Girl« drückt sich diese Tendenz der Bond-Serie paradigmatisch aus.

GOLDFINGER war auch der erste Bond-Film, der den inzwischen international spürbaren 007-Hype mit einer ausgewachsenen Marketing- und Merchandising-Kampagne unterstützte und dessen Titelsong (interpretiert von Shirley Bassey) die Charts stürmte. Bereits bevor der Film in die Kinos kam, wurden Gimmicks wie 007-Pistolen oder Aston-Martin-Bausätze verkauft. Bei der Premiere traten Models in knappen Gold-Anzügen auf. Es ist daher nicht verwunderlich, dass auch der Titeldesigner Robert Brownjohn das Motiv des vergoldeten Mädchens im Vorspann verwendete. Brownjohns Arbeiten für FROM RUSSIA WITH LOVE und GOLDFINGER wurden stilprägend für die Titel-Designs der Bond-Filme, die in einer ästhetisch die Form von Videoclips vorwegnehmenden Art und Weise Grundmotive des jeweils folgenden Films und des Bond-Universums im Allgemeinen sich metaphorisch verdichteten. [gm]

4. THUNDERBALL (FEUERBALL)
GB 1965

P: United Artists / Eon Productions | R: Terence Young. | B: Richard Maibaum, John Hopkins (nach einer Drehbuch von Jack Wittingham, wiederum basierend auf einer Originalstory von Kevin McClory, Jack Wittingham u. Ian Fleming) | Pd: Kevin McClory. Ausführende Pd: Harry Saltzman, Albert R. Broccoli | K: Ted Moore | S: Peter Hunt | M: John Barry (Titellied gesungen von Tom Jones) | PdD: Ken Adams | D: Sean Connery (James Bond), Claudine Auger (Domino), Adolfo Celi (Largo), Luciana Paluzzi (Fiona Volpe), Rik Van Nutter (Felix Leiter), Guy Doleman (Graf Lippe), Molly Peters (Patricia Fearing), Martine Beswick (Paula), Bernard Lee (M), Desmond Llewelyn (Q), Lois Maxwell (Miss Moneypenny) | L: 125 Min.

Wie so oft bei erfolgreichen Filmreihen bemängelten nach dem Start von THUNDERBALL Kritiker erste Ermüdungserscheinungen. Die Bond-Filme würden zur Masche, statt auf Originalität setze man auf sicheren Bombast und Technikmanie. Der Plot THUNDERBALLS ist dabei einer der glaubhafteren und kann als Prototyp der Plagiate der *Bondomania* in den 1960er-Jahren gelten, die im Zuge von THUNDERBALL nun vollends losbrach. Von nun an würden unzählige Waffen und / oder Erfindungen gestohlen werden, die ein 007-Imitat wiederzubeschaffen hat. Doch gerade darin, im Vergleich zu THUNDERBALL, zeigt sich die überlegene Qualität der James-Bond-Filme – nicht nur in den Produktionswerten, sondern im Umgang mit der eigenen Geschichte. Nach heutigen Maßstäben fast schon langweilig genau wird der Coup inszeniert, mit dem die Verbrecherorganisation SPECTRE zwei Atombomben stiehlt, um damit die NATO zu erpressen.

Ein Vulkan-Bomber wird vom gesichtsoperierten Double eines Offiziers beim Übungsflug entführt und im Meer vor den Bahamas versenkt. Die Unterwasseraufnahmen, mit denen die Bomben gesichert werden und mehr noch das finale Gefecht zwischen Marinekampftauchern und SPECTRE-Froschmännern suchen dabei heute noch ihresgleichen (für die Effekte gab es einen Oscar). James Bond kommt bereits während eines Erholungsurlaubs durch Zufall dem Schurkenstück auf die Spur. Doch erst, als er sich auf den Bahamas an Domino, die Schwester des echten (toten) Offiziers, heranmacht, geraten die Ermittlungen in Gang. Dominos »Vormund«, der brutale Largo, ist SPECTREs Operationschef, hat eine modifizierte Yacht und ein Haifischbecken hinterm Bungalow. Diese, wie auch Largos aggressiv-sinnliche Handlangerin Fiona, machen Bond das Leben schwer.

Ein gewisses Gefühl der Länge (das sich gleichwohl wohltuend gegen die oberflächlichen Schnellschuss-Geschichten der meist europäisch produzierten Bond-Nachahmungen abhebt) ergibt sich neben der Detailfreude und der Beschränkung der Haupthandlungsortes vor allem aus der Story-Konstruktion. Wird der Plan des Schurken bei Filmen wie GOLDFINGER, DIAMONDS ARE FOREVER und OCTOPUSSY lange als Spannungsmoment behandelt, als etwas, dass Bond mitsamt dem Zuschauer erstmal enthüllen muss, ist er hier (wie auch später bei TOMORROW NEVER DIES) von vornherein klar.

Daneben jedoch sollte die Story eine noch viel gewichtigere Problematik darstellen – und nachgerade das Trauma der Bond-Reihe schlechthin begründen. Denn THUNDERBALL basiert nicht auf einer Originalgeschichte Flemings. Die Idee stammte von Flemings Freunden Ivar Bryce und Ernst Cuneo. Gemeinsam mit dem irisch-stämmigen Produzenten Kevin McClory und unter Einbezug des Schriftstellers Jack Wittingham bastelte man an Drehbuchentwürfen herum; ein fertiges Skript McClorys adaptierte Fleming schließlich zum fertigen Roman »Thunderball«, der 1961 erschien. McClory verklagte Fleming daraufhin – und bekam die Rechte zugesprochen. Saltzmann und Broccoli arrangierten sich später mit dem Produzenten, der als begeisterter Taucher auf den Bahamas lebte und ihnen so vor Ort eine Hilfe war. Doch McClory und seine Rechte sollten der Stachel im Fleisch der »offiziellen« 007-Filmreihe bleiben. Stets drohten von dieser Seite Konkurrenz, gerichtliche Streitigkeiten zogen sich hin – und gipfelten schließlich 1982 in dem »falschen« echten James-Bond-Film NEVER SAY NEVER AGAIN.

Für THUNDERBALL übernahm nach Guy Hamilton wieder, und zum letzten Mal, Terence Young die Regie. Dessen straffe Führung wirkt nach dem lockeren visuellen Stil GOLDFINGERS (hier wie da war Ted Moore für die Kamera verantwortlich und Peter Hunt für den Schnitt) und angesichts des technokratischeren, weit weniger charakterbezogenen Buchs (verglichen v. a. mit dem »echten« Agenten-Thriller FROM RUSSIA WITH LOVE) weitgehend steif. Trotzdem kann Young noch einmal einige harte, kalte Kontrapunkte setzen: Bonds Verfolgung auf dem Karneval und Fionas Tod; wenn dem gierigen Flugzeugentführer im Meer kurzerhand der Luftschlauch durchschnitten wird, oder die brutale Beiläufigkeit, mit der Bond den Killer Vargas unter Dominos mitleidlosem Blick per Harpune an eine Palme spießt.

Auch wenn die Hauptsache unter Wasser stattfindet: Von all den Spektakel-007-Streifen, die hier endgültig ihren Ausgang nehmen, ist THUNDERBALL der bodenständigste. [zyw]

5. YOU ONLY LIVE TWICE (MAN LEBT NUR ZWEIMAL) GB 1967

P: United Artists / EON Productions | R: Lewis Gilbert | B: Roald Dahl | Pd: Harry Saltzman und Albert R. Broccoli | K: Freddie Young | S: Peter Hunt | M: John Barry (Titellied gesungen von Nancy Sinatra) | PdD: Ken Adam | D: Sean Connery (James Bond), Donald Pleasance (Ernst Stavro Blofeld), Akiko Wakabayashi (Aki), Mie Hama (Kissy Suzuki), Tetsuro Tamba (›Tiger‹ Tanaka), Teru Shimada (Osato), Karin Dor (Helga Brand), Bernard Lee (M), Desmond Llewelyn (Q), Lois Maxwell (Miss Moneypenny) | L: 112 Min.

Mit YOU ONLY LIVE TWICE verabschiedete man sich zum ersten Mal vollends vom Bond der Fleming-Romane – und der Handlung der Vorlage. In dieser soll Bond, um die guten Beziehungen zu Japan auszubauen, einen Exzentriker beseitigen, der an der Küste ein Schloss mit tödlichem Garten unterhält, und der sich als Blofeld, Kopf der Verbrecherorganisation SPECTRE entpuppt.

Davon übrig geblieben sind im Film der Handlungsort Japan (ein Land, das die nötige Exotik bot und zugleich die Heimat einer besonders intensiven 007-Verehrung darstellte) sowie die Figur des Blofeld. War der in den vorherigen Filmen nur als gesichtsloses Mastermind im Hintergrund aktiv, geraten er und Bond diesmal persönlich aneinander. Der ursprüngliche Darsteller Jan Werich wurde dabei, da er zu liebenswert erschien, durch Donald Pleasance ersetzt, dem man zum stieren Blick noch eine wüste Narbe ins Gesicht schminkte. Eine der japanischen Darstellerinnen hatte mehr Glück: Mie Hama sollte wegen ihrer mangelnden Englisch-Kenntnisse ausgetauscht werden, durfte aber bleiben – angesichts ihres Planes, ob der Schande Selbstmord zu begehen.

Die Kritik monierte den etwas müden Connery, der unter dem neuen Regisseur Lewis Gilbert gegenüber den Schauwerten vollends ins Hintertreffen geriet. Tatsächlich hatte Connery so manche Lust am 007-Part verloren. Doch Gilbert verstand es, eine kluge Gewichtung zwischen ihm, dem Bombast und den Figuren zu inszenieren, soweit es das Drehbruch freilich zuließ. Denn das stammte zwar vom renommierten Autor Roald Dahl, bot aber eine wenig stringente und oft unplausible Reihung von Standards. Ein ganz großes, logisches Loch stellt z. B. die Bemühung dar, Bond langwierig als Japaner zu tarnen und in die Gegend zu schmuggeln, von der aus das Unheil droht – obgleich lauter Mordversuche gegen ihn beweisen, dass der Gegner bereits im Bilde ist. Auch dass Bond nach einem Treffen mit seinem Kontaktmann in Tokio dessen Mörder bis ins Büro des angesehenen Osato-Konzerns folgt, um dort mit einem ›zufällig‹ einsteckenden elektronischen Safeknacker den Tresor zu öffnen, zeigt die Sorglosigkeit, mit der 007 und seine Abenteuer endgültig zu denen eines Comics geworden waren.

Das Tempo und vor allem die technischen Großleistungen vor und hinter der Kamera wurden dagegen durchaus gewürdigt. Der kleine Ein-Mann-Helikopter »Little Nelly« ließ staunen, wie auch der Abschleppdienst, ein Lasthubschrauber, der ein Verfolgerauto von der Straße wegangelt und im Meer versenkt. Der Höhepunkt ist jedoch Blofelds Versteck in einem ausgebauten Vulkan, von dem aus er ein Raumschiff losschickt, um damit die Weltraumkapseln von Amerikanern und Sowjets zu kidnappen und so den Dritten Weltkrieg zu provozieren. Designer Ken Adam bot mit dem 42 Meter hohen Vulkan-Set eine allein schon technisch sagenhafte Leistung. Mit Startrampe, Kontrollzentrum, vor allem aber auch Schiebetüren und Einschienenbahn ist es, wenn auch mit DR. No als Vorläufer, zur prototypischen Vorstellung des Schurken-Hauptquartiers geworden (eines, das natürlich zuletzt in Schutt und Asche gelegt wird). Die streng uniformierte Handlanger-Armee, der sardonisch-affektierte Blofeld im hochgeschlossenen Jäckchen: Man muss nur Mike Myers Bond-Persiflage AUSTIN POWERS betrachten, um klar zu erkennen, dass YOU ONLY LIVE TWICE wie kein anderer James-Bond-Film vorher und nachher bis tief hinein in den Bereich der Pop-Ikonografie einen Standard in Sachen ›Futurismus des Bösen‹ etabliert hat. [zyw]

6. ON HER MAJESTY'S SECRET SERVICE (IM GEHEIMDIENST IHRER MAJESTÄT) GB 1969

P: United Artists / EON Productions | R: Peter Hunt | B: Richard Maibaum (zusätzl. Dialoge: Simon Raven) | Pd: Harry Saltzman und Albert R. Broccoli | K: Michael Reed | S: John Glen | M: John Barry (Lied »We Have All The Time In The World« gesungen von Louis Armstrong) | PdD: Syd Cain | D: George Lazenby (James Bond), Diana Rigg (Tracy), Telly Savalas (Ernst Stavro Blofeld), Ilse Steppat (Irma Blunt), Gabriele Ferzetti (Draco), George Baker (Sir Hilary Bray), Bernard Lee (M), Desmond Llewelyn (Q), Lois Maxwell (Miss Moneypenny) | L: 112 Min.

Mehrfach kann man beobachten, wie nach einem Spektakel-Film, der vor allem auf überbordende Effekte setzt, eine Rückbesinnung in der James-Bond-Reihe stattfindet, die die Filme, der Überbietungstechnik entsagend, wieder etwas klassischer – sprich: bodenständiger – mochte. Der Trailer zu ON HER MAJESTY'S SECRET SERVICE (OHMSS) wartete denn nach all den irren Schauwerten von YOU ONLY LIVE TWICE nur mit verhältnismäßig wenig auf: Bilder von Ski- und winterlichen Autoverfolgungsjagden, einer Hatz im Eiskanal und einer Prügelei am Strand. Auch auf sexy Gadgets wurde verzichtet, ebenso auf weit entfernte Exotik: ein wenig Mittelmeer und die Schweizer Alpen mussten genügen.

Tatsächlich reichten diese Zutaten. Die unglaubliche Ski-Action, für die Willy Bogner engagiert wurde, erwies sich als ebensolcher Meilenstein wie die Unterwasseraufnahmen in THUNDERBALL. Und was die Härte, den *Drive*, anbelangte, orientierte sich OHMMS – als eine der detailgetreusten Adaptionen Flemings – ohnehin deutlich an den Thrillern aus den Anfängen der Serie.

Das der Film dennoch floppte (was nur bedeutete, dass er nicht gar so übererfolgreich war wie seine unmittelbaren Vorläufer) lag dann hauptsächlich am neuen Hauptdarsteller. Nachdem Connery sich – vorerst – verabschiedet hatte, engagierte man den australischen Dressman George Lazenby. Der machte gar nicht die schlechte Figur, die ihm bis heute anhaftet. Doch zum einen wollte er sich mit allerlei Allüren nicht so recht in das familiäre Produktionsleben der 007-Streifen einfügen, zum anderen war er als Neuling in dem zugleich emotionalsten und persönlichsten Bond-Abenteuer für das Publikum eine zu große Überforderung. Tatsächlich hätte es auch Ur-Bond und -Macho Connery mit dem Stoff schwer gehabt, schwerer vielleicht sogar als Lazenby: 007, auf der eintönigen und erfolglosen Suche nach Blofeld, rettet eine Dame, Tracy, die sich offenbar im Meer ertränken will. Doch für diese Aktion bezieht er Prügel von unbekannten Männern. Im Hotel trifft er Tracy wieder, die lebensüberdrüssige Tochter eines korsischen Mafiosi. Deren Papa will ihm helfen, Blofeld zu finden, wenn Bond dafür Tracy heiratet und damit ihre innere Leere füllt. Tatsächlich geht Bond, der beinahe – von M seines Falls enthoben – seinen Beruf aufgegeben hätte, darauf ein. Zumal er ernsthaft gefallen an der energischen wie spröden Comtesse gefunden hat. Derweil führt die Spur Blofelds in ein Sanatorium in den Alpen. Bond, als Heraldik-Experte getarnt, findet heraus, das Blofeld mittels einer Riege ahnungsloser Frauen die Welt mit bakterieller Verseuchung erpressen will. Er kann entkommen und erfährt Hilfe durch seine geliebte Tracy. Nach Lawine, Entführung und dem Sturm auf die Alpenfestung darf Bond Tracy heiraten und seinen Beruf aufgeben. Doch auf dem Weg in die Flitterwochen wird Tracy von Blofeld erschossen. Eine tragisch endende Romanze mit einem leidenden Bond am Ende; ein Schurke, der davonkommt: OHMSS mutete viel zu angesichts der lockerleichten 007-Abenteuer, die von oberflächlichem Sex und wilder Action ohne Verbindlichkeit zu leben gelernt hatten. Und den (freilich gebürtigen Schotten) Connery als blasierten Wappenkundler im Kilt kann man sich schwerlich vorstellen. Ebenso wie es dieser lässig-harte Typ Bond mit einer echten, tiefen Liebe zur großartigen Tracy alias Diana Rigg (bereits dank »Schirm, Charme und Melone« ein Begriff) schwer gehabt hätte. Wo Lazenby also kein »echter« Bond ist, da macht das durchaus Sinn. So ist OHMSS keine 007-Sause zum schnellen Genuss. Was auch erklären mag, weshalb der Film bei Fans ganz oben rangierte, und darüber auch schon längst kein verkannter ›Geheim‹tipp mehr ist.

Weitere eindeutige Qualitäten bescherte zudem der langjährige Cutter Peter Hunt, der hier zum ersten und leider letzten Mal den Regiestuhl der Bond-Reihe übernahm. Gemeinsam mit Michael Reed schuf er einen der filmisch ambitionierteren 007-Filme, voller schöner wie prägnanter Aufnahmen und Momente.

Für den Film spricht zuletzt auch der schwierige Kontext, in – und an – dem es sich zu orientieren galt. Die unerträglichen lila Farben des Spielcasinos, Bonds Rüschenhemd, das und vieles mehr bedeuten das Spiel mit einem schwülstigen, einem ›abgelaufenen‹ Charme, durch den der altehrwürdige Luxus in Zeiten von Studentenrevolten, von pop- wie gesellschaftskultureller Umwälzung gerettet werden mochte. Und auch über den Film hinaus ist George Lazenbys einziger Auftritt im Geheimdienst Ihrer Majestät ein Sonderling: Als einziger der Reihe findet sich auf der deutschen DVD-Ausgabe nicht der englische Originalton. Vielleicht, weil Lazenby in der Verkleidung des Sir Hilary Bray eben auch von dessen Darsteller, dem Schauspieler George Baker synchronisiert wurde? Und lange Zeit, auch in der TV-Auswertung, fehlte die Sequenz, in der Bond in die Kanzlei eines Schweizer Anwalts einsteigt, um langwierig dessen Tresor zu knacken. Vielleicht, weil er dabei ungeniert im ›Playboy‹ blätterte? [zyw]

7. *DIAMONDS ARE FOREVER (DIAMANTENFIEBER)* *GB 1971*

P: United Artists / Eon Productions | R: Guy Hamilton. | B: Richard Maibaum, Tom Manciewicz | Pd: Harry Saltzman, Albert R. Broccoli | K: Ted Moore | S: John W. Holmes, Bert Bates | M: John Barry (Titellied gesungen von Shirley Bassey) | PdD: Ken Adam4 | D: Sean Connery (James Bond), Jill St. John (Tiffany Case), Charles Gray (Blofeld), Lana Wood (Plenty O'Toole – in der dt. Fassung: Penny), Jimmy Dean (Willard White), Bruce Glover (Mr. Wint), Putter Smith (Mr. Kid), Bernard Lee (M), Desmond Llewelyn (Q), Lois Maxwell (Miss Moneypenny) | L: 120 Min.

Persiflagen auf die James-Bond-Filme haben von jeher etwas Fades gehabt, schon allein weil die Figur des 007 in ihrem Kosmos eine ironische Position zur Wirklichkeit bezogen hat. Mit dem schwunghaften DIAMONDS ARE FOREVER wird nun vollends und wie in keinem anderen Film (NEVER SAY NEVER AGAIN vielleicht ausgenommen) jedweder Parodie der Wind aus den Segeln genommen. Denn der siebente Streifen der Reihe stellt ein turbulentes wie unbedarftes Possenspiel dar, das sich immerzu selbst persifliert.

Vielleicht war es unvermeidlich: Nachdem in ON HER MAJESTY'S SECRET SERVICE der Neuling George Lazenby als Superagent nicht den Weg in die Zukunft gewiesen hatte, riss man das Steuer radikal herum. Mit einer Rekord-Gage holte man Sean Connery zurück, der zwar deutlich Speck angesetzt hatte, trotzdem aber, wohl angesichts des offenen Klamauks, mehr (sprich: selbstironische) Spiellaune demonstrierte als beim letzten Einsatz in YOU ONLY LIVE TWICE. Für die Serie wurde endgültig der stete und wenig motivierte Einsatz diverser Schauplätze rund um den Globus eingeführt. Und im Gegensatz zur strengen Fleming-Adaption OHMSS trieb man diesmal mit der Vorlage, die Bond auch nur mäßig spannend gegen Gangster ins Feld führt, fröhlich Schindluder. Die Idee, Goldfingers Zwillingsbruder (für die Rolle war Gerd Fröbe vorgesehen) die Welt mit einem auf einem Tanker installierten Superlaser erpressen zu lassen, ließ man freilich fallen. Stattdessen griff man noch einmal auf Bonds Nemesis Blofeld zurück.

GOLDFINGER-Regisseur Guy Hamilton inszenierte erneut, und zusammen mit dem freudig-grauseligen Schnitt, der gerade in der Eröffnungssequenz volle Blüte trieb, hatten Broccoli und Saltzman die passende Handschrift gefunden. Wie sehr da schon mal gehudelt wurde, zeigt die legendäre Szene, in der Bond mit seinem Mustang auf zwei Rädern nach links gekippt in eine zu enge Gasse fährt – und auf der anderen Seite nach rechts gekippt herauskommt. Eine Panne beim Dreh, die man ausglich, indem man per Zwischenschnitt den Wagen die Seite wechseln ließ. Wie immer das auch möglich sein mag ...

Vom tragischen Ernst von OHMSS ist also nichts mehr übrig geblieben, wenn 007 zu Beginn von DIAMONDS ARE FOREVER Blofeld aufspürt und eliminiert. Doch der Schurke ist mitnichten tot, wie sich schließlich herausstellt. Er entpuppt sich als der Kopf hinter der Diamantenschmuggelaktion, die von Südafrika über Amsterdam bis nach Las Vegas reicht. Bond klinkt sich als Profi-Schmuggler getarnt ein, wird mal unterstützt, mal behindert von der Gaunerin Tiffany. Derweil das schwule Killerpärchen Mr. Wint und Mr. Kidd ihn im Visier hat. Zuletzt erweisen sich die Diamanten als notwendig für Blofelds Lasersatelliten, mit dem der Schurke von einer Bohrinsel aus die Großmächte erpressen will.

Bis es soweit kommt, lässt sich der Bösewicht von Doppelgängern vertreten, gibt sich als kurioser Industriemagnat aus, den seit Jahren niemand gesehen hat (eine Anspielung auf Howard Hughes, der den Film unterstützte) und verkleidet sich kurz vor seiner Festnahme sogar als Frau. Doch auch sonst tobt sich DIAMONDS ARE FOREVER in Irrungen und Wirrungen aus: Echte und falsche Diamanten, Killer mit so ›verkehrt‹ sexueller wie klischeehafter Identität, Bond gibt sich als Verbrecher Peter Franks aus – mit dem er sich einen furiosen Kampf im Fahrstuhl liefern muss, sodass danach der tote Peter Franks den Geheimagenten Bond spielt. Tiffany wechselt die Seiten wie die Haarfarbe, und die arme Plenty/Penny (Lana Wood) kommt um, weil man sie wiederum für Tiffany hält.

So geht das unentwegt, und über Slapstick und Tempo auf der einen Seite und der originellen Härte Connerys (oder aber deren Reminiszenz) auf der anderen gerät DIAMONDS ARE FOREVER – neben GOLDFINGER – wohl zu dem Film, über den die unterschiedlichen Generationen in Punkto 007 zusammenfinden. Er hat Schwächen, Elemente, die nur noch als Abklatsch wirken, aber auch Stärken, die in die Zukunft weisen. Eine davon ist das ›neue‹ Frauenbild, dass durch die Figur der Tiffany Case gezeigt wird. Eine Dummerchen, keine Frage, doch durch Bauernschläue, Opportunismus und Chuzpe macht sie das mehr als wett. Vielleicht ist sie, verkörpert von Jill St. John, die erste ungezwungene Frauenfigur der 007-Reihe, eine, die ihm auch ohne krampfhaften Ernst bzw. Verkommenheit Paroli bieten kann. Die mit Bond nicht ins Bett steigt, weil sie seinem rüden Charme erliegt oder ihn hinterrücks zu ermorden trachtet, sondern weil sie über ihn an Geld und Diamanten kommen oder sich vor dem Knast retten will. Verfechter der Emanzipation mögen da immer noch, sogar noch lauter aufschreien. Aber zugleich versucht auch der Bond-Machismo diese Tiffany Case z. B. mit knappem Bikini klein zu halten (mit einer enervierenden Mary Goodnight in THE MAN WITH THE GOLDEN GUN wird das auch gelingen). Sei's drum: Alle weiblichen, harten KGB- und CIA-Agenten, Nuklearphysiker und Programmierer werden bis in die 1990er der 007-Figur nicht diese Blöße geben – geschweige denn mit solch albern-leichter Hand. [zyw]

8. *LIVE AND LET DIE (LEBEN UND STERBEN LASSEN)* GB 1973

P: United Artists / EON Productions | R: Guy Hamilton | B: Tom Mankiewicz | Pd: Albert R. Broccoli und Harry Saltzman | K: Ted Moore | S: Bert Bates, Raymond Poulton, John Shirley | M: George Martin (Titelsong von Paul McCartney and the Wings) | PdD: Stephen Hendrickson, Robert W. Lang, Peter Lamont | D: Roger Moore (James Bond), Yaphet Kotto (Kananga / Mr. Big), Jane Seymour (Solitaire), David Hedison (Felix Leiter), Gloria Hendry (Rosie), Julius W. Harris (Tee Hee), Clifton James (Sheriff Pepper), Geoffrey Holder (Baron Samedi), Bernard Lee (M), Lois Maxwell (Miss Moneypenny) | L: 121 Min.

Die Ermordung dreier britischer Agenten in New York, New Orleans und der Karibik führt Bond auf die Spur des Drogenhändlers Mr. Big, der sich als Geheimidentität des Politikers Kananga erweist. 007 verführt dessen Freundin Domino und vereitelt gemeinsam mit ihr den Plan des karibischen Syndikats, die Ghettos der USA mit Heroin zu überfluten.

Nach dem erneuten Ausstieg Sean Connerys entging die James Bond-Serie auf geschickte Weise durch das aufgelockerte Spiel mit aktuellen Genretendenzen der drohenden kreativen Sackgasse. Die in den frühen 1970er-Jahren durch Filme wie SHAFT (USA 1971–1973) und SUPERFLY (USA 1972) ausgesprochen populäre Blaxploitation-Welle, die Actionvehikel mit afro-amerikanischen Stars für ein urbanes Publikum entwarf, ermöglichte eine neue Interpretation der nur noch in einigen Motiven herangezogenen kontroversen literarischen Vorlage. Statt den paranoiden Rassismus des Romans beizubehalten, verlagerte der Drehbuchautor Tom Mankiewicz die Handlung kurzerhand in die Pulp-Universen der Blaxploitation. Der bereits an DIAMONDS ARE FOREVER beteiligte Sohn des berühmten Hollywood-Veteranen Joseph L. Mankiewicz erwies sich als talentierter Ersatz für Richard Maibaum, dem angeblich der Plot zu unspektakulär erschien.

Sowohl Yaphet Kotto, der an der Seite von Anthony Quinn in dem in Harlem angesiedelten Thriller ACROSS 110TH STREET / STRASSE ZUM JENSEITS (USA 1972) die Hauptrolle spielte, als auch Gloria Hendry und Julius Harris, die gemeinsam in dem Gangsterdrama BLACK CAESAR / THE GODFATHER OF HARLEM und dessen Fortsetzung HELL UP IN HARLEM (beide USA 1973) zu sehen waren, verfügten über entsprechende Erfahrung in diesem Bereich. Die bis 1975 in den meisten Fällen von Low Budget-Spezialisten wie American International Pictures (AIP) produzierten Blaxploitation-Filme zeichneten sich durch markante Soul-Soundtracks, extravagante modische Accessoires und den gezielten Transfer von traditionellen »weißen« Hollywood-Genres in »afro-amerikanische« Kontexte aus. In einigen Filmen fanden politische Zeitbezüge wie die Black Panthers, die Privatdetektiv John Shaft bei dessen erstem Einsatz unterstützten, und das durch Schauspielerinnen wie Pam Grier und Tamara Dobson veränderte selbstbewusste Frauenbild Eingang in die Handlung. Diesen Ansatz griff die 007-Serie erst dreißig Jahre später mit der Rolle Halle Berrys, einem der wenigen Lichtblicke in DIE ANOTHER DAY, auf. Pläne, eine farbige Hauptdarstellerin für LIVE AND LET DIE zu besetzen, wurden im Vorfeld bereits aufgegeben. Stattdessen musste sich Gloria Hendry entgegen ihrer tragenden Rollen in Filmen wie dem Karate-Spektakel BLACK BELT JONES (USA 1974) als Doppelagentin auf die klassische Opferrolle beschränken. Blaxploitation-Gangster-Spezialist Julius Harris reiht sich als krallenbewährter Tee Hee in die lange Galerie der Schurken-Sidekicks ein. Yaphet Kotto integriert mit der Doppelidentität des Schurken als aufbrausender Gangster-Boss und eloquenter Diplomat ein typisches Motiv der Superhelden-Comics in seine Rolle.

Der Film vermeidet es dennoch, sich auf die unmittelbaren Zeitbezüge der Blaxploitation einzulassen. Er übernimmt Typologien und Standardsituationen, wie sie in den fest abgesteckten artifiziellen Genre-Abenteuern der SHAFT-Sequels oder der von den 007-Filmen beeinflussten CLEOPATRA JONES-Serie vorkommen: Hinterhältige Syndikate machen der CIA-Agentin Cleopatra Jones das Leben schwer und John Shaft denkt in SHAFT'S BIG SCORE (USA 1972) laut darüber nach, dass er mehr Sam Spade als James Bond wäre.

Gemeinsam mit Regisseur Guy Hamilton, der auch in seinem dritten Bond-Film der in GOLDFINGER und DIAMONDS ARE FOREVER etablierten selbstironischen Inszenierungsweise treu blieb, entwickelte Tom Mankiewicz das Script entlang der Drehorte. Im Vergleich zu den 007-Filmen der 1960er-Jahre dienen diese nicht mehr als exotische Schauplätze, sondern liefern die Grundlage für einen skurrilen Cocktail aus unterschiedlichen popkulturellen Referenzen. In New Orleans zieht eine Jazz-Marching Band unliebsame Agenten aus dem Verkehr, der aus der karibischen Mythologie entlehnte Voodoo-Baron Samedi (Geoffrey Holder) wacht über Kanangas Mohnfelder und die Restaurants der »Fillet of Soul«-Kette erweisen sich als doppelbödige Angelegenheit.

Durch Roger Moores Hang zur Selbstparodie wirken selbst amüsante Albernheiten wie die in den folgenden Filmen obligatorische Uhrenkollektion, die in LIVE AND LET DIE mit einem schicken Magneten-Modell eingeführt wird, plausibel, ohne dass Bond deshalb gleich wie in YOU ONLY LIVE TWICE als Geistesverwandter von Inspektor Gadget erscheint. [ar]

9. THE MAN WITH THE GOLDEN GUN (DER MANN MIT DEM GOLDENEN COLT) GB 1974

P: United Artists / EON Productions | R: Guy Hamilton | B: Tom Mankiewicz und Richard Maibaum | Pd: Albert R. Broccoli und Harry Saltzman | K: Ted Moore | S: John Shirley, Raymond Poulton | M: John Barry (Titelsong von Lulu) | PdD: Peter Murton | D: Roger Moore (James Bond), Christopher Lee (Scaramanga), Britt Eklund (Mary Goodnight), Hervé Villechaize (Nick Nack), Maud Adams (Andrea Anders), Clifton James (Sheriff Pepper), Bernard Lee (M), Desmond Llewelyn (Q), Lois Maxwell (Miss Moneypenny) | L: 125 Min.

James Bond erhält eine Warnung, dass er als nächstes Ziel des Profikillers Scaramanga auserkoren wurde. Der auch als der »Mann mit dem goldenen Colt« bekannte Attentäter operiert von einer Insel vor der Küste Thailands aus (die nach den Dreharbeiten in James Bond-Island umbenannt wurde). 007 reist in den Fernen Osten, um gemeinsam mit seiner Kollegin Mary Goodnight Scaramanga ausfindig zu machen. Unterwegs kommt er außerdem einer von Scaramanga gestohlenen, durch die Energiekrise der frühen 1970er-Jahre hochgradig, durch den Plot jedoch nicht sonderlich motivierten Solaranlage auf die Spur.

Nach der gelungenen Synthese aus Blaxploitation und 007-Abenteuer in LIVE AND LET DIE markiert der innerhalb von einem Jahr produzierte THE MAN WITH THE GOLDEN GUN einen deutlichen Rückschritt. Der wie bereits im ersten Film mit Roger Moore vergleichsweise unspektakuläre Plot verschaffte der Serie zwar etwas kreativen Spielraum, bevor in THE SPY WHO LOVED ME die apokalyptische Bedrohung im globalen Maßstab aktualisiert wurde. Doch im Unterschied zur detailverliebten Übertragung der Pulp-Welten aus SHAFT und SUPERFLY in das Universum der Bond-Serie erfolgt die Bezugnahme auf das Martial-Arts-Genre, das Anfang der 1970er-Jahre durch Produzenten wie die legendären Shaw Brothers aus Hongkong einen internationalen Boom erlebte, überraschend halbherzig. Während mit Kanangas Syndikat Motive der Blaxploitation in LIVE AND LET DIE einen wesentlichen Teil der Handlung bestimmten, werden die Martial Arts-Sequenzen in THE MAN WITH THE GOLDEN GUN lediglich als flüchtiges Zwischenspiel behandelt und bleiben hinter den innovativen Ninja-Einschüben aus YOU ONLY LIVE TWICE zurück.

Der Großteil des Plots konzentriert sich auf die Konfrontation zwischen Bond und dem sträflich unterbeschäftigten Christopher Lee als Scaramanga, der mit dem eingestreuten Kampfkunstkontext nichts zu schaffen hat, sondern sich auf seinen Colt und die Dienste seines kleinwüchsigen Dieners Nick Nack verlässt. Die Rolle des hinterhältigen Sidekicks übernahm Hervé Villechaiz, bekannt aus Werner Herzogs AUCH ZWERGE HABEN KLEIN ANGEFANGEN (BRD 1970) und später einer der Hauptdarsteller in der TV-Serie FANTASY ISLAND (USA 1978-1982). Seine Tätigkeit als Assistent auf Scaramangas Insel erscheint rückblickend als ideale Vorbereitung für seine spätere Serienrolle. Neben einem Versteck für – dramaturgisch überflüssige – Energiewaffen beherbergt die Insel das so genannte Fun House, eine verspielte Mischung aus Wachsfigurenkabinett und Geisterbahn, die Scaramanga als ausgefallenes Ambiente und Hindernis-Parcours für seine tödlichen Duelle verwendet. Das Fun House bietet ein aufschlussreiches Beispiel für die Wechselspiele zwischen den Bond-Filmen und anderen Genres. Das Vorbild für Scaramangas skurrilen Duellplatz stammt aus Bruce Lees ENTER THE DRAGON / DER MANN MIT DER TODESKRALLE (Hongkong/USA 1969), in dem ein abtrünniger Shaolin-Schüler auf einer entlegenen Insel seinen Machenschaften als Syndikatsboss nachgeht und gleichzeitig Wettbewerbe für internationale Kung-Fu-Kämpfer ausrichtet. Der Showdown zwischen dem von Bruce Lee gespielten Protagonisten und dem hinterhältigen Schurken findet in einem Spiegelkabinett innerhalb einer unterirdischen Anlage statt. Umgekehrt hatte sich ENTER THE DRAGON bereits bei den Bond-Filmen bedient: Der Gangster teilt mit Blofeld nicht nur eine Vorliebe für entlegene Verstecke, sondern hält sich sogar die gleiche weiße Katze, und Lees Rollenfigur wird als Geheimagent portraitiert, obwohl er genau so gut als moralisch engagierter Kung Fu-Fighter in Aktion treten könnte.

Der permanente Wechsel der Schauplätze von Hongkong nach Macao und Thailand erscheint im Vergleich zu den Genre-Topographien anderer Bond-Filme in THE MAN WITH THE GOLDEN GUN unmotiviert. Zwar werden die Wasserstrassen Bangkoks für eine rasante Verfolgungsjagd genutzt, doch trotz einer Reihe von eindrucksvollen Stunts versteht es der Film kaum, seine Schauplätze pointiert in die Handlung einzubeziehen. Trotz des hervorragenden Schauspiels von Christopher Lee erscheint die Handlung weitgehend uneinheitlich und die Geschichte wird ausgesprochen desinteressiert erzählt.

Die Dreiecksbeziehung zwischen Bond, Scaramanga und dessen Freundin Andrea würde einen interessanten Ausgangspunkt für eine ambivalente Charakterstudie bieten. Doch bevor sich ein derartiger Ansatz weiter entwickeln kann, muss sich auch schon Britt Eklund in Bonds Kleiderschrank verstecken oder in den Kofferraum eines Wagens fallen, den sie unauffällig überwachen sollte. Zotige Schmunzelgarantien dieser Art lassen den Film trotz der Rückkehr von Clifton James als Sheriff Pepper aus LIVE AND LET DIE streckenweise wie ein Sequel zur ersten CASINO ROYALE-Verfilmung erscheinen. Guy Hamilton konnte bei seiner letzten Regiearbeit für die Serie sein sonst sicheres Gespür für ironische Einschübe ebenso wenig ausspielen wie Roger Moore seinen auf Understatement und nicht auf Überakzentuierungen beruhenden Humor.

Das unausgegorene Ergebnis gestaltet sich als ein überhitzter Kessel Buntes. Darin liegt sowohl die zentrale Schwäche des Films, als auch ein gewisser Charme, der als Spaß am schlechten Geschmack genossen werden kann. In dieser Hinsicht ergibt THE MAN WITH THE GOLDEN GUN gemeinsam mit MOONRAKER, in dem eine haarsträubende Geschichte reizvoll gefilmt wurde, und DIE ANOTHER DAY, in dem eine reizvolle Geschichte haarsträubend verfilmt wurde, das ideale 007-Camp-Triple-Feature. [ar]

10. THE SPY WHO LOVED ME (DER SPION, DER MICH LIEBTE) GB 1977

P: United Artists / EON Productions | R: Lewis Gilbert | B: Christopher Wood und Richard Maibaum | Pd: Albert R. Broccoli | K: Claude Renoir | S: John Glen | M: Marvin Hamlisch, (Titelsong »Nobody Does It Better« gesungen von Carly Simon) | PdD: Ken Adam | D: Roger Moore (James Bond), Barbara Bach (Anya Amasova), Curt Jürgens (Stromberg), Richard Kiel (Beißer/Jaws), Walter Gotell (General Gogol),

Geoffrey Keen (Sir Frederick Gray), Caroline Munro (Naomi), Bernard Lee (M), Desmond Llewelyn (Q), Lois Maxwell (Miss Moneypenny) | L: 125 Min.

Obwohl sich der Titel THE SPY WHO LOVED ME noch auf einen Roman von Ian Fleming bezieht, hatte dieser selbst eine Verfilmung untersagt. Die Drehbuchautoren Richard Maibaum und Christopher Wood, die vermutlich ohnehin nicht vorgehabt hätten, Flemings psychosexuelles Kammerspiel, in dem James Bond erst im letzten Drittel auftaucht, als Grundlage zu verwenden, bedienten sich schließlich erfolgreich bei der eigenen Seriengeschichte. Der größenwahnsinnige Industrielle Carl Stromberg versucht, indem er mit einem gigantischen Tanker russische, britische und amerikanische U-Boote entführt, die beiden Weltmächte gegeneinander auszuspielen. KGB und Secret Service durchschauen jedoch den Schwindel und setzen ihre beiden besten Agenten, James Bond und Anya Amasova, auf den Fall an. Die in Ägypten begonnenen Ermittlungen führen über das fotogene Tal der Könige zu Strombergs Unterwasser-Labor bei Sardinien und einigen der eindrucksvollsten Ken Adam-Sets.

Der zehnte 007-Film realisiert eines der pointiertesten Beispiele, auf welche Weise die Bond-Serie sich erfolgreich aus kreativen Sackgassen manövriert. Kurzzeitig legt man den Rückwärtsgang ein, nur um anschließend ein neues unerwartetes Manöver zu präsentieren. Die Rückkehr Lewis Gilberts resultierte in einer Wiederaufnahme der Ansätze aus YOU ONLY LIVE TWICE, allerdings mit dem Unterschied, dass diesmal der Ausflug in die Welt der Science-Fiction nicht bereits vor dem Start abgebrochen wird. Der von Qs Werkstatt umgebaute Sportwagen Lotus Esprit kann sich in ein Mini-U-Boot verwandeln und Stromberg plant nach der durch ihn initiierten globalen Katastrophe einen Neuanfang in den Tiefen des Ozeans, für den bereits einige Entwürfe in seiner Forschungsstation vor der Küste Sardiniens existieren.

Die abstrusen Plots, die touristisch in Szene gesetzten Schauplätze und der enorme Produktionsaufwand im Panavision-Breitbildformat ergänzen sich unmittelbar mit dem humorvollen Stil Roger Moores. Gilbert versuchte im Unterschied zu Guy Hamilton gar nicht erst, den neuen Star der Serie als Tough Guy zu inszenieren, sondern ließ sich ganz auf Moores Gelassenheit ein. Konflikte mit melodramatischem Potenzial erfahren eine ironische Auflösung und das gesamte Geschehen bestimmt eine spielerische Leichtigkeit.

Bond begibt sich zwölf Jahre nach THUNDERBALL erneut unter Wasser, allerdings ohne auch nur eine Minute lang an die um Realismus bemühten Tauchgänge des vierten 007-Films anzuknüpfen. Gerade daran zeigen sich die entscheidenden Veränderungen in der Rollengestaltung. Während Connery und die CIA sich mit Largos Froschmännern eigenhändig herumschlagen mussten, verlässt sich Moore ganz auf die Gimmicks seines neuen Wagens. Ein Knopfdruck genügt und die gegnerischen Taucher werden mit Hilfe eines Nebelwerfers, einer Harpune und einer gezielten Sprengladung überwältigt.

Der Schlagabtausch zwischen Bond und dem unzerstörbaren Jaws (in der deutschen Fassung »Beißer«) erscheint wie eine Parodie auf den ausgedehnten Zweikampf zwischen Connery und Robert Shaw in FROM RUSSIA WITH LOVE. Während 1963 Bond nur unter aufreibendem Körpereinsatz den Angreifer überwältigen konnte, elektrisiert er 1977 einfach mit einer Nachttischlampe Beißers Stahlgebiss und wirft ihn aus dem fahrenden Zug. THE SPY WHO LOVED ME bedient auf eine für die späteren Bond-Filme charakteristische Weise zwei sehr unterschiedliche Zuschauergruppen gleichzeitig. Das ältere Publikum bekommt aufwändig realisierte und dennoch ironisch gebrochene Variationen bekannter Standards geboten, während jüngeren, mit der Vorgeschichte der Serie weniger vertrauten Zuschauern durch die Schauwerte des damaligen Effektkinos und skurrile Cartoon-Figuren wie dem Beißer der Einstieg in das Universum der 007-Filme erleichtert wird.

Unter der nach Harry Saltzmans Weggang alleinigen Leitung der Zirkusdirektion durch Broccoli versuchte die Reihe bis 1989 gar nicht mehr den Anschluss an die Trends des internationalen Actionkinos zu finden. Das Programm wurde betont familienfreundlich gestaltet und THE SPY WHO LOVED ME setzte die neue Konzeption beispielhaft um. Ab diesem Zeitpunkt erschlossen sich die Bond-Filme mit ihrer aufgelockerten Gangart eine neue Generation von Zuschauern, für die Moore zum prägenden Darsteller wurde. Die Sidekicks der Schurken verwandelten sich von mysteriösen, gefährlichen Professionals wie Oddjob in GOLDFINGER und Fiona in THUNDERBALL für die nächsten Jahre in beinahe bemitleidenswerte Clowns wie den Beißer oder den hünenhaften Gobinda, der in OCTOPUSSY bereitwillig auf das Dach eines fliegenden Privat-Flugzeugs klettert, nur um gleich darauf von James Bond in den freien Fall befördert zu werden. Der KGB erschien nicht mehr als gesichtsloser Spielball für internationale Intrigen, sondern bekam mit dem in THE SPY WHO LOVED ME erstmals auftretenden General Gogol (Walter Gottel) einen ständigen Vertreter, der bei den britischen Kollegen auch schon einmal auf eine Tasse Tee vorbeischaute.

Die Rollen der Bond-Girls gestalten sich ab diesem Film nominell eigenständiger, auch wenn sie nach wie vor mindestens einmal von 007 aus prekären Situationen gerettet werden müssen. Anya Amasova alias sowjetische Top-Agentin Triple X verfügt zumindest theoretisch über den gleichen Status wie Bond. Bis zur tatsächlichen Emanzipation der weiblichen Hauptrollen von den Klischees der Anfangszeit sollte es jedoch noch einige Jahre dauern.

Angesichts des Variationsreichtums hinsichtlich der Stunts, der präzise getimeten Gags und der einfallsreichen Kulissen fällt es nicht weiter ins Gewicht, dass sich mittlerweile viele Situationen wiederholen und die Handlung nur noch mit Hilfe der kuriosesten McGuffins von einer Attraktion zur nächsten befördert wird. Mit THE SPY WHO LOVED ME, der zu den erfolgreichsten Vertretern der Reihe zählt, demonstrierten die Filme nachhaltig, dass sie über die Romane hinaus ein eigenständiges Universum bilden. [ar]

11. MOONRAKER (MOONRAKER – STRENG GEHEIM) GB/F 1979

P: United Artist / Eon Productions / Les Productions Artits Associes | R: Lewis Gilbert | B: Christopher Wood | Pd: Albert R. Broccoli | K: Jean Tournier | S: John Glen | M: John Barry (Titelsong gesungen von Shirley Bassey) | PdD: Ken Adam | D: Roger Moore (James Bond), Lois Chiles (Dr. Holy Goodhead), Michael Lonsdale (Hugo Drax), Richard Kiel (Jaws), Corinne Clery (Corinne Dufour), Toshiro Suga (Chang), Emily Bolton (Manuela), Walter Gotell (General Gogol), Robert Brown (M), Desmond Llewelyn (Q), Lois Maxwell (Miss Moneypenny) | L: 122 Min.

Albern und bildgewaltig, dümmlich und poetisch, Oper und Comic: MOONRAKER ist zweifellos einer der strittigsten James Bond-Filme. Und womöglich – was damit unmittelbar zusammenhängt –, das schönste wie auch das in seiner unverstellten Weise und den Weltraumexkursionen zum Trotz reinste 007-Spektakel. Von Flemings Roman ist außer dem Titel (auf deutsch auch unter »Mondblitz« erschienen) und dem Namen des Gegenspielers Hugo Drax nichts übrig geblieben. Selbst das Bond-Girl wurde umgetauft: Aus der Gala Brand des Buches wurde Holly Goodhead, eine kratzbürstig-charmante Astrophysikerin, die, wie sich zeigt, im Dienste der CIA wie Bond das Raumfahrtunternehmen des Industriellen Drax unter die Lupe nimmt, nachdem eines seiner Weltraum-Shuttle beim Transportflug nach England entführt worden ist. Weshalb Top-Agent Bond sofort auf Drax angesetzt wird, bleibt ebenso ein Geheimnis wie die einzelnen Hinweise schieres Arrangement, die 007 von Station zu Station dieser entwaffnend belanglosen Schnitzeljagd im Dienste des Plots führen. Zuletzt, so stellt sich heraus, hat der Schurke Drax heimlich eine Weltraumstation im All gebaut, von der aus er die Welt mithilfe eines

Orchideengifts erst entvölkern will, um sie hernach unter seiner Ordnung neu zu besiedeln. Ähnliches plante schon der Schurke Stromberg in THE SPY WHO LOVED ME. Doch war diesem Film dabei noch das private wie ideologische Hin- und Her zwischen der Sowjet-Agentin Anja und dem britischen Spion 007 beigefügt. Auch in MOONRAKER darf sich das Hauptbondgirl Holly als spröde erweisen, bei Licht besehen allerdings besteht der Film aus einer Kette von Bett- und Abenteuermomenten, deren Glieder nicht mal mehr vordergründig verbunden sind. Der rund 27 Mio. Dollar teure Film unter erneuter (und letzter) Regie von Lewis Gilbert macht daraus freilich keinen Hehl. Vielmehr präsentiert er die grundlegenden Prinzipen und Elemente der 007-Filme in einer offenen, seligen Selbstverständlichkeit, baut dabei ganz auf die Mitwisserschaft des Publikums, und, anders als z. B. DIE ANOTHER DAY, sucht das gar nicht zu kaschieren. So anmutig entkleidet hat sich die Bond-Reihe nie wieder gezeigt.

In den Weltraum kam 007 allerdings nicht von ungefähr: Science-Fiction-Erfolge wie STAR WARS (1977) oder Spielbergs CLOSE ENCOUNTERS OF THE THIRD KIND (1977) leiteten ins All, der Wegfall von britischen Steuervergünstigungen die Produktion über den Ärmelkanal in die Arme französischer Co-Produktion. Dort bot die James Bond-Familie noch einmal all ihr Bestes auf, das vor der rührenden Einfalt der Story umso deutlicher, zu glitzern verstand: eine Location-Tour rund um die Welt, von Venedig über Brasilien bis ins All, wunderbar fotografiert von Kameramann Louis Tournier. Ken Adam entwarf neben Drax' Abschussbasis auch das grandiose Set der Weltraumstation, und Shirley Bassey schmetterte zum dritten und letzten Mal den Titel-Song. Den schrieb wieder John Barry, der damit sein Meisterstück abliefert: bitter-schöne und erhabene Klanggemälde, sei es für die märchenhafte Exotik des südamerikanischen Dschungels oder die epische Weite des Weltraums, in der die Moonraker-Shuttles ihr neues Zuhause ansteuern und schließlich dramatische Laser-Kämpfe zwischen Weltraumsoldaten stattfinden.

Auch der wohl erfolgreichste Helfershelfer des Bondschurken tritt ein zweites Mal auf. Der Hüne Richard Kiel als »Jaws« bzw. »Beißer« kappt per Gebiss das Stahlkabel einer Seilbahn, darf sich aber auch verlieben und zuletzt gar die Seiten wechseln.

Der französische Charakterdarsteller Michael Lonsdale bietet mit seinem unterspielten Hugo Drax einen der ungewöhnlichsten Gegenspieler der 007-Geschichte: fast phlegmatisch kümmert er sich um seinen monströsen Plan, angesichts dessen Aufwand Bonds Ermittlungen lästige Nebensächlichkeiten sind. Nur einmal entschlüpft ihm so etwas wie Frohsinn: als er Bond, M und den britischen Verteidigungsminister vorführen kann. Lonsdales Spiel bietet den Kontrapunkt zum

ausufernden Bombast und lässt verschmerzen, dass man einen anderen großen Mann, den Regisseur und Darsteller Orson Welles wegen
dessen Gagenforderungen für die Rolle nicht bekommen konnte.
MOONRAKER ist letztlich großer, nicht aber grober Unfug, und ebenso
wenig repräsentativ für die Reihe wie ON HER MAJESTY'S SECRET SER-
VICE, gleichwohl ein ebensolches Highlight. [zyw]

12. FOR YOUR EYES ONLY (IN TÖDLICHER MISSION)
   GB 1981

*P: United Artists / EON Productions | R: John Glen | B: Richard Mai-
baum u. Michael G. Wilson | Pd: Albert R. Broccoli | K: Alan Hume |
S: John Grover | M: Bill Conti (Titellied gesungen von Sheena Easton)
| PdD: Peter Lamont | D: Roger Moore (James Bond), Carole Bouquet
(Melina Havelock), Topol (Columbo), Julian Glover (Kristatos), Lynn-
Holly Johnson (Bibi), Cassandra Harris (Lisl), Jill Bennet (Jakoba
Brink), Michael Godard (Locque), James Villiers (Tanner), Desmond
Llewelyn (Q), Lois Maxwell (Miss Moneypenny) | L: 112 Min.*

Down to Earth: Die zweite große Rückbesinnung auf bodenständige
Action und Plot lag nach MOONRAKER nahe: Weiter als ins All konnte
man 007 nun wirklich nicht schicken. Autor Richard Maibaum und
Produzent Broccolis Stief- / Adoptivsohn Michael G. Wilson, der von
nun an massiv die Geschicke des Familien-Unternehmens rund um die
Bond-Filme mitbestimmte, standen vor der Frage, wie sich der größte
Geheimagent der Welt in dieser zukünftig einordnen sollte. Das
Ergebnis wies einen stabilen Weg der Serie bis zum Ende der 1980er –
und führte zugleich zum unvermeidlichen Neustart in den 1990ern.
Back to the Roots: Die Geschichte von FOR YOUR EYES ONLY orientiert
sich wieder mehr am Spionageflair früherer Zeiten, nicht zuletzt am
klassischen FROM RUSSIA WITH LOVE. War dort eine russische Dechiffriermaschine das Objekt der Begierde, ist es hier ein britisches ATAC-
Gerät, mit dem die U-Boot-Flotte Ihrer Majestät dirigiert werden kann.
Ein Spionageschiff der Engländer sinkt nach einem Anschlag vor Kor-
fu, an Bord der begehrte Kasten. Der Archäologe Havelock soll ihn
bergen und wird Opfer eines Killers. Havelocks Tochter Melina überlebt den Anschlag und agiert als Rächerin: Während James Bond über
den Auftragsmörder an die Hintermänner kommen will, tötet Melina
diesen per Armbrust. Immerhin führt eine Spur nach Italien und
Griechenland. Dort gerät 007 zwischen die Fronten zwei Schmuggler-
ringe; muss erfahren, dass der typische »unser Mann vor Ort« der
eigentliche Drahtzieher ist und nach atemberaubender Action auf

Skiern und unter Wasser in einem abgelegenen Berg-Kloster verhindern, dass der Verräter dem KGB das ATAC übergibt.

FOR YOUR EYES ONLY stellt eine Abkehr von den 007-Filmen dar, wie sie sich ab den späten 1960er entwickelten und in den vorangegangenen Abenteuern ihren Höhepunkt gefunden hatten: eine mehr düstere, durchaus fintenreiche Thriller-Handlung, minimale Gadgets (so sprengt sich Bonds Lotus über den Selbstzerstörungsmechanismus selbst in die Luft, ehe es überhaupt zu einer Sci-Fi-Verfolgungsjagd wie in THE SPY WHO LOVED ME kommen kann) und die Russen als aktive – wenn auch indirekte – Gegner. Zugleich ist mit FOR YOUR EYES ONLY die Zeit der Superschurken (auch in Anbetracht MOONRAKERS und seines wunderbar stoischen Hugo Drax'), passé. Kleine, vernetzte Kriminelle wie hier der verschlagene Kristatos übernahmen das Ruder. (Die Idee, Richard Kiel als »Jaws« in FOR YOUR EYES ONLY zum dritten Mal auftreten zu lassen, dürften daher nicht nur an Kiels Gagenforderung gescheitert sein.) Die Versuche jedenfalls, einen überlebensgroßen Machtmenschen und Ränkeschmied – z. B. in A VIEW TO A KILL, TOMORROW NEVER DIES oder DIE ANOTHER DAY – ganz oder teilweise neu zu beleben, gingen bislang danebe.

Ein Grund dafür ist ein Moment, das vor allem Wilson mit FOR YOUR EYES ONLY in die 007-Filme einbrachte und das angesichts der Abkehr vom reinen Überwältigungskino, in dem Bonds Abenteuer ihre Führungsposition in den 1980ern ohnehin verloren, die Reihe mit am Leben hielt: der Touch Pseudo-Realismus, der mit seiner Einbindung in zeitgeschichtliche Rahmen, konkrete Krisen und Entwicklungen, aber auch mit Augenmerk auf die »innere« Figurengestaltung der Schurken, das Spiel mit dem Überbordenden und der Exotik umso prickelnder macht.

Die Rückbesinnung auf Ian Fleming geschieht in FOR YOUR EYES ONLY jedoch nur halbherzig. In eine gänzliche andere Richtung weist nun nämlich die James Bond-Figur Roger Moores: Aus dem skrupellosen Killer und Casanova 007 ist ein familienfreundlicher Held geworden, der die junge lebens- und liebeslustige Eiskunstläuferin Bibi hilflos aus seinem Bett bugsiert und sich zwischen Kristatos und Melina stellt, als diese den Mörder ihres Vater richten will. Man werde den Schurken der Polizei übergeben, verspricht hier der Moore-Bond sogar – moralischer Edelmut, den man beim Connery-007 vergebens gesucht hätte. Auch dass sich Bond im Film unentwegt als fürsorglicher Beschützer Melinas geriert, irritiert angesichts des ungehemmten Frauenkonsums der Jahre zuvor und verweist auf die Phase harmloser Massenunterhaltung, die nun in Sachen James Bond anbricht. Die Figur des knallharten Geheimagenten Ihrer Majestät bleibt unterhaltsam, wird aber weichgespült.

Damit einher geht der Wechsel zu John Glen, bislang Cutter und Second-Unit-Director, der für die kommenden fünf Filme die Regie übernimmt. Er beweist sich als actionerprobter Routinier, weiß aber in den ruhigen Momenten auch nicht mehr als standardisiertes Handwerk zu liefern. Gemeinsam mit Alan Humes' (und später mit Alec Mills') wenig inspirierter Bildgestaltung und undifferenziert voller Ausleuchtung der Sets, die eher an Soap-Operas wie DENVER CLAN gemahnen denn Multi-Millionen-Dollar-Reißer auszeichnen, wird Glens Regie von nun an bis zum Neustart 1995 immer mehr den *Look* der 007-Reihe als Serienprodukt bestimmen. [zyw]

13. OCTOPUSSY (OCTOPUSSY)
GB 1982

P: MGM – United Artists / EON Productions | R: John Glen | B: Richard Maibaum und Michael G. Wilson nach einer Story von George Mac-Donald Fraser | Pd: Albert R. Broccoli | K: Alan Hume | S: Peter Davies, Henry Richardson | M: John Barry (Titelsong von Rita Coolidge) | PdD: Peter Lamont | D: Roger Moore (James Bond), Maud Adams (Octopussy), Louis Jourdan (Kamal Khan), Kristina Wayborn (Magda), Kabir Bedi (Gobinda), Steven Berkoff (General Orlov), Walter Gottell (General Gogol), Robert Brown (M), Desmond Llewelyn (Q), Lois Maxwell (Miss Moneypenny) | L: 131 Min.

Nachdem John Glen bereits in FOR YOUR EYES ONLY mit seinem Gespür für ebenso einfallsreiche wie bodenständige Actionsequenzen eine Alternative zu den kaum mehr steigerungsfähigen Production Values der späten 1970er-Jahre entworfen hatte, baute er diesen Ansatz in OCTOPUSSY weiter aus. James Bond lenkt in der Pre-Title-Sequenz mit einem Mini-Düsenjet eine ihn verfolgende Rakete zielsicher in den gegnerischen Hangar. Auf dem Dach eines die innerdeutsche Grenze überquerenden Zuges liefert er sich ein halsbrecherisches Duell mit den Schergen des indischen Prinzen Kamal Khan, und die Innenstadt von Udaipur nutzen 007 und der von einem ehemaligen Profisportler gespielte indische Kontaktmann für eine turbulente Autojagd mit Tennisschlägern und Kanonen.
Die Ausgangsbasis für OCTOPUSSY bildet eine Spionagegeschichte, die dem Zeitgeist der frühen 1980er-Jahre entspricht und trotzdem genügend eskapistische Ansätze bietet, um sich nicht auf die ideologischen Grabenkämpfe des wieder erwachten Kalten Krieges einzulassen.
 Sobald Bond von London aus die Spur einer bei dem in Berlin ermordeten Kollegen 009 gefundenen gefälschten russischen Antiquität

nach Indien verfolgt, wechselt Octopussy in das Ambiente eines traditionellen Abenteuerfilms. 007 trifft auf die Schmugglerin Octopussy, die sich als Good Bad Girl erweist und ihn im Kampf gegen ihren verräterischen Kollegen Kamal Khan unterstützt. Der listige indische Prinz verfolgt jedoch weitaus größere Ambitionen als den illegalen Handel mit russischen Kunstgegenständen. Im Auftrag des abtrünnigen sowjetischen Generals Orlov will er eine Atombombe beim Gastspiel eines von der ahnungslosen Octopussy betriebenen Zirkus auf einer westdeutschen US-Militärbasis zünden.

Octopussy setzt ganz auf die Exklusivität der indischen Drehorte. Deren Inszenierung changiert zwischen Vergnügungspark-Attraktionen inklusive Elefanten, Tigern, Schwertschluckern, Safariausritten und fliegenden Kreissägen, und einem stilisierten touristischen Blick auf Reiseprospekt-Ansichten. Nachdem Bonds Ermittlungen hinter den Eisernen Vorhang führen, gerät der altmodische Look vorläufig in den Hintergrund. Im Gegensatz zum anfänglichen amüsanten Schlagabtausch bemüht sich das Drehbuch in der zweiten Hälfte deutlich um den Aufbau einer Spannungsdramaturgie. Bond muss einen internationalen Zwischenfall verhindern, der den 3. Weltkrieg auslösen könnte.

Bevor die politischen Implikationen des Plots weiter verfolgt werden können, begeben sich Glen und Moore wieder auf das sichere Terrain des Abenteuerfilms zurück. Der abschließende Kampf um die Festung des Widersachers Kamal Khan geschieht fernab vom Intrigennetz der internationalen Geheimdienste. Stattdessen stehen akrobatische Kampfkunst und die ausgedehnte Verfolgung des flüchtenden Intriganten im Mittelpunkt.

Die unterschiedlichen Gestaltungsprinzipien zwischen der wieder erwachten Paranoia der 1980er-Jahre und dem exotischen Retroszenario um indische Paläste und Amazonen spiegelt sich in der Besetzung der Gegenspieler wider. Louis Jourdan, einst als zwielichtiger Verdächtiger an Alfred Hitchcocks Gerichtsdrama THE PARADINE CASE / DER FALL PARADINE (USA 1947) beteiligt, repräsentiert den eleganten Bond-Schurken an der Grenze zur Selbstparodie. Er lässt sich mit 007 auf eine Partie im Casino ein und lädt seinen Gegner noch zum Abendessen ein, selbst als dieser sich bereits in seiner Gefangenschaft befindet und einfach in der Zelle eingesperrt bleiben könnte. Unangenehme Aufgaben erledigt für Kamal der wortkarge Bodyguard Gobinda (Kabir Bedi). Steven Berkoff, der seine Rolle unrühmlich in dem Mobilmachungsspektakel RAMBO 2 – FIRST BLOOD PART 2 / RAMBO 2 – DER AUFTRAG (USA 1985) fortsetzte, spielt hingegen einen unberechenbaren Psychopathen, der das nukleare Wettrüsten mit einer kalkulierten Katastrophe zu Gunsten der Sowjetunion entscheiden will. Im Gegensatz zum gepflegten Auftreten von Kamals Schmugglerbande kann man angesichts von Orlovs Ausbrüchen und seinen theatralischen Gesten schnell erkennen, dass keine Regierung jemanden wie ihn allzu nah an ihre militärischen Einrichtungen lassen sollte. Während Kamal in einem Showdown besiegt wird, der sich in der gleichen Form im Classical Hollywood finden könnte, steht Orlov für die wieder erstarkte Angst vor der nuklearen Bedrohung und der Unberechenbarkeit eines verkappten Dr. Strangelove. Zwar schafft es Octopussy nicht ganz die aufgegriffenen Stilformen schlüssig zusammenzuführen, einen respektablen und kurzweiligen Versuch bietet er jedoch allemal. [ar]

14. NEVER SAY NEVER AGAIN (SAG NIEMALS NIE)
USA 1983

P: Warner Bros. / Taliafilm / Woodcote Productions | R: Irvin Kershner | B: Lorenzo Semple, Jr. (basierend auf einer Originalgeschichte von Kevin McClory, Jack Wittingham u. Ian Fleming | Pd: Jack Schwatzman | K: Douglas Slocombe | S: Rober Lawrence | M: Michael Legrand (Titelsong gesungen von Lani Hall) | PdD: Leslie Dilley | D: Sean Connery (James Bond), Klaus Maria Brandauer (Largo), Kim Basinger (Domino), Barbara Carrera (Fatima Blush), Bernie Casey (Felix Leiter), Max von Sydow (Blofeld), Edward Fox (M), Alex McCowen (Q / Algernon), Pamela Salem (Miss Moneypenny) | L: 128 Min.

Im selben Jahr wie Octopussy trat ein Gegner auf den Plan, der James Bond *wirklich* gefährlich werden konnte: er selbst. Lange hatte sich die Bedrohung angekündigt, und nun, »endlich«, war es soweit. Kevin McClory, der ausschließlich die Rechte an der Thunderball-Story hielt, darüber aber auch an der Figur James Bond 007, zumindest in diesem Handlungszusammenhang, brachte gegen den Willen von Broccoli und Co. ein Remake des Films von 1965 heraus. Das markante Intro des Pistolenlauf-Motivs als Eigentum von EON Productions (genauer: der speziellen Logo-Verwaltungsfirma Danjaq Inc.) blieb damit verwehrt. Doch McClory und Jack Schwartzman landeten dafür einen anderen Coup: Niemand anderer als der Ur-007 Sean Connery schlüpfte noch einmal in die Rolle, die ihn weltberühmt gemacht hatte.

Die lange Agenten-Abstinenz hatte ihm nichts anhaben können, im Gegenteil: Connery spielt auf, dass es eine Wonne ist, wobei er den abgestammten Smoking mit ebensolcher Lust trägt wie das notwendige Toupet. Voller Anspielungen und ironischer Seitenhiebe auf »gute alte Zeiten« und *Britishness* ist denn auch NEVER SAY NEVER AGAIN. Sein Augenzwinkern verleiht dem Film eine Leichtigkeit jenseits des einfachen Humors, und auch sonst zeigt der Film, wie agil die Figur des 007 noch war – besonders eingedenk des engen Korsetts, dass die Vorgabe eines Remakes dem Projekt aufnötigte. Autor Lorenzo Semple Jr., bekannt durch seine Drehbücher für Politthriller der 1970er wie THREE DAYS OF THE CONDOR, half der etwas schwerfälligen Original-THUNDERBALL-Story auf die Sprünge.

So sind es nicht zwei Atombomben, sondern moderne Cruise Missiles, die SPECTRE entführt. Bond, nach einem harten Dschungel-Manöver ins Sanatorium beordert, kommt dort dem Coup auf die Spur, und muss neben den Bahamas diesmal auch in Südfrankreich, Nordafrika und dem Nahen Osten dem Gegenspieler Largo die Nuklearwaffen wieder abjagen. Hilfe erfährt 007 dabei von der Geliebten des Gangsters, Domino, gespielt von Kim Basinger, sowie einem trotteligen Botschaftsangestellten, den »Mr. Bean« Rowan Atkinson gibt.

Überhaupt wartete der Film mit einer feinen Darstellerriege auf, allen voran Klaus-Maria Brandauer als so legerer wie wundervoll psychopathischer Lebemann. Dem ist das monströse Unternehmen ein fideler Freizeitspaß, wobei ihm der Wahn aber auch manches Mal aus den Augen blitzt: einer der wahrhaftigsten Widerparte, dem 007 bislang begegnet ist. Max von Sydow in seiner Mini-Rolle als Blofeld kann da kaum mithalten, und Barbara Carrera als exaltierte Killerin Fatima chargiert so überzogen wie gelungen.

Auch filmtechnisch und -ästhetisch bietet NEVER SAY NEVER AGAIN im Rückblick einen unbeschwerteren Spaß als OCTOPUSSY oder die Moore-Bonds dieser Zeit: Neben der Regie Irvin Kershners ist es besonders die Arbeit von Kameramann Douglas Slocombe (der für Steven Spielberg u. a. die INDIANA JONES-Filme fotografiert hat und laut Fred Zinnemann als »einer der besten Kameraleute der Welt« gilt), die so wohltuend leichthändig und einfallsreich ausfällt. Freilich ist auch Connerys (bislang?) letztes 007-Abenteuer nicht perfekt – zu sehr ziehen einige Stränge der unvermeidlichen Story an ihm, zu belanglos und zeitgebunden ist die Musik, und das holographische Computerspiel, welches das alte Baccara-Duell Bond gegen Largo ersetzt, ist der Albernheit ein wenig viel.

Der direkte Vergleich zwischen dem offiziellen OCTOPUSSY und NEVER SAY NEVER AGAIN (dessen Titel auf Connery Frau zurückgeht, die ihren Mann hinsichtlich seines Schwurs, nie wieder Bond zu spielen, aufzog) ist überdies auch nicht ganz fair: OCTOPUSSY war deutlich das Produkt einer Serie mit eigenen, anders gelagerten Ansprüchen, derweil NEVER SAY NEVER AGAIN als singuläres Event-Movie mit einer gehörigen Portion ironischer Nostalgie mehr Qualität vor und hinter der Kamera versammeln konnte – und auch musste. Die beiden Bond-Streifen des Jahres 1983 schenkten sich denn zuletzt auch wenig, was ihren Erfolg betrifft. Beide spielten so ziemlich das gleiche ein (EONs OCTOPUSSY lag zwar dabei leicht vorne, jedoch kann man diesen Vorsprung wiederum der besseren Marktposition mitsamt ihren etablierten Strukturen und Signets wie dem weltberühmten 007-Logo zuschreiben). Und mit dem erfolgreichen Relaunch der ›echten‹ Bond-Filmreihe ab GOLDENEYE 1995 hat man sich, so scheint es, ein wenig am Rezept von NEVER SAY NEVER AGAIN bedient: Immer neue namhafte Regisseure und erfahrene Kameraleute, die mit eigenen Ansätzen einer Routine entgegentraten. Für McClory sollte NEVER SAY NEVER AGAIN wohl der letzte Coup in Sachen James Bond sein. Bis in die 1990er gab es immer wieder Meldungen, der zum Remake verdammte Produzent plane einen neuen 007-THUNDERBALL-Aufguss (u. a. mit dem ehemaligen Bond-Mimen Timothy Dalton und unter dem schon einmal so ähnlich avisierten Titel WARHEAD 2000 A. D.). Der echte, der wahre James Bond scheint jedenfalls auch diesen Gegner besiegt oder zumindest ausgesessen zu haben. Denn bei allen Gerüchten über Kaufangebote, -verhandlungen und -transaktionen (im Zuge des Rechterwerbs von »Casino Royale«) ist der Konkurrenz-Film nicht mehr länger der Rivale, den es vehement, mit allen Mitteln und in vielen Publikationen – auch um den Preis so einiger Lächerlichkeit – totzuschweigen gilt. [zyw]

15. A VIEW TO A KILL (IM ANGESICHT DES TODES) GB 1985

P: MGM / United Artists | R: John Glen | B: Richard Maibaum und Michael G. Wilson | Pd: Albert R. Broccoli und Michael G. Wilson | K: Alan Hume | S: Peter Davies | M: John Barry (Titelsong von Duran Duran) | PdD: Peter Lamont | D: Roger Moore (James Bond), Christopher Walken (Max Zorin), Grace Jones (May Day), Tanya Roberts (Stacey Sutton), Patrick Macnee (Godfrey Tibbett), Alison Doody (Jenny Flex), Patrick Bauchau (Scarpine), Robert Brown (M), Desmond Llewelyn (Q), Lois Maxwell (Miss Moneypenny) | L: 126 Min.

Es war keine allzu große Überraschung, dass Roger Moore nach mehrfachen Bekundungen, nicht mehr die Rolle des populären Geheimagenten spielen zu wollen, 1985 doch noch einmal ein Angebot bekam, das er nicht ablehnen konnte.
Unterstützt von einer ganzen Armada von Stuntmen und mehreren Schichten Make-Up, begibt er sich auf die Spur des wahnsinnigen

Industriellen, KGB-Agenten und Nazi-Gen-Experiments Max Zorin (man fühlt sich angesichts dieses abstrusen Cocktails an die Kommunisten-Nazis aus einer Actionfilm-Parodie der SIMPSONS erinnert). Wie Lex Luthor im ersten SUPERMAN-Film (USA 1979) will der von Christopher Walken gespielte Allround-Schurke mit Hilfe eines künstlichen Erdbebens einen Teil Kaliforniens im Pazifik versenken. Durch die Vernichtung des Computer-El Dorados Silicon Valley erhofft er sich die Vorherrschaft über den internationalen Computer-Markt als führender Chip-Hersteller.

Noch deutlicher als in den anderen, mit Ausnahme von FOR YOUR EYES ONLY schon immer auf Schauwerte und Spektakel angelegten Moore-Filmen steht die episodenhafte Nummernrevue im Mittelpunkt des Geschehens. B. J. Worth, langjähriger Experte für gewagte Akrobatik, springt vom Eifelturm und Rémy Julienne zerlegt einen Renault bei einer Verfolgungsjagd durch Paris in dessen Bestandteile. Willy Bogner präsentiert eine frühe Variante des Snowboarding und greift die aus FROM RUSSIA WITH LOVE bekannte Standardsituation des Duells zwischen Bond und einem Helikopter im Tiefschnee auf. Die Straßen von San Francisco macht 007 mit einem gestohlenen Feuerwehrwagen unsicher und in einer detailliert in den Pinewood Studios errichteten Mine entkommt er einer gewaltigen Flutwelle. Für das Finale wurde ein Teil der Golden Gate Bridge nachgebaut und eine Second Unit-Crew begab sich auf die Spitze der berühmten Brücke. Leider versäumt es A VIEW TO A KILL für die isoliert wirkenden Schauwerte einen adäquaten formalen Rahmen zu finden. Die in den späten 1970er-und frühen 1980er-Jahren relativ sekundären McGuffins werden derart überstrapaziert, dass sie im Gegensatz zum beiläufig untergebrachten Orchideengift in MOONRAKER oder den geschmuggelten Fabergé-Eiern aus OCTOPUSSY unangenehm auffallen. Nicht nur der breit ausgewalzte, eher einer Kaffeefahrt als einem 007-Abenteuer gleichende Plot um Betrügereien auf der Pferderennbahn, auch die von Zorin produzierten Mikrochips entfalten eine unfreiwillige Komik, die den Film trotz aller vorzüglicher Stunt-Attraktionen zum Scheitern verurteilt.

Alfred Hitchcock lieferte ein pointiertes Beispiel für die Funktionsweise eines McGuffin. In einem Zug wird ein Mann von einem anderen Reisenden angesprochen, was er in seinem schweren Koffer transportiere. Er antwortet, dass sich darin ein McGuffin befände und man mit diesem Gerät Löwen in den schottischen Highlands fangen könnte. Der andere Reisende wendet erstaunt ein, dass es dort gar keine Löwen gäbe. Der Angesprochene zuckt mit den Schultern und erklärt, dass in diesem Fall der McGuffin nicht funktioniert habe. Mit anderen Worten: Der McGuffin kann noch so abstrus erscheinen, so lange das

Interesse des Publikums aufrecht erhalten wird, ist die Logik dahinter sekundär.

Würde man Hitchcocks Beispiel auf A VIEW TO A KILL übertragen, so wüsste der Befragte gar nicht, was er überhaupt antworten sollte. Er würde einen konfusen Schwall von Erklärungen von sich geben, in dem die Manipulation von Rennpferden, der Verkauf westlicher Hardware an den KGB, Wasserpumpen, Öl-Geschäfte und geologische Untersuchungen in der Nähe von San Francisco vorkämen. Nach diesen Ausführungen hätte jeder außer den hartgesottensten Nerds das Interesse an dem Inhalt des Koffers verloren. Die Produzenten entschieden sich an dieser Stelle vorsichtshalber den Zug entgleisen zu lassen, um die Aufmerksamkeit des verbliebenen Publikums zumindest mit ein paar Knalleffekten zurück zu gewinnen.

Ganz im Gegensatz zum durchwachsenen Ergebnis sah die Marketing-Kampagne zu A VIEW TO A KILL durchaus vielversprechend aus. Die imposanten Plakate, auf denen Roger Moore und Grace Jones als May Day mit dem Rücken zueinander in Duellpose standen, stellten einige Wochen vor dem Kinostart im Sommer 1985 die rhetorische Frage: »Has James Bond finally met his match?« Während Bond auf dem Poster in der gewohnten Haltung mit gezogener Pistole verharrt, zieht die damals auf dem Höhepunkt ihrer Karriere angelangte Disco-Queen sichtlich unbeeindruckt und gelassen an ihrer, an einem überlangen Halter befestigten Zigarette. Leider greift der Film den in diesem Motiv angedeuteten Generationskonflikt zwischen dem rüstigen Senioren-Spion und der kaltblütigen Amazone in keinerlei Hinsicht auf: Bevor es zur Konfrontation kommen kann, wechselt May Day die Seiten und opfert sich selbstlos. Somit wurde A VIEW TO A KILL, der kaum über das Niveau eines TV-Films hinauskommt, neben THE MAN WITH THE GOLDEN GUN innerhalb der Serie zum eklatantesten Fall der verpassten Chancen. [ar]

16. THE LIVING DAYLIGHTS (DER HAUCH DES TODES) GB 1987

P: MGM – United Artists / EON Productions | R: John Glen | B: Richard Maibaum und Michael G. Wilson (nach einer Kurzgeschichte von Ian Fleming) | Pd: Albert R. Broccoli und Michael G. Wilson | K: Alec Mills | S: John Grover, Peter Davies | M: John Barry (The Living Daylights von A-ha, If There Was A Man und Where Has Everybody Gone? Von den Pretenders) | PdD: Peter Lamont Film | D: Timothy Dalton (James Bond), Maryam d'Abo (Kara Milovy), Jeroen Krabbe (General Koskov), Joe Don Baker (Brad Whitaker), John Rhys-Davies (General Pushkin),

Andreas Wisniewski (Necros), Art Malik (Kamran Shah), Walter Gottel (Gogol), Robert Brown (M), Desmond Llewelyn (Q), Caroline Bliss (Miss Moneypenny), | L: 130 Min.

Entgegen seines erst im Rückblick abgewerteten heutigen Status, erhielt der unterschätzte Darsteller Timothy Dalton bei seinem Debüt als James Bond 1987 überwiegend positive Kritiken. Unter der routinierten Regie von John Glen vollzog THE LIVING DAYLIGHTS eine gekonnte Gratwanderung zwischen neuartigen Plot-Elementen und der gezielten Fortsetzung beliebter Traditionen wie einer ausgedehnten Autojagd mit einem mit Laser, Raketenwerfern und Selbstzerstörungsanlage ausgerüsteten Aston Martin.

Neben dem erst 2006 verfilmten CASINO ROYALE markiert THE LIVING DAYLIGHTS den letzten EON-Bond-Film, dessen Titel von Ian Fleming stammt. Die zu Grunde liegende Kurzgeschichte über Bonds Rückendeckung für einen Überläufer wird zu Beginn des Films vorlagengetreu umgesetzt. Der auf überraschende Double Twists angelegte Plot changiert zwischen klassischem Agenten-Thriller und ironischem Actionmärchen, das sich sowohl den verhärteten Körperbildern, als auch den ideologisch eindeutigen Frontstellungen des Mitte der 1980er-Jahre dominanten Genrekinos entzieht.

Der Einstieg in die Handlung täuscht eine Rückkehr zu den Fronten des Kalten Krieges vor. Neben der Leiche eines ermordeten britischen Agenten wird bei einem Manöver auf Gibraltar eine beunruhigende Nachricht gefunden. Sie deutet an, dass der KGB seine vor Jahrzehnten eingestellte Operation »Smiert Spionem«, die den Tod aller westlichen Agenten vorsieht, wieder aufgenommen hat. Der in Prag in

einer spektakulären Aktion mit Hilfe einer Pipeline in den Westen beförderte Überläufer Koskov bestätigt diesen Verdacht, kurz bevor er von dem kaltblütigen Terroristen Necros entführt wird. James Bond misstraut dem anachronistischen Retroszenario und stellt eigene Nachforschungen an. In Prag befragt er Koskovs Freundin Kara, die ihn, ohne die wahren Hintergründe der Ermittlungen zu ahnen, auf der Suche nach Koskov und dessen Hintermännern nach Wien, Tanger und ins vom russischen Militär besetzte Afghanistan begleitet. Dabei gerät die Story in der ersten Hälfte stellenweise ungewöhnlich intensiv, so wenn Bond gegenüber Kara den Freund Koskovs spielen muss; wohl wissend, dass dieser die naive Musikerin kaltblütig opfern wollte – und er, Bond, dafür das Werkzeug sein sollte.

Statt sich an die damalige reaktionäre Kehrtwende des amerikanischen Actionkinos anzupassen, bezieht THE LIVING DAYLIGHTS das politische Klima der 1980er-Jahre in den Plot ein und bietet eine überraschende Lösung. Die in anderen Filmen dieser Zeit häufig realisierte Wiederbelebung ewiggestriger Feindbilder erweist sich als Komplott des mit dem verbrecherischen US-Waffenhändler Whitaker und dem Pseudo-Revoluzzer Necros verbündeten Koskov. Am Ende gehen KGB, CIA und Secret Service gemeinsam gegen die Drahtzieher des perfiden Intrigenspiels vor. Im Unterschied zu A VIEW TO A KILL stehen sich die drei Widersacher Bonds nicht gegenseitig im Weg, sondern ergänzen sich auf raffinierte Weise. Während Necros klassische Handlanger-Aufträge erledigt, sorgt der wendige, stets auf den eigenen Vorteil bedachte Opportunist Koskov für gekonnte comic relief-Momente. Waffenhändler Whitaker gibt den Schmalspur-Blofeld, der zwar gerne von seiner Villa in Tanger aus ein verzweigtes Intrigennetz auswerfen möchte, in seinen Bestrebungen jedoch lediglich drittklassig wirkt.

Einige Kritiker verstanden Bonds Beschränkung auf zwei Liebschaften pro Film als Remodeling für das AIDS-Zeitalter. Man sollte in dieser Hinsicht aber auch bedenken, dass Timothy Dalton Bonds Rolle als einsamen Professional auslegt, der sich emotional verschlossen gibt und anderen Charakteren weitaus distanzierter begegnet als Roger Moores Bond, dessen Womanizer-Abenteuer am Ende wie eine Selbstparodie erschienen. Die neue Ernsthaftigkeit, die den nächsten Film LICENCE TO KILL prägt, wird in THE LIVING DAYLIGHTS noch ironisch durchbrochen. Bereits die Reaktionen Bonds auf die ständigen Kapriolen Koskovs und der zufriedene Gesichtsausdruck, wenn er in Wien auf Kosten des Widersachers einen großzügigen Einkaufsbummel für dessen Freundin Kara spendiert, lockern das nach der Moore-Ära wieder bodenständigere Geschehen auf. Den Gegenakzent zur subtilen Selbstironie bilden die von Dalton akzentuierte Entschlossenheit Bonds und die spektakulären Actionszenen.

Der spielerische Charakter der Geschichte verleiht THE LIVING DAYLIGHTS trotz der deutlichen Bezugnahme auf die letzten Tage des kalten Kriegs einen eigenen Charme, der auch nach zwanzig Jahren zeitlos erscheint. [ar]

17. LICENCE TO KILL (LIZENZ ZUM TÖTEN)
GB 1989

P: MGM – United Artists / EON Productions | R: John Glen | B: Michael G. Wilson und Richard Maibaum | Pd: Albert R. Broccoli und Michael G. Wilson | K: Alec Mills | S: John Grover | M: Michael Kamen (Titelsong gesungen von Gladys Knight) | PdD: Peter Lamont | D: Timothy Dalton (James Bond), Carey Lowell (Pam Bouvier), Robert Davi (Franz Sanchez), Talisa Soto (Lupe Lamora), David Hedison (Felix Leiter),

Benicio Del Toro (Dario), Anthony Zerbe (Milton Krest), Frank McRae (Sharkey), Don Stroud (Heller), Everett McGill (Killifer), Robert Brown (M), Desmond Llewelyn (Q), Caroline Bliss (Miss Moneypenny) | L: 133 Min.

Die Urlaubsreise Bonds zur Hochzeit seines alten Kollegen Felix Leiters nimmt eine dramatische Wendung, als der inzwischen bei der Drogenfahndung tätige Ex-CIA-Agent in seiner Hochzeitnacht von dem südamerikanischen Syndikatschef Franz Sanchez schwer verletzt und seine Frau brutal ermordet wird. Um gemeinsam mit der selbstbewussten Pilotin Pam Bouvier den in die südamerikanische Republik Isthmus entflohenen Sanchez auf eigene Faust zu Fall zu bringen, quittiert Bond zeitweise seine Arbeit für den Secret Service. Getarnt als freiberuflicher Auftragskiller reist er nach Isthmus City.

Die Dreharbeiten zu LICENCE TO KILL wurden aus produktionstechnischen Gründen vollständig nach Mexiko verlagert, obwohl das kreative Team weitgehend erhalten blieb. Auch inhaltlich entfernt er sich von allen Filmen am deutlichsten von den Konventionen der Serie, obwohl streckenweise auf Motive aus dem Roman »Live and Let Die« zurückgegriffen wurde, die in der Verfilmung von 1973 fehlten, und ein Charakter aus der Kurzgeschichte »The Hildebrand Rarity« übernommen wurde. Der Titel bezieht sich erstmals nicht mehr auf eine Vorlage Flemings.

Zahlreiche Standardsituationen der Reihe wie die Erteilung des neuen Auftrags oder der Einsatz spektakulärer Gimmicks kommen nicht oder lediglich in veränderter Form vor. Stattdessen beginnt LICENCE TO KILL mit Leiters Hochzeit in Key West und damit im weiteren Einzugsgebiet von Michael Manns und Anthony Yerkovichs stilprägender Noir-Serie MIAMI VICE. So weit sich Bonds eigenmächtige Undercover-Operation gegen den südamerikanischen Drogenbaron von der gewöhnlichen Reihe entfernt, so deutlich nähert sie sich den Abenteuern der modebewussten Cops Crockett und Tubbs an. Die Dramaturgie des Films erinnert deutlich an MIAMI VICE-Folgen wie CALDERON'S RETURN, in der die beiden Detectives den für die Ermordung ihres Vorgesetzten verantwortlichen, ihnen in Miami immer wieder entkommenen Drogenbaron auf dessen eigenem Terrain zu Fall bringen.

Zwar läuft Bond nicht Gefahr seinen Aston Martin gegen einen Ferrari oder den altvertrauten Smoking gegen pastellfarbene Armani-Anzüge einzutauschen, doch wie in MIAMI VICE tauchen Verräter in den eigenen Reihen auf und der gerade erst verhaftete Drogenbaron entkommt mühelos über die Grenze. Am Ende erscheinen die Protagonisten eher ausgebrannt und gebrochen, als mit sich selbst und dem

Ergebnis ihrer Arbeit zufrieden zu sein. Eine Fahrt mit dem Schnellboot vor romantischem Sonnenaufgang und der Ausflug in eine Bar, in der zum Stand-Off mit Sanchez' Handlangern überproduzierter Gitarren-Pop zu hören ist, erweisen der stilprägenden Serie formal ihre Referenz.

Allerdings bildet das Kartell im Vergleich zu Michael Manns Neo-Noir-Plots kein undurchdringliches Geflecht, sondern verfügt über deutlich erkennbare Fraktionen. Diese reichen vom korrupten Hofstaat des El Presidente über schmierige, um den eigenen Vorteil bemühte Schmuggler bis hin zum heimtückischen, von Benicio Del Toro in einer seiner ersten Rollen gespielten Sadisten. Diese Charaktere entsprechen abgesehen von Sanchez selbst weitgehend der Typologie der 007-Reihe. Bereits kurz nach seiner Ankunft in Isthmus City kann Bond die Strukturen der Organisation durchschauen. Lediglich die Undercover-Operation zweier Agenten aus Hongkong bereitet ihm unvorhergesehene Schwierigkeiten. In der zweiten Hälfte erinnern die Schauplätze wieder verstärkt an das Ambiente der traditionellen 007-Filme. Die Begegnung zwischen Sanchez und Bond erfolgt in den oberen Etagen von dessen Casino und das in einer Tempelanlage verborgene Drogenlabor entspricht den gewohnten Schurken-Standards.

Einige für die Serie ungewöhnliche Härten führten dazu, dass LICENCE TO KILL als erster Film der Serie in England und den USA kein PG-Rating (frei für alle Altersstufen in Begleitung eines Erziehungsberechtigten) bekam. Die sorgfältige Charakterisierung der Protagonisten unterscheidet den bei seiner Veröffentlichung umstrittenen Film von konventionellen, simpel gestrickten Rachegeschichten. Carey Lowell markiert als Pam eine der stärksten Frauenfiguren der Serie und Robert Davi spielt Sanchez mit der gleichen Ambivalenz, die in MIAMI VICE die Grenzen zwischen den Undercover-Cops und ihren Gegenspielern verschwimmen lässt. Selbst Talisa Soto als Sanchez' bekehrte Geliebte Lupe beschränkt sich nicht auf die einfache Opferrolle, die ihr nach der klassischen 007-Dramaturgie zukommen würde. Dennoch blieb an den amerikanischen Kinokassen im Sommer von BATMAN und INDIANA JONES AND THE LAST CRUSADE / INDIANA JONES UND DER LETZTE KREUZZUG der erwartete Erfolg aus. [ar]

18. GOLDENEYE (GOLDENEYE)
GB 1995

P: MGM – United Artists / EON Productions | R: Martin Campbell | B: Michael France, Jeffrey Caine | Pd: Albert R. Broccoli, Barbara Broccoli, Michael G. Wilson | K: Phil Meheux | S: Terry Rawlings | PdD: Peter Lamont | M: Eric Serra (Titelsong geschrieben von Bono & The Edge, gesungen von Tina Turner) | D: Pierce Brosnan (James Bond), Izabella Scorupcu (Natalya), Sean Bean (Alec Trevelyan/006), Famke Janssen (Xenia Onatop), Gottfried John (General Ourumov), Alan Cumming (Boris Grishenko), Joe Don Baker (Jack Wade), John Rhys-Meyers (Valentin Zukovsky), Judi Dench (M), Desmond Llewelyn (Q), Samantha Bond (Ms. Moneypenny) | L: 129 Min.

Sechs Jahre gingen ins Land, bis nach dem bei Kritik und (insbesondere dem amerikanischen) Publikum wenig begeistert aufgenommenen LICENCE TO KILL ein neuer Bondfilm in die Kinos kam – die längste Pause in der Geschichte des Doppelnullagenten. Der auf Teaserplakaten mit dem so schlichten wie genialen Slogan »You know the name. You know the number.« angekündigte GOLDENEYE feierte seine Premiere am 15. November 1995 in New York und spielte insgesamt das Siebenfache seine Produktionskosten ein. James Bond war zurück.

Für den sanften Relaunch, mit dem die Reihe endlich in den 1990er-Jahren angekommen war, brauchte es Dreierlei. Nach außen dokumentierte die Verpflichtung von Pierce Brosnan die Neuausrichtung. Der REMINGTON-STEELE-Mime war hinlänglich bekannt und hätte bereits für THE LIVING DAYLIGHTS beinahe den Zuschlag bekommen. Die Bondfigur interpretierte er mit weniger shakespearescher Gravität als Dalton, machte auf jeden Fall aber optisch einen hervorragenden Eindruck. Eine ebenso gewichtige Entscheidung der Produzenten war es, sich vom Bond-Veteranen John Glen zu trennen und eine Ära wechselnder Regisseure einzuläuten. Glen gehörte seit ON HER MAJESTY'S SECRET SERVICE als Cutter und Second-Unit-Regisseur zur festen Belegschaft und hatte seit FOR YOUR EYES ONLY alle 007-Abenteuer gedreht. Ersetzt wurde der Routinier (mit der ausgeprägten Vorliebe für gleichzeitiges Schwenken und Zoomen) durch den ausgewiesenen Actionspezialisten Martin Campbell. Unter seiner Regie fand GOLDENEYE in Ästhetik und Aufwand wieder den Anschluss an die besten Actionfilme seiner Zeit, ohne diese blindlings zu kopieren. Weder die fabelhaft choreographierten Schusswechsel, noch das realistisch-rüde Handgemenge zwischen Bond und Trevelyan oder die wunderbaren Modellbauten haben aus heutiger Sicht Staub angesetzt.

Und schließlich konnte GOLDENEYE mit einem exzellenten Drehbuch punkten, das vor allen Dingen die Knackpunkte der Bondfigur offen reflektierte.

Bonds Abenteuer beginnt noch im Kalten Krieg, als er gemeinsam mit 006, Alec Trevelyan, den sibirischen Unterschlupf des russischen Militärs Ourumov aushebt, seinen Kameraden jedoch, vermeintlich tot, zurücklassen muss. In der postsowjetischen Gegenwart soll 007 den russischen Killersatelliten Goldeneye wieder beschaffen, den ein unbekannter Täter unter seine Kontrolle gebracht hat. Eine erste Spur führt nach Monaco, wo Bond die Auftragsmörderin Xenia nur um Haaresbreite entwischt. Er verfolgt sie bis nach St. Petersburg, lernt die Computerspezialistin Natalya kennen und findet heraus, dass Trevelyan und Ourumov gemeinsame Sache machen. Als Geheimorganisation Janus firmierend wollen sie den größten Online-Bankraub der Geschichte verüben und das weltweite Finanzwesen danach mittels Goldeneye zum kollabieren bringen. Unter und auf Trevelyans riesiger Teleskopanlage im kubanischen Dschungel kommt es zum Showdown.

Abgesehen von der obligatorischen Bedrohung von Weltmaß muss Bond sich in GOLDENEYE auch mit den veränderten politischen und gesellschaftlichen Realitäten der 1990er-Jahre auseinandersetzen. Seine neue Chefin bezeichnet Bond als »sexist, misogynist dinosaur« und »a relic of the Cold War«. Auch Natalya, der als einzigem Bondgirl bislang eine ausgedehnte Vorgeschichte nebst eigenem Handlungsstrang zugestanden wird, kann 007s Habitus und seinen Methoden wenig abgewinnen. Ihre rhetorische Frage, ob er denn jedes benutzte Fahrzeug zerstören müsse, hinterfragt insofern nicht nur die Hauptfigur. Hier fühlt sich die Bondreihe selbst auf den Zahn. Ms Respekt und Natalyas Zuneigung erwirbt sich 007 letztlich durch seinen Erfolg. Auch Trevelyan, der Anti-Bond, der jeden Zug und jede Finte seines Gegners zu kennen glaubt, muss sich schließlich dessen situativem Geschick und unerschütterlicher Integrität geschlagen geben. Durch das sorgfältige Remodelling essenzieller Bestandteile des Bonduniversums zeigt sich GOLDENEYE auf der Höhe der Zeit. Die Beständigkeit der Bondfigur hat dann selbst die neue, skeptische M bereits in der Pre-Title-Sequenz zu TOMORROW NEVER DIES eingesehen, in der 007 unter Einsatz seines Lebens Nukleartorpedos beschützt. Auf die Frage eines Militärs, was denn Bond da treibe, antwortet die resolute Dame lapidar: »His job!« Dass in diesem Satz ehrliche Anerkennung mitschwingt, liegt an GOLDENEYE. [ck]

19. TOMORROW NEVER DIES (DER MORGEN STIRBT NIE)
   GB 1997

P: MGM – United Artists / EON Productions | R: Roger Spottiswoode | B: Bruce Feirstein | Pd: Barbara Broccoli, Michael G. Wilson | K: Robert Elswit | S: Michael Arcand, Dominique Fortin | PdD: Allan Cameron | M: David Arnold (Titelsong gesungen von Cheryl Crow) | D: Pierce Brosnan (James Bond), Jonathan Pryce (Elliot Carver), Michelle Yeoh (Wai Lin), Götz Otto (Stamper), Teri Hatcher (Paris), Ricky Jay (Henry Gupta), Judi Dench (M), Desmond Llewelyn (Q), Samantha Bond (Ms. Moneypenny) | L: 120 Min.

TOMORROW NEVER DIES ist ein Film der vielen guten Ansätze. Als Bondgirl konnte die malaysische Actionheroine Michelle Yeoh gewonnen werden; 007 sollte auf eine alte Liebe treffen und der Plot um einen von Jonathan Pryce verkörperten Medienzaren wurde vor asiatischer Kulisse justiert. Damit kehrte der neue Bond zum ersten mal seit THE MAN WITH THE GOLDEN GUN wieder in ostasiatische Gefilde zurück, schien die Frauenfiguren weiter ausbauen zu wollen und beschritt mit dem Kommunikationssektor gar neues Terrain. Leider machte der unter der Regie des Kanadiers Roger Spottiswoode entstandene TOMORROW NEVER DIES viel zu wenig aus seinem Potenzial. Während der Vortitel-Sequenz lässt Bond einen Trödelmarkt für Kriegswaffen auffliegen. Dem dubiosen Henry Gupta gelingt jedoch die Flucht, mitsamt einem Gerät zur Störung der Satellitennavigation. Mit selbiger Apparatur bringt der von Hamburg aus operierende Medienmogul Elliott Carver im Chinesischen Meer eine britische Fregatte vom Kurs ab, versenkt sie und kann als erster über die Katastrophe berichten. Sein Plan ist es, einen Krieg zwischen Großbritannien und China zu provozieren, der ihm das Nachrichtenmonopol in Ostasien sichern soll. Bond infiltriert das hanseatische Sendezentrum und begegnet seiner einstigen Affäre, der inzwischen mit Carver verheirateten Paris. Außerdem macht er Bekanntschaft mit der chinesischen Agentin Wai Lin. Beide fliehen sie vor Carvers Schergen nach Saigon und entern schließlich gemeinsam dessen Stealthboot, von dem aus der Übeltäter höchstpersönlich die Verbände von Briten und Chinesen aufeinander hetzen will.

Die Entstehung von TOMORROW NEVER DIES stand bereits unter keinem guten Stern. Spottiswoode bastelte noch während der Dreharbeiten fortwährend am Script herum, den Produzenten missfiel sein schleppendes Arbeitstempo und Teri Hatcher, dass ihre Rolle immer kleiner wurde. Tatsächlich baut TOMORROW NEVER DIES anfangs eine interessante Dreiecksgeschichte zwischen Carver, Paris und Bond auf, in der letzterem einmal nicht der Part des hochwillkommenen Retters aus der Not zukommt, sondern Paris ihn eher frostig-verletzt empfängt. Unübersehbar sind 44 Jahre seit Sylvia Trenchs letztem Auftritt als Bonds pflegeleichter Teilzeitgespielin vergangen. In der fertigen Fassung wird man aus dem Verhältnis zwischen 007 und Paris nicht recht schlau, wirkt Carvers Rache an seiner Frau gleichzeitig überzogen und desinteressiert.

Auch bei der Figur Wai Lins springt TOMORROW NEVER DIES als Tiger und landet als Bettvorleger. In Carvers Hamburger Verlagshaus wird sie als findige Agentin eingeführt, die dem ständig rennenden und schießenden Bond mit ihrem akrobatisch-eleganten Stil eigentlich über ist. In Saigon zeigen sich beide bis hin zu ihrer Gadgetausstattung als ebenbürtig. Am Schluss muss 007 Wai Lin dann doch wieder das Leben retten, weil sie sich wie ein Steven-Seagal-Sidekick hat festsetzen lassen.

Der großartige Jonathan Pryce kann leider nicht verhindern, dass sein Elliot Carver – gemessen an seinen Möglichkeiten im Bondschurkenkontinuum – zum bedauerlichen Totalausfall wird. Ein Bösewicht, der gleich in seiner ersten Szene seinen Plan ausplaudern muss, nimmt der Geschichte nicht nur das Gros ihrer Spannung, er macht auch jede Möglichkeit zunichte eine Schurkenfama aufzubauen, die bei einem Opponenten für 007 stets schon die halbe Miete bedeutet.

Produktionstechnisch weiß sich TOMORROW NEVER DIES indes weit besser ins Licht zu setzen. Ob die halsbrecherische, von einem Sprung über einen Helikopter gekrönte Motorradverfolgungsjagd in Saigon, die verschwenderische Vortitel-Sequenz nebst des wohl schönsten Vorspanns der 1990er-Jahre oder die toll in Szene gesetzte Militärtechnik: Brosnans zweiter Einsatz kommt breitschultrig daher. Die asiatischen Drehorte wirken so verboten verführerisch wie lange kein Schauplatz eines 007-Abenteuers mehr. Und Brosnans Frisur rief nicht länger unangenehme Erinnerungen an REMINGTON STEELE wach, allerdings fuhr James Bond mittlerweile das gleiche Auto wie Oberinspektor Derrick.

Im Gegensatz zu Eric Serras elaborierter, aber nicht recht anheimelnder Orchestrierung von GOLDENEYE brennt Independence-Day-Komponist David Arnold ein Feuerwerk geremixter klassischer Bond-Samples und beatlastiger Eigenkompositionen ab. Dass John Barry den Broccolis Arnold empfohlen hatte, erwies sich als Glücksgriff für die Serie. Hätte der gute Barry doch auch noch einen guten Drehbuchautor bei der Hand gehabt. [ck]

20. THE WORLD IS NOT ENOUGH (DIE WELT IST NICHT GENUG)
GB 1999

P: MGM – United Artists / EON Productions | R: Michael Apted | B: Neil Purvis, Robert Wade, Bruce Feirstein, Dana Stevens | Pd: Barbara Broccoli, Michael G. Wilson | K: Adrian Biddle | S: Jim Clark | PdD: Peter Lamont | M: David Arnold (Titelsong gesungen von Garbage) | D: Pierce Brosnan (James Bond), Sophie Marceau (Elektra King), Denise Richards (Dr. Christmas Jones), Robert Carlyle (Renard), Claude-Oliver Rudolph (Akakievich), John Rhys-Meyers (Valentin Zukovsky), Judi Dench (M), Desmond Llewelyn (Q), John Cleese (R), Samantha Bond (Ms. Moneypenny) | L: 123 Min.

THE WORLD IS NOT ENOUGH stellt den vielleicht spannendsten Versuch dar, die von den Bondfilmen gesetzten Standards gleichzeitig zu bedienen und sie zu unterlaufen. Das beginnt schon bei der Vortitel-Sequenz, in der 007 auf clevere, aber auch nicht sonderlich spektakuläre Weise aus einer nordspanischen Privatbank flieht. Mit dem just erobertem Lösegeldkoffer kehrt Bond nach London zurück, wo er ihn Ms altem Kommilitonen, dem Ölmagnaten Sir Robert King, übergibt. Dann geht alles schief: Eine im Geld versteckte Bombe detoniert, tötet King und verwüstet das MI6-Hauptquartier. 007 ist zum unfreiwilligen Handlanger eines Attentäters geworden. Er verfolgt eine flüchtende Verdächtige auf der Themse, die schließlich in einem Fesselballon über dem Millennium-Dome den Freitod wählt.

Erst jetzt, geradezu unverschämt spät, setzt der Vorspann ein und während man sich als Zuschauer noch von der wilden, und dann doch wahrlich spektakulären, Hatz erholt, kann man leicht übersehen, dass THE WORLD IS NOT ENOUGH da gerade sein filmisches Konzept in Kürze vorgestellt hat. Der neunzehnte Bond treibt sein Spiel mit den etablierten Figuren, Handlungsmustern und Formatierungen der Reihe und stellt sie immer wieder auf den Kopf. Im Folgenden wird 007 auf Kings Tochter Elektra angesetzt, um sie vor ihrem ehemaligen Entführer, dem vermuteten Drahtzieher des Attentats, Renard, zu beschützen. Bond fliegt nach Aserbaidschan, wo Kings Ölfirma eine Pipeline baut und treibt mit Elektra ein riskantes Vabanquespiel, indem er sich einerseits mit der Firmenerbin einlässt und den Terroristen andererseits an sie herankommen lässt, um ihn zu schnappen. Womit der Doppelnullagent nicht rechnet: Elektra und Renard machen gemeinsame Sache und wollen mit einer Atombombe Istanbul, den Knotenpunkt aller konkurrierenden Pipelines, zerstören.

Dafür, dass Broccoli und Wilson erkannt zu haben schienen, dass Bond unter Spottiswoodes Regie zu nah an das Mainstream-Actionkino herangerückt war (und dass es statt des Einsatzes zweier Maschinenpistolen auch eine Walther P99 tut), spricht die Verpflichtung von Michael Apted, der bislang mit Dramen wie Nell (USA 1994) auf sich aufmerksam gemacht hatte, jedoch über keinerlei Erfahrung mit millionenschweren Spektakelfilmen verfügte und sich den Mythos 007 darum konsequent über die Figuren erschloss. Apted fand eine stimmige Balance zwischen furiosen, wenngleich nicht überzogenen Krawallsequenzen – wie etwa Bonds Kampf mit dem Forsthubschrauber – und einem geradezu kammerspielartigen Drama. Als entscheidend dürfte hier der Beitrag von Apteds langjähriger Drehbuchautorin Dana Stevens angesehen werden, die die Charaktere im von Neil Purvis und Robert Wade ausgeknobeltem Szenario ungewöhnlich abgründig zeichnete.

In The World Is Not Enough dreht sich darum nicht nur alles um Schein und Sein, sondern auch um die verhängnisvollen Beziehungen der Figuren. Da ist Elektra, die 007 (und den Zuschauer) um den Finger wickelt, weil sich der Superschurke diesmal als beschützenswertes Bondgirl maskiert und zugleich auch ein gebrochenes Opfer ist. Da ist Renard, der als rücksichtsloser Killer vorgestellt wird und einem in seinem lebensmüden Fatalismus am Schluss beinahe Leid tun kann. Beide, Elektra und Renard, sind in einer ebenso gefährlichen wie tragischen Symbiose aneinander gekettet. Und da ist Bond, schon aus Professionsgründen ein emotionaler Krüppel, der gleich am Anfang ziemlich im Regen steht; der nicht umhin kann, seine Schutzbefohlene für Königin und Vaterland notfalls über die Klinge springen zu lassen; und der sie am Ende sogar in schwärzester *Hardboiled*-Tradition absichtlich und nicht in Notwehr töten wird.

Was die Hauptfiguren und ihr Handeln angeht, überlässt The World Is Not Enough nichts dem Zufall. Hat man die wahren Motivationen der Charaktere einmal durchschaut, entfaltet sich die Handlung mit nahezu kaltblütiger Zwangsläufigkeit. Wohl zum ersten Mal erscheint der Tod von Bonds Widersachern zugleich befriedigend und tragisch – fast so tragisch jedenfalls wie das Ende von 007s zersägtem Dienstwagen, einem endlich einmal standesgemäß schicken BMW Z8.

Gegenüber dem eindrucksvollen Drama gebricht es Apteds Film allenfalls an Schauwerten. Von den Handlungsorten bleiben höchstens die endlosen, trostlosen Ölfelder Aserbaidschans im Gedächtnis, zumal ein Bondfilm hier ausnahmsweise mal die Hässlichkeit eines Schauplatzes beschwört. Und so filigran auch die zentralen Konfliktlinien in The World Is Not Enough gezeichnet wurden, negiert die Figur der Lara-Croft-mäßigen Christmas Jones die Bemühungen der Bondreihe um zeitgemäß-differenzierte Frauencharaktere beinahe im Handstreich. Andererseits dürfte hier der Schlüssel zum Erfolg des Films gegenüber dem ähnlich ambitionierten On Her Majesty's Secret Service liegen. Wo ein 007-Abenteuer neue Wege gehen will, darf es auch mit den manchmal antiquierten aber nichtsdestotrotz geschätzten Standards zumindest nicht allzu radikal brechen. [ck]

21. Die Another Day (Stirb an einem anderen Tag)
GB 2002

P: MGM – United Artists / EON Productions | R: Lee Tamahori | B: Neil Purvis, Robert Wade | Pd: Barbara Broccoli, Michael G. Wilson | K: David Tattersall | S: Andrew MacRitchie, Christian Wagner | PdD: Peter Lamont | M: David Arnold (Titelsong gesungen von Madonna) | D: Pierce Brosnan (James Bond), Halle Barry (Jinx), Toby Stevens (Gustav Graves), Rosamund Pike (Miranda Frost), Rick Yune (Zao), Will Yun Lee (Colonel Moon), Michael Madsen (Damian Falco), Judi Dench (M), John Cleese (Q), Samantha Bond (Ms. Moneypenny) | L: 127 Min.

Das Bonduniversum ist so groß, dass auf einen gewaltigen You Only Live Twice ein mutiger On Her Majesty's Secret Service, auf ein kaum zu überbietendes Spektakel wie Moonraker ein beinahe intimes Spionagestück wie For Your Eyes Only folgen kann, ohne die Bondfigur oder die Standards der Reihe zu überdehnen. Nach dem ehrgeizigen The World Is Not Enough rissen die Produzenten das Steuer bis zum Anschlag Richtung Überwältigungskino herum. Das Ergebnis, Die Another Day, mag in vielerlei Hinsicht gescheitert sein, es demonstriert aber zugleich, was man trotz des gewaltigen Spielraums mit einem Bondfilm veranstalten kann und was nicht.
Da ist zum einen die Dramaturgie. Der zwanzigste Bond beginnt an den unwirtlichen Gestaden Nordkoreas, wo 007 Colonel Moon Kriegsgerät für Rohdiamanten abkaufen will. Der Agent fliegt auf und wird nach einer Hovercraft-Verfolgungsjagd, bei der Moon offenbar umkommt, festgesetzt. Monate der Haft und Folter später kaufen die Briten Bond frei, zweifeln aber an seiner Integrität. 007 macht sich zunächst auf eigene Faust auf die Suche nach einem Maulwurf beim MI6 und heftet sich an die Fersen des ominösen Diamantenmoguls Gustav Graves. Ein geschlagener und verfemter James Bond, der seinen Ruf wiederherstellen muss; Nordkorea und afrikanische Blutdiamanten als filmisch unverbrauchte Kulisse. Der Jubiläumsbond schien die dunklen Winkel des Agentenlebens noch tiefer auskundschaften zu wollen als The World Is Not Enough, doch nach der viel versprechenden Exposition wird es dann konfus: Auf Kuba begegnet 007 der für den amerikanischen Inlandsgeheimdienst NSA arbeiteten

Agentin Jinx, derweil sich Graves als der genetisch veränderte Moon entpuppt; Bond bekommt ein unsichtbares Auto, Graves schmilzt seinen isländischen Eispalast zu Testzwecken mit einem orbitalen Laser ein, um damit hernach einen Krieg zwischen Nord- und Südkorea vom Zaun zu brechen. Zwar war auch ein YOU ONLY LIVE TWICE nicht unbedingt logisch strukturiert, bei DIE ANOTHER DAY wird man hingegen den Verdacht nicht los, dass eine reizvolle Plotidee in aller Eile zu einer überquellenden Jubiläumsrevue umgewandelt wurde. Weil der Film die Register der Bondreihe nicht geschickt kombiniert, sondern einfach alle gleichzeitig zieht, ergeben die Einzelteile und Reminiszenzen anders als bei THE SPY WHO LOVED ME, kein schlüssiges Ganzes und werden falsch ausgespielt.

Ein Bösewicht, der sein Aussehen ändert, das war schon bei Blofeld in DIAMONDS ARE FOREVER keine wirklich gute Idee, und als gezüchteter Schurke hatte selbst ein Christopher Walken in A VIEW TO A KILL einen schweren Stand. Der ohnehin blasse Tobey Stevens steht als Graves darum auf völlig verlorenem Posten. Als Wechselbalg kann er keine Persönlichkeit entwickeln und seine Bösartigkeit wird auch durch den behaupteten Vater-Sohn-Konflikt nicht ausreichend unterfüttert. Graves bleibt ein ausgesprochen langweiliges Rätsel. Überdies gibt DIE ANOTHER DAY Graves auch gar keine Gelegenheit, sich gegenüber Bond gebührend zu präsentieren, denn bei ihrem ersten Aufeinandertreffen im Fechtclub müssen beide sofort aufeinander eindreschen. Atmosphärischen Glanzlichtern wie Bonds Golfpartie mit Goldfinger hält Graves nur eine wüste Balgerei entgegen. Wieso 007 sich darauf einlässt bleibt auch dramaturgisch schleierhaft. Nie spielt DIE ANOTHER DAY über die Bande und mehr noch als bei jedem vorherigen Bondfilm ist jede Szene auf bloße Überwältigung getrimmt, endet jeder Satz mit einem Ausrufezeichen.

Ob bei 007s unsichtbarem Aston Martin, bei Graves an die Fernsehserie STREET HAWK (USA 1985) erinnerndem Kampfanzug, oder bei seinem nach zwei Dritteln Laufzeit zerstörten Hauptquartier: DIE ANOTHER DAY brummt nicht geschmeidig im Drehzahlkeller, allzeit bereit jegliches Understatement fahren zu lassen, um unter Gebrüll blitzartig zu beschleunigen; der Film rennt in seiner Dramaturgie, seinen Figuren und seiner Ästhetik mit enervierender Penetranz gegen den Drehzahlbegrenzer an. Wie kein Bondfilm zuvor setzt er auf den Einsatz von CGI-Effekten und digitaler Bildbearbeitung. Die Integration der maßlosen visuellen Sperenzchen misslingt jedoch auf ganzer Linie und wirkt im Ergebnis so harmonisch wie ein Aston Martin mit Rallyestreifen und Heckspoiler. Dass Lee Tamahori danach die Regie von XXX – THE NEXT LEVEL (USA 2004) angetragen wurde, zeigt, in welche Richtung sich die Bondreihe bewegte. Sogar die Videospiel-serie adaptierte anstelle von DIE ANOTHER DAY den Klassiker FROM RUSSIA WITH LOVE.

Ein Gutes hatte der Jubiläumsfilm zweifellos, indem die Produzenten danach mit CASINO ROYALE erneut einen Kurswechsel vollzogen und Bond noch einen zweiten, besseren Start ins neue Jahrhundert verschafften, gerade indem sie zu seinen Ursprüngen zurückkehrten. Dass sie zur Neuerfindung des Doppelnullagenten dabei ausgerechnet auf Flemings ersten 007-Roman zurückgreifen konnten, beweist nur wieder den Reichtum des Bonduniversums. [ck]

22. CASINO ROYALE
GB/CZ/USA/D 2006

P: MGM – United Artists / EON Productions | R: Martin Campbell | B: Neal Purvis, Robert Wade, Paul Haggis | Pd: Michael G. Wilson, Barbara Broccoli | K: Phil Méheux | S: Stuart Baird | PdD: Peter Lamont | M: David Arnold (Titelsong »You Know My Name« gesungen von Chris Cornell) | D. Daniel Craig (James Bond), Eva Green (Vesper Lynd), Mads Mikkelsen (Le Chiffre), Jeffrey Wright (Felix Leiter), Giancarlo Giannini (Mathis), Caterina Murino (Solange), Judi Dench (M) | L: 141 Min.

Die Story vor der Story: Casino Royale als »Prequel«

Prequels schildern die ersten Abenteuer eines bereits etablierten Serienhelden oder liefern in einer eigenständigen Erzählung die Hintergründe zu einem bekannten Plot. Früher bildeten sie einen ungewöhnlichen Ausnahmefall, wie etwa die kaum bekannten, von Barry Levinson in YOUNG SHERLOCK HOLMES (DAS GEHEIMNIS DES VERBORGENEN TEMPELS, USA 1985) erzählten ersten Abenteuer des berühmten Detektivs. Seit George Lucas von 1999 bis 2005 seine Vorgeschichte zur 1977 begonnenen STAR WARS-Saga erzählte, entwickelte sich das Prequel, gerade in Fällen, in denen sich eine Serie zuvor in eine narrative oder stilistische Sackgasse begeben hatte, zu einer kommerziell attraktiven Alternative. Im Fall von BATMAN BEGINS (USA 2005), der Verfilmung einer Graphic Novel von Frank Miller, nutzte Christopher Nolan nicht nur die ersten Abenteuer des angehenden Batman Bruce Wayne als Gelegenheit zu einer vielschichtigen Charakterstudie, sondern als willkommenen Anlass, um nach dem Fiasko der Joel-Schuhmacher-BATMAN-Filme (USA 1995/1997) die Karten komplett neu zu mischen. Die gleiche Strategie wählte auch der Broccoli-Clan für CASINO ROYALE, offenbar ganz bewusst als Antwort auf DIE ANOTHER DAY, der trotz des kommerziellen Erfolges nicht gerade zu den kreativen Höhepunkten der Serie gehört. Aufgesetzte Digitaltricks, die hinter den James-Bond-Videospielen zurückbleiben, überließ man nun wieder überproduzierten Trash-Vehikeln wie der XXX-Serie (USA 2002/2004). Die Verfilmung des ersten Bond-Romans von 1953 nutzten die Produzenten als Anlass für einen kompletten Neuanfang, ein weiteres Mal realisiert von dem Action-Spezialisten Martin Campbell, der 1995 in GOLDENEYE die Bond-Serie schon einmal überzeugend aktualisiert hatte.

James Bond, anno 2006

1995 reagierten die Autoren auf die Gefahr, dass Bond anachronistisch erscheinen könnte, indem sie diese Befürchtung mehrfach selbst thematisch in die Dialoge einbezogen, und anschließend demonstrierten, dass er gerade angesichts der veränderten Lage als zuverlässige Größe von Wert war. CASINO ROYALE wählt genau den umgekehrten Weg und präsentiert erstmals Bond am Anfang seiner Karriere. Während Pierce Brosnan zuletzt einen desillusionierten, ausgebrannten alten Kämpfer gab, der dennoch ganz auf die Ausstrahlung des Charmeurs in der Art eines Remington Steele bauen konnte, ist Daniel Craigs Bond ein noch unerfahrener, junger Auftragskiller, der weder die Regeln seines Geschäfts noch die Verhaltensmuster des Jet-Sets verinnerlicht hat. Entgegen seines gewohnten Auftretens als eleganter Professional ist er alles andere als perfekt, hat nicht auf Anhieb einen passenden Smoking parat – dieser muss ihm erst von einer Frau ausgesucht werden (eine Konstellation, die etwa bei Roger Moores »Sophistication« noch unvorstellbar gewesen wäre), und begeht den Fehler, sich bei der fragwürdigen Eliminierung eines Gegenspielers von einer Überwachungskamera filmen zu lassen. Am nächsten Tag ziert sein Bild die Titelseiten der gesamten Sensationspresse (gleichsam als ironischer Seitenhieb auf die anfangs negativen Reaktionen der Boulevardpresse gegenüber Daniel Craig lesbar). In einer besonders brisanten Situation muss sein amerikanischer Kollege Felix Leiter – mit dem Indie-Veteranen Jeffrey Wright (BASQUIAT, BROKEN FLOWERS) treffend besetzt – ihn sogar mit Nachdruck davon abhalten, mit einem Messer auf den zeitweise überlegenen Gegenspieler loszugehen.

Le Chiffre und die Bond-Gegenspieler einer Post-9/11-Welt

Das Casino verfügt nicht nur über eine exponierte Stellung innerhalb der Handlung, das Gefecht mit dem Gegenspieler Le Chiffre entscheidet sich am Spieltisch. Bond soll den stark verschuldeten Terroristen-Bankier im Kartenspiel besiegen, damit dieser das Geld und das Ansehen seiner Auftraggeber verliert – respektive sein Leben. Le Chiffre folgt nicht dem Muster konventioneller, nach Machtmaximierung strebender Bondschurken, hedonistischer Antibonds oder freiberuflicher Waffenschieber. Die Dynamik zwischen dem blutweinenden Investmentbanker des internationalen Terrorismus und 007 entfaltet sich gerade darin, dass keiner von beiden auf eigene Rechnung spielt. Verpatzt Bond das Pokerspiel, finanziert Großbritannien damit indirekt Al Quaida & Co; holt Le Chiffre keine anständige Rendite für afrikanische Warlords, geht es ihm an den Kragen. Vollzog sich Blofelds Mord an Kronsteen in FROM RUSSIA WITH LOVE noch als spielerische Überzeichnung einer Disziplinarmaßnahme, wirkt der Übergriff der machetenschwingenden Investoren auf Le Chiffre ebenso brutal wie verstörend. Plötzlich erscheint das börsenmanipulierende Mathematikgenie nicht mehr als Herr im eigenen Haus, sondern als wichtiger aber keineswegs unersetzbarer Knoten im unübersichtlichen Geflecht postmoderner Bedrohlichkeiten. Le Chiffre und seinem Plan haftet darum etwas beinahe Tragisches an. Was die psychologische Glaubwürdigkeit der Figurenkonzeption anbelangt, bildet Le Chiffre zusammen mit Elektra King aus THE WORLD IS NOT ENOUGH den eindrucksvollsten Entwurf eines zeitgemäßen Bondschurken. Der Drahtzieher im Hintergrund, der mysteriöse Mr. White, streift wie ein unheilvoller Geist durch die Geschichte. Ihm wird Bond erst in seinen nächsten Einsätzen auf die Schliche kommen. Wo sich keine Unterwasserfestung in die Luft sprengen lässt, um dem Bösen Einhalt zu gebieten, wird die Sache für 007 schwierig – und für den Zuschauer interessant. Äquivalent zu Le Chiffre entsprechen auch seine Handlanger nur noch funktional ihren Pendants aus früheren Bondfilmen. Es sind keine lustig angezogenen Prügelknaben, mit denen es 007 da zu tun bekommt, sondern ausgemachte Profis. Ihre Auseinandersetzungen sind keine elegant choreografierten Kampfballette, sondern wüste Raufereien. Campbell findet gegenüber dem ebenfalls nicht zimperlichen GOLDEN-EYE in Sachen Ruppigkeit sogar noch eine Form der Steigerung. Dass man es trotzdem noch mit James Bond und nicht mit John McClane zu tun hat, beweist eine kleine Einstellung gegen Ende des Films: Während um ihn herum die Kugeln seiner Feinde einschlagen, hockt 007 in seiner Deckung – und zuckt nicht mal mit der Wimper.

In der Vorlage befindet sich das Casino Royale in einer fiktiven französischen Küstenstadt, in der Verfilmung wurde es in einer pointierten Aktualisierung nach Montenegro verlegt. Der Plot wurde nahezu vollständig aus dem Roman von Ian Fleming übernommen und bestimmt die zweite Hälfte des Films. CASINO ROYALE markiert einen Sonderfall innerhalb der Filmgeschichte als der einzige Film, dessen Parodie bereits vierzig Jahre vor der Verfilmung des Originals entstand. Der Stoff, an dem über lange Jahre die Broccolis als einzigem Fleming-Roman neben THUNDERBALL nicht die Rechte besaßen, wurde 1966 als Persiflage mit David Niven, Peter Sellers, Ursula Andress und Woody Allen verfilmt.

Casino Royale als Charakterdrama

Von den gewohnten ironischen Ansätzen distanziert sich der Film weitgehend. Die amüsanten Umkehrungen zur gewohnten Serie beschränken sich auf ein überschaubares Ausmaß, etwa wenn der aufgebrachte Bond beiläufig einem Kellner, der sich höflich erkundigt, ob er den Martini geschüttelt oder gerührt serviert bekommen will, erklärt, »Do I look as if I would give a damn?«. Campbell und die um den Oscar-Preisträger Paul Haggis erweiterten Drehbuchautoren Neal Purvis und Robert Wade nutzen die Gelegenheit, um den noch nicht auf seine gewohnte Rolle festgelegten Bond in ein Wechselbad der Gefühle zu befördern. Die Beziehung zu der von Eva Green vielschichtig und charismatisch gespielten Regierungsangestellten Vesper Lynd resultiert in einer melodramatischen Romanze, wie man sie innerhalb der Reihe sonst nur aus On Her Majesty's Secret Service kennt. Im Unterschied zum harmlosen George Lazenby versteht es Craig, diese ungewohnten Szenen subtil und überzeugend umzusetzen. Purvis und Wade hatten das Thema der Femme Fatale bereits gekonnt in The World Is Not Enough und ein weiteres Mal alles andere als überzeugend in Die Another Day verarbeitet, mit Casino Royale kehren sie an den literarischen Ursprung dieses Motivs in den Romanvorlagen zurück; mit Unterstützung von Paul Haggis gerät die Beziehung zwischen Vesper und Bond in Casino Royale um einiges differenzierter und intensiver als bei Fleming: Ihre Motivation gestaltet sich im Film tragischer und ambivalenter als es in der simpler gestrickten Konstellation der Vorlage angelegt gewesen ist. Bei ihrer ersten Begegnung während der Reise nach Montenegro liefern sich Bond und Vesper ein gewitztes Wortgefecht, das zeigt, dass sie ihm an Schlagfertigkeit in jeder Hinsicht gewachsen ist. Ähnliche Kommentare finden sich zwar bereits in den Bond-Filmen mit Pierce Brosnan, doch dort bleiben sie mit Ausnahme von The World Is Not Enough weitgehend auf einem spielerischen Level.

Casino Royale entwickelt sich so zum Charakterdrama. Die Beziehung zwischen Bond und Vesper ergibt sich erst im Lauf der Handlung. Nach der Konfrontation mit zwei Killern im Hotel reagiert sie entsetzt auf den brutalen Kampf und kauert zitternd unter der Dusche, woraufhin Bond sie einfühlsam zu beruhigen sucht. Ambivalente Szenen dieser Art sind eine Ausnahmeerscheinung innerhalb der Serie. Nachträglich greift Casino Royale darin die bereits von Dalton praktizierte ernste und abgründige Auslegung der Bond-Figur auf. Dennoch versteht es die Bond-Serie selbst unter den Bedingungen des stärker auf Charaktere und bodenständige Szenen ausgelegten Stils neuerer Agentenfilme mit spektakulärsten Einlagen aufzuwarten. Als Gegenakzent zum kammerspielartigen Duell mit Le Chiffre wird in der ersten, von der Vorlage unabhängigen Hälfte des Films eine ganze Reihe von Actionsequenzen untergebracht.

Der aus diversen Werbespots bekannte Extremsportler Sébastian Foucan, Erfinder des urbanen Hindernislaufs *Parcours*, stand in der ersten langen Verfolgungsjagd des Films vor der Kamera. In dieser rasanten Sequenz verfolgt Bond einen gesuchten Terroristen. Es handelt sich um einen Kampf »Mann gegen Mann« in schwindelnder Höhe auf einem Baugerüst und dann, noch höher hinauf, auf einem Baukran. Diese Sequenz – eine der am eindrucksvollsten inszenierten Actionsequenzen der gesamten James-Bond-Serie, obwohl sie gänzlich ohne Spezialeffekte und technische Gimmicks auskommt, macht bereits deutlich, wie Daniel Craig seine Rolle auslegt: Er kombiniert die raue Lower-Class-Attitüde Sean Connerys mit der ungestümen Körperlichkeit und atemlosen Emotionalität Timothy Daltons. Die Szene untermauert dies durch die Betonung der ungeheuerlichen Explosivkraft und der zähen Ausdauer, die in der perfekt durchtrainierten Physis des »neuen« James Bond steckt. In den scheuen, irrlichternden Blicken, mit denen Craig seine Umgebung in emotionalen Momenten mustert, steckt zudem etwas Instinkthaftes. Erst im Laufe des Films, als sich Bond der Beziehung zu Vesper öffnet, wird er langsam domestiziert (»I have no armour left – you stripped it from me« – offenbart er sich ihr).

Rückbesinnung als Neubeginn

Im Unterschied zur unterkühlten Inszenierung der Pre-Title-Sequenz bieten die Stunts alle Merkmale eines typischen Bond-Films, auch wenn das mit der Reihe assoziierte luxuriöse Ambiente eine Weile auf sich warten lässt. Doch schon die Titelsequenz greift mit ihrer zeichnerisch-grafischen Gestaltung von Scherenschnittfiguren sowie in der spielerischen Umwidmung von thematisch zur Filmhandlung passenden Symbolen die Arbeitsweise von Saul Bass auf, der in den 1950er- und 1960er-Jahren den Filmen Alfred Hitchcocks (z B. Vertigo, USA 1958, Psycho, USA 1960, The Birds, USA 1963) ihr unverwechselbares Entrée gegeben hatte und an dem sich Maurice Binder und später Daniel Kleinman orientierten. Der stärker auf eine bewegliche Kamera ausgerichtete Stil macht sich vor allem in der Montage und Inszenierung der Actionszenen bemerkbar. Anstelle gestandener Veteranen wie dem die Jahrzehnte überdauernden Arthur Wooster übernahm diesmal die Leitung der Second Unit Alexander Witt, der für Actionsequenzen in Speed (USA 1994), Black Hawk Down (USA 2002) und The Bourne Identity (USA 2002) verantwortlich war und anschließend den stilistisch deutlich von den klassischen Kampfsequenzen der Bond-Serie abweichenden zweiten RESIDENT EVIL-Film (USA 2004) inszenierte.

Auf den Bahamas verführt Bond Solange (Caterina Murino), die attraktive Gattin eines Handlangers von Le Chiffre. Diese kurzlebige Beziehung nimmt den zu erwartenden Ausgang; die Figur wirkt wie das Zitat eines typischen »Bond-Girls«, bevor in der zweiten Hälfte des Films mit Vesper Lynd eine Frauenfigur die Bühne betritt, die weder Mäuschen noch Killermaschine ist, sondern eine natürliche, selbstbewusste junge Frau, die an dem gewaltsamen Zynismus der sie umgebenden Männerwelt zerbricht. Auch die Auswirkungen der dargestellten Gewaltakte werden deutlicher als gewohnt in den Mittelpunkt gerückt. Wenn Bond den Tatort betrachtet, an dem Solanges Leiche gefunden wurde, werden die provokanten Anmerkungen Sean Beans über die unschuldigen Opfer, die er nicht beschützen konnte, aus GOLDENEYE nachträglich in Bilder übersetzt, die als Gegenakzent zum Action-Spektakel funktionieren.

An Drehbuch und Inszenierung fällt generell auf, dass mit ihr eine elaboriertere Bildsprache als in den meisten anderen Bond-Filmen verfolgt wird. Die unterschiedlichen, die jeweilige Situation reflektierenden Farben von Eva Greenes Kostümen und die pointierte Einführung der verschiedenen Charaktere demonstrieren eine Sorgfalt in der Gestaltung der visuellen Umsetzung, wie sie sich sonst in der überwiegend auf deutlich erkennbare Schauwerte konzentrierten Serie nur selten findet.

Für einen entsprechenden Wiedererkennungswert trotz umfassenden Neustarts sorgen die erneute Verpflichtung von Judi Dench als M, der diesmal relativ traditionell gestaltete und auf elektronische Elemente weitgehend verzichtende Score von David Arnold und das zuverlässige Set Design von Oscar-Preisträger Peter Lamont. Nassau und Venedig, die bereits zuvor in der Serie als prägende Schauplätze dienten, evozieren gewisse Déjà Vu-Effekte, die jedoch durch die ungewöhnliche Handlung mit neuen Bedeutungen versehen werden. Vergleichbar den SPECTRE-Plots aus der Anfangszeit der Reihe wurde CASINO ROYALE als Ausgangspunkt für mehrere Filme angelegt. Le Chiffres Auftraggeber bleiben vorerst im Hintergrund und erst gegen Ende ergeben sich weiterführende Spuren, die im nächsten Bond-Film aufgegriffen werden. Craigs zuvor von einigen Fans sehr skeptisch aufgenommener Schauspielstil erweist sich für CASINO ROYALE als vollkommen angemessen. Erst in den letzten Einstellungen, in denen das zuvor lediglich angedeutete James-Bond-Thema vollständig ausgespielt wird, verwandelt er sich in den souveränen und ebenso gelassen wie brutal agierenden Lifestyle-Spion.

Bereits die Pre-Title-Sequenz, in der das Gun-Barrel-Logo zum ersten Mal nicht am Anfang steht, sondern erst zu Beginn des Vorspanns eingesetzt wird, akzentuiert die Unterschiede zum gewöhnlichen Muster und verweist auch formal selbstreflexiv auf den Charakter der Vorgeschichte. In Noir-konnotiertem Schwarz-Weiß beseitigt Bond in Prag einen Verräter, während in rasanten Schnitten parallel dazu die Exekution seines ersten Opfers auf einer öffentlichen Toilette montiert wird. Diese Szenen präsentieren Bond als kaltblütigen angehenden Professional. Mit dem Titelsong und dem Wechsel zu Farbe kehrt die Serie auch zu den gewohnten Schauwerten zurück, wenn auch mit einigen Akzentverschiebungen. CASINO ROYALE befindet sich näher am reduzierten Realismus und der dynamischen Inszenierung der BOURNE-Filme als an den überladenen CGI-Tableaus des eigenen Vorgängers. Dennoch basiert die Modernisierung der James-Bond-Filme – nicht ohne Ironie – auch auf der Rückbesinnung auf die Basiselemente ihres Ursprungs: Das Drehbuch bringt pointierte Dialoge von geradezu literarischer Qualität hervor. Auch in anderen filmgestalterischen Mitteln führt CASINO ROYALE die klassischen handwerklichen Qualitäten der Bond-Filme fort. Zu nennen wären hier Produktionsdesign und Schnitt, die durch die schwärmerische Präsentation touristisch attraktiver Locations und eine dynamische Montage der Actionszenen immer prägend waren für die spezifische »Bond-Atmosphäre«. David Arnold legt zudem einen seiner besten Bond-Soundtracks vor. Dieser verzichtet weitgehend auf die elektronischen und rhythmischen Elemente, die etwa seine Arbeiten für GOLDENEYE und DIE ANOTHER DAY prägten und widmet sich ganz der klassischen, melodischen Kompositionsweise des Bond-Altmeisters John Barry. Der direkte Bezug ist schon in den ersten Akkorden des Titelsongs zu spüren, der spontane Erinnerungen an Barrys Titelthema zu ON HER MAJESTY'S SECRET SERVICE wachruft. Der Titelsong »You Know My Name« – komponiert von David Arnold gemeinsam mit dem amerikanischen Gitaristen, Schlagzeuger und Sänger Chris Cornell, der den Titel auch interpretiert – braucht keinen Vergleich zu den großen Bond-Hits von Stars wie Paul McCartney, Duran Duran, A-ha oder Louis Armstrong zu scheuen. Er enthält das musikalische Hauptthema des Films, das Anklänge aus Pop, Jazz und Klassik miteinander vereint und dem Film eine unverwechselbare akustische Signatur verleiht. So fällt das fast vollständige Fehlen des berühmten »Bond Theme« von Monty Norman so gut wie gar nicht auf. Dieses spontan wiedererkennbare Gitarren/Blechbläser-Motiv, das sich den Film über immer wieder langsam vortastend zu Wort gemeldet hatte, dann aber wieder hinter dem Hauptthema oder dem von Klavierklängen getragenen Liebes-Motiv zurückgetreten war, wird von Arnold erst in der Schluss-

Szene, als 007 zum ersten Mal mit seiner markenzeichenähnlichen Namensnennung »The name's Bond, James Bond« zu hören ist, voll ausgespielt. Wie James Bond zu dem wurde, was er ist: Das will CASINO ROYALE erzählen. Und dennoch weiß man nicht, ob James Bond je wieder das sein wird, was er in den bisherigen Teilen der Filmserie bis auf wenige Ausnahmen meist war: Eben nicht ein psychologisch ausgeleuchteter, von emotionalen Konflikten geplagter Charakter, sondern eine ironisch gebrochene, immer auch leicht karikaturhafte Figur, die durch nicht minder spaßhafte Wunderwerke der Hochtechnologie und eine geradezu übermenschliche Leistungsfähigkeit »larger than life« war.

Lars-Olav Beier und Martin Wolf bemerken in ihrer Analyse im *Spiegel 46/2006* hinsichtlich der Folterszene, in der Le Chiffre Bonds Genitalien traktiert, zu Recht, dass zwar 007s Leidensfähigkeit, die auch Ian Fleming seiner Zeit betont hat, ihn zeitgemäßer denn je erscheinen lassen. »Nur:« – so Beier und Wolf – »Will man das sehen?« (ebd.). Das ist die aufschlussreiche Frage, unter der man fast allen Missmut über den neuen Film summieren kann. Sie verweist dabei zum einen auf das Paradox CASINO ROYALES, Bond zu modernisieren, indem man die Uhr um fünfzig Jahre zurückdreht und dabei die leidenden Action-Helden der 1980er und 1990er wie z. B. Mel Gibson in LETHAL WEAPON (USA seit 1986) und auch Bond selbst, in Ansätzen wie LICENCE TO KILL, streift. Zum anderen macht es deutlich, dass die Euphorie über den »neuen« 007 nicht ohne die vierzigjährige Film-Geschichte des »alten« zu denken ist. Erst angesichts der stilisierten, oft auch sinnfreien Figur(en) und Situationen in ihrer mythologischen Grundsätzlichkeit macht es Spaß, einen echten Charakter in dem Smoking zu suchen und die Formelhaftigkeit der Serie abzuklopfen.

Dass nun der Craig-007 der des Ian Fleming ist, wird oft erwähnt, nicht aber, dass der Bond der Filme von Anfang an mit seinem Literatur-Pendant wenig zu tun hatte. So sollte bei der Begeisterung über das zweifellos gelungene »Update« immer auch daran gedacht werden, dass ein GOLDFINGER einen auf den Tisch geschnallten Bond im neuen alten Gewand nicht mit dem futuristischen Laser, sondern mit der ordinär-brutale Kreissäge des Romans bedroht hätte. Und Fort Knox wäre nicht beinahe atomar verseucht sondern simpel ausgeraubt worden. Das Harmlose, gar »Chiffrierte« der Realität hatte und hat einen ganz eigenen Reiz. Diejenigen Fans, die angesichts CASINO ROYALE ihren immer schon fertigen und formvollendeten James Bond – einen, der nicht erst wird, sondern immer schon »ist« – mitsamt seinen harmlos abstrakten und ironisch überbordenden Zivilisationsmärchen vermissen, brauchen sich dafür nicht schämen. Die Brutalität eines 007, der zum Schluss von CASINO ROYALE einem (Hinter)Mann ins Bein schießt, damit dieser zu seinen Füßen herumkriecht, bleibt schließlich auch eine andere als die eines Sean Connery, der in Dr. No vom Sessel aus einen Verräter mit Schalldämpfer-Schüssen niederstreckt – inklusive der Bonus-Kugel in den Rücken. Mit Daniel Craig, der von der Statur her eher an bekannte Action-Rüpel gemahnt als an einen Gentle- bzw. Dressman, wird mit dem Neustart mutig und konsequent durchbrochen, was die Figur Bond in punkto Stil und Luxus auszeichnete. Es bleibt jedoch die Frage offen, ob die souveräne Selbstverständlichkeit, mit der 007 seinen maßgeschneiderten Anzug trägt, je wieder so *rein* zu erreichen sein wird.

Aller Kritik und »Vorgeschichte« zum Trotz bleibt deutlich erkennbar, dass die alten Bonds und der neue sich gegenseitig bedingen und sich ihren Wert zuweisen. Denn so faszinierend es ist, in Casino Royale mitzuerleben, welches Maß an Tiefe und Ernst aus der Figur herauszuholen ist, so erstaunlich ist umso mehr, mit wie wenig Ausgestaltung die Figur des James Bond ihre phänomenalen Erfolge all die Jahrzehnte einfahren konnte.

Man kann also gespannt sein – mehr noch als bei Casino Royale –, ob und gegebenenfalls wie die folgenden Filme zu etablierten Rollenmustern der Figur zurückkehren und wie lange der Ansatz des vollständigen Neuanfangs durchgehalten wird. Spätestens wenn er mit der ersten geheimen Raketenbasis oder einem laserbestückten Satelliten konfrontiert wird, sollte nicht nur einem Großteil des Publikums, sondern auch dem Agenten auf der Leinwand diese Situation bekannt vorkommen. Eine der beiden Richtungen – Fortführung der stilistischen Gestaltungsweise bei gleichzeitigem inhaltlichen Neubeginn mit charakterlicher Vertiefung der Figuren – wird in den folgenden Filmen vielleicht die Oberhand behalten; wir haben in Casino Royale erfahren, wie James Bond zu seinem Aston Martin kam (natürlich hat er ihn einem Gegenspieler durch einen Gewinn beim Pokern abgenommen). In den nächsten Episoden wird möglicherweise erzählt werden, wie der eher blasse Assistent im Vorzimmer von Bonds Chef M durch die altbekannte Miss Moneypenny ersetzt wird. Und spätestens, wenn Ex-Monty-Python John Cleese, der zuletzt »Q«, den Waffenmeister aller Gadgets, verkörpert hatte, sein Comeback in der Serie feiern sollte, wird die Produktion wieder ganz zu ihrer etablierten Form zurückgefunden haben. Trotz aller Neustarts und Brüche bleibt zum Ende von Casino Royale eine Gewissheit: »James Bond will return«. [ar/gm/ck/zyw]

Verwendete Literatur

Althen, Michael: »Mein Name sei Bond« in: »Süddeutsche Zeitung« vom 11.8.1989.

Altman, Rick: »Film und Genre« in: Geoffrey Nowell-Smith (Hg.): »Geschichte des Internationalen Films«. Stuttgart / Weimar: Metzler Verlag, 1998. S. 253–259.

Amis, Kingsley (1986 [1965]): Geheimakte 007. Die Welt des James Bond. Frankfurt a. M. / Berlin: Ullstein. (Original: »The James Bond Dossier«, 1965).

Antonini, Fausto (1966): Psychoanalyse von 007. In: *Oreste del Buono / Umberto Eco* (Hrsg.): Der Fall James Bond. 007 – Ein Phänomen unserer Zeit. München: Deutscher Taschenbuch Verlag, S. 145–170.

Baron, Cynthia: »Dr. No – Bonding Britishness to racial sovereignity« in: Christoph Lindner (Hg.): »The James Bond Phenomenon«. Manchester: Manchester University Press, 2003. S. 135–150.

Buono, Oreste del (1966): Von Vidocq bis Bond. In: *Oreste del Buono / Umberto Eco* (Hrsg.): Der Fall James Bond. 007 – Ein Phänomen unserer Zeit. München: Deutscher Taschenbuch Verlag, S. 37–67.

Burrill, Derek A. : »Oh, Grow Up 007! – The Performance of Bond and Boyhood in Film and Videogames« in: Geoff King & Tanya Krzywinska: »ScreenPlay – Cinema/Videogames/Interfaces«. London, New York: Wallflower Press, 2002. S. 181–193.

Bennett, Tony / Woollacott, Janet (1987): Bond and Beyond: The Political Career of a Popular Hero. London.

Chapman, James (1999): Licence To Thrill. A Cultural History of the James Bond Films. London, New York: I. B. Tauris.

Campbell, Joseph (1999): Der Heros in tausend Gestalten. Frankfurt a. M.: Insel Verlag.

Colombo, Furio (1966): Bonds Frauen. In: *Oreste del Buono / Umberto Eco* (Hrsg.): Der Fall James Bond. 007 – Ein Phänomen unserer Zeit. München: Deutscher Taschenbuch Verlag, S. 120–144.

Derrida, Jacques (1988): Grammatologie. Frankfurt am Main.

Dinning, Mark über Pierce Brosnan in: Empire James Bond Special Nr. 12/02. London 2002. S. 21.

Distelmeyer, Jan: »James Bond – Der Morgen stirbt nie« in: »epd Film« Nr. 1/1998. S. 37–38.

Eco, Umberto: »Apokalyptiker und Integrierte – Zur kritischen Kritik der Massenkultur«. Frankfurt am Main: Fischer Verlag, 1986.

Eco, Umberto (1966): Die erzählerischen Strukturen in Flemings

Werk. In: *Oreste del Buono / Umberto Eco* (Hrsg.): Der Fall James Bond. 007 – Ein Phänomen unserer Zeit. München: Deutscher Taschenbuch Verlag, S. 68– 119.

Fellner, Markus: Psycho Movies. Zur Konstruktion psychischer Störungen im Spielfilm. Bielefeld 2006.

Freud, Sigmund (1974): Das Unbehagen in der Kultur. In: Sigmund Freud Studienausgabe. Band 9. Frankfurt am Main.

Freyer, Hans (1996 [1960]): Über das Dominantwerden technischer Kategorien in der Lebenswelt der industriellen Gesellschaft. In: Peter Fischer (Hrsg.): Technikphilosophie. Von der Antike bis zur Gegenwart. Leipzig: Reclam, S. 237– 254.

Hall, Stuart / Jefferson, Tony / Clarke, John / Roberts, Brian (1978): Policing the Crisis. Mugging, the State and Law and Order. London.

Hebdige, Dick (1979): Subculture: The Meaning of Style. London.

Hellmann, John (1997): The Kennedy Myth of JFK. New York.

Hörning, Karl H. (1989): Vom Umgang mit den Dingen. Eine techniksoziologische Zuspitzung. In: Weingart, Peter (Hrsg.): Technik als sozialer Prozeß. Frankfurt a. M: Suhrkamp.

Hügel, Hans-Otto (1998): Die populäre Figur James Bond. In: *Hans Otto Hügel / Johannes v. Moltke* (Hrsg.): James Bond. Spieler und Spion. (Begleit- und Lesebuch zur Ausstellung *James Bond. Die Welt des 007*). Hildesheim: Roemer- und Pelizeaus-Museum, S. 192–211.

Hügel, Hans-Otto (1999): Spieler und Spion – eleganter Profi und Mann von Welt. Zur Geschichte und Einheit der Figur James Bond. In: montage a/v, Ausgabe 2 (8. Jhrg.), S. 7–28.

Jamison, Andrew / Eyerman, Ron (1995): Seeds of the Sixties. Berkeley.

Kilb, Andreas: »Lizenz abgelaufen« in: »Die Zeit« vom 11. 8. 1989.

Koebner, Thomas: Von Caligari führt kein Weg zu Hitler. Zweifel an Siegried Kracauers ›Master‹-Analyse. In: Thomas Koebner: Diesseits der ›Dämonischen Leinwand‹. Neue Perspektiven auf das späte Weimarer Kino. München 2003. S. 15–40.

Leach, Jim: »Bond in the 1990s – and beyond?« in: Christoph Lindner: »The James Bond Phenomenon«. Manchester, 2003. S. 248–258.

Levy, Shawn (2003): Ready, Steady, Go! The Smashing Rise and Giddy Fall of Swinging London. New York

Lippelt, Andreas (1998): Geschüttelt, nicht gerührt. In: *Hans Otto Hügel / Johannes v. Moltke* (Hrsg.): James Bond. Spieler und Spion. (Begleit- und Lesebuch zur Ausstellung *James Bond. Die Welt des 007*). Hildesheim: Roemer- und Pelizeaus-Museum, S. 28–31.

Mannsfeld, Jürgen: »Steckbrief eines Killers« in: »Film« Nr. 1/1965. Velber bei Hannover: Erhard Friedrich Verlag. S. 14–15.

Mirkos, Lothar (2006): Film und Fankulturen. In: *Manfred Mai / Rainer Winter* (Hrsg.): Das Kino der Gesellschaft – die Gesellschaft des Kinos. Interdisziplinäre Positionen, Analysen und Zugänge. Köln: Herbert von Halem Verlag.

Newman, Kim in: Empire James Bond Special. Nr. 12/02. London 2002. S. 17.

O'Donnell, Patrick (2005): James Bond, Cyborg-Aristocrat. In: Comentale, Edward P. (Hg.): Ian Fleming & James Bond. The Cultural Politics of 007. Bloomington [u. a.].

Osgerby, Bill (2000): »Stand-By For Action!«: Gerry Anderson, Supermarionation and the »White Heat« of Sixties Modernity. In: Mendik, Xavier / Harper, Graeme (Hg.): Unruly Pleasures. The Cult Film and its Critics.

Pavlocic, Milan: »In eigener Mission« in: »Kölner Stadt-Anzeiger« vom 12.8.1989.

Petersen, Daniel: »Schon wieder gerettet – Zum zwanzigsten Mal zieht James Bond los und tut was für die Menschheit« in: »Jungle World« Nr. 49/2002.

Pizzitola, Louis: Hearst over Hollywood. Power, Passion, and Propaganda in the Movies. New York 2002.

Reicher, Isabelle / Robnik, Drehli: »Das Action-Kammer-Spiel« (Nachdruck eines 1996/97 der Filmzeitschrift »Meteor« veröffentlichten Aufsatzes) in: Jürgen Felix (Hg.): »Die Postmoderne im Kino – Ein Reader«. Marburg: Schüren Verlag, 2002. S. 239–257.

Roof, Judith (2005): Living the James Bond Lifestyle. In: Comentale, Edward P. (Hg.): Ian Fleming & James Bond. The Cultural Politics of 007. Bloomington [u. a.]. Schifferle, Hans: »James Bond, diesmal in einem Melodram – Die Welt ist nicht genug« in: »epd film« Nr. 1/2000. S. 35.

Schmitt, Uwe: »Mein Name ist Bond, Jimmy Bond« in: »Frankfurter Allgemeine Zeitung« vom 10.8.1989.

Schröder, Peter H. : »Utopie aus Sex und Crime – Anmerkungen zur Ideologie der James Bond-Filme« in der »Süddeutschen Zeitung« vom 19.4.1964.

Schütte, Wolfram: »Beklemmend öffentlich – Der neueste James Bond-Film« in: »Frankfurter Rundschau« vom 26.8.1977.

Seeßlen, Georg / Metz, Markus (2002): Krieg der Bilder – Bilder des Krieges. Abhandlung über die Katastrophe und die mediale Wirklichkeit. Berlin: Edition Tiamat.

Seeßlen, Georg (1980): Kino des Utopischen. Geschichte und Mythologie des Science-fiction-Films. Reinbek bei Hamburg: Rowohlt.

Skarics, Marianne (2004): Popularkino als Ersatzkirche? Das Erfolgsprinzip aktueller Blockbuster. Münster: LIT.

Der Spiegel (2005): »Laster: Trinkt, aber nicht exzessiv, und Frauen.«
SPIEGEL-Report über James Bond, Bonditis und Bondomania. Nr. 42
(vom 13.10.1965), S. 124–138.

Tesche, Siegfried (2002): Das große James-Bond-Buch. Berlin: Henschel Verlag.

Tornabuoni, Lietta (1966): James Bond – Eine Modeerscheinung.
In: *Oreste del Buono / Umberto Eco* (Hrsg.): Der Fall James Bond. 007
– Ein Phänomen unserer Zeit. München: Deutscher Taschenbuch Verlag, S. 7–36.

Truffaut, Francois: »Mr. Hitchcock, wie haben Sie das gemacht?«.
München: Heyne Verlag 1995 (Original: Paris, 1966, erste deutsche
Ausgabe: München, 1973).

Tyler Mae, Elaine (1989): Homeward Bound: American Families in
the Cold War Era.

Tesche, Siegfried: Das große James-Bond-Buch. Berlin 1999.

Uesseler, Rolf: Krieg als Dienstleistung. Private Militärfirmen zerstören die Demokratie. Berlin 2006.

Verfasser unbekannt: »Interview with Roger Moore« in: »Empire
James Bond Special« (2002), S. 13.

Verfasser unbekannt: »Interview with Lewis Gilbert« in: *Empire Bond
Special*, Nr. 12/02. London 2002. S. 8. WV: »Aus dem Osten alles Unheil – GOLDFINGER – der neue James Bond« in: »Frankfurter Rundschau« vom 13. 2. 1965.

Wilke, Jürgen (2002): Film. In: Elisabeth Noelle-Neumann, Winfried
Schulz, Jürgen Wilke (Hrsg.): Fischer Lexikon Publizistik. Frankfurt /
M.: Fischer Taschenbuch Verlag, S. 15–41.

Willis, Martin: »Hard-wear: the millenium, technology, and Brosnan's
Bond« in: Christoph Lindner: »The James Bond Phenomenon«. Manchester, New York: Manchester University Press, 2003. S. 151–165.

Zangl, Bernhard/ Zürn, Michael: Frieden und Krieg. Sicherheit in
der nationalen und postnationalen Konstellation. Frankfurt am Main
2003.

Zywietz, Bernd (2005): Zweierlei Arten Held. Die Spione der Herren
Ian Fleming und John LeCarré. In: Screenshot, Nr. 26, S. 22–25.

Kommentierte Bibliographie

Kingsley Amis: Geheimakte 007 – Die Welt des James Bond. Frankfurt am Main / Berlin: 1965 (Original: The James Bond Dossier. London, 1965) – Eine der ersten umfangreichen literaturwissenschaftlichen Auseinandersetzungen mit den Romanen Ian Flemings, wobei Autor Amis, der selbst einen Bond-Roman verfasste, sich seinem Gegenstand so aufschlussreich wie liebevoll subjektiv nähert.

James Chapman: Licence to Thrill – A Cultural History of the James Bond Films. New York, London: 2000. – Die bisher wohl überzeugendste filmhistorische Analyse der Bond-Serie. Chapman untersucht sowohl die popkulturellen Wurzeln der Serie, als auch die verschiedenen Phasen der Reihe vor ihrem gesellschaftlichen und kulturellen Hintergrund.

John Cork, Bruce Sciavally: James Bond. Die Legende von 007. Bern, München, Wien, 2002 (Original: James Bond – The Legacy. London, 2002) – Großformatiger Prachtband im goldenen Schutzumschlag, der mit wunderbaren, teil raren Bildern aus dem 007-Kosmos aufwartet. Auch die Texte sind – trotz des »offiziellen« Charakters des Buches – profund, wobei sie nicht nur detailreich die Produktionsgeschichte nachzeichnen, sondern auch die Filme im jeweiligen zeitgeschichtlichen Kontext einordnen.

Oreste del Bueno & Umberto Eco (Hrsg): Der Fall James Bond. 007 – ein Phänomen unserer Zeit. München: 1966 (Original: Il Caso Bond. Le origini, la natura, gli effetti del fenomeno 007. Mailand, 1965). Aufsatzsammlung zum noch jungen Kino-Erfolg von 007, wobei sich die Autoren, vor allem in Hinsicht auf die Romane, Themen wie Bonds Frauen, der Technik, der Kritik und Bonds »kriminalistischen« Vorgängern widmen. Zudem findet sich darin Umberto Ecos »Die erzählerischen Strukturen im Werk von Ian Fleming« (ebenfalls erschienen in: U. Eco: Apokalyptiker und Integrierte – Zur kritischen Kritik der Massenkultur. Frankfurt am Main: 1986. S. 273–312), bis heute einer der Standards zur kulturwissenschaftlichen Auseinandersetzung mit den Bond-Romanen und ihrer Spielregeln.

Hans-Otto Hügel & Johannes von Moltke: James Bond – Spieler und Spion. Hildesheim: 1998. – Aufschlussreiche Essaysammlung zur

James Bond-Ausstellung im Roemer- und Pelizaeus-Museum Hildesheim. Dazu sind allerlei schöne Grafiken aus der 007-(Werbe)Welt enthalten.

Erich Kocian: Die James Bond-Filme. München: 1982. – Ein feuriges Plädoyer für die James Bond-Filme als angewandte Filmkunst, das auf unterhaltsame Weise immer wieder in zahlreiche illustrierende Exkurse und Anekdoten von den Dreharbeiten der Filme abdriftet, die Kocian als Entertainment-Journalist der alten Schule seit GOLDFINGER größtenteils selbst miterlebt hat.

Christoph Lindner (Hg.): The James Bond Phenomenon – A Critical Reader. Manchester: 2003. – Ausgesprochen empfehlenswerte Essay-Sammlung, die sowohl neuere Cultural Studies-Beiträge als auch Reprints der wegweisenden Texte von Umberto Eco, Tony Bennett und Janet Woollacott, sowie das Fazit aus James Chapmans filmhistorischer Analyse der 007-Serie enthält. Der Band ist in drei Kapitel unterteilt, die sich jeweils den Romanen, den Filmen und neuen kritischen Perspektiven auf das Bond-Phänomen widmen.

Jay McInerney, Nicholas Foulkes, Neil Norman & Nick Sullivan: Dressed to Kill: James Bond – The Suited Hero. Paris: 1996. – Umfangreicher Bild-Band zur Bond-Serie.

Danny Morgenstern & Manfred Hobsch: James Bond XXL. Berlin: 2006. – Detailliertes Lexikon zur Bond-Serie.

Michael Scheingraber & Joe Hembus: Die James Bond-Filme. München: 1985. – Eines der ersten umfassenden deutschsprachigen Bücher über die 007-Filme mit ausführlichen Besprechungen der einzelnen Filme.

Alexander Smoltczyk: James Bond, Berlin, Hollywood. Die Welten des Ken Adam. Berlin: 2002. – Aufwändiger Katalog zur Ken Adam-Ausstellung.

Siegfrid Tesche: Das große James Bond-Lexikon. Berlin: 2005.

Siegfrid Tesche: James Bond – Top Secrets. Leipzig: 2006. – Die Standardwerke des deutschen Bond-Experten fassen Produktionsgeschichte, Rezeption und Hintergründe der Serie in Punkto Faktenwissen unschlagbar kenntnisreich und informativ zusammen. Mit weiteren Publikationen u. a. zu den Soundtracks der Filme, einer Zitatsammlung oder einem James-Bond-Lexikon bietet Tesche einen umfassenden Zugriff auf das 007-Universum.

Glen Yeffeth: James Bond in the 21st Century – Why We Still Need 007. Dallas: 2006. – Unterhaltsam aufgemachte Kompilation aus der ambitionierten Reihe Smart Pop Books, in der sich Literaten wie beispielsweise Raymond Benson und Wissenschaftler mit den 007-Filmen befassen. Insgesamt erreicht das Buch zwar nicht die Vielschichtigkeit von Christoph Lindners Reader und greift in einigen Fällen auf allzu vertraute Erklärungsmuster zurück, doch die amüsanten Einschübe über die besten und schlechtesten Gadgets und die Drinks von James Bond sorgen für eine abwechslungsreiche Lektüre.

Weitere Filmbücher

352 Seiten
ISBN 9783930559985
€ 14,90 (D)

Andreas Rauscher

Das Phänomen STAR TREK
Virtuelle Räume und metaphorische Weiten

Die filmische Analyse des Star-Trek-Universums

Star Trek hat wie keine andere Serie bereits mehrere Generationen in ihren Bann gezogen. Aber nicht nur das: Die Serie
selbst ist ein Stück Zeitgeschichte, in der sich die politischen
und gesellschaftlichen Verhältnisse eines halben Jahrhunderts
widerspiegeln.

Andreas Rauscher spürt dem medialen Phänomen Star Trek
nach. Er liefert eine ausführliche Analyse der Teilserien sowie
der Kinofilme.

Zu Star Trek sind schon viele Fan-Bücher erschienen, doch nur
wenige Veröffentlichungen haben die Serie bisher als ein Stück
Kultur- und Zeitgeschichte ernst genommen. Dieses Buch bildet
eine Ausnahme: Es liefert Hintergründe, pointierte Analysen
und eine Chronologie der Serie, die es auch zu einem idealen
Nachschlagewerk werden lässt.

»Rauscher (...) untersucht eingehend, wie das Enterprise-Uni-
versum mit all seinen Facetten unsere realen gesellschaftlichen
und politischen Zu- und Missstände widerspiegelt.«
(*Freizeit-Magazin*)

288 Seiten
€ 14,90 (D)
ISBN 9783936497069

Bernd Kiefer / Marcus Stiglegger (Hg.)

Pop & Kino
Von Elvis zu Eminem

Seit Elvis zum ersten Mal vor die Filmkamera trat, sind Popkultur und Kino untrennbar miteinander verknüpft. In Pop & Kino
wird die Geschichte dieser Verbindung von den fünfziger
Jahren bis zu aktuellen Produktionen erstmalig ausführlich
dargestellt.

Die Symbiose von Popkultur und Kino hat zunächst ökonomische Gründe, zugleich aber ist das Medium Film prädestiniert für die Erschaffung und Bewahrung von Star-Images.
Von den Beatles über Madonna bis zu Eminem bekam noch
jede Popikone ihre filmische Würdigung.

Das vorliegende Buch stellt die Entwicklung anschaulich in
kurzen Essays dar. Dabei geht es um Images von Stars, um
Konzerte wie Woodstock, um Spielfilme wie *Tommy* oder um
den Crossover von Videoclipästhetik und Kino.

224 Seiten
€ 12,90 (D)
ISBN 9783936497120

Norbert Grob / Bernd Kiefer /
Thomas Klein / Marcus Stiglegger (Hg.)

Nouvelle Vague
Genres/Stile: Band 1

Der Epochal-Stil der Moderne

Ende der 1950er Jahre machte sich eine junge Generation
französischer Filmliebhaber auf, das Kino zu erneuern. Ihr
Kristallisationspunkt war die Redaktion der Cahiers du Cinéma,
der wichtigsten französischen Filmzeitschrift, in der viele
spätere Protagonisten der Noivelle Vague damals arbeiteten.
Sie wandten sich gegen das konventionelle Kino – und bevor-
zugten persönliche Filme, die stets ihre Haltung zur Welt und
zum Kino ausdrücken sollten. Die Nouvelle Vague – das sind
Filme von François Truffaut, Jean-Luc Godard, Jacques Rivette,
Eric Rohmer und ihren Freunden. Ihrem Einfluss ist die Fixierung
auf Regisseure, die Autorentheorie zu verdanken.

Mit Essays zu den wichtigsten Regisseuren und Filmstilen
sowie Kurzporträts von Schauspielern, wie Jean-Paul Belmondo,
Jeanne Moreau und Anna Karina, stellt dieses Buch einen der
wichtigsten Epochalstile der filmischen Moderne vor.

192 Seiten,
€ 12,90 (D)
ISBN 9783936497113

Norbert Grob / Thomas Klein / Marcus Stiglegger (Hg.)

Roadmovies
Genres/Stile: Band 2:

Das Genre der Rastlosen

Zeitgleich mit dem New Hollywood-Kino entstand Ende der
1960er-Jahre mit dem Roadmovie ein Filmgenre, das dem vom
Western geschaffenen Mythos vom amerikanischen Traum eine
neue, zeitgemäßere Form gab.

Allerdings ist Bewegung bereits seit den Anfängen des Films eines
der zentralen Motive. »Un arrivee de traine«, einer der ersten
Filme überhaupt, zeigt die Ankunft eines Zuges. Verfolgungsjagden mit Autos bestimmen erste One-Reelers. Dass die Bewegung
im Bild eben nicht im Foto abzubilden war, machte sie zum spannenden und oft erzählungsbestimmenden Element des Films.

Bis heute erzählen Roadmovies vom Unterwegssein auf den
Straßen, von der Suche nach den letzten Residuen von Freiheit
unter den Bedingungen der Moderne. Die Beiträge in diesem
Buch verweisen darauf, dass sich Road Movies häufig mit anderen
Genres verbinden: Wenn Gangsterpärchen auf der Flucht sind.
Wenn mit getunten Automobilen illegale Wettrennen gefahren
werden. Oder wenn in der Postapokalypse die letzten Gefechte
ausgetragen werden.

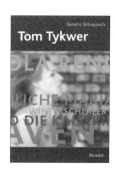

256 Seiten
€ 15,90 (D)
ISBN 9783936497021

Sandra Schuppach
Tom Tykwer

Tom Tykwer ist definitiv der bekannteste deutsche Gegen-
wartsregisseur, obwohl er bisher erst fünf Filme gedreht hat.
Sein Film *Lola rennt* ist jedem ein Begriff. Doch auch seine
frühen Filme erweckten bereits Aufmerksamkeit, denn sie
sind beeindruckend erzählt und von einer außergewöhnlichen atmosphärischen Dichte.

Mit *Der Krieger und die Kaiserin* und *Heaven* suchte Tykwer
dann aber nicht den kommerziellen Erfolg von *Lola rennt*,
sondern vielmehr weiterhin seinen eigenen, bisweilen eigen-
tümlichen Weg. Und dafür fand er – wenig überraschend –
auch internationale Stars wie Cate Blanchett (*Elisabeth*,
Herr der Ringe).

Sandra Schuppach hat hier keine Biografie vorgelegt,
sondern eine Auseinandersetzung mit Tykwers Filmen.
Abgerundet wird das Buch durch ein langes Interview mit
dem Regisseur und vielen, teilweise exklusiven Fotos.

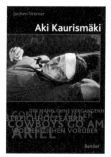

352 Seiten
€ 17,90 (D)
ISBN 9783936497083

Jochen Werner
Aki Kaurismäki

Die Finnen gelten als wortkarge Alkoholiker, angepasst
an eine Steppenlandschaft am Rande Europas. Mit solchen
Klischees wird Kaurismäki in Verbindung gebracht, steht
er doch für das gesamte finnische Kino. Aber durch seinen
persönlichen Stil grenzt er sich sowohl vom »Hollywood-
Dreck« als auch vom »Kunstscheiß« mancher Kollegen ab,
seine Filme zeichnen ihn als großen europäischen Regisseur
aus.

Jochen Werner beschreibt alle Filme von *Schuld und Sühne*
über *Leningrad Cowboys* bis zu seinem jüngsten Film
Der Mann ohne Vergangenheit präzise, unvoreingenommen
und mit einer außergewöhnlichen sprachlichen Brillanz.

Das zusätzliche lange Exklusivinterview ist durch die
Lakonie des Filmemachers ein Leckerbissen für alle Film-
freunde.

✴ www.bender-verlag.de